儿童游戏译丛

————译丛主编 / 刘焱————

游戏的卓越性（第4版）

The Excellence of Play, 4E

[英] 珍妮特·莫伊蕾斯（Janet Moyles） /主编

刘峰峰 李相禹 肖 倩 李淑芳 周桂勋
许梦麟 孙 璐 贾 晨 徐 蕊 林思语 /译

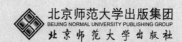

北京师范大学出版集团
BEIJING NORMAL UNIVERSITY PUBLISHING GROUP
北京师范大学出版社

北京市版权局著作权合同登记号：01-2019-3272

图书在版编目(CIP)数据

游戏的卓越性 ／（英）珍妮特·莫伊蕾斯（Janet Moyles）主编；刘峰峰 等译. —4 版. —北京：北京师范大学出版社，2021.1

（儿童游戏译丛）

ISBN 978-7-303-26372-1

Ⅰ.①游⋯ Ⅱ.①珍⋯②刘⋯ Ⅲ.①游戏—儿童教育—研究 Ⅳ.①G613.7

中国版本图书馆 CIP 数据核字（2020）第 188139 号

营 销 中 心 电 话 010-58802181 58805532

出版发行：北京师范大学出版社 www.bnupg.com
　　　　　北京市西城区新街口外大街 12-3 号
　　　　　邮政编码：100088
印　　刷：北京溢漾印刷有限公司
经　　销：全国新华书店
开　　本：787 mm×1092 mm　1/16
印　　张：21
字　　数：355 千字
版　　次：2021 年 1 月第 1 版
印　　次：2021 年 1 月第 1 次印刷
定　　价：68.00 元

策划编辑：罗佩珍　　　　　责任编辑：杨磊磊　葛子森
美术编辑：焦　丽　　　　　装帧设计：焦　丽
责任校对：康　悦　　　　　责任印制：陈　涛

版权所有　侵权必究

反盗版、侵权举报电话：010-58800697
北京读者服务部电话：010-58808104
外埠邮购电话：010-58808083
本书如有印装质量问题，请与印制管理部联系调换。
印制管理部电话：010-58808284

译者的话

　　学前期是特殊的游戏期。游戏是学前儿童的基本活动。强调游戏对于儿童早期学习和发展的重要性，"游戏是幼儿的工作""让幼儿在游戏中学习"，早已成为放之四海而皆准的幼儿教育的重要原则或信条，长期以来对幼儿教育产生了广泛而深刻的影响，成为幼儿教育区别于中小学教育的一个显著标志。但是，近年来以早期教育名义出现的各种"提前开始"的学业和技能训练正在挤占幼儿游戏的时间及空间，压榨幼儿宝贵的童年时光。理论上、口头上重视游戏而实践上、行动上轻视和忽视游戏，已经成为一种在幼儿教育领域中普遍存在的"游戏困境"。虽然游戏被明文规定应当成为幼儿园的基本活动，但是在实践中，游戏往往成为可以被随意从活动日程表中拿掉的"最不要紧的"活动。如何对待儿童的游戏、是否坚持以游戏为基本活动，事实上已经成为二十多年来幼儿园教育改革中的一个焦点问题。

　　"他山之石，可以攻玉"，阅读这套儿童游戏译丛，我们不仅可以了解英国的早期教育研究者和实践工作者面对"游戏困境"所做的选择与坚持力行的教育信念，也可以进一步了解游戏的价值和重要性。

　　这套译丛由五本书构成：

　　珍妮特·莫伊蕾斯（Janet Moyles）编著的《仅仅是游戏吗——游戏在早期儿童教育中的作用与地位》讨论了游戏和学习的相互关系，从语言、问题解决和创造性三个重要的发展领域论述了游戏的价值，以及成人（包括幼儿教师和父母）应当在幼儿的游戏中扮演的角色，并且具体讨论了幼儿教师组织与指导幼儿游戏的途径和方法有哪些、在游戏中如何观察和评价幼儿的学习与进步、儿童游戏和成人游戏有何区别等。本书在写作上的一个鲜明特点是注意利用鲜活的实例来说明游戏的价值和意义。例如，每一章首先呈现教育情境中的游戏实例，然后讨论分析蕴含其中的明显的和潜在的学习，并就如何激发和维持儿童的学习提出建议。本书最后对儿童游戏与成

1

人游戏的言简意赅的论断振聋发聩："儿童游戏是为了面对现实世界，而成人游戏则是为了逃避现实世界！"

由珍妮特·莫伊蕾斯主编的《游戏的卓越性》是一本论文集。该论文集紧密结合时代的发展不断更新，阐述了对游戏的更加深入和多样的研究，至今已经是第 4 版。这本论文集邀请了多位英国学前教育研究者、教育者从不同的角度讨论游戏理论和教育实践的关系。游戏的卓越性在于游戏的基础性、多样性、灵活性、复杂性、普遍性，以及游戏与早期阶段的学习、教学、课程之间的紧密关系。不同的作者从不同的角度探讨了游戏的价值，为我们展现了一幅关于儿童游戏的丰富多彩的画卷。通过阅读这些论文，我们既可以了解英国研究者、教育者对于游戏作为幼儿独特的学习方式和学前教育以儿童为中心、以游戏为基础的文化认同及专业认同，我们也可以了解在英国推行国家统一的早期教育课程标准的背景下，英国研究者和教育者所发现的统一课程标准与英国传统的游戏课程之间的矛盾，以及对于游戏在早期教育实践中运用所面临的困惑、挑战及解决之道。同时，书中呈现了多种不同理论视角下对游戏的研究，展现出了本书编者试图整合不同领域的专业知识和实践来推进关于游戏的学术研究及运用，试图进行更加深入的游戏研究，促进游戏与教学、课程的有机融合，使得游戏能够更加有效地运用于早期教育实践。每篇论文都可以作为一个相对独立的章节来阅读，但它们彼此之间在内容上又可以构成一个相互联系的整体。

《通过游戏来教——教师观念与课堂实践》是一份探讨幼儿教师的游戏观念和实践行为关系的研究报告。长久以来，西方幼儿教育工作者深信自由游戏对于幼儿学习和发展的价值及意义，"观察与等待"被看作教师在幼儿游戏中应当扮演的角色。但是，以社会建构主义为理论基础的现代教育改革认为游戏不应当被看作一种自由的和完全无结构的活动，质疑自我发现的方法对于缺乏经验的年幼的学习者的作用，认为仅仅强调幼儿通过游戏来学习是不够的，"通过游戏来教"正是一个完整的教育等式所缺失的另外一半，要求教师为幼儿提供"高质量的、有目的的游戏"和"有价值的活动"，强调为幼儿设计和提供以游戏为突出特征、学习内容广泛且平衡的课程的重要性。这不仅提出了关于"高质量的"学前教育的新的价值判断标准，也对传统的以儿童中心主义为理论基础的结构松散的学前教育环境和对幼儿游戏放任自流的态度提出了重大的挑战。如何通过游戏来教从而确保游戏能够被包含在课程框架中，对于许多实践工作者来说，从理念到行动上都需要发生转变。尼尔·本内特(Neville Bennett)、利兹·伍德(Liz Wood)和休·罗格斯(Sue Rogers)认为要提高教室中游戏的质量，必须通过深入教室现场去研究教师关于游戏的观念(理论)和行动(实践)之间的关系，以及影响教师观念转变为行动的中介因素。因为"我们在争论游戏在学前教育课程中所处的地位时，实际上并不了解教师到底在做些什么以及教师为什么要这么做。我们不清楚教师的理念如何影响他们的实践，以及哪些因素在作用于这些影响"。本书的第一章和第二章综述了关于游戏问题的各种观点和理论上的变化以及有关教师观念与行动方面的相关研究，提出了研究的目的和意义。第三章采用"概念图"(concept map)的方法描述了教师关于游戏的观念(理论)，研究表明教师关于游戏的观念在"概念图"中可以用六个相互联系的关键领域表现出来，包括游戏的本质、学习和游戏的关系、教师的角色、课程的组织和计划、儿童学习的评价，以及影响观念转变为行动的限制因素等。不同教师对于这些问题的看法具有惊人的相似性。第四章分析了教师观念(理论)与行动(教育实践)之间的关系。第五章通过对三位教师进行深入的个案研究，进一步深入地说明了这些关系。这份研究报告为尝试进行教师观念与行动关系研究的研究者提供了一个很好的范本，它所揭示的影响教师游戏观念转变为行动的结构性限制因素[例如，来自外部系统的期望的压力、支持的缺乏、各种规定(如时间表、国家课程)、空间和资源、班级规模等]对于我们理解教师、理解幼儿园游戏的现实也很有启发。

《游戏的关键期》详细讨论了游戏对于0～3岁儿童身心全面发展的重要性，以及如何通过游戏促进0～3岁儿童在各个方面的学习和发展的具体方法。这本书的作者朱莉娅·曼尼莫顿(Julia Manning-Morton)和麦琪·托尔普(Maggie Thorp)花了长达两年的时间对0～3岁儿童的游戏进行了全方位的、翔实而深入的研究，并且在此研究的基础上形成了在英国本土已经得到运用的"关键期：为3岁以下幼儿提供高质量的教育框架"的课程模式。本书正是作者试图将他们的研究成果和0～3岁幼儿游戏课程相结合的一部集大成的理论著述。本书全方位地论述了各种类型的游戏对于幼儿发展的重要性，深入探讨了游戏对于幼儿发展的作用。本书还在深入论述幼儿游戏的基础上介绍了许多可操作的支持幼儿深入游戏的方法，有助于读者更有机地将游戏的理论和游戏的实践相结合。可以说，本书既有来自学术界和研究者的理论观点，也有来自教师的实践智慧，信息量大，方法具体，可操作性强，对于父母、教师或者从事教师培训的人掌握游戏开发的有效策略不无裨益。

《我的游戏权利——有多种需要的儿童》的作者罗伯特·杰·欧（Robert J. Orr）是一位特殊教育工作者，与有多种需要的儿童工作多年，在特殊教育领域有丰富的经验。作者以一个有特殊需要的儿童的口吻来表达特殊儿童的需要和经历，用有特殊需要的儿童的眼睛来观察周围世界，帮助读者应用心理理论进入有多种需要的儿童的世界。正如原丛书主编所指出的那样，《我的游戏权利——有多种需要的儿童》"属于那种能深深吸引你的书，它会让你因沉浸在书的内容中，忘记下车而坐过了车站"。这本书以一种独特的方式帮助我们了解怎样关注和保障有多种需要的儿童游戏的权利，分享作者在特殊教育方面的经验和智慧。

"游戏绝非是'剩余时间'，也不是多余的活动……在非常关键的早期发展阶段进行的游戏对于今后所有的社会性活动的发生和成功是极为必要的。"但是，我国传统的"重读书、轻游戏"的文化生态和现实生活中重"功利"的教育价值取向，使得儿童的游戏往往不被重视、儿童游戏的权利往往得不到保障，儿童游戏研究至今仍然是一个薄弱的领域。

我们翻译这套丛书，不仅希望为学前教育专业的学生和幼教工作者提供有助于专业化发展的参考资料，而且希望更多的人能够了解儿童游戏的重要性，激发大众对于儿童游戏的兴趣，了解在人的一生发展及学习中应当如何真正和有效地利用游戏。

刘　焱

专家推荐

　　珍妮·莫伊蕾丝主编的《游戏的卓越性》已经成为早期教育和保育的基石，提供大量证据证明了幼儿通过游戏、探索和实验能够获得最佳学习效果。简言之，游戏使儿童拥有令人兴奋的、冒险的、有创意的、有意义的、让他们感兴趣的经历。珍妮特和她的合著者（其中许多是新作者）在章节中提出的想法与例子让人非常高兴。拜托，拜托某个人，让这本书成为议员和政策研究者的必读之书。

　　——特里西娅·大卫（Tricia David），荣誉教授，坎特伯雷基督教会大学

　　《游戏的卓越性》现在已经是第 4 版了，这也证明了这部汇编的著作是多么发人深省。这本备受期待的新版本并不令人失望：书中有许多章节都是由该领域最重要的作家撰写的，关于游戏的各种观点汇集在这本书中。总之，这本书是对幼儿研究领域的宝贵贡献，应该被认为是学生和实践者的必读书。通过阅读这本书，我们可以认识到，游戏在幼儿的生活中是最重要的，成人在支持幼儿游戏中扮演着重要的角色。

　　——德博拉·阿尔邦（Deborah Albon）博士，伦敦城市大学

　　这本书从不同的角度探索游戏，并且对游戏的价值进行了一系列发人深省的和全面的说明。严谨的引言审查和解释了各领域专家撰写的不同章节的相关性，将各章节的内容置于历史、文化、心理社会、课程和教学的背景之下。

　　这一经典书籍的新版本为所有与幼儿及其家庭一起工作的人提供了鼓励和信息。它为游戏的重要性提供了有根据的证据，阐明了游戏对自我调节、动机和幸福的复杂而关键的贡献，但是，这些内容在当前情况下正面临着威胁。通过阅读此书，读者将能够肯定和传播确保后代从有意义的游戏中受益的重要性。

　　——温迪·斯科特（Wendy Scott），早期阶段专业发展协会主席

游戏吸引孩子，让他们着迷。正如本书的第4版所揭示的，游戏也吸引和激发着教师、研究人员与理论家。本书的作者公正地描述了游戏的乐趣、复杂性、谜题和不可估量的东西，并列举了有力的案例来反对童年的过度教育，支持学校教育的游戏化。

　　——科林·理查兹(Colin Richards)，督学，教育学荣誉教授，坎布里亚大学

关于编著者的说明

安杰拉·安宁（Angela Anning）博士是利兹大学幼儿教育名誉教授，主要从事小学教师教育、儿童学习和职业发展等方面的研究。她的研究兴趣主要为：早期教育机构教师的专业知识、多机构合作、早期教育课程、艺术教育及儿童绘画。她在儿童早期服务和教育领域发表了大量论文。

卡伦·巴尔（Karen Barr）是谢菲尔德哈勒姆大学幼儿教育专业的高级讲师，她为正在进修儿童研究和低幼儿童研究学位的学生开启了一条早期阶段教师的成长之路。她曾在学校、校外俱乐部和托儿所工作过，担任过各种实践者和管理者的角色。她最近的公开论文是关于幼儿的成长和发展的，发表在 J. 凯（J. Kay）主编的《早期阶段的良好实践》（*Good Practice in the Early Years*，2012）一书中（续编）。

玛丽索·巴西利奥（Marisol Basilio）是一名精神和教育方面的心理学家，在剑桥大学担任研究助理。她的博士论文的内容是关于在自我调节技能的早期萌发中，前言语的交际工具所起的作用。玛丽索于 2009 年作为访问学者在剑桥大学工作，2011 年获得了联合国教科文组织的友谊奖学金资助。她还与乐高基金会合作，身份为教育心理学顾问。

彭妮·布柯特（Penny Borkett）是谢菲尔德哈勒姆大学早期阶段基础学位课程的负责人。她曾经担任过一个确保开端儿童教育中心的协调员，目前正参与一项研究，重点是鼓励学习者发展批判性反思技能。她最近的一篇公开文献为《早期阶段的多元和全纳》"Diversity and Inclusion in the Early Years"，发表在 J. 凯主编的《早期阶段的良好实践》一书中（续编）。

海伦·布拉德福德（Helen Bradford）是一名早期特殊教育工作者，她最初是一名教师，现在在剑桥大学教育学院工作，负责早期教育、儿童发展和福利工作。她写过许多关于早期教育的文章。她的研究集中在儿童写作方面。她目前正在研究两岁幼儿以及他们的写作行为，这也是她博士论文的内容。

佩特·布罗德黑德(Pat Broadhead)博士是利兹贝克特大学研究游戏化学习的教授。她的研究聚焦于托幼机构中的游戏和学习，以及开放性的游戏材料是如何激发儿童参与智力挑战和合作游戏的。她著述颇丰，其中的著作有：《理解幼儿通过游戏来学习：建构游戏化教学法》(Broadhead, P. and Burt, A., *Understanding Young Children's Learning Through Play：Building Playful Pedagogies*，Routledge，2011)

克里斯·布朗(Chris Brown)博士是伦敦教育学院政策与社会学院约翰·亚当斯职业发展研究所的研究员。他的研究兴趣包括将研究纳入政策制定者的视野的过程，以及为了改善这一过程可能需要做些什么。他目前的角色包括帮助学校和政府发展成为研究型组织，并确定和发展最佳实践。

蒂娜·布鲁斯(Tina Bruce CBE)教授是一位福禄贝尔训练教师。她在曼彻斯特大学开展训练，教授听力受损的儿童，后来成为罗汉普顿儿童早期教育研究中心的主任。她写过许多书和文章，并被弗吉尼亚联邦大学授予国际女性教育学者。她是不列颠早期教育协会(British Association for Early Children Education，BAECE)的副主席和福禄贝尔信托的受托人。

利兹·切斯沃思(Liz Chesworth)在过去的 20 年里一直深耕于儿童早期教育领域。她曾在小学和儿童教育中心任教，现在是利兹贝克特大学的高级讲师，负责儿童早期教育专业的荣誉学士学位授予以及教师资格审定工作。她目前正在攻读博士学位，她的博士学位论文内容是从孩子、家长和教师的角度来思考学前班的游戏。

艾琳-温迪·邓洛普(Aline-Wendy Dunlop)博士是格拉斯哥斯特拉斯克莱德大学人文社会科学学院下设教育学院的名誉教授。她是一项由欧洲资助的关于教育转型的国际研究人员交流项目的苏格兰合作者，担任苏格兰自闭症联合会主席。她目前的研究方向包括贯穿人生的教育转变、自闭症、家庭参与教育、教师信念和实践，以及与艺术相关的童年成长经历等。

彼得·埃尔弗(Peter Elfer)博士是伦敦罗汉普顿大学幼儿研究的首席讲师和幼儿研究硕士项目的召集人。他的研究和长期的兴趣是婴儿或 3 岁以下儿童的游戏与健康。他发表了许多学术论文，并与埃莉诺·戈德施米德(Elinor Goldschmied)和多萝西·塞莱克(Dorothy Selleck)(2011)合写了《早期阶段的关键人物》(*Key Persons in the Early Years*)(第 2 版)一书。

希拉里·费边(Hilary Fabian)博士曾在小学和大学任教。她的教育管理硕士学位论文探讨了员工的入职问题。她的博士论文、书籍和杂志出版物反映出她的研究内容发生了转变，主要关注孩子入学时和孩子在学校之间的转换，以及孩子和成人在这一系列过程中的应对方式。

简·乔治森(Jan Georgeson)博士是普利茅斯大学教育研究所早期教育发展研究员。简在中学、小学和幼儿园担任特殊儿童的教师后，对早期环境的多样性产生了浓厚的兴趣。她的教育博士论文研究内容是关于教育劣势和特殊教育需求的。她研究和教授幼儿研究课程。

凯西·古驰(Kathy Goouch)博士是坎特伯雷基督教会大学的讲师和研究员。她的知识和教学研究经历跨越了文学与早期阶段的各个领域，她的公开作品反映了这两种兴趣，其中心主题是游戏。她目前的研究项目是试图了解托儿所婴儿室里各种关系的特点。

贾斯汀·霍华德(Justine Howard)博士是斯旺西大学人类与健康科学学院的高级讲师，也是发展与治疗性游戏硕士课程的项目总监。她是一名特许心理学家，曾担任特别游戏顾问，并通过研究和咨询与实践保持密切联系。她已经发表了大量关于游戏的文章，同时还是《早期阶段的游戏和学习：从研究到实践》(*Play and Learning in the Early Years：From Research to Practice*，Sage，2010)一书的共同作者。

海伦·詹姆森(Helen Jameson)是一位有着30多年丰富教学经验的教师。她的继续教育研究内容为"通过游戏来学习"，她还与剑桥大学的大卫·怀特布莱德(David Whitebread)共同发表了一篇论文，题目为《游戏对5～7岁儿童口头语言和书面叙事的影响》(The impact of play on the oral and written storytelling of able 5-7 years old)。

彼得·金(Peter King)博士最初是一名合格的中学教师，后来他的职业生涯将他带入了儿童游戏及游戏活动领域。他目前是斯旺西大学的讲师，教授儿童研究与发展及游戏治疗两门硕士课程。他的兴趣集中在儿童游戏的各个方面，包括选择的概念，以及如何在政策解释和执行中解决这个问题。

尼尔·基特森(Neil Kitson)是一位心理学家和教师，他在莱斯特大学做了12年的讲师。在那里，他发展了自己在戏剧领域的研究，探索了游戏在年轻学习者发展过程中的重要作用。继北安普敦郡的顾问工作之后，他加入了华威大学教育研究中心，同时担任教育部顾问。

瓦尔·梅尼查克(Val Melnyczuk)是一名合格的早期阶段教师，目前在开放大学担任助理讲师。她还经营着自己早期阶段培训公司——N4K 有限责任公司。在此之前，她曾担任柴郡 LA 的早期阶段教育顾问、儿童中心教师和欧洲青年议会(EYP)的评估员。

珍妮特·莫伊蕾斯(Janet Moyles)博士(主编)是安格利亚鲁斯金大学的名誉教授，她主要从事作者或编辑的工作。她的愿望之一是让儿童通过游戏和实践者角色来学习。她进行了几项研究，观察、记录和分析在教育背景下的儿童游戏，并围绕游戏和儿童学习出版了一系列以实践、研究为基础的书籍，并指导几个研究项目。

简·默里(Jane Murray)博士曾是一名早期教育教师，后来成为北安普顿大学的高级讲师。她在教育和儿童早期教育领域写作与出版书籍，教授 4～7 年级的学生，指导博士生，并在当地、国家和国际上进行研究。简目前在大学的教育和研究中心工作。她的博士论文主要聚焦于研究行为中幼儿的承诺。

西莉亚·奥多诺万(Celia O'Donovan)博士从事教育工作已有 30 多年，她是一名大学讲师、研究员、培训师和检查员。她对运动和大脑发育之间的联系有着极其浓厚的兴趣，并为早期阶段的教师和实践者写了两本实践性书籍，以及文章。她与瓦尔·梅尼查克在早期教育培训项目和会议中有过合作。

杰恩·奥斯古德(Jayne Osgood)博士是伦敦城市大学的教育学教授。她是一名教育社会学家，尤为关注早期教育，同时还特别关注与性别、社会阶层和种族有关的不平等问题的研究。在政策影响到劳动力、家庭和儿童的情况下，她特别关注到要批判性地参与其中。作为一名女性主义工作者，她致力于在工作中研究和应用女性主义的基本理论。

罗德·帕克-里斯(Rod Parker-Rees)曾是幼儿园和学前班的教师，但现在是英国普利茅斯大学儿童早期研究的副教授。他对早期阶段的交流和社会交往、游戏、非正式学习与童年期历史都有浓厚的兴趣。他与人合作编辑了几篇重要文章，还编辑了《在斯坦纳幼儿园遇见孩子》(*Meeting the child in Steiner Kindergartens*)一书。他是《早期阶段：国际研究杂志》(*Early Years: An International Research Journal*)的编辑。

简·佩勒(Jane Payler)博士是温彻斯特大学早期教育专业的高级讲师，兼任早期阶段专业发展协会主席。简在早期教育领域已经深耕 20 多年，从事过教学、考核、研究、出版和实践工作。在此之前，她在国家医疗服务体系(NHS)中担任健康教育官员。她的出版和研究领域包括跨专业实践、专业发展与幼儿学习经历。

萨莉·彼得斯(Sally Peters)博士是新西兰汉密尔顿怀卡托大学的副教授，也是教育学院早期阶段研究中心的副主任。她的主要研究兴趣涉及几条主线，包括教育和其他转型、工作理论与关键能力。萨利参与了一系列的研究项目，所有这些项目都涉及与教师们的合作。

琳达·庞德(Linda Pound)曾经是一名早期教育的咨询师、培训师和作家，曾担任内城一所幼儿园的园长、一名洛杉矶督察和一所大学的讲师。琳达为不同的读者撰写了大量关于儿童早期护理和教育的文章。

凯西·林(Kathy Ring)博士在早期教育领域有着丰富的经验。如今，她将自己在约克圣约翰大学担任高级讲师的兼职工作与独立咨询公司的工作结合起来。凯西写了大量关于幼儿把画画作为思考和学习的工具的文章，并且继续在这个领域进行研究和写作。

苏·罗杰斯(Sue Rogers)博士是伦敦教育学院早期教育教授。她的研究兴趣包括儿童早期的游戏、课程和教学法，幼儿的洞察力以及儿童与成人的互动。她在早期教育领域出版了大量著作，包括《重新思考游戏与教学法：概念、情境与挑战》(*Rethinking Play and Pedagogy：Concepts，Contexts and Challenge*，2010，Routledge)和《成人在早期环境中的角色》(*The Roles of the Adult in Early Years Settings*，2012，Open University Press，with Janet Rose)。

海伦·托维(Helen Tovey)博士是罗汉普顿大学教育学院幼儿研究专业的首席讲师。海伦曾任旺兹沃思郡萨默塞特幼儿园的园长，被全国公认为户外环境发展方面的权威。她在这一领域广泛发表文章，包括《户外玩耍，空间与场地，风险与挑战》(*Playing Outdoors，Spaces and Places，Risk and Challenge*，2007，OUP)，以及《将福禄贝尔方法引入你的早期教育实践》(*Bringing the Froebel Approach to Yours Early Years Practice*，2012，Routledge)。

琳恩·特鲁洛夫(Lynne Truelove)是谢菲尔德哈勒姆大学的高级讲师，她在那里教授早期阶段基础学位和早期教师资格课程。在成为当地权威的质量保证评估员之前，她在托儿所工作，有大量的时间和孩子们在一起。琳恩目前正在攻读博士学位，她研究的内容是早期评估过程对培训师、教练和评估人员的影响。

大卫·怀特布莱德(David Whitebread)博士是剑桥大学的高级讲师。他是一位心理学家和早期阶段教育专家。目前,他正在指导的项目为研究游戏在儿童元认知和自我调节能力发展中的作用及其对学习的影响。他的著作包括《早期阶段的教与学(第 3 版)》(*Teaching and Learning in the Early Years*,2008,RoutledgeFalmer)和《发展心理学与幼儿教育》(*Developmental Psychology and Early Childhood Education*,2012,Sage)。

伊丽莎白·伍德(Elizabeth Wood)博士是谢菲尔德大学教育学教授和教育学院研究主任。她的研究兴趣包括儿童早期和整个生命周期的游戏,特别是儿童在游戏活动中的作用、他们的文化储备,以及他们如何融合传统和数字形式的游戏。她目前领导着一个由艺术与人文研究委员会资助的网络团队,并对教师专业知识和实践进行了研究。

莫福来·沃辛顿(Maulfry Worthington)目前正在撰写她的博士论文(在阿姆斯特丹自由大学),研究在 3~4 岁儿童自发的假装游戏中数学图形的形成。她进行了广泛的研究(单独与伊丽莎白·卡拉瑟斯合作),并且著述颇丰,如《儿童的数学:制作标记,产生意义》(*Children's Mathematics:Making Marks,Making Meaning*,2006,Sage)。莫福来与他人共同创建了国际儿童数学网络。

尼古拉·耶兰(Nicola Yelland)博士是澳大利亚墨尔本维多利亚大学教育学院的教授和研究主任。她的教学和研究与在学校、社区环境中使用信息通信技术有关。她的多学科研究重点使她能够与儿童早期教育工作者合作,使信息通信技术更好地融入学习环境之中。她在这一领域著述颇丰。

前　言

伊丽莎白·伍德(Elizabeth Wood)/文

刘峰峰/译

在 25 年的时间里，四个版本的《游戏的卓越性》与游戏学术研究的三个发展领域并驾齐驱。第一，游戏已经成为全球，包括南半球和北半球，许多国家早期教育课程政策的一部分。这就引起了人们对游戏的教育作用的关注，尤其是游戏对学习、教学、课程和评估的益处，以及通过不同的方式和在不同的背景下，游戏被用来传递有价值的文化知识。第二，游戏理论化的新方式对 19 世纪和 20 世纪以来主导游戏研究的一些既定的心理学真理和确定性提出了质疑。来自女权主义、批判主义、酷儿主义、后结构主义和后现代主义的具有挑战性的见解，继续引发了许多争论，这些争论聚焦于代理、权力、自由与有组织的游戏，以及儿童在游戏中构建知识的方式等，这些知识在游戏的背景下是有价值的。第三，新的方法论和研究方式，包括数据收集和分析的数字模式，延续了仔细观察儿童游戏的传统，因为这是了解儿童的声音、游戏的意义、意图、活动模式、游戏主题以及游戏者差异的一种手段。儿童参与研究，并作为研究人员，是成年人共同构建这些观点和承认儿童才是自己生活的专家的根本。

这三个发展领域贯穿于五个部分中的每一部分，展示了随着时间的推移而产生的发展，以及游戏本身作为一个学术领域所具有的持续魅力。参与者们带来了他们自己的兴趣和见解，揭示了游戏是一种最终的融合，其中蕴含了儿童带给他们游戏的多重影响，以及游戏对儿童和我们这些研究人员提出的多重要求。尽管游戏看起来混乱不堪、不可预知、瞬息万变，但随着时间的推移，随着儿童与怪兽和鲨鱼、巫师和巫婆、超人和恶棍、庆祝活动和流行文化的接触，游戏中往往包含了复杂的主题和叙事。在这些主题的背后，我们还可以看到儿童对生死、伦理和道德、变化或成为的多种可能性等问题的深刻参与。

The Excellence of Play

读者将在本书中了解到一些游戏的基本问题。在开篇一章中，安宁回顾和梳理了游戏的历史发展，有助于我们理解与游戏相关的争议性问题，这些问题包括游戏在课程中的薄弱地位，以及教师在协调"让儿童做好入学准备"和"通过游戏学习"这两种矛盾或要求时所面临的困境。在考虑到家庭和学校实践文化差异的基础上，费边和邓洛普在第十五章中，彼得斯在第二十四章中对"转变"和"准备"的问题进行了详细的探讨。莫伊蕾斯强调了游戏的定义问题，以及游戏的不同属性，这都使得游戏成为儿童学习和发展中的一个独特过程。这些属性将在第二部分"游戏即学习"中进行探讨。奥多诺万和梅尼查克讨论了当前大脑发育研究和游戏方式之间的联系。对于游戏研究来说，认知神经科学是一个相对较新的相关领域，但是研究者也提出了类似的原则，即感官体验的重要性，以及儿童和成人之间有意义的互动。巴尔和特鲁洛夫从不同的文化视角审视游戏和学习，并从中学习，请我们反思发展尊重性和包容性服务的关键挑战与机遇。对游戏及其多样性的理解一直是政策叙述、特定的家庭信仰及实践，以及游戏的不同文化解读中的缺失之处。奥斯古德以女性主义理论为基础，阐述了儿童在托幼机构中通过游戏所进行的与性别有关的协商、反抗、庆祝、放纵和越轨等各种方式与手段，进而扩展了这一理解。在这里，我们有一些有趣的矛盾，表现在关于游戏的适用性和益处的主张与游戏中的明显变化之间。这种明显的变化是指游戏创造了多种兴趣交叉的多维空间，这一点被儿童相关机构高度重视。就像我自己的研究表明的那样，游戏可能提供了一个充满挑战的空间，因为孩子们并不总是"玩得很好"，他们在处理地位、权力和身份等问题时，会以创造性的方式挑战成人的规则，并且在成人的监督下创造出自己的方式（Wood，2013a）。

游戏研究的一个长期的经验挑战是在游戏和特定学习领域之间建立因果关系。但由于游戏是如此的综合化，这些因果关系一直难以捉摸，而且有一种趋势，即把学习和发展的领域分开，从而试图证明游戏的价值，并证明它在课程框架中的地位。但这种对游戏的原子化和碎片化一直存在问题，因为孩子们是以复杂而动态的方式体验他们的物质、社会和关系世界。在第二部分，游戏和学习的焦点在于汇集了一系列的理论观点，来探索学习的情感、身体、认知和社会关系之间的统一性。以自然的观察方法为基础，埃尔弗认为婴儿游戏是他们内在体验、思维和情感的外在表现。帕克-里斯提出了两种理解游戏和学习的方法，一种是求知的学习，另一种是觉知的学习，包括认识人、社会习俗和文化价值观的方法。在大量研究的基础上，怀特布莱德、詹姆森和巴西利奥证明了游戏是如何影响自我调节、元认知和表征过程的。他们认为，在涉及解决问题和创造性的发展与任务方面，游戏的影响表现得最为明显。布罗德里德和切斯沃思关注的是儿童在合作游戏中友谊发展和友谊行动的复杂的动态表现。当儿童共同创造他们的身份，并且将基于兴趣的主题和文化带入他们的游戏中时，智力和情感的统一是显而易见的。在默里所撰写的章节中，儿童作为学习和发展的主体这一原则得到了扩展，这一章着重讨论了儿童作为研究人员而不仅仅是参与者的不同方法论立场。当成人试图认识儿童作为研究人员通过游戏构建知识的复杂行为方式时，这就变成了一个更合乎道德的命题。

游戏、教学和课程之间的关系在英国内外仍然存在争议（Wood，2013b）。这些章节中的研究激发了人们对游戏在政策框架中作为一种确定课程目标或学习成果的方法的批判性探索，这些目标或结果是早期教育的宝贵成果。的确，游戏的驯化与儿童和教师的驯化是一致的，因为他们的实践必须与这些目标和结果一致（Wood，2014）。相比之下，游戏更复杂的特征要求与作为知识创造者和使用者的儿童进行深入的、道德方面的接触，以便理解他们共同创造的游戏内容。

第三部分的主题是"游戏化教学"，在前面部分中我们已经提到了其中的一些矛盾和争论。成人在儿童游戏中所扮演的角色这一话题仍然存在争议，尤其是因为成人介入的风格和目的在专业上存在不确定性。霍华德和金主张将教师重新塑造为游戏专业人士，他们通过大量的研究来支持教师有信心促进一系列的游戏实践。同样，古驰也支持这样一个基本原则，即如果成人能够基于正在游戏的儿童的想法提供支持，而不是依赖于成人预先的设计，那么他们就能够最有效地促进儿童的学习和发展。然而，正如罗杰斯和布朗所指出的，教师仍然面临着竞争性压力，一方面要符合课程的要求，另一方面要通过自由游戏尊重儿童的个性和集体利益。在一些课程框架中，游戏被框定的狭隘方式对这些压力几乎没有什么解决办法。于是，罗杰斯和布朗探索了一种全新的开展行动研究和反思性实践的方法，以解决其中的一些问题。他们研究的主要目的是通过聚焦于游戏情境中互动、互惠和回应性教学关系的教学法变化，进而改善来自特定的处境不利群体的儿童的学习效果。

乔治森和佩勒通过两项旨在理解儿童如何在互动的环境中使用线索来区分不同情境的研究以解决工作和游戏之间的争论。他们提出了关于教师是否以及如何区分工作和游戏的问题，这是一个反复出现的争论，并且至少有三个潜在的陷阱。首先，孩子们常常认为工作是由成人主导的，游戏是他们自己选择的。其次，一些政策框架提倡有计划和有目的的游戏，其中隐含的信息是，成年人的计划和目的是有特权的，是实现课程目标的手段（Wood，2014）。最后，游戏有时被伪装成工作，它们有着相似的意图。

游戏和转变的问题仍然存在争议，正如费边和邓洛普所说的，个性化的方法需要通过游戏对学习有所理解，同时对儿童的家庭和社区环境有所理解。尽管在本书中以及其他地方的研究都显示，游戏增加了复杂性和挑战性，但是教学法的进展被狭义地定义为从游戏到正式的成人主导的活动的转变。此外，儿童在工作和游戏中也经常表现出类似的倾向——投入、兴趣、专注、动机、坚持、创造、解决问题及自我调节。因此，对教学方法进行整合的潜在需要仍然是早期教育阶段以及其他教育阶段应当继续探索的领域。专业知识、授权、个性化和托幼机构等主题在本部分反复出现，其含义是，早期教育实践者必须负责解决国家政策框架(故意的或其他原因)造成的问题。

第四部分的主题是"游戏化课程"，作者们阐明了专业的托幼机构的模样，即其中教师的实践方式是多样化的、互动的、互惠的和回应性的。林认为，智力材料的提供——这些材料具有变化的特征——能够使儿童获得所需的专业知识，成为流畅和灵活的思考者。庞德认为，音乐是一种多元化的表达形式，能够促进游戏化和快乐化的学习。托维对户外游戏进行了充分的论述，强调教师对风险、危害和安全的关注，强调让儿童探索、行动和改造自然环境的多重好处。耶兰还带我们进入了数字化游戏这一有争议的领域。有点讽刺的是，这两个领域——户外游戏和数字化游戏——引起了截然相反的争论。第一种争论是户外游戏可能会对儿童的健康和安全造成危害，第二种争论是久坐不动的游戏可能导致儿童肥胖和对自然的恐惧。与托维一样，耶兰也为新技术提供了研究依据，认为新技术是促进儿童参与各种想法和概念的一种手段，能够促使儿童创造意义并传达他们的理解。孩子们并没有因为喜欢数字化游戏而拒绝运动，而是将传统的和新的游戏形式以多种方式融合在一起，同时也融合了学习和发展的新的可能性。

在接下来的两章中，沃辛顿和布拉德福德分别关注了儿童的数学萌发，以及语言和读写萌发，他们运用社会文化理论来探讨儿童的丰富知识与在家庭和教育机构中获得的经验之间的相互关系。这两章内容都关注到了儿童如何发展日常概念的相关讨论，以及这些发展过程在多大程度上与学校教学相关，从而促使儿童最终形成科学的或正式的概念。我们可以回溯成人参与游戏的主动性或回应性特点的相关讨论，了解他们在何种程度上构建游戏来支持特定的认知方式。基特森论述了成人对幻想性角色游戏的干预，他采用了维果茨基的理论，即在儿童发展之前引导他们。这促使我们考虑一个根本性的问题：教学活动在哪里发生——是在儿童的自选游戏之中还是在儿童的自选游戏之外？

最后一部分的主题是"游戏是普遍存在的"，作者论述了游戏作为一种普遍的童年活动，在多种叙述中所表达出来的多样性和普遍性。巴尔和布柯特(Borkett)着重研究了一些社会文化理论，这些理论与来自不同社区的儿童相互打交道有关，并讨论了与父母有效沟通在理解儿童方面的作用。彼得斯在新西兰的工作展示了游戏支持儿童学习的潜力，但也强调了教师需要理解游戏在从家庭向幼儿园和学校过渡过程中的微妙差别与变化。在结尾处，布鲁斯借鉴了传统和当代的观点，汇集了书中的一些关键主题，并阐明了她的 12 个游戏原则。

总之，作者都表达了他们对儿童游戏的浓厚兴趣，并希望促使读者从不同的理论视角，在研究证据中和国际政策背景下进行理解。但这里并没有正统观念，而是一种开放的、知性的努力，以能够整合不同领域专业知识和实践的方式来推进关于游戏的学术研究。尽管严谨的研究可能暴露出实践者所面临的一些矛盾的紧迫任务，提供的解决方案也问题重重，尤其是在政策框架的背景下。这些政策往往会使游戏形式减少，而且会从行政的角度以狭隘的方式来理解"入学准备"对儿童意味着什么。在这方面，专业知识、反思、对话、批判性和行动研究必须始终是早期教育工作者专业发展的组成部分。

为此，我提出了四个关键问题，这些问题能够支持研究者对这些矛盾而迫切的问题的批判性参与，尤其是探索成人在游戏中所扮演角色的持续不确定性(Wood，2014：147)。这些问题如下：

1. 教学法的目标是什么？
2. 教师的想法是什么(关于学习、游戏、儿童的信念)？
3. 游戏的目的是什么？互动的目的是什么？
4. 对于儿童和教师来说，教学互动的评估结果是什么？

前两个问题需要批判性地参与实际的教学工作——可以通过游戏或其他方式，如直接指导。直接指导可能会以游戏化的方式来呈现成人的意图，并将其置于非常明显的位置。第 3 个问题特别重要，因为它要求我们仔细考虑谁的目的应该优先，是那些参与游戏的孩子还是成人？如果互动的目的是把游戏转变为成人的意图，那么游戏的情绪和精神可能会丧失，孩子们可能会变得不愿意接受成人参与他们自由选择的活动。第 4 个问题提醒我们，游戏的结果可能对儿童非常重要，但可能并不与课程目标相一致。孩子们为了游戏而游戏，在游戏中变得更有技巧，并且(完全希望)把游戏和游戏化学习的品质迁移到他们生活中的其他领域。教育的挑战在于驾驭游戏的卓越性，而不是驯服或否定游戏的优良品质，这些品质使我们所有人的生活变得更美好。

　　我们知道，我们既不能信任也不能依赖政策制定者来公正地对待游戏的复杂性，无论他们的发言多么优美，无论他们的课程设置多么光鲜亮丽，早期教育界也不应该依靠过时的、情绪化的立场来捍卫游戏。相反，明智的做法应该是将儿童理解为游戏者、富于游戏性的知识创造者以及他们游戏生活的专业叙述者。

目　录

第一部分　游戏是基础

1

第三章　大脑发展和游戏

西莉亚·奥多诺万、

瓦尔·梅尼查克/文　刘峰峰/译 27

第四章　游戏和潜在成就

卡伦·巴尔、琳恩·特鲁洛夫/文

刘峰峰/译 38

第五章　重新塑造性别和游戏

第二部分　游戏即学习

第六章　游戏中的婴儿：音乐家、艺术家和科学家

第七章　从游戏中学习：获取和收集

第八章　超越基础阶段的游戏

大卫·怀特布莱德、海伦·詹姆森、

玛丽索·巴西利奥/文　李相禹/译 86

第九章　友谊、文化和游戏化学习

佩特·布罗德黑德、利兹·切斯沃思/文　　肖倩/译 96

第十章　游戏中幼儿作为研究者

第三部分　游戏性教学

第十一章　将早期阶段教育工作者重塑为游戏专家

目录

The Excellence of Play

第十五章　游戏和过渡：帮助"新入学"儿童适应学校

第四部分　游戏化课程

第十六章　与媒介和材料尽情玩耍

第十七章　与游戏共鸣

琳达·庞德/文　孙璐/译 203

第十八章　户外探险游戏

海伦·托维/文　孙璐/译 215

第十九章　游戏性探索和新技术

第二十章　数学和假装游戏的生态学

第二十一章　游戏,读写及语言学习

海伦·布拉德福德/文　徐蕊/译 251

第二十二章　儿童的幻想型角色游戏:为什么成年人应该参与其中

尼尔·基特森/文　徐蕊/译 263

第五部分　游戏的普遍性

第二十三章　和来自不同文化背景的孩子一起游戏

卡伦·巴尔、彭妮·

布柯特/文　林思语/译 275

第二十四章　国际层面的游戏和幼小衔接

萨莉·彼得斯/文　林思语/译 286

后　记

第一部分

游戏是基础

　　"必须允许儿童遵循他们的天性去游戏和探索，这样他们才能够成长为有智慧的、善于交际的、有感情的、身体强健的、有适应能力的成人。"

　　——P. 格瑞(P. Gray，2014)《自由地学习：为什么释放儿童游戏的本能会促使他们更加快乐、更加自信、更好地在生活中学习》(*Free to Learn：Why unleashing the instinct to play will make our children happier，more self-reliant and better students for life*)

第一章 游戏和法定课程

安杰拉·安宁/文　刘峰峰/译

摘　要

本章主要探讨了自 20 世纪 80 年代以来英国学校 5～7 岁学生所使用的学科导向的国家课程（National Curriculum）的变化，以及 2000 年在托幼机构中所使用的 0～5 岁基础阶段课程（Foundation Stage Curriculum）的变化。教育实践者对于教育性游戏的价值信仰和政府对于"提升标准"和"入学准备"的坚持构成了一对矛盾。如何调节游戏与法定课程之间的矛盾，如何解释其中的理论和实践问题，有三个关键问题值得我们讨论：儿童在教育环境中如何通过游戏来学习；游戏如何与适宜的课程模式相整合；如何促进游戏化教学。

导　言

政策：法定课程

每个教育系统都是在一定的社会环境中发挥作用的，这个社会环境往往会建立在一定的价值观和政治责任的基础之上。对于英国的早期教育来说，与法定课程密切相关的教育改革一直都在进行中。

在 1988 年教育改革法案出台之前，英格兰的儿童并没有法定课程（除法定宗教教育之外）。课程内容来源于长久以来支撑基础阶段教育的习俗、时间模式和价值观，即培养熟练的劳动力和守法公民。读写和计算处于优先地位，一般都在上午进行；其他科目则整合为"主题工作"，一般在下午进行。针对幼儿（5～7 岁）的游戏，如自然材料游戏（沙水游戏）、建构游戏（积木）、数字游戏、角色游戏、操作类区域游戏等，都属于教室活动的边缘内容，而且没有任何监督，主要由教师自行安排。

2000 年，试图为学前儿童（3～5 岁）制订法定课程的想法引起了托幼机构工作者的极度怀疑，因为学前儿童的课程一直以来有以游戏为基础的传统。

一项针对 5～7 岁儿童的国家课程：广泛而平衡的课程

1988 年英格兰的初等教育国家课程包括 10 门基础科目，其中英语、数学和科学三门被视作核心科目。依据每一科目的获得性目标的详细列表，学生的发展被累积性追踪，并在每个关键阶段（7 年级和 11 年级）的末期被评价。北爱尔兰、苏格兰和威尔士拥有改变国家课程内容的主动权。

对于习惯按照主要、次要进行排序的国家课程设计者来说，游戏在科目学习中的作用是根本不予以考虑的。支撑这套模式的理念建立在市场经济背景下金钱价值观及概念的基础之上，即要建立标准、规范行为，要在传统的学习科目中取胜，为培养促进经济复兴的劳动力而做准备。伴随着微小的调整，国家课程研究计划持续发挥了 30 年的作用。为了应对诸如"坏行为"的道德恐慌和肥胖问题，一些非法定课程的科目，如公民、个性/社会性/健康教育等，通过相关政策被硬塞进拥挤的国家课程之中。

国家课程的设计是广泛而平衡的，但是 5～7 岁儿童（处于关键阶段 1，简称 KS1）的教师一开始是抵制学科导向的课程的。尽管早有证据表明，他们的教学习惯是分别教读写和计算，音乐和体育是其余的内容，而艺术和人文学科则揉进主题活动之中。关键阶段 1 的教师很不情愿放弃他们喜欢的交叉课程或主题活动方式。

通过游戏来学习仍然是他们所信奉的理论的典型特征。这些理论被运用到他们的课程计划之中，并体现为一种历史传递性，强调蒙台梭利和福禄贝尔所倡导的结构化学习的重要性，强调斯坦纳和艾萨克斯所倡导的探索和戏剧游戏，强调麦克米兰姐妹所倡导的健康的户外游戏。但是，教师在将这些理论转变为实践时却问题重重。以游戏为基础的课程仍然潜伏在教室的边缘区域，如沙盘和水盘、建造设备、用于制作的湿区、角色游戏区（通常以家事游戏为基础）。但是教师更倾向于关注坐着的活动，大多数都为读写算的活动。这些活动被称为"工作"，儿童被划分为不同的小组（一般以能力来划分），在教室中间从事活动。教师助手一般负责创造性活动、手工活动，以及一般性的游戏活动。毫无疑问，儿童应当处于游戏中，就像苏珊·艾萨克斯所认为的那样，将游戏看作儿童的工作。但是，孩子们的教师完全持另外一种不同的观点。孩子们太忙了，他们几乎没有时间玩游戏。有时候，当他们完成某项"工作"之后，游戏被用作对他们的奖励。学校里的实习教师们也发现很难去揭示"游戏是幼儿学习的中心"这一理念及其实践之间的鸿沟，尽管他们的实践导师们常常谈到这个问题。

初等教育国家策略：对制订标准的关切

尽管 20 世纪 80 年代以来的教育改革取得了巨大的成功，但是人们对在初等教育阶段制订标准的担忧并未减少。从 20 世纪 90 年代以来，初等教育国家策略，读写和计算的时间的设置，提升标准的努力，已经获得了保守党和工党政府持续的资金支持。对这一策略的遵循挤占了教学时间，进而影响了国家课程的广度。这一策略既包括了对内容的引导，还包括了对内容教学方式的引导。因此，英国政府在历史上头一次不仅规定了课程内容，而且规定了教学方法。尽管这一策略并未正式立法，但是国家教育标准办公室（the Office for Standards in Education，OfSTED）的督查们列出了严格的时间表来督促策略的推进情况。国家教育标准办公室的报告还在网络上公布，以供家长们查阅。另一项公开的压力来自学校 7 岁儿童的语言和数学标准测评结果，这项测评无疑会促使英格兰的教师们更加关注他们的学生在基本的读写算方面的进步情况。

21 世纪初，人们开始对国家课程的效能提出质疑。在初等学校，国家课程往往被看成是"过于臃肿的"（尤其表现为对读写和计算能力的硬性要求），同时还被看成是"碎片化的"（主要表现为教师需要完成每项内容的教学）。人们发现，这种评价导向使得关键阶段 1 的教学时间安排和模式又回到了集体教学的状态，并且开始趋向于保守的教学，相应地，小组教学活动也减少了。通过游戏来学习被边缘化，游戏资源被锁在了储藏室里。儿童的游戏机会变成一种假模假样的提法，被限定在一个"黄金时间"里，如全班儿童都在周五下午玩儿。或者当儿童完成了他们所有的工作，并且表现得很好时，才给他们安排 10 分钟左右的游戏时间。对于大多数处于关键阶段 1 的儿童来说，这种双重标准——既完成作业又表现好——几乎很难达成，因此他们几乎很少有游戏的机会。

在英国，儿童接受义务教育的法定年龄是 5 周岁。其他大多数欧洲国家的儿童接受义务教育的年龄在 6 周岁，世界上有些国家则是 7 周岁。为了使"幼儿教育"尽可能廉价，保守党和工党政府倡导"尽早入学"的理念是有益的。4 岁的孩子就可以去上学前班，家长期望他们的子女能够立即参与"正常的学校活动"，但是孩子们的老师感到这样做会带来很大的压力。人们担心孩子从 4 岁就开始接受"又快又正式"的课程对他们来说是否适宜，同时孩子们还缺乏充足的户外学习、游戏和锻炼，还面临着较低的师幼比。

《每个儿童都重要》：培养"完整儿童"

在千禧年来临之际，新的工党政府致力于扩展儿童的学习经验，这些经验往往超出了学校活动及课程规定的范畴。这反映出政府的儿童服务政策及改革范畴变得更加宽泛。新的导向被称为"整合思维",即鼓励教育、健康、福利和家庭支持服务在一个多元团队中共同发挥作用(Anning et al.,2010)。儿童服务的概念正在发生翻天覆地的变化。2004 年的儿童法案为儿童服务提供了一个新的框架——《每个儿童都重要》(Every Child Matters),这里面也包括学校。该框架关注儿童从出生到中学毕业的整个发展过程,对儿童的发展持一种整合的观点。《每个儿童都重要》的核心原则表现为 5 种结果:健康、安全、享受和收获、做出积极的贡献及良好的福利。这种倡导关键理念的框架,以及将学校作为社会福利机构提供"延展服务"的理念,强调为学生提供入学之前和放学之后的托管服务,从而保证家长能去工作。这就给初等学校带来了不小的压力,促使他们更加注重"基础"标准,他们的课程也更加趋于学科倾向。

针对 0～3 岁幼儿的基础阶段课程:做好入学准备

在促使幼儿教育和托儿所服务合理化的尝试中,工党政府在英格兰进行了一系列改革,包括:大力发展托儿服务;授权所有的 3、4 岁幼儿参加半日制幼儿教育;由国家教育标准办公室建立了一系列标准和督导体系,督导托儿所及教育机构的环境;发动了声势浩大的反对贫穷运动——确保开端(Sure Start),为英格兰贫民区的 5 岁以下儿童家庭提供普遍的、整合性服务(Anning and Ball,2008);到 2008 年,建立了 1700 个儿童中心为幼儿家庭提供集中服务。

更让人难以置信的是,为 0～5 岁幼儿制订法定课程也被提上日程。这一法定课程的基础阶段(foundation stage,FS)由以下学习领域组成:个性、社会性和情绪情感的发展;交流、语言和读写;数学发展;关于世界的知识和对世界的理解;身体发展和创造性发展。前三个学习领域的 69 条早期学习目标联合组成了一个基本评价系统,学前班教师利用这一系统来评价那些即将进入关键阶段 1 的 5 岁儿童。2003 年,政府还出台了一个不实用的基础阶段文件,被用作记录早期阶段儿童在各个学习领域的发展。

所有的机构(包括托儿所和儿童保育机构——大部分是由私人基金支持的),幼儿游戏小组(志愿者部门)、小学附设学前班、招收 3、4 岁幼儿的儿童中心和幼儿学校(维持部门),如果他们想要获得政府资金资助的资格,就必须证明他们提供了国家标准的基础阶段课程。大部分托幼机构的教师都已经习惯于非结构化的、以游戏为基础的课程,他们日常活动的组织也都建立在此基础上。对于他们来说,这项政策意味着巨大的文化转移。2、

3 岁幼儿"教与学"的相关内容非常贫乏，因此，2002 年出台的《关注从出生至 3 岁》的文件，用来支持早期教育工作者照顾 3 岁以下儿童。这个文件围绕四个核心概念进行组织，即一个强壮的孩子，一个熟练的沟通者，一个有能力的学习者，一个健康的孩子。

随着幼儿园教育和托儿所教育的差异不再那么明显，针对日托机构和 8 岁以下儿童的托幼机构的两种框架及国家标准被整合成为一个文件，即 2007 年颁布的《早期基础阶段法定框架》(Statutory framework for the early years foundation stage)，这一文件减少了评价的需求，并且明确强调了游戏的价值。"游戏支撑着整个早期基础阶段的发展……游戏支撑着幼儿所有的学习和发展。"(文件 1.16 和文件 1.17)

工党政府最终发起的一项非常重要的反贫困计划是向处境不利家庭的 2 岁幼儿提供免费的托幼服务。相关的早期教育评价报告表明，为 2 岁幼儿提供的这些服务存在着拼凑的问题，师资水平很低，大多数机构的教育质量也很差。

联合政府政策：收紧对"标准"的把握

英国联合政府于 2010 年当选，正赶上经济紧缩的时期。有时候，从经济的迫切需求中理顺头绪是非常困难的。资金消减致使公共服务受到影响，而且导致一系列成就导向的政策产生，即特别关注钱是否用到了刀刃上。儿童中心提供的一般性服务遭到大量消减，生存中心被要求将关注点放在提升处境不利家庭的健康、福利、教育效果和工作收入上。

同时，英国联合政府趋向于分权和分散服务。学校可以选择脱离当地政府的控制成为自由学校或学院。首席教师可以有更多的自治权和申诉权，进而远离官僚主义的影响。

2014 年 9 月又出台了新的国家课程，该课程非常强调传统的学科导向的学习(讽刺的是该课程在英格兰仅仅适用于那些当地政府支持的公立学校)。这一课程受到了教育部部长——迈克尔·戈夫——的支持，该部长强调了"以游戏为基础的学习，项目活动和反对知识灌输的理念"。学科知识被详细地进行了界定，以英语课程为例，该课程为每个年龄段儿童详细列出了发音的基础知识，以及阅读和拼写的基础知识。

2012 年，英国出台了针对 0～5 岁儿童的修订过的《早期基础阶段纲要》，这一教育体系包含学习的三个主要方面(交流和语言，身体发展，个性、社会性和情感发展)和四个具体方面(读写，数学，理解世界，艺术表达和设计)。但是，现在英格兰的《早期基础阶段纲要》中涉及的课程和英国其他地方的有较大不同。例如，威尔士在其课程中更加强调游戏的重要作用，威尔士的课程是针对3～7岁幼儿的。

英格兰的早期教育实践者们并没有很好地接受一项高标准化的早期发展结果文件。相反，他们仍然在使用早期教育协会制订的"发展问题"相关材料的内容。根据其中相关的17条早期学习目标，24～36个月的儿童有满足、超过、萌芽三种评价等级。与此同时，健康儿童项目的健康视导员会对所有的2岁儿童进行评价。当地的负责机构会将数据上交给政府。学校和托幼机构会受到监督，目的是了解他们在这些基本标准方面有多大贡献。截止到本文写作，我们还不太清楚此项政策会如何影响托幼机构中的游戏情况，但可以预见到游戏会变得日益边缘化。

与此同时，教育机构之外的儿童福利的社会焦虑仍然存在。在家庭之外，儿童的自由游戏时间和空间都在急剧减少。家长对孩子的安全越来越焦虑，越来越不愿意冒险。安全被过度强调，孩子们受到过度的控制，被要求选择更加安全的业余爱好及场所，如运动俱乐部、艺术和戏剧小组、博物馆的学习区等。当前，英国几乎有一半儿童居住在城市，他们的生活日益远离自然世界。长时间的电脑游戏对儿童的影响以及体育锻炼的缺乏也是需要考虑的诸多问题。

早期教育中的游戏、课程和教学

我梳理了英国0～7岁法定课程及相关文件中关于游戏的规定。我经常关注到课程实践者所感受到的压力，即他们认为儿童的学习应当以游戏为中心的显性观念与他们的行动理论之间的张力。目前的深层问题是如何将政府的政策与通过游戏学习的理论相结合。我们如何帮助早期教育实践者通过这一危险地带呢？

通过游戏学习

第一个难点在于研究儿童如何通过游戏来学习，研究儿童如何在教育机构中学习，以及如何将两者相结合。

在过去10年中，我们对儿童如何学习的认识发生了变化。但是，我们很少在教育机构中进行以游戏为基础的学习效能的实证研究。这就导致早期教育界的相关争论一直停留在理念层面，而非去寻找支持通过游戏来学习的证据。

早期教育工作者们总是在争论教育"完整儿童"的理念，以及在学习过程中将情绪、认知和身体相结合的重要性。现在有新的证据证实了他们的信仰。关于大脑发展和功能的一项研究提示我们应当重视许多早期教育工作者发自内心的信仰，即学习的生物学基础是非常重要的（Gopnik，Melzoff and Kuhl，1999）。

学习的生物学基础

我们都知道信息主要通过视觉、听觉、触觉、嗅觉和味觉五种感觉传输到大脑。大部分信息是通过视觉、听觉和动觉（身体运动及相关感觉）来获得的。对于幼儿来说，感觉经验是非常强大的和有力的。你只需要观察一个18个月的婴儿对不熟悉的味道和噪声的自发反应就能确定这一点。大脑中还有一个过程系统，类似于接线总机，可以防止信息过量。那些能够激发情绪反应，与自我防御机制有关的信息，在大脑编码过程中吸引了更多的关注，因而等级很高。

所有信息都通过大脑的左右半球来发挥作用。两个半球虽然有相似的功能，却有着不同的偏好。左脑更多强调语言、逻辑、数学公式、顺序和排列，属于分析型思维。右脑则更多强调形状和模式、空间操作、图像、想象、韵律和音乐欣赏。右脑显示出更有能力进行整合性的思维和学习。右脑在处理数据时，会激发更多的快乐反应和化学物质，能给予学习者一种高度的自我觉察和幸福感。这种积极的反馈能够促使学习者重复相应的行为，有更强的动机去学习。

神经科学家和心理学家的研究成果可以帮助我们更好地理解为什么我们相信自发游戏的力量，以及为什么自发游戏可以作为一种工具来促进幼儿的学习。在一种"心流"的状态下，幼儿被他们自己选择的活动所吸引，他们能够坚持进行难度较大的活动，对自己提出挑战。这些观点并没有在教育机构中获得应有的关注，也没有被提供相关资源用以支持以游戏为基础的活动。造成这一结果的部分原因是这种"心流"状态的游戏发生得很快且不固定，而且其结果很难进行预期与测量。我们并没有方案去测量这种学习，但是在基于课程内容的成人组织的游戏活动中，我们能够比较容易地记录这些结果。

学习的社会文化环境

众所周知，环境和社会期望对人们的行为有着深刻的影响。学习行为存在着家庭、社区、文化等社会中介方式。这种模式的转移被称作社会文化学术研究（Anning et al.，2009）。如果我们从社会文化的角度来看待游戏，我们会发现许多早期教育机构的正统环境根本不可能支持合作性的、个性化的、"心流"状态的游戏，这是因为这些机构往往已经被既定的课程提前规定好了固定的目标和个体的发展程度。

非正式情境下儿童的社会扮演游戏存在着流动性、自发性、变化性等特点。头脑中的建构性叙事，即讲故事，是儿童感知世界的基本方式，同时也是表演游戏的核心内容(Paley，2005)。社会扮演游戏和杂乱无章的游戏可以支持儿童去验证他们自己是谁，以及他们想成为谁；可以支持儿童协调次序；学习自我调节；感受群体中的领导力量从而能够融入群体中学习解决冲突、调节差异；进行冒险，以及体验强烈的情绪情感(Broadhead and Burt，2012)。发展一种"心理理论"也特别重要，即要发展儿童推断自己和他人心理状态的能力。当我们观察到儿童在全神贯注地进行某种游戏的时候，我们知道他们正在建构着自我调节机能，正在发展着年轻人的顺应能力(是成为公民的必要工具)。但是，这种游戏状态可能恰恰不能很好地兼容于目标导向的文化环境或时间表固定、成人控制的小学中。而这两种环境在早期基础阶段有增长趋势。

学习的多元模式

我们现在也认识到了儿童以多种方式在游戏中表达、象征性行为和生成意义的重要性。克雷斯(Kress，1997)对自己的孩子在家里的读写历程进行了详细的观察，观察内容包括他们如何画画、剪贴、制作模型和记号、做手势和与日常材料互动等，他们通过这些方式来创造自己的世界，进行复杂的叙述。他认为"儿童有着多元的表达方式，这种多元化表现在他们对材料的运用，制造的作品，以及他们自己的身体动作中；不存在身体和思维的分离"(Kress，1997：97)。

帕尔(Pahl，1999)在上述研究的基础上对幼儿园中儿童的意义生成进行了更为详细的观察和分析。她作为教师或研究者，鼓励儿童自由运用幼儿园中不同空间、地点的材料和物品来进行自己的游戏表达。很多幼儿教师都感到儿童自由运用材料和物品的自发游戏非常难以把握。对教学科目的重视则会阻止这种意义生成的活动。这是因为这些科目，如语言和读写、数学发展和相关知识、对世界的理解等，都有着固定的时间表，且被传统的学习方式划分出了隐性的边界。对于幼儿教师来说，允许儿童自由探索，打破时间和空间的界限，确实会导致一团混乱。

教育环境下的游戏课程

第二个难点在于如何将游戏整合到教育机构的课程中，使其既能够促进幼儿的深度学习，开发幼儿潜能，又能够满足学校的需求。

一个重要的前提就是幼儿教师需要掌握一系列游戏模式，他们可以将这些游戏模式设计到课程中进而适应他们的机构环境。其中一个模式就是斯米兰斯基的游戏模式(Smilansky and Shefatya，1990)，本书还会推荐其他游戏模式。斯米兰斯基划分了四种类型的游戏行为：功能性游戏(探索环境）；建构性游戏（探索和操作物质材料）；表演游戏（早期阶段是假想游戏和角色游戏，后期与他人共同开展社会性表演游戏）；规则游戏（桌面游戏和体育游戏，同时涵盖规则和过程）。

幼儿教师面临的挑战就是如何将概念模型转化为实际活动。早期教育实践者受到多方面的束缚，如管理较大数量儿童的需要，必须和其他班级及活动分享资源等。因此，他们遵循着惯例和计划来组织各种活动。但是，如果采用斯米兰斯基的游戏模型（以这个模型为例），就有可能重新设计环境、资源和日程安排，让儿童能够自主活动和自主调整，开展上述四种类型的游戏。其中的一些游戏需要在户外进行，至少需要半天的时间。幼儿教师需要运用他们的专业判断力来做出决策。我们要做的最后一件事情就是设计出每种类型游戏的持续时间。具体的规定应当包括开展、时间、选择、噪声控制，以及资源的管理。

开展

如前所述，许多幼儿游戏活动的开展受到了成人的规定及测量和记录教育结果等行为的限制。对于儿童来说，从家庭中的游戏文化转换到独特的学校作业单任务之中是一种非常不愉快的经历。儿童在家庭中的学习形式完全不同于教育机构中的学习形式。在家庭中，他们的游戏是建立在真实生活中的问题解决基础之上的，但是在学校里，他们要给塑料图形进行分类，在齐腰高的沙水箱中玩耍（Brooker，2002）。教师们非常适应社会现实，他们往往将这些学校的活动看作"正常的"，他们也很少对儿童解释这些活动的目的，也不会和儿童一起进行分析，更不会和儿童去协商什么是真实的、安全的活动。

时间

成人和儿童在他们认为有价值的活动上花费了大量的时间。在当前的基础阶段教育环境中，人们对于如何划分儿童发起的活动和成人发起的任务分别占用的时间存在着诸多困惑。早期阶段有效教学研究项目（Siraj-Blatchford et al.，2002）发现，在有效的基础阶段教育环境中，成人发起的任务和儿童发起的活动所占的时间各占到 50%。有经验的幼儿教师能够在实际教学中将儿童的自由活动和集体化的小组活动进行有机的融合。在儿童的自由活动中，儿童处于"自由流动"状态，他们能够自由地穿梭于不同的空间——包括户外空间——选择自己喜欢的活动；在集体化的小组活动中，儿童则参与成人主导的活动，为了特定的目的而学习。但是，在大多数学前班里，4 岁幼儿经常花大量时间无聊地坐在桌边完成成人布置的任务，或者很不舒服地蹲坐在白板前面。即便如此，一年级的教师还是会常常抱怨学前班的教师没有帮儿童做好正式学习的"入学准备"，结果现在 2 岁的孩子就要接受"作为学生潜能"的相关评价。

选择

儿童对游戏活动的选择同样需要关注。争辩教育机构能否为儿童提供和家庭或校外环境相同自由的游戏选择机会是不现实的。而且，将儿童的自发游戏改造为适合教育目的的"净化"版本也是无益的。儿童的游戏脚本反映了他们的文化和性别偏好。儿童特别擅长颠覆"教育性"游戏的明确目的，将其变为自己的游戏。以女性为绝大多数的幼儿教师经常会否定男孩子对游戏内容的选择，但是一味禁止男孩子玩超人游戏或战争游戏也是无益的。教师在教育之初就采取这种做法，会导致男孩子与权威人物之间的不良情感。

户外游戏正在日益被看作适合儿童的、喧闹的体能游戏。但是，我担心户外游戏大多由教师助手指导，有可能会变成治疗性游戏和精力宣泄游戏的"倾倒场"。对我来说，户外的学习空间应当是整合各种学科、领域和经验的。

游戏教学法

第三个难点在于成人并不确定他们在支持儿童游戏的过程中应当扮演何种角色。

早期教育的理想就是建构一种"游戏教学法"。学前教育有效供给项目(Effective Provision of Pre-school Education，EPPE)已经为这场辩论做出了重要的贡献，其核心概念就是"持续共享思维"(Siraj-Blatchford et al.，2002)。但是我认为还有一些重要问题没有得到解决。关于游戏教学的论述往往将智力的发展(尤其是语言和数学的发展)作为游戏指导的主要内容，忽略了游戏中身体、社会性和情感的发展。借助于即时贴，花费大量时间的、细致的游戏观察往往停留在很浅层的水平，既没有促进反思性教学，也没有改善课程设计。最后，成人往往很不适宜地干预了儿童的游戏，进而破坏了儿童的游戏，这会令他们很有挫败感。

伍德(Wood，2010)认为我们需要扮演好有区别而又互补的教师角色，知道什么时候能够更好地支持儿童。为了扮演好这种角色，教师在通过游戏促进儿童的学习时，需要做到以下四点。

第一，和孩子一起游戏。教师应当与儿童进行自然的、游戏性的互动和对话，如功能性游戏、规则游戏等。

第二，示范游戏和学习行为。教师可以教儿童学习运用相关技能，如在制作玩偶时，教儿童如何切割与粘贴；在进行木偶表演时，教儿童如何组织演出语言。

第三，基于游戏进行观察和反思。教师应当根据儿童自发游戏和社会扮演游戏中深度学习和有意义学习的证据来调整自己的行为，并且以此作为反思和制订计划的基础。

第四，成为游戏伙伴。成人在介入儿童个体或团体的游戏时，需要和儿童进行协商。

结　论

英格兰的早期教育工作者们经过了长期而艰难的奋斗，力图保有"游戏在儿童的学习中非常重要"这一珍贵的信仰。越来越多的学前班的 4 岁儿童和处于关键阶段 1 的 5 岁儿童很少有自发游戏及持续游戏的机会，而众多教育机构中的 2～4 岁儿童也受到正式课程的制约。这些都有可能导致越来越多的成人控制、目标导向的活动的开展，尤其是拼读、书写和数学活动。我们需要素质良好的早期教育工作者通过游戏来示范高质量的学习，需要他们作为志愿者向政策制定者和家长证明这种学习的价值，并且提供明晰的、基于证据的结论。我们需要他们清楚地阐明儿童如何通过游戏来学习，早期教育机构的环境如何支持这种学习，以及成人如何通过适宜地干预来促进游戏的学习。这正是本书的其他章节所要说明和讨论的内容。

思考题

1. 在英格兰，国家早期基础阶段课程的不同视角是如何影响不同托幼机构的？

2. 政府方案的不同变化是如何影响你的机构和教室的？

3. 在你的教育机构中，关于幼儿如何学习的最新研究成果对你认识"通过游戏来学习的重要性"有何影响？

4. 在早期教育领域中，一种健康的游戏教学法应当是怎样的？

参考文献和延伸阅读(加粗文字)

Anning，A. and Ball，M. 2008. Improving Services for Young Children：From Sure Start to Children's Centres[M]. London：Sage.

Anning, A. , Cottrell, D. J. , Frost, N. , Green, J. and Robinson, M. 2010. Developing Multiprofessional Teamwork for Integrated Children's Services[M]. 2nd edn. Maidenhead: Open University Press.

Anning, A. , Cullen, J. and Fleer, M. 2009. Early Childhood Education：Society and

Culture[M]. 2nd edn. London: Sage Publications.

Broadhead, P. and Burt, A. 2012. Understanding Young Children's Learning through Play[M]. Abingdon: Routledge.

Brooker, L. 2002. Young Children Learning Cultures[M]. Buckingham: Open University Press.

Gopnik, A. , Melzoff, A. and Kuhl, P. 1999. How Babies Think: The Science of Childhood[M]. London: Weidenfeld and Nicolson.

Kress, G. 1997. Before Writing: Rethinking the Paths to Literacy[M]. London: Routledge.

Pahl, K. 1999. Transformations: Meaning Making in Nursery Education[M]. Stoke-on-Trent: Trentham Books.

Paley, V. S. 2005. A Child's Work: The Importance of Fantasy Play[M]. Chicago: Chicago University Press.

Siraj-Blatchford, I. , Sylva, K. , Muttock, S. , Gilden, R. and Bell, D. 2002. Researching Effective Pedagogy in the Early Years, Research Report 365[M]. London: HMSO.

Smilansky, S. and Shefatya, L. 1990. Facilitating Play[M]. Silver Spring, MD: Psychological and Educational Publications.

Wood, E. 2010. Developing integrated pedagogical approaches to play and learning [M]// P. Broadhead, J. Howard and E. Wood (eds) Play and Learning in the Early Years: From Research to Practice. London: Sage Publications.

第二章 从游戏开始：严肃地对待游戏

珍妮特·莫伊蕾斯/文　　刘峰峰/译

摘　要

　　尽管许多早期教育和保育领域的政策制定者似乎都不重视游戏，本章仍将阐述游戏的基础性及其作为童年本身固有的产物等特点。游戏的珍贵性在于其能够激发儿童的学习兴趣，并且引发积极的、持久的学习品质。几乎在世界中的每种文化中都能够看到游戏的影子，游戏已经对学习产生了多个世纪的影响。

　　本章将讨论游戏界定方面的挑战以及游戏的多种属性，游戏的属性使得游戏成为儿童在学习与发展中的独特过程。这些讨论将探讨游戏和学习理论的宏大背景及其与教育实践与实践者反思之间的联系。

导　言

　　早期教育实践者面临的挑战就是解决政策与游戏实践（见第一章）之间的矛盾。这一挑战是真实存在的，且令人很有挫败感，如同下面的评论所指出的：

　　实践者支持更多的游戏化学习的愿望和自上而下的来自学校领导者及目标的压力之间始终存在着矛盾。许多幼儿仍然处于成人支配的环境之中，一些学校的幼儿教师仍然缺乏关于儿童发展和游戏的教学法知识。

（导师）

　　学前班正在发生变化，其原来的教学目的主要是为儿童提供社会化的机会，促进游戏化学习和体验新的经验，现在则变成了为义务教育做好准备……成为正式学校的延伸……我有一个非常能干的 5 岁孩子……但是我发现自从他上学前班之后，就变得特别争强好胜，很容易不快乐；当他不能理解某些事情时，就会很快失去信心，更加追求短暂的快乐。

（家长）

　　现在人们仍然缺乏关于儿童如何学习和游戏的相关理解与知识……对于幼儿的需要和能力来说，学前班显得太正式了……许多男孩子在这个系统中体验到的都是失败。

（托儿所保姆）

我强烈地感受到学前班的儿童存在着很大的缺失，这主要是由于教师和国家教育标准办公室缺乏对以游戏为基础的教学方式的理解造成的。

（学前班教师）

令我感到很生气的是，《仅仅是游戏吗?》（*Just Playing*? Moyles，1989）①一书已经出版 31 年了，《游戏的卓越性(第 1 版)》也已经出版 20 多年了，我们仍然在质疑游戏在儿童学习和发展中的价值；而且，这些年来，我们进行了那么多研究，撰写了那么多关于游戏在教育领域和儿童整体发展中的价值的论述。有些人或许会认为，这是好事呀，我们仍然在探究儿童如何学习以及支持儿童学习的最佳方式。但是，对于我而言则意味着我们在已经取胜之后，却仍然需要继续向"体制"提出挑战，还要继续为游戏而战，花更多的精力去发展更为有效和游戏化的教学法。人们只要能够认识到瑞吉欧、新西兰课程方案等教学法的质量和价值，就能够积极建立富有潜能的、以游戏为基础的、由儿童发起的早期教育课程。

而社会，尤其是政府却相信儿童只能通过接受正式教育才能够学习，而且认为正式教育发生得越早，效果就越好，忽视了还存在许多相反的证据。认清这一点的一个简单方法就是停下来问问我们自己：我现在所知道的和理解的是我被直接教会了的吗？正如格雷（Gray，2014）所指出的：我们在日常生活中使用的大部分知识和对它们的理解都不是通过正式教育获得的。

政治家、父母和早期教育实践者们必须记住儿童有游戏的权利，这一点被国际法铭记，无须考虑儿童的个性特点或特殊需要、健康与否、语言、文化、背景、性别和行为。

大量的研究证据表明游戏……是儿童发展的自然驱动力，它在大脑的发展中，尤其是在早期阶段的大脑发展中发挥着重要的作用。

（UNCRC，2013：para.9F）

在当前早期阶段户外游戏越来越少的情况下，儿童特别需要的就是在早期教育机构中拥有高质量的游戏机会。每个儿童都需要能够以自己的方式来游戏，他们的个体需要和特性必须得到尊重。平等地对待儿童并不意味着用完全相同的方式对待他们。儿童自身所携带的丰富的文化传承在他们的游戏中特别鲜明地表现了出来，这也是理解和培养"独特儿童"的一部分。有人可能会质疑这个独特的儿童怎么能够在 4 岁就"落后"呢！

---

① 本书中文版已由北京师范大学出版社出版。——译者注

英国儿童在很小的年龄就开始正式的学习了，比世界上其他国家的儿童都要早，因此，他们游戏的机会越来越少，这真是令人后悔的回应。《早期基础阶段纲要》(DfES，2013)在其 29 页的文件中勉强提到了游戏。尽管我们早已认识到了游戏是健康童年(和成年)整体的、不可分割的一部分，但我们似乎在拼命地阻止儿童游戏。正如格雷(Grey，2014：12)所指出的，儿童游戏机会的明显减少伴随着儿童精神疾病的显著增多，同时，我们还需意识到儿童期肥胖问题的显著增多。困难还表现在来自人们对"入学准备""评价"等概念的认可。尤其是对于那些缺乏儿童早期身心发展知识的人来说，这些概念往往有着非常正式的内涵。这些人往往只记得他们自己的童年经验，并且按照这些经验来做事。他们会认为"做测试从来没有伤害到我"，因此认为评价非常年幼的儿童，即便是 2 岁的幼儿，也是有好处的。这种态度低估了这些测试所带来的压力。这种测试尽管是很和善地在进行，但是它不仅会给幼儿带来压力，而且会给那些想要正确地引导儿童成长的教师和家长带来压力。正如凯兹所指出的，与她谈到的"往下拉"现象相关，"这一概念似乎表现为让幼儿提前做，越早越好，千万不要晚。"(Katz，2014：216)通过观察儿童的游戏经验来评价儿童是一种非常可信和有效的方法，有助于理解个体儿童的力量和需要，尽管这一过程其实已经是非常熟练和易于分析的。

游戏所面临的挑战还来自人们对"教"(teaching)的认识，大多数家长、政策制定者和教师都认为"教"是一种非常正式的活动，而且这种认识已经持续了一个世纪。我们现在需要思考教学法(pedagogy)，一种游戏教学法(Moyles，2010)，而不仅仅是"教"。如果我们想要服务 21 世纪的儿童，想要支持他们有一个更加自信和成功的童年，就必须去研究更加多样化的深度学习和教学的实践。这就需要实践者不时摒弃长期以来建立的关于学校的概念，要深入地思考儿童究竟在深刻的、有意义的游戏中获得了什么。让我们一起来面对：教育和学习在儿童进入学校之前就已经存在了，这些早期的生活和学习经验应当进入托幼机构之中，并且应当成为课程和教学的坚实基础。

在本章，我将首先阐释游戏的概念这个令人烦恼的问题，然后再详细分析游戏作为一种学习过程的认识，以及游戏化的、反思性的教学方法。

界定游戏：抓住虚幻的泡沫

想要界定清楚游戏的概念就像想要抓住气泡一样困难，因为每一次好像能够抓住点什么东西，但是它转瞬即逝的特性似乎又让人否定了刚刚抓住的东西。看起来像游戏的活动可能并不是游戏。例如，儿童可能喜欢玩组词游戏，但是如果这种游戏是教师发起的活动，那么它有可能是游戏化教学，但在儿童的眼里并非是游戏。

但是，我们是否需要一个定义以便能够明确游戏的价值？仅仅是简单观察儿童在游戏中的经验就能足够有效地说服有智慧的成人肯定游戏的价值吗？我们了解到的对游戏的可能界定如下：

在游戏中，一切都是有可能的，现实常常被漠视，想象和自由流动的思维处于优先地位。游戏过程是手脑并用的高度创造性的过程，游戏富有灵活性，而且自由，不受外部目标的限制……游戏往往对游戏者有着积极的、快乐的影响，而且往往有着内在的任务，会产生深度学习。游戏随着时间而发展和变化……最初表现为重复的、愉悦的行为和声音，随后表现为高度智力化与合作化的过程。最重要的是，游戏给予儿童自由选择和控制生活的某些方面，在成人主导的这个世界里，儿童很少有这种控制感。游戏提供了一种情境，在其中，儿童的声音能够被清楚地听到。

(Moyles, 2013: 2)

游戏是儿童扩展关于世界和他人的相关概念、能力、品质、知识的自然方式，因为对于儿童来说，他们缺乏生活经验，所以很难通过其他方式发展自己的能力和价值观。到 5 岁的时候，儿童仅仅在这个世界生活了 60 个月（1825 天）。我们需要记住这一点，即儿童需要很多不同的经验来延伸和促进他们的认知发展，而单纯的发音和数数练习却是极为有限且会造成限制的经验，对于幼儿来说也是毫无意义的。

当然，在许多方面，游戏都代表了一种相似的长时学习的方式。例如，一个孩子一遍又一遍地朝着墙踢球，或者一个婴儿一遍又一遍地往地上扔勺子。对于那些观察者来说，这种行为或许就是在浪费时间，但是大自然真的不能忍受时间的浪费吗？游戏本就是自然孕育出来的、有美好目的的一件事情，它有助于人们有效地、愉悦地、开心地、认真地学习。我们可以通过多种方式来学习，但是如果你和我一样，你会认识到"被告知"仅仅是一种生活方式，而为自己做事情，努力去探明真相——就像儿童在游戏中所做的那样——才是更加有价值的学习方式，尤其是当学习新知识的时候。

当儿童在参与自发游戏的时候，很显然他们正在从经验中学习，即便这一过程难以量化（Smith，2005）。游戏是一种可观察的行为，同时也是一种过程。游戏性是一种非常有价值的行为品质，因为在游戏中意味着我们（包括成年人）可以在安全而有意义的环境中冒险和犯错。游戏过程与学习过程相类似，游戏甚至可以成为儿童学习的有力支架，有助于其发展元认知能力(学会如何理解其自身的学习和游戏)。游戏可以使儿童对某件事情的了解不仅仅停留在认知的层面上,而是包含了排演、练习、修正、重新游戏和学习等一系列过程。游戏是一种没有威胁的新学习方式,可以保留一个人的自尊和自信(Moyles,2005)。你曾经停下来思考过为什么儿童比成人更熟练地掌握技术吗?因为他们已经准备好一遍又一遍地玩技术,而不恐惧任何失败!积极的品质调节我们如何游戏和学习,它们不应当被低估。"生活中的大多数问题不可能通过在学校中学到的公式和既定化的答案来解答。这些问题需要来自生活……包括游戏中的判断、智慧和创造力来解答。"(Gray,2014)

游戏和工作

让我们一起来破灭一个神话:游戏需要像工作一样努力,甚至比在工作时需要付出更多的努力。人们会感觉像清教徒那样虔诚地认为一个人只能享受游戏却不可能享受工作。但是众所周知,很多成年人觉得他们的工作就像游戏,实际上,越是把工作当作游戏,就越会获得较高的工作满意度。我们需要思考我们自己究竟享受工作的哪个方面:是否这些方面实际上很具有游戏性?

尽管并不是总会有那种感觉,尽管很不容易出现,但是游戏性存在于我们每个人的身上。我们知道成人会游戏,需要游戏,这方面与儿童相同。但是,成人几乎都是偷偷地游戏,因为怕被认为是"孩子气"。当我们拥有一台新设备或有了一个新主意时,我们了解和处理这个新事物的方法往往就是游戏。我们越能够接受这个基本原则,就越有可能认同和赞赏儿童的游戏。正如埃尔金德所说:"游戏并非是一种奢侈品,而是在各个年龄阶段都需要的动态的身体、智力、社会性情感的健康发展。"(Elkind,2008:4)

游戏行为、类型和模式

前述所列举的独特行为使得游戏既是一种过程也是一种结果。正如艾森伯格(Eisenberg)和奎森伯里(Quisenberry)所言:"这些特点使得游戏既是过程也是结果。作为过程,游戏促进了个体对技能、概念和品质的理解;作为结果,游戏为儿童提供了工具,帮助他们去证实自己对技能、概念和品质的理解。"游戏和积极的情绪也有关系,如好奇,积极的情绪可以激发动机和促进学习,否定的情绪(如焦虑、恐慌、压抑等)则会使动机消失(Santrock,2003)。

另外一些对游戏的界定则建立在游戏的功能类型基础上,很多游戏理论家和研究者都是这样做的,本书中的一些作者也是这样做的。这些游戏的功能类型包括身体游戏、语言游戏、探究游戏、建构游戏、幻想和社会性游戏等。我们可以很容易地发现其中的重合之处,同时也可以发现游戏

19

经验中蕴含着大量的潜在学习。

有人观察了学前班家庭游戏区的角色扮演游戏，发现儿童在做下面的事情：

- 做出选择(选择材料和游戏伙伴)。
- 做出决策(决定谁来扮演何种角色)。
- 协商(保证每个人都可以很快乐地扮演指定的角色)。
- 按他们自身的兴趣做事(每个孩子都在角色扮演游戏中表现出了不同的兴趣)。
- 运用他们自己的主意和想象(几个孩子贡献了他们自己的主意，得到了群体的认可)。
- 表现出思维和行动的独立性(坚持决定，并且说服他人一同坚持)。
- 展现内部动机和坚持性(坚持玩了一小时游戏，而且一直有着明确的故事大纲)。
- 身体和心理都处于持续活动中(孩子们一刻都没有停止思考，他们在不断地动来动去，还在搬运道具)。
- 运用他们之前的感受和经验(孩子们运用了许多家里的经验和之前玩角色扮演游戏的经验来丰富他们的故事)。
- 有自信，随时准备迎接挑战(孩子们在游戏中和别人讨论自己的观点)。
- 尝试、探索和调查各种想法与物品(探索用哪些东西给娃娃洗澡)。
- 设定他们自己的目标(决定他们何时去购物，以及买些什么来做晚餐)。
- 展现出一种开放性的思维，认为每件事情都是有可能的，有许多"假如"的情景(推测房子里是否有鬼——当时正临近万圣节)。
- 学习新的行为，练习和巩固已经建立的行为(点数刀子、叉子、勺子、盘子等餐具，针对自己所做的事情发表评论)。
- 获得新的技能和兴趣(发展持续好几天的游戏主题)。
- 将技能和知识用于不同的目的(取来一本书读给宝宝听，对比宝宝的衣服尺寸)。
- 用适合他们年龄的方式展现他们自己，表现出熟练的社交能力和语言发展水平(不断描述他们正在做的事情，并且去实践)。
- 运用各种社会性的人际交往技能(分享、合作、轮流)。
- 运用文学和数学的方式来表达(上面几个例子都说明了这一点)。
- 表现出象征性行为(用一件事物代表另一件事物)。
- 努力做事情，发展他们自己。

实践者们可以运用上述列表去生成关于儿童在教室中进行游戏活动的价值的信息，在这个过程中，可以获得足够的证据证明儿童展现出了对学习的理解、能力和品质。对于大多数早期教育领域的学术研究者、作家和实践者来说，他们自己对儿童游戏持续不断的观察和分析就已经最好地证明了游戏的卓越性。对于我们所有人来说，我们的内心和大脑都深深相信：对于幼儿来说，"学习应当是自我激发的和快乐的"（Gray，2013：26）；达到那样一种理想是很难的，但是通过游戏和游戏化教学是有可能达到的。

游戏作为学习过程：证明它！

尽管游戏、发展和学习之间的关系还没有被无条件地建立起来，游戏的研究者们却无疑发现了游戏的益处。游戏的发展价值是非常明显的，可以发展儿童的自我调节能力、动手能力，促进儿童语言和理解力发展，发展儿童的读写能力、创造力和问题解决能力（Golinkoff et al.，2013）。

脑科学的研究是非常复杂的（参见第三章），但是在一个较为简单的水平上，可以将人类大脑视为一种模式收集器：幼儿天生是模式和意义的收集者。游戏会激发个体的意义：当儿童觉察到游戏与他们的个体经验相关时，他们的神经联系会急剧增加，从而知识、技能和理解便成为长时记忆的一部分。而无意义的概念（如孤立的事实）则是不相关的，不会转化为长时记忆。脑科学研究也证明游戏是发展的支架，是增加神经结构的工具，也是儿童练习所需技能的方法（Christie，2001）。神经科学的研究成果也表明游戏可以提高大脑的灵活性，发展创造性思考和适应性思维（Shonkoff and Phillips，2000）。研究也证明学习是通过在大脑当中建立联系而发生的，是经由感觉器官接收到某种外部刺激的结果（参见 Jong et al.，2009）。

神经科学的知识促使我们去思考如何分析游戏和学习在早期阶段的关系，尤其是在思维、问题解决和创造力发展过程中的关系。这也让我们去质疑儿童对正式学习情境的感知，以及儿童如何感知对于他们来说毫无意义的活动。

很明显，对于儿童来说，学习的"表现"和"内化"有很大的差异。前者很像是儿童能够"跳出条条框框"（是一组任务，如能够认出字母的发音，操作抽象的数字），然后经由"内化"，儿童能够更广泛地运用自己的学习成果，使其真正成为自己的东西。后者需要儿童进行某种深刻的理解，这种理解只有通过第一手的、游戏化的和有意义的经验才能获得。例如，儿童假想游戏的复杂程度及其与早期读写能力、数学思维和问题解决能力之间的联系已经被研究结果证明（参见第二十章和第二十一章）。罗斯克和克里斯蒂(Roskos and Christie，2000)的研究也证明了儿童的假装游戏与能力有着深刻而积极的联系，如文本理解能力、元交际能力以及对阅读和书写目的的理解。正如霍华德(Howard，2000)所揭示的："当成人表现出能够接受游戏时，儿童往往会做出积极快速的回应。例如，当儿童在教室中能够定期和快乐地玩游戏时，他们往往能够更快地完成教师布置的学习任务。"

每一个儿童都是独特的，其学习和发展是不同的。正如西格勒(Siegler，2005)所指出的："或许在当代儿童的学习研究中最持续存在的现象就是每个儿童个体思维的巨大变化性。"(第 772 页)这些差异也与儿童成长与发展的文化背景有关。我们所有人都在以各种不同的方式学习。例如，模仿别人的行为和技能、观察、锻炼、阅读、谈话、从兴趣出发等，都需要通过我们自己的努力和创造。今时今日，我们比以往更加需要有创造性的人类。格雷(Gray，2013)写道：

我们不需要人们去遵循某种指示……(机器人可以做这些事)，或去开展常规性的教育(计算机可以做这些事)，或去回答已经有答案的问题(搜索引擎可以做这些事)。但是我们真的需要人们提出新的问题和追寻答案，解决新的问题，在遇到障碍之前去预期这些障碍。这些都需要具备创造性思维的能力。创造性思维就是一种游戏性思维。

当儿童感受到学习的快乐时，他们就会发自内心地去学习。这提示我们如果想要更有效地支持现在的儿童直到他们成人，在早期阶段应当开展更具有游戏性和创造性的教学。

游戏化教学法

那么，什么是教学法？在政府支持的早期学习的教学效果研究(Study of Pedagogical Effectiveness in Early Learning，SPEEL)项目中(Moyles，Adams and Musgrove，2002)，我和我的同事将教学法界定如下：

……教的行为，以及谈论和反思教的行为。教学法包括了实践者实际上"做"和"思考"的行为、原则、理论，以及发现和塑造教学的知觉与挑战。它将教学与幼儿教师的独立行为和个人的文化及群体价值……以及课程结构和外部影响联系起来。早期阶段教学法构成了一个分享型的参考结构……这个结构为实践者、幼儿及其家庭所共享。(p.5)

我们将实践界定为"所有教师在教与学的情境下的行为，这一情境包括一日的、一周的和更长时间的……实践，包括计划、评估和评价儿童的游戏以及其他户内和户外的学习经验。"(Moyles et al.，2002：5)

在斯图尔特和皮尤(Stewart and Pugh，2007：9)看来，教学法应当被界定为："理解儿童如何学习和发展，以及通过何种实践来促进这一过程。教学法根植于我们对待儿童所持的价值观和信仰，以及相应的知识、理论和经验支持。"关键问题在于教师如何觉察到他们自己的游戏性，他们如何应对儿童的游戏经验，以及如何开展游戏化教学(Moyles，2010)。

游戏化教学本质上应当是指教师能够识别不同的游戏化策略，鼓励游戏性，包括用游戏化的方式与儿童互动(Goouch，2008)，不使用"正规的"方式去教授课程内容或结果。这种风格的教师尊重、欣赏和信任儿童对自己学习的贡献，允许儿童成为活动的主人。在游戏化教学中，游戏可能在成人和儿童之间重新建构，成人变为敏感的共同游戏者，与儿童的目的和意图保持一致。游戏化教学对于教和学来说都是富有创造性和新颖性的。赫什-派塞克等人(Hirsh-Pasek et al.，2009)也指出对游戏化教学的传统研究一直以来都证明了游戏对幼儿的良好效果和引发的深度学习。而且，我已经对纯游戏(pure play)、游戏化的学和游戏化的教进行了区分(Moyles，2010)：纯游戏——纯粹由儿童控制；游戏化的学——儿童或成人都能够发起，促使儿童以游戏化的方式进行学习；游戏化的教——利用了儿童对游戏天生的和内在的兴趣，但在教师的指导下进行。

实践者对游戏和学习的反思

实践者的反思是指对个体价值观、专业价值观及教学实践提出质疑的方式，且与深度学习相关。实践者在政府和机构体系的规范下工作，但是他们为了儿童的利益可以自由地反思自身的行为。对于许多儿童来说，家庭之外的"学校教育"差不多会持续 16 年，所有教师都有责任保证儿童在这段时间内能够过得有效而且快乐。实践者感觉到他们在某种限制(如英国国家教育标准办公室、形成性评价、领导事务)下工作，其中的一些限制是真实存在的，而且可能导致了某些关于游戏、工作和学习的困惑，而这些正是我们在本书中试图消除的困惑。

在教室和机构中，由于结构化、学业化的课程和测试受到重视，儿童游戏的机会受到限制或被边缘化。儿童常常趁机玩游戏以满足他们自身游戏的愿望，但是这种行为往往被看作"行为问题"(Kuschner，2012：103)。

应当反思我们所提供的学和教是否是一种有活力的方式，在此过程中，实践者应当尽可能从制度上保障儿童能够在学校度过一种有效且快乐的生活，可以通过游戏和游戏经验充分地学习。对于我们中的某些人来说，在以游戏为基础的学习中观察和反思儿童的能力将会是一件大开眼界的事情，可以促使我们重新认识适宜的环境创建，如何促进评价儿童游戏中的互动和协商，以及每个儿童的不同需要和相关课程。

反思也能够将游戏的特点和学习环境相结合，让成人关注儿童的价值和兴趣，共同建构活动，围绕儿童的思维和情感开展有意义的对话(Rogers，2014)。同时，反思也非常有助于我们理解和应对每个儿童的需要。

我们需要反思社会上大多数人(尤其是政策制定者)所隐藏的观念，即教师所教的内容就是儿童所学的内容。任何观察记录和档案都能够证明儿童可以通过自身的游戏，通过间接的教和支持来学习。我们需要不断地追问儿童究竟需要何种正式活动，这些正式活动能够组织得更加游戏化、更加有趣吗？儿童如何在教育和保育环境下认识他们自己？如果我们不相信儿童能够通过游戏来理解他们自己和他人，是否会导致儿童认为他们自己只能依赖他人且缺乏力量？是否会导致儿童变得不独立且更加脆弱？

结 论

库什纳(Kuschner，2012：103)曾经问道："即便是面临奴隶制、战争、疾病、刻板的教室和课程等糟糕的环境，为什么游戏的生命力仍然如此顽强?"游戏仍然存在是因为儿童天生知道他们的健康成长需要什么。所以，去做有效的实践者吧。这本书中就提供了证据，实践者们可以运用这些证据去提供游戏的机会，并且进行验证和判断。

思考题

1. 你是一个游戏性的教师吗？基于你自身的实践举一些例子。有任何人质疑你的阐述吗？

2. 请举例说明你作为教师是否有能力为儿童提供有效的机会，让他们在游戏情境中提出自己的问题、发表自己的观点。

3. 你如何创设一种接纳的氛围来尊重儿童的游戏选择，认识游戏中存在的文化背景，以及提供不同的游戏观点？

4. 如果我们迫于外部压力而丧失了对儿童能力的关注，我们如何重新达到这种平衡以实现游戏的卓越性？

参考文献和延伸阅读(加粗文字)

Christie, J. 2001. Play as a learning medium[M]//S. Reifel. Theory in Context and Out，Vol. 3. Westport，CT：Ablex.

Elkind, D. 2008. The Power of Play: How Spontaneous, Imaginative Activities Lead to Happier, Healthier Children[M]. Cambridge, MA: De Capo Lifelong.

Golinkoff, R., Hirsh-Pasek, K., Russ, S. and Lillard, A. 2013. Probing play: what does research show[J]. American Journal of Play, 5(1): xi.

Goouch, K. 2008. Understanding playful pedagogies, play narratives and play spaces [J]. Early Years: An International Journal of Research and Development, 28(1): 93-102.

Gray, P. 2013. Free to Learn[M]. New York: Basic Books.

Hirsh-Pasek, K., Golinkoff, R., Berk, L. and Singer, D. 2009. A Mandate for Playful Learning in Preschool: Presenting the Evidence[M]. New York: Oxford University Press.

Howard, J. 2009. Play, learning and development in the early years [M]// T. Maynard and N. Thomas. An Introduction to Early Childhood Studies. London: Sage.

Jong, T. de, Gog, T. van, Jenks, K., Manlove, S., Hell, J. van., Jolles, J., Merrienboer, J. van, Leeuwen, T. van and Boschloo, A. 2009. Explorations in Learning and the Brain: On the Potential of Cognitive Neuroscience for Educational Science[M]. New York: Springer.

Katz, L. 2014. International perspectives on the Early Years Foundation Stage[M]// J. Moyles, J. Payler and J. Georgeson (eds) Early Years Foundations: An Invitation to Critical Reflection. Maidenhead: Open University Press.

Kuschner, D. 2012. What is the state of play? [J]. International Journal of Play, 1 (1): 103-104.

Moyles, J. 1989. Just Playing? The Role and Status of Play in Early Childhood Education[M]. Buckingham: Open University Press.

Moyles, J. 2005. Introduction[M]//J. Moyles. The Excellence of Play. 2nd edn. Maidenhead: Open University Press.

Moyles, J. 2010. Practitioners reflection on play and playful pedagogies[M]//J. Moyles (ed.) Thinking About Play: Developing a Reflective Approach. Maidenhead: Open University Press.

Moyles, J. 2013. Play and Early Years: Birth-to-Seven-Years [M]. Cardiff: Play Wales.

Moyles, J., Adams, S. and Musgrove, A. 2002. SPEEL: Study of Pedagogical Effectiveness in Early Learning[R], Research Report 363. London: DfES.

Rogers, S. 2014. Enabling pedagogy: meanings and practices[M]//J. Moyles, J. Payler and J. Georgeson (eds) Early Years Foundations: An Invitation to Critical Reflection. Maidenhead: Open University Press.

Roskos, K. and Christie, J. F. 2000. Play and Literacy in Early Childhood: Research from Multiple Perspectives[M]. Mahwah, NJ: Erlbaum.

Santrock, J. 2003. Children[M], 7th edn. Boston: McGraw-Hill.

Shonkoff, J. and Phillips, D. 2000. From Neurons to Neighborhoods: The Science of Early Childhood Development[M]. Washington: National Academy Press.

Siegler, R. 2005. Children's learning[J]. American Psychologist, 60(8): 769-778.

Smith，P. K. 2005. Play：types and functions in human development［M］// B. Ellis and D. Bjorklund（eds）Origins of the Social Mind：Evolutionary Psychology and Child Development. New York：Guilford Press.

Stewart，N. and Pugh，R. 2007. Early Years Vision in Focus，Part 2：Exploring Pedagogy［C］. Shrewsbury：Shropshire County Council.

United Nations Convention on the Rights of the Child（UNCRC）. 2013. General comment No：17 on the right of the child to rest，leisure，play，recreational activities，cultural life and the arts（Article 31）.

第三章 大脑发展和游戏

西莉亚·奥多诺万、
瓦尔·梅尼查克/文　刘峰峰/译

摘　要

本章描述了当前大脑发展的研究和幼儿(从出生到 7 岁)游戏方式之间的关系。婴儿和儿童是这一连续体的起点，也说明了人类生活和早期经验塑造了儿童的未来。基于幼儿游戏的大脑发展研究的含义得到揭示，游戏方案中的一系列片段也说明站在儿童和成人实践者的角度上各自发生了什么。本章的基本观点在于儿童需要通过他们自己的感官体验世界，需要根据他们自身的潜能来获得发展机会，而这一切都需要得到成人及其敏感互动的支持。实践者对幼儿大脑运转的基本机制有一定了解将有助于他们为幼儿提供更适宜的游戏机会，进而有助于幼儿认知、情感和心理动作的发展。

导　言

我们的目的是用一种全新的视野来审视儿童大脑发展的方式，并且这种发展能够在他们的生活中得到成人(父母、保姆和教师)的支持。非常重要的是，那些婴儿和幼儿的照料者应当具备大脑如何发展与活动的基本知识，这样他们就能够为婴幼儿创造适宜的游戏机会，发展其良好的认知、情感和心理动作。

所有儿童都值得拥有一个良好的生活开端，这就必须保证他们的照料者——可能是父母、保姆、早期教育工作人员或教师——自身需要有特定的知识，从而使他们能够为儿童提供所需要的东西：稳定性、连续性、情感支持和机会。认识到儿童早期阶段大脑发展的重要性是非常必要的，因为只有如此，才能设计出适宜的教育策略。过去，婴幼儿在很多方面都拥有较多的身体活动和自由游戏的机会，主要由母亲在家里照顾他们。那些日子已经一去不复返了。我们现在能够更好地了解大脑如何联结和发展，但是我们似乎也遗失了很多能够真正刺激和创造关键神经联系的活动方式。奇怪的是，当我们越来越认识到环境和经验对大脑发展的重要作用时，我们反而越来越不能够允许儿童去更多地参与游戏和按照他们自身的步骤来发展。这种反差当前表现为需要以成人引导的方式去学习，以及根据已知量表去测量儿童的发展(参见第一章)。

大脑发展的现有研究能够为我们提供所需要的证据证明游戏应当成为生活的重要部分。但是，只有那些照顾婴幼儿的人能够在此基础上去奉献、付出和理解其意义，我们才能够感到我们正在从这些科学知识中获益。

婴幼儿不应当成为人性的局外人(参见第六、第七章)。他们代表了希望和未来。每个婴儿都会成长为成人，我们有责任确保他们被当作真正的人来对待，给予他们机会苗壮成长，而不是仅仅被当作容器来灌输和填满。每个人都需要感受到爱、欣赏和激励。通过正确的刺激，大脑联系得以建立，通路更加有效，能够使个体得到更适宜的发展。

我们经常讨论入学准备——我们究竟是在指什么？入学准备能力并不是指静静地坐着，等待被教，而是指一种社会性的整合能力，这意味着一个平衡的、安全的、游戏性的个体，而且只有通过自由游戏和经验，才能实现入学准备。

迄今为止，我们从研究中学到了什么？

神经心理学家和游戏理论的专业研究者都在这个领域开展了大量的研究。大多数研究的目的都是为了证明游戏对于幼儿发展的价值。斯宾卡等人(Spinka et al. ，2001：141)则认为"游戏就是未曾预期的训练"。游戏是自发的，且其中蕴含了很多惊奇的因素。用发展的眼光来看，游戏给予了个体安全地练习技能的机会，这比在实际情况下进行练习要少了很多危险。正如格雷厄姆·缪勒克(Graham Music，2011：125)所说："感觉安全和容易为游戏提供了可能性，而且游戏本身可以促进发展。"怀特布莱德(White-bread)在为欧盟提供的报告中指出：

……在游戏中，个体可以尝试新的技能，夸张、修正、省略或改变行为的次序，无休止地重复行为中的轻微变化，等等。游戏的这一特点被认为在灵长类问题解决行为的发展中非常重要，对于人类所有高水平的认知能力和社会性情绪情感能力的发展也非常重要。

(第 15 页)

在这种环境下，支持游戏的相关研究中出现了三个关键因素。这三个因素包括：刺激的水平、与成人互动的质量，以及儿童在游戏中的独立程度或自发程度。

(第 27 页)

在过去的 30 年中，我们对大脑的认识有了巨大的进步，已经从概念层面发展到了生活层面。实际上，我们已经知道了早期经验对大脑联结和神经重塑的影响。研究已经表明，通过特殊的游戏与互动能够促进大脑运动区域和认知区域的功能的发展。儿童的第一语言就是运动。儿童以出生即有的身体运动非常重要，主要表现在允许原始反射发展、起源于脑干部分、发展抑制行为等方面。如果任由这些原始反射发展，可能会产生整合能力欠缺的中央神经系统，以及出现平衡和协调方面的问题，进而导致后续学习的各种困难。今天的儿童已经很少能够接收到我们过去所经历的各种自然刺激。摇摆运动、肚皮时间、爬行机会对于前庭系统和小脑的发展非常重要。重复运动可以通过小脑使婴儿产生自动化行为。因此，婴儿在爬和走之前需要踢、伸展、翻滚。他们需要去接触各种不同类型的感官刺激，因为他们是通过自己的感官来认识这个世界的。随着儿童渐渐长大，他们开始发展某些身体控制能力，大脑的不同部分就促成了游戏的发生。潘克塞普（Panksepp）的笑鼠（2004：283-293）向我们证明了运动游戏对大脑发展的重要性。笑鼠喜欢杂乱有趣的游戏，它们大脑皮质的密度增加了，它们也能够更好地学习和做决定。我们当然反对从动物研究中吸取太多内容，但是我们也不能否认在哺乳动物之间大脑组织和发展的方式非常相似。

另外，大脑的边缘系统也受到游戏及与他人和环境互动的深刻影响。这个区域主要负责情绪的发展，此区域向下联系脑干，向上联系大脑皮层。因此，这个区域既和生存的进化需要有关，也和大脑理性发展及决策制定能力有关。随着幼儿获得不同的经验和情感，边缘系统似乎总是开放而富有可塑性的，能够随时做出改变。在这种情境下，对于婴幼儿来说，调节能力和依恋是非常重要的。这些早期经验塑造了边缘系统的路径，通过这些路径，儿童习得了心理理论和移情能力。在早期阶段，有效的大脑联系和路径通过积极的互动、机会建立起来，对于个体终身的适应性和情绪稳定性有着重要的影响。

开始阶段……

对婴儿大脑的扫描和研究表明，大脑的原始部分——也被称为"爬虫类脑"——在出生时就已经形成，其作用在于确保婴儿在刚刚来到这个世界之初能够呼吸和生存。人类大脑的其他部分终身都在发展，在生命的头三年乃至整个童年期和青春期，则有着爆发式的增长和发展。婴儿的大脑通过刺激和经验得到发展，联系一旦建立，规模就不断增长。有些发展是遗传性的，但是有可能被儿童所处的环境激发。爱和依恋是促进儿童大脑发展的关键因素，游戏对于儿童大脑边缘系统（情绪大脑）的发展来说非常重要。

The Excellence of Play

起初，抚养婴儿的成人会与婴儿有眼神接触，模仿婴儿并做出镜面反应（如模仿婴儿伸舌头），与婴儿交谈，谈论婴儿的行动和日常行为（如洗澡、吃饭、换尿布等）。对于婴儿和成人来说，这些日常照顾是非常重要的机会，有助于他们之间形成依恋关系，通过情感经历在婴儿的大脑中建立积极的联系。随着婴儿渐渐长大，玩游戏，如躲猫猫、唱童谣、摇篮曲或歌曲、一起阅读等，对于语言发展都是非常重要的，有助于大脑的健康发展。人类通过经历和重复来学习，目的是在大脑中发展模式（或范本）来储存信息，以及发展在熟悉或不熟悉情景下的行动能力。感官刺激能够发展儿童的记忆能力，因此，即便是很小的幼儿也需要经历不同的情境来发展他们的多种感官。这些情境可以是唱歌和音乐、运动、视觉刺激和嗅觉刺激等。在幼儿能够进行语言回应之前和他们交谈，称赞他们的回应，非常有助于幼儿交流和语言的发展。

经历从一开始就在改变着大脑。婴儿看到、听到、尝到、摸到和闻到的一切事物都在影响着大脑建立联结的方式。

（Gopnik et al. ，2001：181）

给婴幼儿读书也是一种帮助他们大脑发育的重要方式。儿童需要机会去了解不同的图书，这种与可信赖的成人分享的经历有助于增强依恋关系，发展儿童的情感大脑，同时也会促进他们的语言发展。这并非意味着婴幼儿应当去读那些单词，而是指别人读给他们听、分享画面、编故事，这些对于认知发展非常重要。正如古老的格言所说的读故事、讲故事、写故事。在这些事件发生过程中创设一种言语丰富的环境，能够使儿童不仅变成一位阅读者，而且还可以变成一名写作者（参见第二十一章）。这个例子可以说明入学准备的含义。

随着认知的发展，婴儿需要探索他们自己的身体——通过踢或伸等动作探索他们在这个空间中的存在方式，因此他们需要时间躺在地板上或小床上探索他们身体的各种极限。一旦婴儿颈部的肌肉得以发展，他们能够抬头（5～7 个月），就可以转换为趴着的姿势。在成人的照料下，他们可以从不同的视角探索这个世界，并且能够利用他们的手臂肌肉来趴着前进，然后伸手去够玩具或其他物品。这个练习正是婴儿早期肌肉发展的表现，也是他们在成长过程中需要发展的大肌肉动作和小肌肉动作。当爬行打破了原始的反射模式，在大脑中发展出新的联系，新的能力（如读写能力）也随之发生，这就需要建立交叉协调模式。如果这些早期发展阶段有缺失，就有可能发生阅读困难和运动困难。

模仿是我们学习的方式

当我们研究儿童的时候，我们就是在研究我们自己；当我们观察他们如何发展的时候，我们就是在观察我们是如何变成我们自己的。

（Gopnik et al.，2001：206）

对于儿童的发展来说，儿童身边的人非常重要，儿童正是通过观察和模仿身边的人学习到很多东西。观察是一种二元路径：实践者和父母观察他们照顾的儿童，但是同时，儿童也在观察他们身边的成人，而且观察得更加清楚。例如，有孩子用一块积木代表手机来给别人打电话（可能并不会说出明确的词汇），有婴儿不断点击一本杂志的封面模仿成人使用平板电脑的行为。这就是婴幼儿学习的方式，即近距离观察、模仿、重复和实验。托幼机构的环境需要反映出这个特点，应当成为这样一个地方——成人是好的榜样，语言适宜且具有敏感性，儿童可以进行适合他们年龄和发展阶段的探索与实验，可以发出挑战和接受挑战，有安全的物质环境和心理环境，拥有爱儿童的成人的支持。

幼儿会观察周围成人的各种反应，从观察中，他们能够了解各种情绪情感，甚至了解他们自己。实际上，2岁左右的幼儿就开始尝试观察他们所处的环境和照顾他们的成人了。在这个阶段，儿童开始了解他们自己是谁，脱离他们的照料者意味着什么，由此，他们开始挑战他们已经拥有的知识进而确认或改变他们自己的理解，从而在大脑中建立更多的联系。这些都会使得一名2岁婴儿的大脑比成人的大脑更加忙碌。

实验是儿童质疑世界的方式，也是他们探索和验证自身所持的关于世界如何运作的理论的方式。经由这种方式，儿童了解了他们周围的世界，并且发展和丰富着他们的大脑（参见片段1）。

片段1

一名9个月大的婴儿正坐在高椅子上验证自己关于杯子的知识——她把一个塑料杯子扔到地板上，杯子完好无损（没有摔碎）。然后，她把一个瓷杯（被无意中放到了她手边）扔到了地上，看到瓷杯摔成了几片。

上述这种经验挑战了儿童对于物体的已有知识。这些都会促进学习，引发进一步的实验和假设。借助片段1，我们想象一下成年人的反应。面对相似的一个动作，成人却给出了两种不同的情绪反应，婴儿会从中学到什么呢？

随着时间的流逝，儿童会继续实验，并且修正自身关于周围世界的理解。大脑也会渐渐认识到它们不需要建立的所有联系，于是开始修剪某些

"死掉的枝丫"，只留下那些重要的和有用的联系，并且使其越长越大，直到儿童长大成人。这些强大的联系意味着大脑开始日益缺乏可塑性，也意味着新的概念和技能越来越难以学习。但是，同时这也意味着我们有了越来越多的知识，对我们周围的环境、社区和人活动的方式有了更多的了解和理解，因此，我们也更少对事情感到惊讶。我们能够更加游刃有余地在不同的情境下预测人和物体的不同反应。十几岁的少年可能会像 2 岁左右的婴儿一样冲动，是因为这一阶段的大脑仍然在发展和变化中，大脑的理性部分还不能很好地控制冲动。

大脑皮质的发展和大脑相关区域大量突触联系的建立都促使人类去思考他们自身及他人的反应与情绪。元认知促使人类去调节他们自身的情绪，可以通过思考对同一情境的不同反应方式或其他人可能会如何处理同样的问题来进行。婴儿通过在生活中观察成人的反应，尤其是他们的依恋对象的反应来学习如何调节自身的情绪。一名饥饿的婴儿能够学着耐心等待，这是因为他的依恋对象总是以一种稳定的方式来回应他因为饥饿而发出的啼哭。因此，当父母或照料者对这名 1 岁左右的婴儿说："你的饭马上就要来了，不会等太长时间的。"这名婴儿就会知道自己之前体验过这种经验，就不会那么焦虑，会耐心等待食物的到来。如果婴儿不能够做出这样的回应，那么他就不能够很好地控制自身的情绪，而且会变得特别沮丧，直到饥饿感被满足，一切才能恢复正常。

4 岁以下儿童的世界是非常直白的：他们已经习得了客体永久性，但是他们仍然不能够站在别人的角度思考问题，也不能够理解和想象他们没有遇到的经验。在片段 2 中，安娜不能够理解米沙为什么要在椅子下面寻找他的泰迪熊，因为她知道泰迪熊就在树后面的婴儿车上，因此认为米沙也知道这一点。这是因为安娜还没有发展出心理理论，她认识不到米沙并不知道泰迪熊已经被拿走了。孤独症儿童从未发展出心理理论，他们的世界一直都是直白的。

片段 2

米沙（29 个月）和安娜（32 个月）正在花园里挖洞。米沙把他的泰迪熊藏在了椅子下面，然后就进屋子里去了。安娜把泰迪熊从椅子下面拿了出来，把它放到了树后面的婴儿车里。

——当米沙回来之后，他会去哪里找他的泰迪熊呢？

无干扰的游戏

为了学习，人类需要时间和空间玩游戏，以他们自己的方式和步调来玩（参见第二章）。当你正在研究你的新电话如何使用时，如果有人正在旁边一直催促你，建议你去做那些你不感兴趣的事情，你会有什么感觉？只有当我们处于正确的心灵框架模式，并做好准备去学习时，我们才能够真正地去学习。当我们练习和巩固某项知识与技能的时候，我们往往会采取一种简单的、重复性的方式，因此我们可能会感到厌烦和疲倦。但是，当我们真正开始学习的时候，我们的头脑一定处于某种学习的适宜状态。当儿童准备开始学习的时候，他们非常渴望能够独立自主，按照他们自己的方式来游戏和探索，成人这时候只要在稍远的距离之外观察就可以了。我们非常担心儿童会犯错误，担心他们太任性，会与同伴发生矛盾冲突，但是只有通过这一系列行为，儿童才能发展他们应对生活的能力。大脑需要建立一个经验银行，依托于此，婴儿、幼儿、青年人和成人才能够应对不同的情境，知道如何回应和反应，参见片段 3。

片段 3

卡拉独自坐在那里，从有意义的游戏中获得了巨大的快乐。这个游戏是从珠宝筐中仔细地挑选物品。她全神贯注地投入活动中，检查、探索、丢掉不需要的物品。在整个过程中，她按照自己的时间和步调来进行，玩了很长时间，表现出了极大的兴趣。在她自言自语和摆弄物品的过程中，她的大脑在比较她面前的物品和大脑中存储的物品，她的眼睛在确认尺寸和形状，她通过触摸来了解质地。她正在建立一个物品数据库，借助这个数据库她能够在后续的游戏中继续实验。

成人的重要作用就是为婴幼儿提供适宜的材料和创设适宜的环境，支持婴幼儿进行探索和游戏。

有了空间、时间和支持，儿童就能够一起游戏，进行更多的实验，观察和操作启发式的材料，并且完全以他们自己的方式进行，不受成人的打扰。这种游戏允许儿童重复行动，探索不同的物体和熟悉的物体，建立他们自己的数据银行，其中包含形状、尺寸、轻重等材料特性的信息。他们能够自己做事，材料能够支持他们，同时也有一定的限制。这些经验，以及对物体和材料特性的学习，是数学知识和科学知识的基础。如果缺乏这些知识，儿童将很难进行抽象逻辑思维。例如，在科学实验中，他们将很难推理即将发生的事情，也将很难解决提出的各种问题（参见第十九章和第二十章）。终其一生，我们都需要手头的、实践性的经验来学习新的概念，巩固之前所学的知识。幼儿正是通过身体和情绪经验来学习的，这将持续他们的一生。因此，所有的儿童都需要亲身经历和体验，如烹饪、木工、绘画、科学实验、实践数学、角色游戏和辩论等。其中，操作物体和材料的实践经验非常重要，如玩泥巴和黏土、玩白色泡沫材料、绘画、沙水游戏等。同时，有敏感的成年人陪伴也非常重要，这些成年人需要尊重儿童的自由探索，同时可以现场教儿童学习新技能，还能够通过语言来发展儿童的思维。假如没有语言，我们怎么思考？尤其是当记忆的时候，我们恐怕只能通过图像或画面来进行思考。如果我们没有语言和共享的文化经验，我们又怎么和他人进行讨论呢？参见片段4。

片段4

有那么一小会儿，我困惑地看着4岁的小杰克（在一个学前班）带着巨大的耐心不断从沙池中舀满满一茶匙沙子倒进水池中。我问他在做什么，他的回答让我明白了他的想法。"我往沙子里放了些水，我想再把水倒出来。"多么简单，多么有逻辑性，多么富有启发性。他的行为和回答告诉了我很多他所处的发展阶段的信息，这些信息远远超出了正式的测验所能给予的范畴。

正如英格兰文件《从出生到三岁那些事儿》（Birth to Three Matters，DfES，2002）所指出的，婴儿从一开始就具有社会性，喜欢与他人互动，在出生的那一刻就能够辨认出人脸。他们也能够识别出母亲的声音和在子宫里曾经听过的声音。婴儿在出生的头12个月能够接收所有语言的声音，但很快就学会了识别自己所浸润的语言的声音。在成长过程中，他们渐渐失去了辨别不太熟悉的声音的能力。他们的大脑变得适应他们的母语，渐渐不再能够接受其他语言。在双重或多重语言环境中长大的孩子被一种以上的语言包围，这对他们有好处，使他们能够继续拥有识别不同语言中的独特声音的能力。没有语言，我们就无法交流。我们擅长使用标志和符号来代表词语，可以通过手势和面部表情进行基本的交流（想象我们在其他国家度假的情景），但这可能是一种令人沮丧和受限的体验。当正在发展语言能力的幼儿的语言表达被周围的成年人误解，或者他们还没有学会用语言来表达他们正在发展的思维时，他们就会变得沮丧。儿童需要置身于语言丰富的环境中，倾听复杂的语言来挑战他们的思维，同时也需要倾听简单的语言以听从指令或解释。在儿童很小的时候，人们就应该鼓励他们发展元认知能力（关于思维的思维），而这只有在有技巧的成年人鼓励他们表达自己的想法并花时间倾听他们的环境中才能真正发生。因此，人们应该给儿童时间去思考和提问。例如，鼓励他们去问为什么天空是蓝色的，晚上云去了哪里，如果老虎来喝茶会发生什么，蝴蝶在哪里睡觉等问题。

我们害怕失去控制吗？

成年人可能非常专横。我们经常认为我们知道的才是最好的，我们可以非常苛刻。为什么这个世界必须是成年人想要的样子？是因为我们害怕失去控制吗？是权力的问题吗？在幼儿所处的环境中，有可能是托儿所、家、学校或任何地方，成年人会要求儿童遵守各种秩序。当缺少经验的教师走进一间满是3岁幼儿的教室时，可能会被吓一跳。因为孩子们满屋子乱跑；得小心翼翼地不碰到东西；孩子们不停地笑和交谈，非常吵闹；他们还有可能跳着或单腿跨过沙池去够远在另一边的工具。

大人可能会惊呼孩子们不守规矩、乱作一团、失控了，如果这些孩子安静地坐下来接受大人的教育，不是更好吗？那么，以儿童为中心的学习是错误的吗？这会导致国际学生评估项目排名下滑吗？还是成年人不完全理解儿童自主学习的含义，不知道如何鼓励和发展儿童的自主学习能力？（参见第二十二章）

几个世纪以来，孩子们学会了技能、知识、文化期望、语言、协商策略、他们在长幼次序的位置等一切他们成长为一个负责任的成年人所需要知道的一切。这些内容是从他们的父母、兄弟姐妹、同龄人、祖父母和他们生活中的其他人那里知道的。我们现在却对此提出质疑，孩子们几乎没有时间和不同年龄的孩子一起玩，也没有时间乱闯水坑和小溪，没有时间和他们的朋友争吵，以及用他们自己的方式和时间装扮自己。如果成年人不断地告诉一个孩子要做什么，以及从成人的视角如何看待这个世界，那么这个孩子又怎么能学会社交，怎么能学会协调他们的位置，以及怎么能从他们自己的错误中学习和抓住机会冒险呢？多么不愉快啊！孩子们大都喜欢乱七八糟的游戏，他们从中学到很多东西。如果他们不喜欢，他们就不参与，但他们可能会喜欢看其他孩子玩这种身体运动游戏。父亲们经常和自己的孩子玩乱七八糟的游戏，而且孩子们大约从3岁开始，就很喜欢和同伴玩这种游戏。成年人（父母、从业者、教师）常常害怕游戏中的打斗会导致真正的打斗。但是，研究（史密斯Smith，2010）表明这种情况很少发生在小学生身上，参与者都很清楚打斗游戏和真实打斗游戏的区别：前者有趣而愉快，后者则不然。

过度保护孩子的成年人可能会阻止孩子的身体探索，从而限制孩子在身体、认知和情感上的发展。这种发展在孩子的成长过程中可能从肚皮游戏开始，在乱七八糟的游戏中得到进一步发展。

当成年人很了解孩子，相信孩子能相信自己时，他们就不会以任何形式干涉孩子的游戏。由于经常会担心父母、执法官员、社会工作者等方面的反映，实践者和教师往往会控制他们照料的幼儿，并且抑制他们的学习：鼓励他们坐而不是动；安静而不是活跃；平静而不是好奇；限制大脑发育而不是促进大脑发育；教孩子成为和自己一样的人，孩子精力充沛的、运动性的、吵闹的行为是不被接受的。我们并不是要提倡"完全自由"，重要的是让儿童知道哪些行为是不适宜的，并且接受社会的习俗和规范，但为了顺应权威的压力而抑制儿童的自然发展的做法并不妥当。来自施维因哈特和韦卡特（Schweinhart and Weikart，1997）和其他人的长期追踪研究表明，游戏缺失的儿童在成年后更有可能通过与当局对立进而实现自我，游戏是儿童学习成为好公民的方式。

游戏如何影响大脑发育？

很明显，提供适当的游戏机会和具有刺激性的互动，可以帮助儿童发展大脑，建立联系，使其在一生中获得成功的认知、社交和心理运动技能。大脑终身都具有可塑性，但是在儿童时期有神经通路增殖的敏感期，因此，至关重要的是在这些时期，让儿童体验到感官、身体、社会和情感的最佳输入，以便这些通路能够被使用而不会丢失。不用的神经通路会枯萎死亡。根据怀特布莱德（Whitebread，2012）的研究，游戏剥夺会导致大脑尺寸变小，大脑功能也会严重退化。

苏联解体后，在罗马尼亚孤儿院发现了许多关于严重剥夺儿童的研究。对这些儿童的大量研究表明，他们患有一系列严重的认知和情感缺陷，包括不正常的重复或短暂的游戏行为，以及一些关键大脑区域的发育和功能缺陷。

（第 28 页）

结 论

我们如何向前发展，为儿童提供他们所需的机会，使他们能够适应自己的生活？我们能做些什么来恢复游戏在儿童生活中应有的重要地位？谁会有足够的勇气去呼吁游戏是孩子们学习的需要，是发展他们大脑的需要，以及未来成长为负责任的、聪明的、有创造力的成年人的需要呢？是你吗？

思考题

1. 你对儿童大脑发育的了解和对他们身体发育的了解一样多吗？

2. 大脑发育的"里程碑"是什么？你怎么知道儿童已经达到了这些目标？

3. 你是一个允许孩子学习的反思性实践者，还是一个害怕失去控制的成年人？你想成为哪一类人？

参考文献和延伸阅读(加粗文字)

Department for Education and Skills (DfES). 2002. Birth to Three Matters[M]. London: HMSO.

Gopnik, A., Meltzoff, A. and Kuhl, P. 2001. How Babies Think[M]. Phoenix/London: Orion Books.

Graham Music. 2011. Nurturing Natures[M]. Hove and New York: Psychology Press.

Panksepp, J. 2004. Affective Neuroscience[M]. Oxford: Oxford University Press.

Schweinhart, J. and Weikart, D. P. 1997. High/Scope Preschool Curriculum Comparison Study[J]. Early Childhood Research Quarterly, 12(2): 117-143.

Smith, P. K. 2010. Children and Play[M]. Chichester: Wiley/Blackwell.

Spinka, M., Newberry, R. C. and Bekoff, M. 2001. Mammalian play: can training for the unexpected be fun[J]. Quarterly Review of Biology, 76(2): 141-176.

Whitebread, D. 2012. The Importance of Play[R]. Written for Toy Industries of Europe(TIE).

第四章 游戏和潜在成就

卡伦·巴尔、琳恩·特鲁洛夫/文

刘峰峰/译

摘 要

本章讨论了游戏与早期干预策略的价值，这些策略旨在确保所有儿童都有机会充分发展他们的潜能。本章一开始介绍了当前英格兰早期教育的现行政策背景，并且验证了游戏如何运用于那些超出发展预期的儿童，并举例说明如何捕捉个体的兴趣并用于提供有效的和量身定制的游戏机会。本章还讨论了父母通过参与游戏促进儿童发展的重要性，并探讨了评估和记录儿童学习的方式，探索了儿童在通过游戏记录自身成就方面取得的贡献。本章还思考了以游戏为基础的教学实践中全纳（inclusion）和特殊教育需求的概念，最后讨论了如何使游戏环境具有全纳性，以便所有儿童都能充分发挥其潜力。

导 言

游戏是一个宝贵的工具，通过它，孩子们可以取得令人满意的、可以为之自豪的成就。当孩子们参与和他们相关的、有适宜挑战水平的游戏活动时，他们就在学习和发展。当幼儿教师与父母合作共同促进孩子的学习时，会对孩子的健康和发展产生积极的影响。详尽的观察结果阐明了我们所理解的儿童通过以游戏为基础的经验来学习的方式，并提供了一种确定如何做出最佳反应或偶尔提供干预支持的方法，以便儿童有机会在全纳的环境中获得机会，进而发挥其作为学习者和个体的潜力。

本章考虑了早期实践的关键要素，这些要素有助于儿童通过游戏取得成就。这些要素如下：

①早期干预的政策环境；

②对成就的尊重性的评估和记录；

③儿童对自身学习的主动权；

④所有儿童都能享有游戏性的和包容性的支持。

早期干预的政策环境

早期教育实践者越来越多地使用早期干预策略，以确保所有儿童充分发挥其潜力。早期干预文化似乎已经成为实践的核心组成部分，因为近年来关于大脑发育的知识和理解已经影响到我们如何养育婴幼儿。有责任的早期教育实践者在努力支持他们所照料的儿童，在这一部分，我们思考了近年来与早期干预问题密切相关的重要政治背景，这些背景有助于"游戏和潜能的发展"。

2010 年，联合政府开始改革英国从出生到 5 岁儿童的教育和托幼服务。当时，弗兰克·菲尔德(Frank Field)的"贫困与生活机会独立调查"呼吁地方和国家政府认识到生命最初几年(从孕育期到 5 岁)的重要性。早期干预不仅对人有好处，对经济也有好处，因为行为的改善会带来更高的教育程度、更少的暴力犯罪和更好的就业机会(Field，2010)。相比之下，后期干预的成本，如失业救济金、打击犯罪和应对不佳的健康状况的公共支出，都非常高。除了对贫困儿童的关注之外，早期干预策略对发挥所有儿童的潜力具有更广泛的影响。事实上，早期干预策略被认为是社会和情感发展的基础，可以促进儿童一生的幸福、健康和成就(Allen，2011)。一份关于《早期基础阶段纲要》的独立报告强烈建议，在即将修订的框架中应强调尽早识别儿童的需求(Tickell，2011)。政府文件《在基础阶段对家庭提供支持》(Supporting Families in the Foundation Years，DfE，2011)宣布承诺给所有儿童生命中最好的开始，让他们有机会发挥他们的潜力，同时政府确认提供更广泛的经济和社会福利。当 2012 年 9 月修订的《早期基础阶段纲要》(DfE，2012)出台时，早期干预的主题显示出两种主要变化：一种变化为在儿童 2 岁左右进行法定的"发展测试"，另一种变化为在儿童 5 岁时进行简单的早期基础阶段情况评估。这类法定义务意味着，所有儿童现在都有专门的机会来仔细评估和满足其个人的学习与发展需要。由于儿童的学习被认为是通过与周围环境和他人的游戏化互动来发展的，《早期基础阶段纲要》(DfE，2012：5)呼应了联合政府的政策声明，即每个孩子都应该在人生中有一个尽可能好的开始，并得到支持，使他们能够发挥自己的潜力。下一部分将讨论游戏在实现这一目标方面发挥的作用。

早期干预策略

《早期基础阶段纲要》法定发展测试在幼儿 2～3 岁的时候会进行一次，在 5 岁的时候又会进行一次，该项测试要求早期教育实践者鉴别儿童的优势以及他们还有哪些方面没有达到期望的水平(DfE，2012)。这些早期干预策略的目的是通过与父母或教育实践者的亲密伙伴关系，进而识别出现的重要关心内容、额外的需要和能力缺失。这一过程应导致实施有针对性的计划，以支持儿童的学习和发展需求。在这种情况下，个体教育计划(Individual Education Plans，IEPs)通常涉及特殊教育需要协调员(the Special Educational Needs Coordinator，SENCo)。教育实践者在任何时候都有机会与家长和照料者合作，自行制订基于某个点的个体游戏计划(Individual Play Plays，IPPs)，以支持任何能力和年龄的儿童发挥其潜能。赛义德和盖琳(Sayeed and Guerin，2000)在个体教育计划的基础上开发了个体游戏计划，强调了成年人通过参与和互动来支持儿童游戏的作用。然而，个体游戏计划对于教育实践者来说可能是一个有用的工具，他们可以以此为依据为儿童设计个性化的行动步骤。个体游戏计划的形式也可以进一步发展，以适应不同类型的托幼机构和教学实践方式。

教学档案的另一个例子是个体学习历程。片段 1 展示了如何使用这种形式来支持一名来自英格兰北部城市的一所儿童中心的幼儿。

片段 1：有天赋和才能的游戏供给

当爱莎(Asha)3 岁 11 个月大时，开始进入儿童中心接受教育，教师很快就注意到了她在英语和母语方面有着非常杰出的语言技能。此外，她的字母、数字、形状和颜色识别能力都远远超出了她这一年龄阶段的预期。爱莎的母亲很愿意说明她的女儿是如何与家人相处的，如何用英语正式学习了数字、字母和颜色，并且还学习了使用电脑。爱莎的负责教师——米歇尔，很快就意识到了爱莎的天赋和才华，她认为爱莎的社交技能可能会进一步发展，因为之前她在家里并没有很多机会与其他孩子一起玩。在接下来的几个星期里，米歇尔通过正式和非正式的交谈，更多地了解了爱莎的家庭生活，同时在儿童中心对她进行观察。在儿童中心的第一个学期结束时，爱莎 37 个月大，在《早期基础阶段纲要》的所有主要领域和具体领域都被评估为已经达到 40～60 个月孩子的水平。米歇尔认为爱莎可以通过游戏获得更大的发展潜力，于是开始与爱莎的母亲就游戏的价值而非正式的学习方法展开了有针对性的讨论，并且共同制订爱莎的下一步学习计划。

EYFS：学期末学习和发展总结

一个独特的儿童

名字：　　　　日期：　　　　年龄：

我如何学习？

游戏和探索：发现和探索；运用自己所知道的去玩；愿意去试一试。

主动学习：参与和全神贯注；享受和获得成功感；不断尝试。

创造和批判性思维：有自己的想法；建立联系；选择做事情的方法。

我学到了什么？

个性、社会性和情感发展：自信和自我意识；建立联系；处理情绪和行为

自信和自我意识					
0—11	8—20	16—26	22—36	30—50	40—60

建立联系					
0—11	8—20	16—26	22—36	30—50	40—60

处理情绪和行为					
0—11	8—20	16—26	22—36	30—50	40—60

我学到了什么？

交流和语言：听和注意；理解；说。

听和注意					
0—11	8—20	16—26	22—36	30—50	40—60

理解					
0—11	8—20	16—26	22—36	30—50	40—60

说					
0—11	8—20	16—26	22—36	30—50	40—60

我学到了什么？

身体发展：移动和搬运；健康和自我照料。

移动和搬运					
0—11	8—20	16—26	22—36	30—50	40—60

健康和自我照料					
0—11	8—20	16—26	22—36	30—50	40—60

EYFS：学期末学习和发展总结（具体领域）

一个独特的儿童

名字：　　　　日期：　　　　年龄：

我学到了什么？

读写：阅读；写作。

阅读					
0—11	8—20	16—26	22—36	30—50	40—60

写作		
22—36	30—50	40—60

我学到了什么？

数学：数字；形状、空间和测量。

数字					
0—11	8—20	16—26	22—36	30—50	40—60

形状、空间和测量					
8—20	16—26	22—36	30—50	40—60	

第四章　游戏和潜在成就

41

续表

我学到了什么？ 理解世界：人们和交流；世界；技术。	我学到了什么？ 艺术表达和设计：探索、使用媒体和材料； 富有创造性。
人们和交流	探索、使用媒体和材料
8－20 / 16－26 / 22－36 / 30－50 / 40－60	8－20 / 16－26 / 22－36 / 30－50 / 40－60
世界	富有创造性
8－20 / 16－26 / 22－36 / 30－50 / 40－60	16－26 / 22－36 / 30－50 / 40－60
技术	
8－20 / 16－26 / 22－36 / 30－50 / 40－60	

图 4.1 教学档案说明(1)

家庭的贡献和我今后的学习

支持我学习和发展的未来步骤		
身体发展	语言和交流	个性、社会性和情绪

学习的特点：

再次进行回顾：

回顾人(负责教师签名)：

家庭的评论和贡献

签名：

图 4.2 教学档案说明(2)

42

米歇尔(Michelle)和爱莎的母亲就爱莎接下来的游戏活动达成了一致，并将这些活动记录在个人学习历程中，并为每个选择提供了理论依据。

活动1　提供不同大小的木制形状和塑料熊

依据：排序和分类的游戏活动旨在通过自发游戏和成人发起的游戏来促进爱莎对大小尺寸的理解。当一名教师与一组儿童一起活动时，教师每天都向儿童提供持续在小组活动内进行此活动的机会。这些活动的目的是使爱莎能够体验与成年人一对一的互动以及与她的同伴间的群体互动，并且使用大小尺寸的特定数学语言。

活动2　讨论时间，在角色扮演游戏和数学区域提供时钟

依据：这个活动的目的是为爱莎提供室内游戏的机会，让她从自己选择的两个区域的活动中体验时间概念相关的语言和活动，通过观察表明这两个区域是爱莎最喜欢的。在小组时间和自发的对话中，教师通过讨论时间来吸引爱莎，并扩展她关于这个概念的词汇量和对这个概念的理解。

活动3　在户外玩游戏"老狼，老狼，几点啦？"

依据：这个令人兴奋的户外活动提供了一个结构化的群体游戏，在游戏中爱莎可以得到教师的支持，通过向狼先生提问和追逐的形式，体验集体游戏的协商和联结，同时使用关于时间的语言。

活动4　数一数日常用品，如花园里的水果和花

依据：这种平静和安静的活动基于爱莎对花园的兴趣以及她和成人一起计数时产生的自豪感。花园的自然情境提供了更多自发的和有趣的机会来计数，这种方式不同于爱莎在家里所习惯的那种更正式的、成人指导的活动。

活动5　使用蜜蜂机器人(可编程的机器人玩具，能够根据输入的指令活动)来探索数字、长度和做出预测

依据：这项以科技为基础的活动旨在提供一个新的游戏机会，以扩展爱莎有优势的数学知识和理解。使用这个机器人玩具是在教师引导的小组活动背景下进行的，活动目的旨在为爱莎提供与同伴轮流分享和交谈的机会。

爱莎的母亲对基于游戏学习的潜力及其在家庭中应用的可能性很感兴趣。此外，她非常重视与米歇尔的合作伙伴关系，因为她看到她的女儿通过游戏越来越提升了信心和掌握了更多社交技能。爱莎在幼儿园的这段时间里一直积极地学习，根据她的兴趣变化和能力的发展，有计划的游戏活动也在不断调整。米歇尔承诺支持爱莎这个富有天资和才华横溢的孩子，等到爱莎离开幼儿园开始上学时，她会成为一个快乐、自信和善于交际的孩子，喜欢通过游戏来学习。

尊重对成就的评估和记录

　　爱莎学习和成就的故事强调了尊重性的评估方法与回应性计划的价值，能够促使儿童计划好下一阶段的发展步骤。教师认识到爱莎能够通过某个领域的学习并且在个性化的计划和具体支持中获益，于是，教师努力发现爱莎的优势领域，并为她提供相应的支持。成人往往会感到有压力，很难让孩子们达到相应年龄段的预期发展标准，但实际上没有两个孩子的发展方式和速度完全相同。当然，成人在教育中的作用之一就是让儿童充分发挥他们的潜力，但更重要的是要认识到每个孩子都是独一无二的。因此，每个孩子在不同发展领域的成就各不相同，可能与《早期基础阶段纲要》所建议的目标不一致。

　　对幼儿使用预期目标纲要的风险之一就是有可能采用一种"缺陷评估模型"。这意味着儿童的成就主要是根据他们不能做什么来评估的，换句话说，就是寻找他们发展中的差距。这里的一个关键问题可能是儿童究竟应该被视为"已经发展成的人"还是"正在成长中的人"，或者二者都是(Uprichard，2008)。如果我们把儿童视为完全的人，尽管他们还在成长和发展，但我们接受并珍视他们现在的样子，不管他们的能力如何，要尊重他们的潜力。事实上，作为成人，我们也可以把自己看作"已经发展完成和正在发展的人"，因为我们在成年以后仍然会继续个性和职业的发展。如何能够确保儿童通过早期干预策略得到具体的支持从而能够获得最大限度的发展机会，同时还尊重每个孩子的独特性，把他们视为独立的个体，尊重他们是谁而不是他们能或不能做什么，上述这些问题如何平衡是一项很大的挑战。但是，如果采用一种"信任评估模型"，即从儿童能做什么开始，就可以使儿童在现有成就的基础上继续以自己独特的方式发展。当使用指南文件《早期基础阶段发展框架》(Developmental Matters in the Early Years Foundation Stage，Early Education，2012)中的发展图表或其他资源中的发展图表时，这可能是一个挑战。有时采用"检核表"方法，实践者在儿童达到预期的里程碑时进行标记。而且，这种情况并不少见，特别是在法定的简要评估临近的时候。然而，有效的教学法包括以真实的、与儿童兴趣相关的方式评估儿童的成就。例如，为了了解儿童的问题解决能力，成人可以参与和观察儿童在游戏活动中的行为，如用可回收的材料建造雕塑，或倾听儿童在娃娃家进行角色扮演游戏中所使用的协商技巧。通过这种方式，当儿童被内在激励，从而有可能表现得更好时，他们的成就就能被观察到。通过观察和在适当的时候参与儿童的游戏，实践者能够更好地了解儿童，并且对他们的兴趣和能力有更深入的了解。为了能够借助于观察和评估进行有效的课程规划，如果儿童有动机参与教师提供的活动，就需要实践者对他们的兴趣及成就采取全面的看法。如果遇到实践者无法以这种方式确定儿童成就的情况，可能会凸显由于师幼比不合理而造成的时间限制问题。如果实践者愿意了解他们所照顾的儿童，并有信心观察儿童在真正的游戏和学习过程中所取得的成就，就需要对这些实践者进行适宜的支持让他们能够扮演好他们自己的角色。

认识到早期基础阶段发展图表建议之外的成就也很重要。《早期基础阶段发展框架》的作者承认，这些图表详细描述了儿童可能经历的发展历程，并建议实践者利用它们来做出最适合的判断（Early Education，2012：3），判断那些重要的问题，而不仅仅将它们用作"检核表"。然而，托幼机构的时间和预算压力有时会导致实践效果不佳。如果要以尊重的方式使儿童取得成就，就应该抵制这种做法。

学习故事和品质

考虑到观察和评估等多样化的教学法，有助于实践者进一步寻找认识和促进儿童发展的更多方法。有一个这样的例子，凯尔（Carr，2001）开发了一个信任性评估模型，使用"学习故事"（learning stories）这一工具来记录和观察儿童的发展，标明能够促使他们学习的必要倾向。这种方法是为了配合新西兰早期课程政策（如 Te Whariki）而设计的。凯尔（Carr，2001：23）主张关注学习的如下五个关键倾向：

①有兴趣；

②参与；

③面对困难和不确定时能够坚持；

④与他人交流；

⑤负责任。

所有儿童都能够用他们自己的方式在不同的水平发展这些学习品质。注意到这些关键倾向的实践者可以帮助儿童进一步发展，而不仅仅是检查预期的发展结果。早期基础阶段发展图表实际上利用了这些学习品质的要素，因此实践者可以将这种评估方式与其他早期基础阶段文件结合使用，开发出一种全面的方法来理解和记录儿童的成就。这种学习品质能够促使儿童通过参与他们感兴趣的和有挑战性的活动，发展出继续学习和取得成就的智慧与动力。通过发展这些学习能力，儿童对他们自身的发展更具有主动权。

The Excellence of Play

儿童自身学习的主动权

记录儿童的成就是一种很有用的方式，它反映了游戏化的学习经历以及这些经历是如何让儿童取得成就的。此外，它是实施《早期基础阶段纲要》课程政策的必要组成部分，能够确定在哪些情况下，来自托幼机构或其他专门机构的早期干预策略是否适当。然而，重要的是要考虑这一文件是为谁编写的，或者主要是为谁编写的。当儿童能够接近并参与创建他们自己的记录时，就有可能获得珍贵的机会去反思自身的成绩，获得自豪感，并能够记住自己所做的事情。通过与儿童就记录在案的学习进行建设性和敏感的对话，成人可以帮助儿童思考他们的下一步行动。通过这种方式，儿童能够参与计划与他们相关的游戏性学习体验，从而对自身的学习有更多的自主权。如果要把儿童视为拥有自身权利的人，当然应该支持他们拥有这种自主权，并让他们为自己的成就负责。

为了让儿童理解他们的学习历程记录，这些记录必须包含儿童能够理解的信息，尤其是视觉交流信息，如绘画和照片。需要特别注意儿童是如何参与决定记录应包括哪些内容的。巴斯（Bath，2012）指出了在托幼机构中儿童在参与创建自己的发展记录时感到困惑和被排斥，但是这些记录仍然被称作"我的学习历程"。她讨论了与儿童一起进行的关于他们对早期基础阶段的体验的研究。在这些研究中，一些儿童不承认这份文件是他们自己的。例如，当一个孩子看到他自己的记录时，他显然不认为自己在故事时间坐在小组中的照片对他自己的学习历程特别重要，他说："我甚至没有选择一个故事。我不喜欢故事。"（198 页）在另一些例子中，儿童根本无法使用这些记录，因为这些记录用文字写成，儿童无法阅读。然而，在某些环境中，儿童显然能够对他们的记录进行反思。例如，一个孩子可以回忆和解释玩滑轮的探索过程，因为这些已经被拍摄下来并包含在他的学习历程中。当儿童能够将自己置于他们记录的背景中，他们就能从中获得意义，并绘制出来。对儿童有意义的记录比单纯为成年人（如教师和教育标准办公室视导员）创建的记录具有更大的教学价值。

一些机构鼓励儿童创作图画书并带回家与家人分享。还有一种有用的做法是创建展览或相册，儿童可以自由参观并与同伴或成人分享，以便记住和庆祝他们所做的事情。在英格兰北部的一个托儿所，儿童可以在一个与他们身高相同的大黑板上展示自己的作品，以庆祝他们的成就。儿童可以独立完成这项工作，因为他们的作品所需要的材料可以在黑板旁边找到。这使儿童们能够自己选择要展示什么，并能让实践者洞察哪些成就对儿童有重要意义，即使儿童无法用恰当的言辞来口头讨论他们的活动也没关系。

观察是理解儿童成就的关键因素。详细的书面记录是记录儿童所做事情的重要方式，但儿童不一定能使用。然而，当成人和儿童谈论他们所看到及记录的东西时，儿童往往会做出回应，并对他们的想法和行为提供进一步的解释。这些内容可以添加到记录中，可以增加儿童对自己学习的看法。图像记录法是最有用的，如儿童正在做事的照片，儿童正在讨论的话题，以及对他们想法的记录等，而且，拍照者不一定必须是成人。当鼓励儿童拍摄对他们来说重要的东西时，如他们自己的创造，他们就可以与相关的成人合作，记录下自己的学习过程。

瑞吉欧教学法的记录成就

在瑞吉欧·艾米利亚（Reggio Emilia）的幼儿园里，孩子们被视为成人的合作者。实践者以书面观察记录、录像、照片和儿童个体创作或同伴合作创作艺术作品的形式创作出许多迷你故事。决定必须迅速做出，以便能够最好地捕捉正在发生的学习的本质和发生这种学习的情境。韦斯韦奇（VeaVecci）是瑞吉欧·艾米利亚的幼儿园的一名艺术家和教师，他解释说，这是一种需要时间来培养的能力，因为记录人员"必须高度敏感，天线必须不断振动"（Vecci，2010：134）。特别关注儿童的思维，捕捉正在营造的学习氛围，有助于实践者加深对儿童的学习和创造力的理解，使得记录对于儿童来说更有意义。此外，瑞吉欧·艾米利亚关注记录过程的目的是寻找儿童的学习方式的意义（Rinaldi，2006），而不是评估儿童在成人预设的结果方面取得的成就。这样，就可以根据儿童的想象力和他们已经取得的成就来发展与调整一种新兴的课程——生成课程，这种课程根据所记录和解释的内容来规划儿童的经验。

与家长合作

生成课程是在幼儿离园之后，由实践者和家长在例会中共同策划的，目的是汲取家长对孩子兴趣和学习的独特看法。在英语环境中要达到类似的家长参与水平所面临的挑战包括：教师通常工作时间较长，在工作时间之外很少有与家长见面的时间。然而，与父母合作，让儿童充分发挥他们的潜力，是《早期基础阶段纲要》中所规定的教师角色的重要组成部分。对于儿童的整个早期阶段来说，这种认识是正确的，正如爱莎的例子所表明的，父母的洞察力往往是不确定的。教师与儿童父母的对话可能是特别有用的，尤其是当儿童缺乏必要的语言与教师分享他们的家庭经验时，如婴儿和非常小的幼儿。儿童在家庭环境中所能取得的成就往往与他们在幼儿园或学校里所能取得的成就不同，因为与不同的人交往的信心和机会各不相同。因此，为了更全面地了解儿童的成就，并确保能够为他们在家庭和环境之间提供与分

47

The Excellence of Play

享适当的、有趣的机会，父母和教师之间的积极关系是无价的。

针对所有儿童的游戏性和全纳性的供给

为了使儿童充分受益于所提供的经验，实践者应该为每个儿童创造参与环境、使用资源和与人互动的机会。为每个儿童提供适宜的机会并非意味着将他们单独挑选出来，而是意味着让他们有一种很强的归属感，从来没有感觉到被排斥在活动之外。实践者要提供具体的资源，如提供一个可视化的时间表，以便有学习困难的儿童可以看到并能够确定在一天中接下来会发生什么。而且，每个人都能从这个时间表中受益。标识、符号和图片用于标记特定资源的存放位置，将帮助所有儿童获得他们在游戏中需要的东西。如果儿童的个体游戏计划中包括了来自成人的额外支持，用来在与其他儿童游戏时发展社交技能，那么这名儿童的同伴也可以从与成人的互动中受益，并在相互交往中发展包容的态度和技能。

"特殊教育需要"(special educational needs，SEN)一词通常适用于需要额外支持以充分发挥潜力的儿童。这是一个有争议的术语，部分原因是个体的独特性，因此每个人所需的支持各不相同。给儿童贴上"SEN"标签的危险在于：这会把他们单独挑出来作为不同的个体，这似乎与《早期基础阶段纲要》中"独特儿童"主题的概念相矛盾。此外，我们都有需求，但有需求的内涵被有些人认为是需要特殊待遇。这似乎违背了尊重和平等对待所有儿童的原则。使用这个术语的一个困境是，很多机构为了能够获得额外的资金来对有特殊需要的儿童提供进一步的支持，这个标签是出于自愿的。全纳这个词也是有争议的，因为一个人觉得可以接纳的东西，另一个人可能会认为是难以接纳的。为了理解什么事情对个体儿童、群体儿童和他们的父母最有效，实践中的持续对话和重新协商是至关重要的。

广泛来看，全纳就是创造一种环境，在这种环境中，所有儿童都受到重视，受到尊重，感到他们自己属于这里，并有真正的机会发挥他们的潜力。虽然有时可能为个体儿童提供个性化的支持，但全纳性的环境采取了一种反歧视的方法，以营造一种全纳的环境氛围，使得所有儿童能够以不同的方式开展游戏。残疾有医疗模式和社会模式两种关键模式，前者认为残疾是一种缺陷，需要纠正。这种认识与一种缺陷评估模型产生了共鸣，在这种模型中，儿童被认为在某些方面存在缺陷，必须加以纠正。相反地，当残疾人不能充分参与时，社会模型则认为环境是有问题的，因此应处理环境的问题，这种视角将儿童视为完整的人，而不管他们在学习或获得服务的方式上有何不同。因此，教师需要保持警惕，确保环境是尊重和包容的，以维护所有儿童的权利，发挥他们自身的全部潜力，并致力于消除儿童参与活动的障碍。这就需要持续的反思以保证实践的开展。环境和人总在变化，所以反思性的、主动的方法是必不可少的。

为了能够理解可能影响儿童充分发挥其潜力的因素，儿童所在家庭和环境之间的有效沟通是很关键的。这使我们能够及早查明家庭中存在的问题，如疾病、经济困难或关系破裂等，从而提供暂时的或长期的有效干预和支持。全纳性的环境能够使人意识到哪些问题可能影响那些享受其服务的家庭，并积极消除障碍，而不需要把儿童单独挑出来。例如，某个家庭可能非常贫困，孩子在下雨或下雪的时候买不起雨靴或保暖的大衣来幼儿园，那么，该幼儿园就可以为所有儿童提供参与户外游戏的相关设备，而不必因为寒冷或潮湿不得不提前进入室内，错过户外游戏的机会。如果天气在白天突然变化，或者家长在早晨匆忙送孩子时忘记带东西，这项措施实际上可以使所有儿童受益。一种全纳的方式，而不是做出让个人蒙羞的特殊安排，其美妙之处在于，通常每个人都能从这种全纳的方式中受益。随着家庭环境的变化，与家庭的接触可以使教师对潜在的全纳性问题有更深刻的理解，并通过调整相应的支持和适宜的回应使每个人都可以受益。

结 论

政策环境影响着教师支持儿童通过游戏实现目标的方式。然而，如果要战胜挑战和困境，经常反思是至关重要的，这样受人尊敬的教师才能维护儿童自主的权利和进而发展其潜能。参与有选择的实践为实践者提供了反思的机会，也增加了更多的机会和可能性来理解儿童的发展。接受不同的想法是提升实践水平的关键，与家庭的对话可以让我们深入地了解如何商讨活动的形式以使得游戏更能够被接纳。为了做到这一点，应当使人们认识到游戏具有激发儿童成就的潜能。

思考题

1. 你如何判断干预策略是否适合个别儿童？
2. 你如何使家长参与到他们子女的学习中？
3. 你如何记录儿童的学习，以及儿童在这个过程中有什么参与？
4. 在你的幼儿园里有哪些做法让游戏变得更具有包容性？

致 谢

作者感谢儿童中心和米歇尔分享了表格 1 中的实践案例。感谢孩子的父母同意分享这些信息。

参考文献和延伸阅读(加粗文字)

Allen, G. 2011. Early Intervention: The Next Steps. An Independent Report to Her Majesty's Government[M]. London: HM Government.

Bath, C. 2012. 'I can't read it; I don't know': young children's participation in the pedagogical documentation of English early childhood education and care settings[J]. International Journal of Early Years Education, 20(2): 190-201.

Carr, M. 2001. Assessment in Early Childhood Settings: Learning Stories[M]. London: Paul Chapman.

Department for Education (DfE). 2011. Supporting Families in the Foundation Years [M]. London: Crown.

Department for Education (DfE). 2012. The Early Years Foundation Stage: Setting the Standards for Learning, Development and Care for Children from Birth to Five[M]. London: Crown.

Field, F. 2010. The Foundation Years: Preventing Poor Children Becoming Poor Adults. The Report of the Independent Review on Poverty and Life Chances [M]. London: DfE.

Rinaldi, C. 2006. In Dialogue with Reggio Emilia[M]. Abingdon: Routledge.

Sayeed, Z. and Guerin, E. 2000. Early Years Play. A Happy Medium for Assessment and Intervention[M]. Abingdon: Fulton.

Tickell, C. 2011. The Early Years: Foundations for Life, Health and Learning. An Independent Report on the Early Years Foundation Stage to Her Majesty's Government [M]. London: Crown Publishing.

Uprichard, E. 2008. Children as beings and becomings: children, childhood and temporality[J]. Children and Society, 22(4): 303-313.

Vecci, V. 2010. Art and Creativity in Reggio Emilia: Exploring the Role and Potential of Ateliers in Early Childhood Education[M]. London: Routledge.

第五章 重新塑造性别和游戏

杰恩·奥斯古德/文　刘峰峰/译

摘　要

　　本章借鉴了近期的女权主义理论，从物质和情感两方面入手，了解儿童通过游戏实现其性别认同发展和失范的过程，并重新定位儿童在这一过程中的活动。通过观察幼儿游戏的情况，我们特别关注了一个3岁的女孩西尔维(Sylvie)，重新审视了在早期阶段受到密切监控和规范的性别界限，这促使我们通过成人的实践来思考我们是如何产生不同的想法的。在布拉伊多蒂(Braidotti，2013)的理论框架指导下，我提出了"成为儿童"(becoming child)这一概念，将其视为"一系列多重成为架构"(a series of multiple be-comings set)，并将这一概念放置于早期教育集合中，这一集合由物体、情绪、敏感事件、社会互动、有意/无意事件等组成。在托幼机构中，通过这个角度了解性别和游戏有助于我们去观察多种方法与意义，儿童经由这些方法与意义去协商、坚持、庆祝，通过(与人和物的)游戏大胆体验不同的性别存在方式，在语言、非语言、身体等方面产生变化。这种重新聚焦使我们能够以新的方式观察、感知和参与儿童在家中和托儿所中的日常生活，使我们能够对社会中广泛和持续存在的性别不平等现象进行新的辩论。这种方式让我们质疑自己的世界观，并腾出空间来重新塑造正在变化的儿童。

导　言

　　游戏仍然是幼儿教育和保育领域的焦点，游戏的形式和潜能仍然是人们继续争论的问题，这也正是本书所讨论的问题。大量文献都提供了相关的指导。例如，如何最好地促进游戏，如何调节和评估游戏的价值等。然而，我想说的是，跳出来的争论却很少(作为成人：教师、家长和研究人员)，也很少有关于游戏能够支持幼儿发展和挑战性别认同的批判性思考。借助于游戏，幼儿的性别认同能够在"交错空间"中存在。在早期教育领域，对性别的关注偶尔也应当被提上日程了。但是，这一对性别的关注倾向于采取干预和调节的形式(MacNaughton，2000；Holland，2003)。在这里，

The Excellence of Play

我要进一步推进这个概念，并且强调儿童"玩性别"的重要性，要给予儿童空间和机会在游戏中协商、反抗、庆祝、随意玩弄性别，甚至改变性别存在的方式。这就要求对去除成人中心化，并要求把"成为儿童"看作一系列连续的变化过程(Braidotti，2013)，且认为儿童有探索和超越的权利(Robinson，2013)，且能够全神贯注于他们所做的事情(Lenz Taguchi，2010)。

本章着重于重新理解游戏，使我们(成人：教师、父母、研究人员)能够更充分地理解儿童作为具有性别特征的存在，以及他们在童年早期的境遇和环境中主动地、有意识地或无意识地开展与性别相关的游戏。通过强调在幼儿游戏中相互交织的事件，如打闹游戏、超级英雄和自然游戏等，我将阐述儿童在发展过程中所经历的一系列多重发展方式。这些发展方式在早期阶段的一系列内容中形成，这些内容包括物体、情绪、敏感事件、社会互动以及无意/有意事件(Renold and Mellor，2013)。在早期教育中，从这样一种视角来寻求对儿童性别化生活的新理解，可以为我们提供一个机会挑战我们对童年、性别以及成人在游戏中的作用的既有认识。

本章建立在巴特勒(Butler，1990；1993)女权主义重要理论的基础上，巴特勒将性别理论化为一种表述行为，并强调了日常惯例、行为和互动的重要性，他认为这三者塑造了性别行为，促进了性别认同的形成。当我们思考在早期教育环境中——尤其是在游戏中——的幼儿是如何探讨性别的时候，我们能认识到性别是社会建构的、流动的和变化的，并取决于它的行为环境，这是非常重要的。以巴特勒的想法为出发点，并结合布拉伊多蒂(Braidotti，2013)的理论进行延伸，有可能使我们围绕具体经验来思考后人文主义理念，这一理念强调托幼机构中的游戏形成了一个集合体——由物体、情绪、敏感事件、社会互动及事件组成。

她通常都很像一位少女，穿着闪闪发光的鞋子，长着精灵般的翅膀，转眼间你就会看到她向房间的另一头扑了过去……她有时会很大声(笑)。她确实每天都给我们带来惊喜。

上述文字引自一位幼儿教师的描述，反映了性别方面的意外表现，挑战了幼儿时期一般意义上的规范观念。这个 3 岁女孩西尔维的表现，在很大程度上可以被理解为是女性霸权形式的体现，这主要通过她穿着的公主服装，以及非常女性化的审美表现出来，如希望有长而卷的头发、漂亮的衣服，以及对粉色物品的痴迷等。然而，对西尔维(在托儿所、家里和其他环境中)的观察表明，在她操作物品活动以及与同伴的互动中，她也很容易表现出男性化和女性化混合的特点(Halberstam，1998)。她在早期阶段集合中的位置不断发生变化，她的活动内容时刻都在变化。

打闹游戏是早期阶段的常见游戏形式，通常与吵闹的男孩直接相关，这种游戏一般在异性恋矩阵中发生，表现为一种霸道的男子汉气概（Davies 1989；Epstein 1998；Walkerdine 1993）。父母和教师对这种行为的容忍和监管各不相同。然而，对西尔维的观察表明，性别的发展与各种不同的物体及感觉相关。通过她鲜明的身体表达，通过她打破了常规（分子线）（Deleuze and Guattari，2004）的女性化物品的使用，我们看到托幼机构正在以一种令人惊奇的方式重新运作，超越了父权规范所规定的模式。通过为这样的游戏和批判性行动留出更多空间，就有可能得出性别和儿童发展的不同结论。

尽管她通常选择的都是女孩子穿的衣服，做的都是女孩子爱做的事情，西尔维也会从事破坏性的活动，这些活动具有挑战性且令人不安，这也让我们看到她从条纹空间中占据她的领地。借用德勒兹和伽塔利（Deleuze and Guattari，2004）的观点，女孩子可能表现出远超女性的建构行为，超越了社会上通常对女性角色的简单化理解，如属于少数、处于边缘化或被排斥的位置等。这种认知和理解可能引发一个缺陷概念，并且为条纹空间的建立奠定基础。正如塔布库（Tamboukou，2008：360）解释的："条纹空间是有层次的、规则密集的、严格有界的、有限制的，而平滑空间则是开放的、动态的并允许进行转换的。"通过无意识的破坏性活动，西尔维试图从性别认同或父权规范所占据的条纹空间中夺取地盘，并且朝着塔布库（前面引述）所描述的平滑空间而努力。在这个平滑空间中，她可以通过流动的、动态化的方式来玩性别游戏，并且在她与人和事的日常互动中进行。因此，我们可以证明重要的转变已经发生了，即我们关于早期女权主义的理解已经发生了变化，这一切可以通过一名 3 岁幼儿的行为表现出来。

我还将试图证明这种冲破条纹空间的行为发生在西尔维的家里、幼儿园以及其他地方的日常生活中。就像许多小孩子一样，装扮是西尔维童年时期在幼儿园和家里的一件重要事情。她经常穿着各种各样的衣服去幼儿园，从仙女公主到复活节兔子，再到超级英雄，而且经常是几套衣服的混搭。有一次她来幼儿园，穿着儿童电视节目《懒人小镇》（Lazy Town）中的虚构人物斯波塔克斯（Sportacus）的服装。这个名字是古代人物斯巴达克斯和体育这个词的合成词，代表了斯巴达克斯的运动精神。斯波塔克斯把自己描述为略高于一般水平的英雄。在《懒人小镇》中还有一个年轻的女性角色斯蒂芬妮（Stephanie），她从头到脚都穿着粉色的衣服，和斯波塔克斯一样有运动精神。西尔维最容易通过游戏与斯蒂芬妮产生共鸣。这也许可以解释西尔维扮演男性超级英雄来到幼儿园时所带来的困惑。当西尔维穿着仙女的翅膀、闪亮的鞋子和公主裙来到幼儿园时，她往往会受到兴奋的欢迎，尤其是教师会这样做。某一天，当西尔维扮演的斯波塔克斯（尽管从斯波塔克斯的紧身衣下面露出的是一双闪闪发光的鞋子）来到幼儿园时，迎接她的却是困惑的眼神和质疑的注视。西尔维的一个同伴斯坦利（Stanley）——正热切地等待着她的到来，以便他们能一起玩化妆游戏。在他的军裤外面，他穿着一件红色的弗拉明戈服装，T 恤上装饰着一辆卡车，还有一双沉重的靴子。他为西尔维预留了一条类似的黄衣服。当听到西尔维来了的时候，他高高地举起了这件服装，但当他意识到西尔维已经穿上了戏服，那件黄色的弗拉明戈服装在这个时候显得多余时，斯坦利退到了房间的一个远一些的角落，显得很沮丧、很困惑，他花了一些时间重新考虑他的游戏提议。不一会儿，斯坦利很快就投入另一个故事中，这个故事是由他附近的同伴发起的。这说明了在早期托幼机构中，游戏的起起伏伏也在塑造着儿童游戏的特点。游戏往往在一个地方被颠覆或死亡，但又在其他地方爆发。塞勒斯（Sellers，2010）强调，儿童依靠他们的集体想象来服务（理解、丰富）他们的故事情节，也会从其他游戏和附近同伴那里激发想象。我们看到游戏的力量与相互关系是如何影响和被其他游戏、关系以及物质环境所影响的。

有趣的是，我们注意到了西尔维对性别期待的超越所引发的影响，尤其是斯坦利也穿了一条色彩鲜艳的褶边裙子，因此，他也违背了性别二元化的存在方式。我们也看到了斯坦利如何快速克服了对空间的误解，并逐渐融入另一个故事情节中。这种中间事件是有用的，因为它提供了机会，超越了对幼儿如何通过超女性和超男性的表现来协调他们对性别的理解。尽管西尔维和斯坦利弄混了性别的存在方式，他们所表现出的各种反应以及预期或非预期的状态是值得注意的。西尔维和斯坦利都通过各种颠覆性的与一致性的行为，以多种方式和运用各种物品（化妆服装、角色扮演、武器、舞蹈等）来扮演性别。如何理解性别是通过身体的实际表现和性别定型来实现的。在早期阶段，这些实际表现和性别定型就是一种框架，包含了对男孩和女孩的理解，也引起了人们的高度关注。采取后人文主义的视角，使主题去中心化，让熟悉的事物变得陌生，这让我们超越了我们所认为的有意义的东西（Jones，2013）。这种突发性组合同时调节和破坏着分子线，在这种情况下，替代性的行为方式会干扰正常的行为方式。下面是对矛盾、多元、不一致和物质的不同表现形式的进一步视觉表征，这些内容都对性别定型提出了挑战。在早期阶段，这些进一步的视觉表征，如维京人、游泳衣、舞剑的女孩（参见图 5.1）；兔耳朵、披风骑士、蜘蛛人、超人、唇膏、拿着魔法棒的女孩（参见图 5.2），包含和限制着"做女孩"的可能性。我想保持对空间、时间、物质、相互关系和混乱等儿童游戏的根际性本质的关注，通过确定去领地化时刻来重新推敲儿童对性别进行不同理解的可能性。

妈妈和爸爸?

家庭事务和家庭生活为西尔维的游戏提供了再现熟悉的生活场景的丰富素材。西尔维经常在托儿所玩洋娃娃,经常会在娃娃家玩,她似乎在扮演着妈妈的角色,在照顾和养育宝宝。然而,密切关注她在扮演行为中的每个细小变化,可以帮助我们理解早期阶段的性别概念是如何发生的。

图 5.1 维京人、游泳衣、
舞剑的女孩

图 5.2 蜘蛛侠、
超人、唇膏、拿着魔法棒的女孩

西尔维同时还是生病的宝宝的医生。西尔维和她的同伴把这些洋娃娃当作会说话的假人,会与他们就一系列的话题进行对话,其中的一些话题被认为是禁忌话题(Robinson, 2013)。这些娃娃也被当作魔法人物、超人,并参与其他幻想游戏中。如果理解异性恋霸权支配下的异性恋矩阵(Butler, 2005),我们会发现娃娃游戏有许多形式,这些形式可能不同于之前预想的形式。因此,玩洋娃娃的女孩可能会被认为是有问题的,并且限制女孩只能在游戏中玩那些女孩玩的游戏。然而,游戏的微观图谱揭示出有一个更为复杂和多层次的组合在起作用。娃娃游戏的多种变化强调了多种材料之间的相互关系,以及物体在不同方面的表现。[例如,事物在特定的环境中是如何运作的,以及如何与身体发生联系(参见 Lenz Taguchi, 2010)。]

为了试图继续在异质组合中与其他实体一起重塑人类和人类组织(Deleuze and Guattari, 2004),我也关注了其他游戏事件。在家里,西尔维拥有一幢令她非常自豪的四层楼高的粉红色泡泡糖玩偶屋(是她奶奶送给她的礼物)。从心理学或社会学的视角来看,这种空间和物品都是高度女性化的,因此,这可以理解为一种方式,通过这种方式,性别刻板化行为和异性恋正统主义得到了加强。正如上面的娃娃游戏所描述的,人们对蕴含在

The Excellence of Play

娃娃屋中的游戏以及源自娃娃屋游戏的仔细考察，揭示出了复杂性、不确定性、模棱两可和逃逸性。西尔维在不同的场合与不同的玩伴、用不同的方法玩娃娃屋。雷诺和梅勒(Renold and Mellor，2013)提醒我们，权力的主导系统(阶级、种族、性别、年龄等)是无所不在的。它们是一套机制，为一些特性的出现提供了可能条件，而另一些特性则不太可能出现。在儿童早期，这些情况深深根植于性别主体性的摩尔水平层面上，如关于什么是男孩、什么是女孩的主导观点，但是，性别通过身体在分子水平上以多种方式循环。例如，当西尔维和她的哥哥在家里时，西尔维玩娃娃屋的方式很可能与她在幼儿园和同伴一起玩娃娃屋的方式是完全不同的，与她的堂兄弟姐妹在家里一起玩的方式也是不同的。在家里，西尔维主要和她的哥哥诺亚(Noah，6 岁)一起玩。西尔维和诺亚很少玩娃娃屋，但在少数情况下他们会玩。担心这种游戏形式会加强异性恋正统主义的想法是令人怀疑的。很明显的是，烟囱被移走了，装饰上了钥匙圈和乐高玩具，娃娃家变成了处于诡计和战斗中心的宇宙飞船，就像故事里面叙述的那样，宇宙飞船在相邻的房间里飞来飞去，到西尔维的房间，到诺亚的房间，再到客厅，最后它逐渐消失，另一个故事开始了。飞船降落在西尔维卧室里的不同地方(台阶、书架、五斗柜、床)，然后降落在消防车上。很快，娃娃屋就被重新组装起来(飞船又变成了烟囱，尽管武器还在里面)，一场火灾救援行动开始了。消防车(由 6 名消防队员组成)开始了一项拯救娃娃屋一家的任务，但这个故事随后又转变为一个又一个的其他故事。塞勒斯(Sellers，2010)通过德勒兹式的镜头生动地说明，儿童的游戏充满了行动和活力，拥有身体版图和周围环境，包含各种自然材料和人工材料，在多种故事情节的编织下变得杂乱无章。在哥哥的想象(性别、年龄)的激发下，西尔维很擅长策划和讲述这些游戏故事。

自由女权主义者担心一个大的粉色娃娃屋可能会限制和囊括了性别的发展方式，这似乎是没有根据的。要密切关注或多方调节幼儿的生活，特别是女孩子的生活，以保护或赋予他们权力，这种观点已经过时了，尤其是在深入思考以达成不同理解的情况下。退一步，更仔细地观察这个组合，观察这个组合分裂和重新划分的时刻，就有可能看到孩子重新活动和协商性别的行为方式，有可能超越已知的、可行的及可接受的行为。这就提出了一个重要的问题：当幼儿超越或复杂化教师或家长的性别期待时会发生什么(Blaise，2013；Jones，2013；Renold and Mellor，2013)。我们(成人：教师、家长、研究人员)有责任做些什么？我认为我们有责任去观察这些违规行为，解构和重新配置可供选择的解读。[这对早期基础阶段中蕴含的主导理念和发展主义思维提出了挑战，因为这些观念中隐含着促进规范和生物决定论的思想，同时这些观念还决定了童年的测量和调节方式，参见奥斯古德（Osgood，2014）的进一步讨论。]相反，我们需要为孩子创造与性别玩耍的空间。布拉伊多蒂（Braidotti，2013）强调感官接触，即动作和触觉是在世界上存在的重要方式，它们不可避免地根植于更广泛的社会、政治和经济背景中，受等级制度和不公正的影响。然而，在早期阶段组合内重新聚焦这些微小事件，即我上述列出的这些事件，提供了在早期阶段参与日常活动的方法。这就需要把幼儿看作代理人，且与他们所处的世界以及他们所组成的群体相互依存。

　　罗少特（Rossholt，2012）强调儿童的身体不仅仅是由外部社会话语所记录的简单表达（如如何做儿童、如何表达性别、如何玩游戏）。相反，儿童以身体运动的形式参与自己和他人的物质生产。在最近的一次森林之旅中，通过关注西尔维与各种物质的接触，我希望进一步关注这些有形的、物质的和情感的实践。当西尔维在森林里发现一个临时的树屋时，她变得目的非常明确，不再介意变脏，决心继续建设住宅，挥舞着棍子打来打去，开启了狩猎—采集模式。在琼斯（Jones，2013）之后，我提出了一些关于游戏、自然和性别的后人文主义者的启发式问题：建造树屋激发了哪些可能性？它的基础和与其他事物的联系是什么？它传递什么信息？它引发、容忍和否定的强度如何？我将在下一部分探索其中的一些问题。

自然的游戏场

　　关于游戏和儿童早期生活的另一个争论焦点是，孩子们与自然失去了联系，花了太多时间待在室内，过度沉迷于虚拟世界，因此他们迫切需要重新建立联系（拯救童年运动，2014；参见第18章）。许多书中都提到了这一点，这些书通过支持或组织儿童户外活动来倡导建立大自然的游戏场（例子参见 Danks and Schofield，2005）。斯堪的纳维亚背景下的森林学校数量在稳定增长。森林学校的框架源于自然主义者的话语体系，认为儿童在丰富的自然环境中成长，他们感受到的压力较小，因此很少抑郁，更自信（尤其是在要进行冒险的时候），有更好的沟通技巧，更有创造力，表现出良好的情绪。它建立在这样一种信念上：儿童可以通过运动和运用所有的感官来活动与学习。泰勒（Taylor，2013）在她的书中对自然与童年的融合理念进行了批判，这种融合理念宣扬纯洁和纯真的思想。相反，她将童年重新定义为混乱和纠缠、情境化和分化，并纠缠于现实世界的关系中，而不是在一个独立的空间里被保护起来。布拉伊多蒂（Braidotti，2006）敦促我们考虑非人类身体和生命形式的生命力，以及它们与各种产品以及受政治支配的人体的交叉关系。她提倡游牧式的主体性，追求多元归属。哈瓦维（Haraway，2004）强调：

57

The Excellence of Play

除了物化、占有、挪用和怀旧之外，我们必须找到另一种与自然的关系。在组成自然的强有力的对话中，所有参与者都必须为共同创造意义找到新的基础。

（第 158 页）

这种女性主义化的、对自然的重新理解强调了人类世界与非人类世界之间的关系，越来越多的儿童早期研究领域的学者开始运用这种新的理解，并对童年的关系和组合形式有了新的认识（例如，Lenz Taguchi，2010；Jones，2013；Renold and Mellor，2013）。同时，这种重新理解也强调我们（作为实践者、父母和研究人员）如何认识这种关系，并支持儿童应对新的组合所带来的挑战。这种新的组合由儿童制造，并且不可避免地受到继承和共存的影响。泰勒（Taylor，2013）认为这鼓励了对关系的不对称性的探究，其中，关系的不对称性与可能性条件（如性别）有关。同时，这也将支持儿童思考如何最好地处理分歧以及如何最好地将自己置身于所生活的世界中。

图 5.3 展示了"森林中的西尔维"，可以被解读为是在强化主流的自然主义话语，颂扬自然的自由和童年的纯真。泰勒和基格尼（Taylor ＆ Giugni，2012）为此种认识感到不安。然而，森林是伦敦市中心的一个小绿洲，透过树木可以看到红色的公共汽车，几百米之内有一家咖啡馆、修剪整齐的草坪和操场。此外，在对这一事件进行更仔细的调查时，童年的纯真和逃往自然的浪漫主义思想会进一步受到困扰。当西尔维在树屋里遇到一个家庭时，她就需要就物品的使用、与人相处以及其他的可能性条件进行协商。小屋里的两个孩子都是比她大得多的女孩（大约 7 岁和 10 岁），她们似乎暂时拥有了树屋。西尔维面临着进入树屋的谈判，协商对游戏规则的共同理解（误解），随后，她开始着手处理事务，以证明她是这个临时社区中的一位有价值的和有用的成员。她开始沉浸在收集树枝的活动中，以进一步加固树屋的结构，使其能够防水。接下来是一场漫长的角色扮演，她扮演了一个狩猎采集者的角色，为晚餐收集食物。树屋的树桩被指定了特定的功能，包括水槽、厕所和床，一个入口被指定为成人入口，另一个入口被指定为儿童入口。通过这个无组织的偶然事件，西尔维获得了游戏的空间，并且将她的性别、年龄以及人与物的相互依存关系作为游戏的内容。

（a）　　　　　　　　　　　　　　（b）

（c）　　　　　　　　　　　　　　（d）

图 5.3　森林中的西尔维

　　这个活动表明，当以支持和赋能的方式支持儿童，给予儿童空间去探索他们所生活的世界时，他们便能够获得关于他们所接触的人、地方和事件的知识。这包括有意识或无意识地认识到人类与地点、空间和物质之间的相互依存关系，以及这种相互依存关系所产生的共同贡献（Taylor and Giugni，2012）。儿童对所处环境的了解，与环境的关系，甚至与更广阔的世界之间的关系，都会变得更具批判性。这正是这一章所讲述的在西尔维的世界中发生的事件所力图说明的。她与其所处世界中的地方、人与物的批判性接触，促使了协商和越界的发生。

结 论

诸如此类的考虑显然会影响与这些问题相关的学习机会——包括成人（教师、家长和研究人员）所采取的方法，所选择的学习材料、资源和研究方法，以及与它们相关的"政治"。它还可能包括关注为儿童创造、访问和提供学习的环境。依据塞勒斯（Sellers，2010）的观点，见多识广的、专业化的成人选择应该认识下面的内容：

> 幼儿的理解力与成人世界的理解力同样专业。儿童基于他们的生活经验进行表达，他们表达其童年生活经验的方式是成人难以做到的。但是，儿童的表达方式又与成人的方式极其相似，都是来自他们的经验，以及过去和现在的生活形态。

（第 557 页）

因此，在本章中用镜头来关注这些正在变化的儿童，说明了儿童周围的一切都很重要。儿童如何逐渐理解他们自己（如他们对性别的认知）与经验、活动和事件密切相关，不论他们是直接的还是间接的，都存在于环境中，能够促进儿童的学习和发展。游戏（在混乱的行进路线之间，这正是儿童游戏的特点）通过有意或无意地与人、地点、物体、事件和情感的接触而存在。作为成人，我们有责任在某种程度上享有参与早期教育的特权，我们应当认识到这一点，为儿童创造游戏的空间（伴随他们的多元化发展）。自发游戏可生成多种可能性，其特征是思想、创新、创造力和想象力的起起落落，可以鼓励儿童去探索和超越，让熟悉变得陌生。我们有责任为此创造空间，关键是要从童年生活和不断协商的专门知识、经验中学习。

注 解

西尔维是我的女儿。当有机会通过家庭、托儿所和其他环境中的早期事件集合来探索她的成长过程时，我选择关注她童年生活中的这些事件。她已同意成为本章的重点。

斯坦利是个化名，但他和他的家长也签署了知情同意书。

德勒兹和伽塔利意义上的"变成"与心理学和社会学视角中的"存在"和"变成"明显不同。前者认为儿童处于持续发展的状态中，朝着最终成为现实的成年阶段的终点发展。德勒兹和伽塔利关于变化的认识，为我们可以将儿童视为变化过程的一部分提供了机会。

思考题

1. 你是如何让儿童将性别作为游戏内容的？或者如何通过与人或事物玩耍，让儿童有空间和机会去协商、抵制、庆祝性别化的存在方式？

2. 你在教室中创设了什么样的环境，能够重新认识性别问题，且所有儿童都可以访问，并有助于儿童的学习和变化？

3. 在你所处的环境中，你在什么情况下能够观察到发展的儿童正在重新审视和协商性别的存在方式，并超越了那些被认为是可知的、可做的或可接受的事情？

4. 你见过幼儿通过哪些超女性化和超男性化的表现来探讨性别的例子？你对此有何回应？

5. 在什么情况下，你能够观察到儿童在游戏中通过协商、抵制、庆祝、纵容和超越等方式或手段来探讨性别差异的存在方式？你有何反应？

参考文献和延伸阅读（加粗文字）

Blaise，M. 2013. Activating micropolitical practices in the early years：(re)assembling bodies and participant observations[M]//R. Coleman and J. Ringrose（eds）Deleuze and Research Methodologies. Edinburgh：Edinburgh University Press.

Braidotti，R. 2006. Transpositions：On Nomadic Ethics[M]. Cambridge：Polity Press.

Braidotti，R. 2013. The Posthuman[M]. Cambridge：Polity Press.

Butler，J. 1990. Gender Trouble：Feminism and the Subversion of Identity[M]. London：Routledge.

Butler，J. 1993. Bodies That Matter[M]. London：Routledge.

Butler，J. 2005. Undoing Gender[M]. London：Routledge.

Danks，F. and Schofield，J. 2005. Nature's Playground：Activities，Crafts and Games to Encourage Children to Get Outdoors[M]. London：Francis Lincoln.

Davies，B. 1989. Frogs and Snails and Feminist Tales：Preschool Children and Gender[M]. Sydney：Allen and Unwin.

Deleuze，G. and Guattari，F. 2004. A Thousand Plateaus[M]. London：Athlone Press.

Epstein，D. 1998. Failing Boys? Issues of Gender and Underachievement[M]. Buckingham：Open University Press.

Halberstam，J. 1998. Female Masculinity[M]. Durham：Duke University Press.

Haraway，D. 2004. Otherworldly conversation：terrain topics：local terms[M]//D. Haraway（ed.）The Haraway Reader. London：Routledge.

Holland，P. 2003. We Don't Play with Guns Here：War，Weapon and Superhero Play in the Early Years[M]. Buckingham：Open University Press.

Jones, L. 2013. Becoming child/becoming dress[J]. Global Studies in Childhood, 3 (3)：289-296.

Lenz Taguchi，H. 2010. Going Beyond the Theory/Practice Divide in Early Childhood Education：Introducing an Intra-active Pedagogy[M]. London：Routledge.

MacNaughton，G. 2000. Rethinking Gender in Early Childhood Education[M]. London：Paul Chapman.

Osgood，J. 2012. Narratives from the Nursery：Negotiating Professional Identities in Early Childhood[M]. London：Routledge.

Osgood，J. 2014. Playing with Gender：making space for post-human childhood（s）[M]//J. Moyles（ed.）Early Years Foundations：Critical Issues. Maidenhead：Open University Press.

Renold，E. and Mellor，D. 2013. Deleuze and Guattari in the nursery：towards an ethnographic，multi-sensory mapping of gendered bodies and becomings[M]//R. Coleman and J. Ringrose(eds) Deleuze and Research Methodologies. Edinburgh：Edinburgh University Press.

Robinson，K. H. 2013. Innocence, Knowledge and the Construction of Childhood：The Contradictory Nature of Sexuality and Censorship in Children's Contemporary Lives[M]. London：Routledge.

Rossholt，N. 2012. Food as touch/touching the food：the body in-place and out of place in preschool[J]. Educational Philosophy and Theory，44(3)：323-334.

Sellers，M. 2010. Re(con)ceiving young children's curricular performativity[J]. International Journal of Qualitative Studies in Education，23(5)：557-577.

Tamboukou，M. 2008. Machinic assemblages：women，art education and space[J]. Discourse，29(3)：359-375.

Taylor，A. 2013. Reconfiguring the Natures of Childhood[M]. London：Routledge.

Taylor，A. and Giugni，M. 2012. Common worlds：reconceptualising inclusion in early childhood communities[J]. Contemporary Issues in Early Childhood，13(2)：108-119.

Walkerdine，V. 1993. Beyond developmentalism? [J]. Theory and Psychology，3：451-469.

第二部分

游戏即学习

　　"大部分儿童的学习潜力都是无限的：只有经验不足或所积累的知识有限才会限制他们的能力。儿童正是通过游戏获得经验，并通过游戏主动地建构识别或学习的模式，让新的经验变得有意义或吸收新的信息。"

——珍妮物·莫伊蕾斯 J（Moyles，J.，*The A to Z of Play in Early Childhood*，Maidenhead，Open University Press，2012，p. 28.）

第六章 游戏中的婴儿：音乐家、艺术家和科学家

彼得·厄尔弗/文 李相禹/译

摘 要

与婴儿和幼儿相关的专业工作是复杂、困难的工作之一，尽管其中充满了乐趣和满足感。虽然关于人生早期阶段对个体终身发展的重要意义已被证实，与婴儿相关的工作却鲜有关注，也未得到应有的重视。本文会部分揭示婴儿的先天才能和创造力，但陪伴在场的成人是否真正对婴儿感兴趣并欣赏其探索和建议却存在差异，这种差异会影响婴儿的发展。如果成人能够意识并欣赏其角色的价值，就会一直坚持做好并日臻完善。

导言：婴儿是杰出的思想者

当我思考婴儿对周围人和事物的细腻的敏感性时，我总是会援引一位长期从事孤独症儿童治疗的心理治疗师阿尔瓦雷斯（Alvarez，1992：76）的观点。她的结论如下：

"通过观察和研究已经证实，婴儿对其经验的形式和质量具有敏感性，这改变了人们对婴儿的传统印象。他不再只是一个充满热情和破坏性的生物，而是寻求爱与养育，同时也可能失去爱与养育。如果条件允许，他也是一个小小的、能够聆听听觉经验模式的音乐学习者，一个小小的、学习演奏光与影及其变化模式的艺术学习者……一个小小的、将其经验整合并试图理解它们的科学家。"（第76页）

阿尔瓦雷斯同时使用小宝宝（baby）和婴儿（infant）的表述。这两个词通常被交替使用，虽然婴儿意味着"未掌握口语"。因此，在这个意义上，我们可以认为婴儿这个词大概是指从出生到一周岁的孩子。本文使用婴儿这个词是指从出生到18个月大的孩子，这一时期的大部分孩子已经能够主动地使用词汇，学会走路并乐于探索。在很多关于儿童的文章中，早期儿童（early childhood）通常是指2～4岁的孩子，但2岁前月龄和年龄的孩子未获得同等程度的关注。

"用眼睛看"和"目之所及"

用"用眼睛看"（real eyes）和"目之所及"（realise-ing）这对双关语有助于思考如何观察。福禄贝尔（Froebel，1782—1852）细致、完美地自然观察婴儿和幼儿给本章的内容带来很多启示。自然是指"完整"地看待婴儿，以普通的方式，在日常生活情境和互动中观察。许多追随福禄贝尔的先驱都利用自然观察的力量，但以不同的方式理解观察。他们的相同之处是对婴儿的极度尊重，以及对婴儿在游戏化的创造力和理解力方面的巨大潜力的理解。

在过去的二十多年，我花了很多时间在托儿所观察婴儿。在托儿所进行的观察工作令人兴奋、充满愉悦，但也极度复杂。我从托儿所中的婴儿、学步儿和教师们身上学到很多。我将这些经验归纳为以下几点：

这项工作的复杂性和挑战性被极大地低估了（Goouch and Powell，2012；McDowall Clark and Bayliss，2012）；

避免婴儿受到伤害是一项极为重大的责任；

与家庭成员建立敏感的合作关系是一项需要投入很多的工作，可以带来深深的喜悦感和满足感，但长时间的痛苦也会让人精疲力竭。

婴儿房间内的工作很容易与托儿所以外的世界隔离，被视为仅仅是喂养、拥抱和换尿布。如果立足在婴儿房间外的人的视角，很快就会忽略那些在婴儿房间内的人的工作。

从另一种视角来看，因为这些员工离婴儿很近，他们通常被认为对于婴儿个体没有什么重要的意义。他们对于婴儿的情感健康不仅很重要，对于他们的生活和参与游戏化的探索也很重要。我希望对艾利克斯（7 个月）、艾米（13 个月）和艾伦（18 个月）这三个婴儿的观察能够证实这一点。在实施观察前，我希望简要地回顾一下我们从一些知名的早期教育先驱身上继承的视角和观点。

坐在肩膀上

婴儿和学步儿有时会坐在家人的肩膀上。这种高度有助于他们举目远眺，看到更多、更新的视野，对此他们通常表现得很兴奋。站在先驱的肩膀上，也能丰富我们关于游戏的视角。在此，我想提 5 位幼教先驱：福禄贝尔、皮亚杰、维果茨基、歌德史密斯（Goldschmied）和特雷瓦尔特（Trevarthen）。我希望简要地提供一些他们给予我们的有力观点，为我们思考婴儿的游戏提供理论资源。

福禄贝尔对婴儿微笑的观察：

"……第一次微笑，很快就将年幼的人类与其他物种区分开来。这显示出这个孩子达到了具有知觉和自我意识的发展阶段。这是人类一种典型特征，首次进入与其他人的交流。第一次微笑因而成为人类独立思想的表达……"

（Lilley，1967：75）

正是通过这种仔细的观察，我们将婴儿作为有情感和很强能力的"人"进行理解和回应的能力获得了很大的进展（Goldschmied and Jackson，2004）。在福禄贝尔时代，将婴儿置于家庭之外来照顾是很罕见的。现在为婴儿提供保育则是很普遍的现象，由此引发了福禄贝尔的观点如何能够应用到这些保育机构中这一问题。

歌德史密斯是在保育领域提出"重要他人"的先驱，强调婴儿与以一个或两个为主的保育员之间的互动是非常重要的（Elfer，2012）。福禄贝尔所说的重要他人主要是指妈妈，但我们现在了解到保育员也能够承担这种角色（Howes，1999）。福禄贝尔也相信，婴儿和幼儿从出生起就通过与自然环境的接触获得经验。这种宝贵的摇篮和启发性游戏（同样也是由终身从事3岁以下婴儿领域研究工作的歌德史密斯发展的）现在已经获得了广泛共识。歌德史密斯很关切地指出，儿童经常很依赖重要他人或依赖能够"安抚"他们的成人，他们能够在婴儿探索新的、陌生的事物时消除他/她的恐惧，释放他/她的好奇（EGFAPT，2013）。

提到皮亚杰（Piaget，1896—1980），他关于感知运动探索的描述，主要是指通过行动获得经验，这一点是毋庸置疑的。艾利克斯（7个月）在保育所的大部分时间都是这样的行为方式，即将东西放入嘴中，感知这些食物的重量、味道、大小和尺寸。虽然艾米和艾伦比艾利克斯大一些，但他们的行为方式也如此。

当婴儿探索或调查周围遇到的任何物体时，这些感觉就像是他们随身携带了"移动实验室"。维果茨基让我理解社会情境的在幼儿的思考与学习中重要作用，以及他人（包括成人和其他婴儿）的重要性：

"塞尔比和布拉德利（Selby and Bradley，2003）坐在3个6～10个月的婴儿中间……形成一个等距的三角形。复杂神秘的表达行为，互相进行微戏剧（mini dramas）表演，表现出一种比我们对婴儿的期望更强的社会互动能力……"

（引自 Trevarthen，2005：78-79.）

特雷瓦尔特（Trevarthen）的大部分工作已经证明了情感在交往中的重要作用，包括信任、钦佩、骄傲和羞愧，无论是在婴儿之间的互动中，还是婴儿在保育所与保育员之间的互动中(Trevarthen,2005:84)。特雷瓦尔特在此处提到的"骄傲和羞愧"意味着什么？他指出依恋理论的重要性，以及与特定的人(家人或保育所中的"重要他人")建立依恋关系作为一个安全基础，从而让婴儿感到安全并愿意探索。但他也指出，婴儿如何感受安全并不能解释为何他/她被激发去探索：

"……发现意义并不是婴儿自己想去做的……意义是可能会转向解决其他事情的情感的，是为了分享探索和行动过程的乐趣而产生的。"

(Trevarthen,2005:63)

这些情感既有骄傲，也有羞愧。当一个婴儿的手势、语言或肢体探索被他人欣赏，自然就会感到骄傲，但也可能感到羞愧。婴儿并非天生就有羞愧的情感，而是在与他人的互动中感受到的。当一个教育工作者离开正在活动中解决问题的婴儿或蹒跚学步的孩子时，就能更放松地解决其他紧迫的需求。但成人的离开会唤起婴儿怎样的情绪？这个婴儿在一段时间内会试图保持独立，并积极参与活动，但他/她会感受到我们任何一个人在做事中途遭遇他人离开时的心理体验。这种体验令人毫无兴趣可言，不被尊重、理解或欣赏。由教师米心提供的宝贝篮子(treasure baskets)和启发式游戏对于婴儿、学步儿是很重要的资源。更重要的是，教师自身的存在成为婴儿安定感的来源，并向婴儿传递真正的兴趣、好奇心和欣赏。

下一部分将呈现一项对不同托儿所的婴儿和幼儿的研究，展现对艾利克斯、艾米和艾伦 3 个婴儿的自然观察(Elfer,2009)。在研究中，对每个小宝宝每两周进行一次观察，每次持续约 1 小时，共计被观察 4～7 次。这些细致的观察将告诉我们小宝宝的哪些探索和想法呢？

三个探索、思考和感受的婴儿

片段 1：艾利克斯(Alex)(7 个月)

艾利克斯在一个小型的私立托儿所的育婴室里(6～9 个月的婴儿)。当我第一次见到他时，他看起来比其他婴儿更娇小、更羸弱。工作人员看起来能够安静、及时有效地照顾这些婴儿，但在最初的 3～4 次观察中，艾利克斯总是看上去哭哭啼啼的或忍不住要哭。但随着观察的持续进行，他看起来好一些，尽管总是在焦虑(需要被搂抱或安抚)和好奇(通过口唇、抓握、够、伸展和爬行进行探索)之间挣扎。有时，特别是当一天活动快要结束时，他就会被焦虑困扰。其他时间，则被好奇心主导！

这个婴儿房间的物质环境创设得很有特色，投放了很多能够提供多种感知觉体验的资源，包括柔软的毯子和材料，以及由自然材料制成的不同属性的物品。艾利克斯大部分时间都通过口唇的吸吮来探索周围事物（参见片段 2）。

片段 2

艾利克斯坐在米凯拉（Mikela）的腿上，面朝外。手里拿着一个木制汽缸，里面发出咔嗒咔嗒声。他用双手把它塞进口腔里和牙龈上，在嘴里打转，在他两个半张开、半握拳的手里来回动。他的手有点小，还不足以握紧。

这种手口探索发生了很多次。有时艾利克斯会寻求安慰，有时则表现出聚精会神的状态，甚至是出于缓解（长牙期）牙龈的疼痛。他有着强烈的愿望想知道手里拿的这个与众不同的东西到底是什么。

艾利克斯专注努力探索的其他例子（参见片段 3）。

片段 3

艾利克斯被绑在一个低矮的木头椅子上，之后又被拉向围成半圆的其他婴儿中间，他看起来相当高兴。然后，他好像要抬起来一个工具，坐直，好像身体受到了惊吓，很警觉地，并保持着轻微但有力的移动，更像是一种条件反射。当他望向四周时，时而环视时而聚焦，有时好像要够想象的物体……他转身，同样突然迅速地抓向他旁边的婴儿，还是难以够到相邻的椅子，接下来又去够坐在另一侧的婴儿。他的手脚一直不停地摆动，有时与他注视的方向一致，有时好像完全自由地晃动。

有人可能认为这种探索对于一个 7 个月大的婴儿没有什么特别之处。艾利克斯作为一个个案，完美地展现了皮亚杰提出的感知运动阶段的探索。然而，艾利克斯频繁地够东西和伸展不止体现为在感知觉方面对物体的探索。

温尼科特（Winnicott，1896—1971）帮助我们理解婴儿尚没有新奇的概念，不认为人与事物之间是有着鲜明的界限的实体。婴儿还不能理解什么是物体，什么不是物体。类似地，他们不知道他们自己是谁，或不是谁，也不知道他们从哪里开始，到哪里结束，"我"是什么，以及什么"不是我"（Schmidt Neven，1997：93）。通过尽可能地向远处伸展胳膊，艾利克斯了解了自己胳膊的能力边界。他正在探索从哪里开始，以及他能感觉的到哪里结束。这对于婴儿的心理和生理都有重要的意义。我们所有人终其一生都在不断地向外拓展，以理解我们能够达到的水平和我们能力的界限。这不一定是在身体感觉方面，同样适用于心理方面，即在一生中，我们都在竭尽所能地寻找可能达到的目标和我们的极限是什么。

如果没有工作人员的实际协助，艾利克斯的许多探索可能不能发生。

工作人员一整天都努力地工作，密切关注艾利克斯的身体需要，并在他沮丧时给予安慰。当艾利克斯的重要他人——梅塔（Mehta）在场时，他们之间的熟悉感有助于他实现新水平的探索，并缓解焦虑和沮丧。其他人也会照顾艾利克斯。我见过一个非常有经验的老师帮他换尿布，全身心地关注他，并用低沉、有韵律的，几乎像歌唱的声音对他说话。我很少见到艾利克斯能如此地安静和专注，随后他的腿突然跳起了一种看起来欣喜若狂的舞蹈，以表达他内心的喜悦和对老师的回应。

梅塔和其他教师通常不能持续待在艾利克斯的身边。教师总是会对婴儿的沮丧予以回应，进行安抚，并支持他们进行其他的游戏化探索。但一旦一个婴儿开始探索，教师就会放下他/她，去照顾另一个婴儿或进行短暂的休息。当教师这样做时，我观察到了他们通常没法观察到的现象。当他们离开一个婴儿的时候，婴儿的探索性活动，无论是什么活动，都会减少或随之停止。

教师的实际协助不仅对于婴儿进行探索很重要，而且也是一种安全感的来源，此外，以第三种方式发挥作用也同样重要（but it was vital in a third way, too）。很显然，婴儿希望成人对他们聪明的想法和对周围事物的调查感兴趣。这对于我们所有人来说也同样重要，即努力激发他人的兴趣，有时甚至是赞美。艾利克斯看起来真的需要这种关注，并且当教师对他感兴趣、欣赏他的探索时，他就会玩得更欢。

片段 4：艾米（13 个月）

艾米所在的托育中心是一个大型的能提供延时服务的托儿所，从早上 8：30 到下午 6：00，每周提供 3 天服务。当我开始观察时，很明显地看到，教师在室内紧密合作，所有教师承担照顾所有婴儿的工作，而不是采用"主要照料者"的方法。在第一次观察中，一名教师开始给艾米分发午餐，然后离开她照顾另一个婴儿。艾米从坐在旁边的杰克老师那里寻求关注，当她想再吃一勺时就会碰一下杰克的胳膊。她坐在高脚椅上，看起来很享受午餐，没有哭泣或沮丧的表情，但总是移动或伸展她的身体，好像渴望与她周围的成人交流。她通常望向杰克，尽管杰克的注意力总在别处，当她看向杰克时她的脸上充满了期盼。但她也充满渴望地看着其他教师和孩子。

当杰克离开去取自己的午餐时，艾米并没有哭而是继续伸展身体去够。当杰克迅速回来坐在她身边时，她再次专注地看着他。但她好像很快开始丧失了一些精力和能量，午餐后，杰克带她午睡。

随着观察的持续进行，我看到这种强烈的兴趣背后的模式，成年人在孩子身边并对其感兴趣时通常会进行参与，但当成年人突然离开她时，艾米的精力也有一些消耗，尽管她显然并未疲惫。教师们总是能积极地回应她，但他们会以合作的方式给予艾米这种关注。没有专门的人员在一段持续的时间内陪着艾米。

曾经有一个教师专注地看着艾米玩儿两个彩色的球。这与索妮娅对艾米游戏的关注存在差异（见片段 5）。

片段 5

当艾米每只手都紧握一个球时，她看起来很想把这两个球撞在一起，艾米微笑着并看向索妮娅，似乎在寻求认可。索妮娅看着艾米所做的，简短地进行着评论……索妮娅对艾米的兴趣让艾米持续探索着……突然艾米大声咳嗽，索妮娅说："哦，亲爱的，哦，亲爱的!"艾米带着强烈的好奇心看着索妮娅……她看起来思考了片刻，强迫自己咳嗽，目不转睛地盯着索妮娅……

在索妮娅转向跟其他员工对话之前，他们一起玩了一段较长的时间。艾米也走开了，但仍然玩着塑料球。当索妮娅再次回来时，艾米重新唤起了与之互动的兴趣。还有很多类似的例子，都体现出艾米的注意力反映着成人对她的关注。

还有一次，沙拉帮助艾米站在桌子旁，艾米得以在桌子上玩一些不同形状的木质玩具。她站着，一半的身体靠在桌子上，同时一半的注意力关注着玩具的形状。她心不在焉地用手指摆弄木质玩具进行搭建，好像希望获得沙拉更多的关注。但沙拉很快被叫走了，艾米从桌子上"摔"下来，爬过去跟另一个刚好接班的教师坐在一起。那位教师只对她简单地关注了一下，然后又离开她去照顾另一小组的孩子。艾米跟着她，爬到这组孩子围成的小圈的中心，看起来很高兴，因为她将自己置于群体的中心。但由于既没有孩子也没有成人回应她，她又爬走了。

仅仅是第二年，艾米已经展现出能力的发展。在身体运动能力方面，她能够熟练地爬行。随后，她很快就会走路，这将给她带来很多额外的优势。教师显然更加关注艾米，并对她的想法更感兴趣。但教师工作的方式意味着艾米也意识到没有一个教师会给予她持续的关注。艾米很擅长表达某个教师关注她的探索和想法对于她的重要性；但我们有时似乎并不能很好地意识到对于所有孩子来说都最为重要的资源——来自教师一致的、持续的关注。

片段 6：艾伦（18 个月）

艾伦所在的是一家房间相互连通的志愿性托儿所，这里采用积极的"重要他人"方法。她所在的班共有 18 个孩子，是 12～48 个月的双重混龄班。

她的重要他人是谢巴纳（Shabana）老师，沙拉老师作为替补。在第一次观察中，当她的父亲离开时，她在谢巴纳老师的怀里哭了，但不是那种难以被安抚的痛苦。当她更适应后，另一个教师帮助她坐在"绘画桌"前，告诉她可以做的事。我注意到，当那位老师离开后，艾伦很快就从椅子上下来了。她找到一个像葡萄珠大小的塑料球，看着球掉到地上滚走了。当她沿着房间的边缘行走时，她遇到了我，还没等我开口说话，她拿起一个泰迪熊塞给我。也许对于她而言，此前已经经历了很多次被基于一些东西从而有事可做。

在接下来的观察中，艾伦留在了沙拉的怀抱里：沙拉继续抱着她，亲吻她的额头，然后带她走到水盆处，在坐在另一个座位上之前，跟其他的教师和孩子说话。一些读者可能会惊讶于沙拉这种通过身体接触表达情感的开放性；但这个托儿所已经进行了很多关于儿童保护和权益保障的工作，这是他们依恋式教养方式的一部分。在对于个体婴幼儿应该运用哪种肢体语言表达情感、在什么时间适合、使用什么方式更重要这几个方面很警醒地坚持反思，并与家庭保持紧密的合作关系。

片段 7

艾伦站在水盆前，扶着水盆边缘，但看向沙拉。她的表情既惊奇于沙拉告诉她要做的，又夹杂着困惑（为何沙拉不跟她一起？）。在通常情况下，她会再次转向水盆，但很快又把头转回来，既惊奇又慌张地看着沙拉与其他人互动。她好像难以相信沙拉竟然不跟她在一起。5～10 分钟后，她对水盆几乎不感兴趣了。艾伦的嘴唇皱成一团，动了一下发出咂舌声。

也许"投射"的东西（塑料球和咂舌声）是艾伦排解消极情绪的方式，向我们展现出这样一面？艾伦随后又转向了绘画，沙拉帮助她穿上围裙，不然她又会独自绘画。在接下来的 10～15 分钟，她非常专注地活动，尝试不同抓握笔刷和绘画的技巧与方式，很好地表现出阿尔瓦雷斯所说的艺术家的创造性（参见第十六章）。

在我观察了艾伦两个多月，快结束时，我们之间发生了一次有趣的互动（见片段 8）。

片段 8

她注意到我在看着她，她也好奇地看着我。然后，她很明确地拿了一个烧杯给我。我拿起来，放在我俩之间，以便她如果想要还可以再拿回去。但她离开了……再次独自游戏，大约 15 分钟后她突然发现烧杯还在我的椅子旁，另一个孩子又放了一个"盘烤面包"。她带着自信的神情，把这些拿到房间的另一侧坐下来，假装吃饭、喝水。她看到我在观察她，好像觉得这是一个"躲猫猫"的游戏。她露出灿烂的笑容，这是我见过的她最积极的一次反应，以至于我难以拒绝加入……她再次大笑，然后停下来好像再次把注意力放在了喝水和吃饭上……

很显然，艾伦与谢巴纳和沙拉老师建立了依恋关系。当她早上不得不与父亲告别而感到悲伤时，这两位老师比其他老师能更好地安抚艾伦。如果谢巴纳老师不得不离开房间，艾伦就会总问谢巴纳老师去哪儿了。然而，谢巴纳或其他教师在理解艾伦的行为和兴趣的基础上给予她实际的协助，但并不能对艾伦所做的给予持续的关注和足够的兴趣。谢巴纳和沙拉老师都为艾伦感到自豪，沙拉老师的情感表达更开放。对艾伦的行为进行分析可以发现许多图式，特别是包裹图式（containment schema），以及自创的符号表征。在一次活动中，她刚开始活动时提供帮助的成人就离开了，艾伦看起来总是不能完全投入或马上就要放弃了。

在观察接近尾声时有一个片段，当她给我一个烧杯并随后玩起"躲猫猫"游戏时，我好奇她是否注意到我在密切地"注意她"。作为一个身处繁忙的托儿所的观察者，我在任何时间都会以一种专注的、充满兴趣的方式进行观察。对于有很多实际工作需要做的教师，做到这点是相当困难的。

关注教师和婴儿

艾利克斯、艾米和艾伦展现出很多令人印象深刻的婴儿的能力的案例。其他作者已经写了更多关于婴儿和学步儿通过音乐、艺术和探索表现他们思考的细节描述。例如，多萝西·塞莱克的（Dorothy Selleck）《三岁以下儿童的完美篇章》（Selleck，2001）。我一直更关注的是，需要同时关注每个婴儿或学步儿可能做的事，以及他们行为背后受到某个照顾他们的成人的何种影响。我列举了有亲密关系、来自家庭的成人的兴趣、好奇和赞赏如何进一步激发婴儿与学步儿的探索。

提供这种个别化的关注，进行细致的思考和投入情感是相当困难的工作（Elfer，2013）。目前托幼机构格外关注儿童保护和权益保障，甚至为此焦虑。但可以理解的是，许多教师不愿意对低龄的儿童给予太多身体和情感上的回应，特别是婴儿和学步儿，因为他们担心被误解。对安全和保护的警觉显然是早期教育工作的一个重要部分。但一致的、情感协调的反应同样重要。婴儿和幼儿通过唤起周围成人表达这种想要理解和回应的强烈需要，他们渴望充满乐趣的安抚、安慰、保护与合作。有家庭的成人很少会消极地回应婴儿或学步儿。但托儿所的保教人员则通常会在"想要回应"与"不能参与太多"的压力之间挣扎。检查人员要求其增加书面记录没有太大帮助。在缺乏强有力的领导和支持下，可以理解的是，为何许多教师有时会回避，甚至有意回避婴儿的需求，因为他们担心被视为过度回应(Elfer，2012；2013)。

幸运的是，一些令人兴奋的研究成果，有助于我们理解如何更好地支持面向婴儿和学步儿、从事高度复杂的情感和认知工作的教育实践者。古鲁克和鲍威尔(Goouch and Powell，2012)采取社会网络 social net working site 的观点，为支持服务婴儿的教育工作者提供了新的视角。佩奇(Page，2011)更直接地关注母亲的愿望，希望托儿所实践者应该更爱她们的孩子，教师对此的感受是什么，"专业性的爱"的概念是什么。通过与儿童心理咨询师的合作，我一直致力于发展托育工作实践者的专业反思团体，旨在更多思考"婴儿游戏和师幼互动复杂情感"的多样性和意义(Elfer and Dearnley，2007；Elfer，2012)。

结论

在早期儿童发展领域有一个强烈的、共识性的期望，就是认真地尊重婴儿并将他们视为一个伟大的、独立的生命，在他们的探索中情感扮演着核心的角色。但将这一观点推而广之，我们必须更加谨慎地通过集体努力，寻求新的方式来探讨情感对于关注与回应婴儿和学步儿的游戏与创造力中发挥的核心作用。

思考题

1. 是否有一个童年早期的游戏片段能代表你自己？如果有，这些游戏片段是什么样的？成人通过怎样的方式为你提供帮助，或阻止你可笑的想法？

2. 作为一个成年人，你能否想起来最近一个婴儿或 18 个月以下的学步儿陪伴在你身边？这个小宝宝或学步儿做了什么，他/她是如何跟你交流他/她所做的事的？

3. 你的存在对于他们的思考或探索产生了怎样的影响？

4. 你认为你独特的观点或支持他们游戏的方式能否被你周围的其他成年人所理解和认可？

参考文献和延伸阅读(加粗文字)

Alvarez，A. 1992. Live Company：Psychoanalytic Psychotherapy with Autistic，Borderline，Deprived and Abused Children[M]. London：Routledge.

Elfer, P. 2009. 5000 hours: facilitating intimacy in the care of children under three attending full time nursery[R]. Unpublished doctoral dissertation, University of East London, UK.

Elfer, P. 2012. Emotion in nursery work: work discussion as a model of critical professional reflection[J]. Early Years: An International Journal of Research and Development, 32(2): 129-141.

Elfer, P. 2013. Emotional aspects of nursery policy and practice-progress and prospect[J]. European Early Childhood Education Research Journal, 23: 497-511.

Elfer, P. and Dearnley, D. 2007. Nurseries and emotional well being: evaluating an emotionally containing model of professional development[J]. Early Years: An International Journal of Research and Development, 27(3): 267-279.

Elinor Goldschmied Froebel Archive Project(EGFAPT). 2013. Elinor Goldschmied (1910—2009)Discovered Treasure[M]. Funded and published by the Froebel Trust.

Goldschmied, E. and Jackson, S. 2004. People Under Three: Young Children in Daycare[M], 2nd edn. London: Routledge.

Goouch, K. and Powell, S. 2012. The Baby Room: Research: Summary 1[R]. December. Esmée Fairbairn Foundation.

Howes, C. 1999. Attachment relationships in the context of multiple caregivers [M]//J. Cassidy and P. R. Shaver(eds) The Handbook of Attachment: Theory, Research and Clinical Applications. London: Guildford Press.

Lilley, I. 1967. Friedrich Froebel. A Selection from His Writings[M]. Cambridge: Cambridge University Press.

McDowall Clark, R. and Bayliss, S. 2012. 'Wasted down there': policy and practice with the underthrees[J]. Early Years: An International Journal of Research and Development, 32(2): 229-242.

Page, J. 2011. Do mothers want professional carers to love their babies? [J]. Journal of Early Childhood Research, 9: 310-323.

Schmidt Neven, R. 1997. Emotional Milestones from Birth to Adulthood: A Psychodynamic Approach[M]. London: Jessica Kingsley.

Selleck, D. 2001. Being under 3 years of age: enhancing quality experiences[M]// G. Pugh(ed.)Contemporary Issues in the Early Years: Working Collaboratively for Children, 3rd edn. London: Paul Chapman.

Trevarthen, C. 2005. Action and emotion in development of cultural intelligence: why infants have feelings like ours[M]//J. Nadel and D. Muir (eds) Emotional Development. Oxford: Oxford University Press.

第七章 从游戏中学习：获取和收集

罗德·帕克-里斯/文　李相禹/译

摘 要

我们都熟悉那些注重追求知识的发展模式和教育模式。这种形式的学习似乎与规定个人学习者需要获得哪些内容的课程非常匹配，人为地把获得知识的"工作"和社交聚会的"娱乐"分开，它扭曲了我们对所处环境的理解。在本章中，我将举例说明，在收集和接收上下文信息，理解知识的过程中，有趣的、愉快的社交对于将认知转化为理解的过程的作用。

导 言

我相信可以通过游戏来支持两种不同的学习方式。其中一种学习方式可以被描述为获取信息；这是通过与我们的环境有目的地接触而产生的学习。如果这种学习被认为是一种寻求理解、理解或抽象化理解的方式，那么另一种学习就可以被认为是一种收集的形式，在我们前进的过程中"捡拾"信息，而不是事先知道我们可能会遇到什么，甚至没有注意到我们已经注意到什么。这种信息的"输入"是一个直观的过程，在不需要意识参与的情况下，我们了解事物、事件和人物之间极其复杂的关系。也许我们应该从社会化过程的角度来收集更多的信息，把人们聚在一起，而不是收集资源，因为轻松的社交聚会有助于了解他人、习俗和文化价值。

片段 1：罗西(Rosie)玩笔和笔帽

6个月大的罗西和她的妈妈坐在餐桌旁。桌子上有一包毡头笔和一些纸。罗西用右手拿起一支笔，左手轻轻地拿着另一支笔。她用右手开始在纸上"画画"，她清楚地知道笔是用来做什么的——但笔的盖子还是盖着的。她妈妈伸出手来，"我们把盖子取下来好吗？"罗西喃喃自语地表示同意，当妈妈不得不用两只手紧紧地握住盖子的时候，她沮丧地尖叫起来："等等，等等，哦，太难了。好了，继续，你接着做——在那儿——哦。"罗西现在兴奋地气喘吁吁，挥舞着笔，张大嘴做了一个夸张的表情，说："哦，滑稽的脸。"罗西试着把笔放回盒子里，妈妈拿出了笔盖，"这是盖子"，当妈妈

76

仔细调整它的位置时，罗西立即尝试把笔放进盖子里，"把它推回去，聪明的孩子。"当扣好盖子时，罗西把笔从妈妈手里拿出来，得意扬扬地挥来挥去。妈妈急切地分享她的喜悦，罗西立刻把盖子放回妈妈的手里，妈妈立刻有意识地握住盖子，这样罗西就可以把笔拔出去了，"把它拔下来哦！"然后妈妈让罗西试着把盖子扣回去，"把它扣回去。"这需要几次尝试，妈妈通过移动盖子对准笔，因为罗西专注于控制它的运动。每一次尝试都屏气凝神。在6次失败后，妈妈用另一只手把笔放进盖子里，"噢，继续，可以吗？"除了必需的帮助，她显然没有给出更多的帮助，好让罗西继续控制。罗西眨眨眼，低语道："啊哈。"（妈妈也惊呼"哎哟"）因为笔和盖子终于扣到了一起，"耶！"但她立刻拉下了笔盖。"哎呀！"罗西说，"啊，哎呀！啊！"当她摆弄笔时，妈妈说："再试一次？""啊，好啦！""啊，噢，天啊！""好啦！"因为笔和盖子又合在一起了。罗西又一次把笔从盖子里拔出来，但是眼睛还盯着开着的盖子，她很快地把笔拿回来，喊着："噢。"她又一次为合上笔盖而欢呼雀跃。罗西和她妈妈为这一努力欢呼着，高兴到了极点。罗西再次设法把笔连同它的盖子一起从妈妈的手中拿出来。罗西凝视着笔和盖子的连接处，"做到了！"她把盖子放回妈妈手中之前，"把它拔下来？拔"，然后在妈妈的帮助下她集中注意力把它们重新扣在了一起，但是当笔接触了纸的时候，盖子从妈妈的手上滑下来，落在了地板上。罗西把她的注意力转移到了做标记上，"噢哦！"

罗西显然在积极地参与她的世界中，理解她周围的有意义的事物，特别认真地专注于探索如何将笔和盖子组装起来，并将其拆开。

通过积极地实验来获取环境信息，并注意到我们的行为是如何影响我们感知的，这一过程对于我们理解游戏如何支持学习是非常重要的。游戏活动的特点是重复和变化，使我们（在任何年龄）可以调整自身，使我们的个人特质与环境提供的公众可能性相契合。无论是把一支笔装进它的盖子里、将拼图放进镶嵌槽中，还是探索如何将我们的实践原则融入既定的政策架构中，游戏都使我们调整自身来适应环境。

当罗西在玩笔和它的盖子，了解它们的组合方式时，她全神贯注地投入文化氛围中。她所处的一切环境都是非自然的，一切都是为某种行动提供可能性：厨房为集中交流提供了一个安全、舒适的场所；桌子和高脚椅确保罗西和她的母亲能够面对面地交流，而且能方便地接触到彼此；笔和盖子的设计是用小手握在一起的，并能以一种令人满意的方式拉开（尽管相当具有挑战性）；她的母亲提供感性的、有反馈的帮助，用以支持罗西摆弄笔时的努力，并用她的评论和回应来认可罗西情绪的转变。虽然罗西似乎并没有意识到她在游戏时身边的支持，更多关注的是笔与盖子间的连接与拆开、连接是否紧密以及精细动作的控制，但尽管如此，她还是了解到了大量有关她所处的文化氛围以及与母亲之间关系的信息。

成人和儿童之间这种积极的、主体间的参与关系似乎是人类独有的(Parker-Rees，2007)。其他动物可能有机会通过模仿来学习，婴儿不断地暴露在一个教学的社会环境中，在这个环境中，成人愿意放弃时间进入错综复杂的伙伴关系中。在罗西的母亲的支持下，罗西学习了文化工具、实践和价值观。婴儿在自然环境中不是无人照料的，他们是教育培养出来的，由他们周围的社会和文化环境所塑造与创造的，而且他们也影响着父母的教养方式。特罗尼克(Tronick，2005：311)坚持认为，我们应该把角色协商看作共同创造，而不是共同建构，因为共同构建暗含着一个预先存在的计划，而共同创造强调的是一个过程，每个个体的意义都会改变且创造出新的意义——社会对话并没有预定的目标或预期的结果，但我们享受其中，因为他们允许参与者以丰富和微妙的方式了解彼此。

我们早期的经验总是有双重价值的。当我们还在母亲的子宫里时，就在收集关于她和我们自己发展过程的信息，所以我们接触的第一个环境是强烈交互和社会性的。特雷瓦尔特展示了这种相互作用是如何发展成为"主体间性"的，因为婴儿和父母都乐于"喜欢"，在时间、节奏和动态上共同创造适合他们的动作、声音、手势。被人喜欢的快感刺激了人们不断地沉迷于彼此的注意，这就提供了一种在社交游戏和与朋友的谈话中享受相互作用的情感倾向(Parker-Rees，2007；另见第九章)。

特雷瓦尔特指出，婴儿在 4 个月大的时候，这种短暂的"主体间性"让位于运动技能的发展和对物体的积极探索，引发了获取或探索游戏的爆发。但是，即使婴儿专注于他们以"小科学家"的身份参与的物理环境，他们也依赖于"更有经验的伙伴提供的有意义支持的教学行为"(Trevarthen，2005：84)。罗西可能不会意识到母亲的角色——将笔盖放在应该放的地方，以及母亲的声音和动作的匹配方式，但关于母亲的所有支持行为将决定了罗西对这个体验的感受，调整了她对于世界将如何满足她的期待。

随着婴儿在处理事物方面变得更加熟练和有经验，他们需要投入较少的注意力放在操作和探索的物理过程上，让他们"抬头看"，注意其他人对事物和事件的反应。这个阅读另一个人活动的能力和收集关于他们态度方面的信息的经验被特雷瓦尔特描述为"第二主体间性"，而霍布森(Hobson，2002：102)的"关联三角形"，说明了努力获得直接知识可以为我们直观感知别人的看法提供基础。我们能从别人的使用方式中推断出自己在使用一个物体时是什么感觉。往往第一年对人际关系的专注和对事物的迷恋之间的往复，说明了积极的理论发现和更容易接受对潜在复杂性的"调整"能够相互支持并促进。

当我们帮助婴儿共同创造假设、事件表征、脚本和关于世界预期行为的理论时，他们腾出更多的注意力来收集更微妙的、不规则的特点，这反过来又让他们重新关注自己的兴趣。

了解他人

亲密、熟悉和强烈的家庭支持环境通常提供了一个可管理的、包含的框架，在这个框架内婴儿可以发展他们参与复杂文化生活的能力，并获到帮助。在家庭中，一个孩子会对他熟悉的家人非常亲切。当然，熟悉程度会有所不同，但相对而言，一个孩子可以指望家人比陌生人更好地了解和理解他。因此，认识陌生人，在新的、陌生的群体中找到自己的位置，是一个既令人兴奋，又特殊的挑战。

在家庭中，孩子因其身份而为人所知，但在陌生人中，他们可能会沦为一个有形的躯壳，而他们所能知道的关于不熟悉的人的一切，只是他们的躯壳向他们展示了什么。作为成年人，特别是城市里的成年人，我们必须学会如何与不认识我们和我们不认识的人交往。这总是比与熟悉的人打交道的要求更高，对于年幼的孩子来说，这可能非常具有挑战性。但是，有机会和"同一水平"的同龄人玩耍也是令人兴奋的，这种与熟悉的成年人或兄弟姐妹玩耍的体验截然不同。孩子们在新的、不熟悉的环境中所积累的经验，可能会影响他们日后进入意想不到的、新奇和陌生的环境时的感受。当他们学会与不熟悉的人交往时，他们需要大量的时间和空间来互相接触、互相观察，注意他们是什么时候被注意到的，和其他人一起玩，并且冒着模仿和共享游戏的风险。

虽然每个不熟悉的人一开始可能只是一个表面的外壳，但每个人都有自己的家庭文化，对于什么是滑稽的、什么是淘气的、什么是有趣的、什么是特别的，都有着不同的想法。在不求助于个人资料的情况下，孩子们开始互相估量彼此——尤其是他们有足够的时间和空间在彼此周围自由玩耍时。

霍布森（Hobson，2002）、罗沙（Rochat，2004）、卡彭德尔和刘易斯（Carpendale and Lewis，2006）认为，对自我的意识，使我们从婴儿时期的自我中心主义的混战中解脱出来，逐渐发现他人与自我之间差异的结果。当我们输入关于他人行为模式或规律的信息时，我们会注意到他们彼此相似和不同的方式，因此，我们开始注意到我们与他们相似与不同的方式。当然，在相当长的时间之前，我们会被告诉我们和哥哥或姐姐很相像，但

79

只有当别人谈论的方式遇到我们分化的自我意识时，才真正可以说社会信息流入我们的意识中。

这种自我的共同创造需要对通常发生的和人们可以期望做的事情的模式进行积极的认知追求，但它不需要有目的的"边界工作"，让我们对个人身份的理解包含更复杂的社会意识。

构建自我的一个重要部分将由我们与他人交往的方式决定。我们中的一些人特别善于迎合他人的兴趣和关注；就像在湿纸上水彩画的邻近区域一样，这些人也有特别可渗透性的边界，这使他们能够与他人接触并熟练地吸收有关他们自己的信息。另一些人则觉得与人见面更具挑战性，可能需要长时间的接触，才能熟悉新认识的人的生活方式和生活模式。对于这些人来说，社交游戏可能是弱化个人界限的一种特别重要的方式，这样颜色就可以互相融合。成年人可能需要特殊的社会环境（通常是酒精）的支持，以帮助他们放松下来，进入一种无组织的、迂回的互动形式，使我们能够了解彼此。孩子们刚刚开始适应社会互动的细微差别，也需要大量的机会来放松、从容不迫和不受指导地玩耍，但在早期环境中能够满足这些需求的程度上，存在着相当大的差异。

海德格尔德（Hedegaard，2009：72）指出，环境所提供的实践形式既塑造又限制了儿童的活动，并"成为他们发展的条件"。在一些国家，如挪威、瑞典和丹麦，幼儿园规定反映了经济合作与发展组织（OECD，2006）描述的"社会化教学"的传统，更加重视让儿童学会共同生活，并在儿童当前的发展任务和兴趣上给予支持（OECD，2006：60），但在其他国家，包括英国、美国、法国和荷兰，"学业化"（schoolification）（OECD，2006：61）的学前教育实践反映了另一种早期教育方法，更强调确定儿童应该学什么。儿童如何在不同的环境中游戏既反映了文化差异，也有助于对游戏的本质形成不同认识。例如，当儿童的游戏从学习工作中分离出来，进入指定的游戏时间和游戏场地时，这必然会影响他们的游戏方式。让儿童在操场上玩一小会儿，就像打开汽水一样，可能会导致一种相当疯狂、狂野的游戏形式，促使成年人进一步努力限制和管理它（参见第十八章）。早期教育从业者经历过英国教育系统，他们具有多年的短时间内被释放到操场上游戏的经历，即使这不是他们在自己所处环境中管理游戏的方式，他们可能把这种狂欢视为游戏的"真正"本质，而相比之下，平静、安静的游戏令人感觉更平淡。然而，当孩子们有更多的机会来管理自己的活动时，狂欢式游戏可能会相对较少。例如，在著名的瑞吉欧·艾米利亚幼儿园里，孩子们表现出，只要有机会，他们喜欢探索思考，喜欢发展自己的技能和知识。在斯坦纳（Steiner）幼儿园，孩子们在规定的时间和空间里和年龄稍大或稍小的同辈玩儿，在常程、节奏和结构一致的可靠框架内，通过偶然的交互、观察的机会，了解社会知识并锻炼和发展自己的能力(Parker-Rees，2011)。

以下观察(片段2)发生在斯坦纳幼儿园；片段中出现了13名儿童：8名男孩和5名女孩，年龄在3岁8个月和5岁4个月之间。

片段2：沃伦找到了他的位置

卡罗尔(Carol)正在爬进沃伦(Warren)的避难所——一个隐蔽的地方，在一个大木条箱的后面——沃伦喊道："停下，你这个淘气的坏蛋！"——显然他很享受这个游戏——但卡罗尔说"我是你的狗"，然后开始朝他吐口水。沃伦对达米安(Damien)说："那些狗真是太蠢了。"达米安和他一起坐在角落里，看着马克(Mark)和蒂姆(Tim)，这两个年龄较大的男孩，把球扔进他们用衣服木板和布搭成的屋顶上的篮子里。蒂姆从木条箱里拿了一块空心积木。沃伦喊道："别拿我们的冰球了！"蒂姆微笑着说："现在我有了一个新的游戏——看。"他向沃伦展示了如何使用空心积木作为新的目标。

帕特里克(Patrick)，另一个大男孩，"攻击"沃伦和达米安，"我是雪狮还是雪虎？"他们都很强壮。沃伦回答说："你以为你在看谁呀，番茄头？"卡罗尔也加入了进来，用手杖戳沃伦。帕特里克再次攻击，"我是一头雷克斯暴龙！"但沃伦躲在他的木箱后面很安全，"反正伤不到我！"

泽维尔(Xavier)和帕特里克再次"攻击"沃伦和达米安——当大男孩拿走沃伦的一桶"冰球"时，他的情绪发生了变化，这让他感到不安。他要回他的木条箱，这样他就可以躲到后面的角落里去了。

沃伦、奥托(Otto)和达米安正在与梅布尔就这些"冰球"进行谈判。沃伦说，他(奥托)是中间的，所以他不大不小。他说服奥托和达米安与他一起去另一个舒适的地方，藏在壁龛里的一个大架子下面。当孩子们的注意力被其他孩子吸引时，他必须努力做到这一点，但他坚持了下来，最终成功地告诉他们："我们就像数字，你(达米安)是3岁，你(奥托)是4岁，我是5岁。"很明显，他应该和他们分享这一观察结果，这对他很重要。

利奥(Leo)用一种非常奇怪的声音宣称："我没有死。一口咬不死我！我不是一只普通的熊猫。"敲打桌子似乎让他想起了法官的槌子——"在法庭上保持安静！沉默和死！"他用同样的声音问帕特里克："自从你当上元帅以来，你射杀了多少人？"帕特里克回答说："他开了一千枪。"

沃伦、奥托和达米安仍然藏在他们的书架下面，但是现在他们"武装"着各种各样的棍子和木头，他们可以向任何一个试图靠近的人挥舞。蒂姆凝视着他们的藏身之处。利奥和帕特里克正在谈论光剑和超级英雄，"我跳了起来，它是如此强大的力量！"

当奥托告诉他的朋友帕特里克是个坏蛋时，帕特里克回答说："我不在乎，我有把光剑——砍断我的腿。"奥托用他的铅笔刀（一小块原木）在他的腿上"劈"，帕特里克说："你自己的铅笔刀也劈了！"帕特里克偷走了其中一个"冰球"，沃伦大喊："他完全糊涂了！"然后笑了。

沃伦在这里做得更多的是收集或"接纳"，而不是获取或"进入"。很明显，他喜欢看大男孩们在做什么，喜欢和小男孩们亲近——保护他们，向他们解释事情。大一点的男孩们似乎意识到他需要躲起来，但他们也让他参与到他们的游戏中，偶尔假装"攻击"——沃伦显然很享受他们的关注。他被允许找到他自己的方式来管理他对安全的需求，他也有时间来决定自己什么时候会出现，以及在什么程度上出现。

在这个斯坦纳幼儿园，作为保护性环境的结构、常规处处可见，成人不断提醒着我们对"如何做事情"的共同理解，不同年龄的孩子们都在一起，使每个人都能以特别令人满意的方式相互了解。

对于我们、他们、你和我的意义

当儿童逐渐意识到在其他人履行共同角色的独特方式之间的细微差别时，他们就会在围绕着物体、想法和事件的各种意义建立起一个关系网络。任何事物都有多重含义：

"对我们的意义"——一种源自共同框架、背景、经历和故事的通用语；

"对他们的意义"——这让我们能够更好地理解其他人，如"婴儿""老人"或"老师"，可能会有不同的反应模式；

个人版本"对你的意义"——这可以从特定的人参与共享文化的方式中被注意到，这有助于人们意识到个性、性格和气质上的差异；

"对我的意义"——这是特别强烈的、丰富的、深埋在个人经历中的，但当我们注意到自己和他人的意义之间的差异时，它可以上升到意识的层面。

课程模式必须专注于共同的、共享的思维，而不是在任何特定背景中使意义变得复杂化和色彩化的混乱的关系。但是，那些"对我们（所有人）都有意义"的白雪皑皑的山峰，在没有支撑的情况下，是不可能在半空中伫立的。它们必须扎根于更温暖、更富饶的低地和山谷中，那里充满了不可缩小的生态系统，生存着各种关系。将知识编织成能够理解的个人联想网络过于复杂，个人无法映射到一系列的学习活动中。幼儿期的规定允许儿童聚集在他们周围各种丰富的社会和文化意义中，并鼓励他们剔除可以与所有人分享的更清晰、更简单的想法。

有效的早期环境的特征似乎是模糊了"工作"和"游戏"之间的界限，在那里人们可以找到自己的方式适应环境，并为创造共同的理解做出贡献。索耶（Sawyer，1997）认为，在儿童的假装游戏和成人的嬉戏对话中出现的计划外的交流都可以理解为即兴创作（参见第二十二章）。这两种形式的交互都允许参与者将突发的公共元素和规则框架与创造性执行方式的个体差异相结合来了解彼此。然而，在许多以"工作"为中心的环境中，嬉闹是不受鼓励的，因为它往往会让事情进展慢下来，而且可能会让你更难坚持完成计划好的日程或课程。因此，我们面临的挑战是管理好社会环境，使集中、协调的"狩猎"活动牢固地扎根于更松散、更有趣的活动中，让人们能够收集关于事物对不同人有不同含义的复杂、直观的知识。这样的环境是"欢乐的、好玩的、合作的、不评判的，以及有目的的和专业的"（Claxton，2000：48）。他们感到更愉快和振奋人心，并提供条件，使旧的思想可以重新注入新的解释，使他们适应不断变化的文化环境。

在有目的地追求知识和更轻松地获得智慧之间保持平衡的最大挑战似乎是缺乏对直觉过程的信任。当教育实践者知道他们将对自己所了解的儿童的进步情况负责时，他们很可能会追求可记录的"确凿"事实，而不是相信我们在认识朋友和同事时所依赖的更轻松的过程。当教育实践者不确定自己在父母眼中的地位时，他们更有可能建立更冷静、更"专业"的关系，这种关系更多的是给予和获取信息，而不是共同创建一个支持性的社区。然而，教育实践者也知道，与完成正式评估所需要的"事实"相比，他们可以通过与孩子们一起聊天、用餐或一起外出开展社交活动来更多地了解孩子。他们知道，建立在与父母友好交谈基础上的关系，更有可能使与孩子相关的谈话顺利进行，有助于形成一种共同的理解。他们也知道，当同事们有机会通过更轻松、非正式的聚会来了解彼此时，谈话将会进行得更顺畅（Parker-Rees，2000）。

《早期基础阶段纲要》（DfE，2012：6）规定，"每一个领域的学习和发展必须实现通过有计划、有目的的游戏和通过由成人领导、儿童发起的活动"，使早期教育实践者很难放心地放松控制，允许儿童享受彼此的陪伴。只要继续游戏被视为完成工作的障碍，而不是作为任何形式的社会交往的一个基本组成部分，成年人和儿童的游戏将继续受到抑制。"狩猎"游戏可能是可以接受的，在这种游戏中，教育实践者可以表明"狩猎"是有计划的、有目的的，并可能获得预先确定的学习结果。这样的游戏形式使孩子们不能立即获得令人印象深刻的资源，尽管这些资源是必要的，但可能仍然得不到鼓励或支持，而且可能不得不挤在孩子们的周围和隐藏在公众视线之外。

结　论

罗格夫(Rogoff，2003)提醒我们，"人类发展通过改变参与其社区的社会文化活动而发生变化"(p. 368)，我们可以期望具有游戏性的早期教育实践者和孩子将继续改变这个圈，直到欢乐、愉快、轻松活泼的游戏能被认为是各种形式的社会互动的必要组成部分。

思考题

1. 想想你特别关心的一个孩子(不是你的家庭成员)和一个成年朋友。你对他们每个人了解多少？他们对你了解多少？你是怎么认识他们的？什么可以帮助你更好地了解他们？

2. 根据你的经验，你对工作会议和更有趣的聚会有什么不同的看法？工作会议变得更有趣会有好处吗？

3. 你能做些什么来提高你了解孩子、父母、同事的能力？

4. 在不同地点、不同时间、不同的儿童活动中，"获取"游戏和"收集"游戏之间的平衡是什么？

参考文献和延伸阅读(加粗文字)

Carpendale，J. and Lewis，C. 2006. How Children Develop Social Understanding[M]. Oxford：Blackwell.

Claxton，G. 2000. The anatomy of intuition[M]//G. Claxton and T. Atkinson(eds)The Intuitive Practitioner：On the Value of Not Always Knowing What One is Doing. Buckingham：Open University Press.

Department for Education(DfE). 2012. Statutory Framework for the Early Years Foundation Stage[R]. Runcorn：Department for Education.

Hedegaard，M. 2009. Children's development from a cultural-historical approach：children's activity in everyday local settings as foundation for their development[J]. Mind Culture and Activity，16(1)：64-82.

Hobson，P. 2002. The Cradle of Thought：Exploring the Origins of Thinking[M]. London：Macmillan.

OECD. 2006. Starting Strong II：Early Childhood Education and Care[J]. Paris：OECD Publications.

Parker-Rees，R. 2000. Time to relax a little：making time for the interplay of minds in education[J]，Education 3-13，28(1)：29-35.

Parker-Rees，R. 2007. Liking to be liked：imitation，familiarity and pedagogy in the

first years of life[J]. Early Years, 27(1): 3-17.

  Parker-Rees, R. (ed.). 2011. Meeting the Child in Steiner Kindergartens: An Exploration of Beliefs, Values and Practices[M]. London: Routledge.

  Rochat, P. 2004. Emerging co-awareness[M]//G. Bremner and A. Slater(eds) Theories of Infant Development. Oxford: Blackwell.

  Rogoff, B. 2003. The Cultural Nature of Human Development[M]. Oxford: Oxford University Press.

  Sawyer, K. 1997. Pretend Play as Improvisation: Conversation in the Preschool Classroom[M]. New York: Lawrence Erlbaum Associates.

  Trevarthen, C. 2005. Action and emotion in development of cultural intelligence: why infants have feelings like ours[M]//J. Nadel and D. Muir(eds) Emotional Development. Oxford: Oxford University Press.

  Tronick, E. Z. 2005. Why is connection with others so critical? The formation of dyadic states of consciousness: coherence governed selection and the co-creation of meaning out of messy meaning making[M]//J. Nadel and D. Muir(eds) Emotional Development. Oxford: Oxford University Press.

第七章 从游戏中学习：获取和收集

第八章 超越基础阶段的游戏

大卫·怀特布莱德、海伦·詹姆森、
玛丽索·巴西利奥/文　李相禹/译

摘　要

　　本章讨论了有趣的教育方法和教育活动在帮助儿童发展其自我调节与叙述技能上的作用，这是他们在虚构和非虚构体裁中写作能力发展的基础。尽管最近在基础教育阶段支持游戏的教学方法，但目前基础教育的其他发展领域增加了对儿童完全使用正规的教学方法的压力，特别是在识字方面。相反，有证据表明，对于年龄更大和能力更强的儿童来说，游戏化的方法有潜在的好处。

导　言

　　最近在发展心理学中的有关学习的研究已经确立了儿童认知和情感自我调节的发展及其符号表征技能的压倒性意义，包括语言和其他符号系统。在本章中，作者讨论了自由游戏和有指导的游戏经验对基础教育阶段的儿童在重要领域的发展提供了有力的背景支持。本章报告的研究内容与关于游戏对儿童自我调节、元认知和表征过程产生影响的观点一致，因此，其在涉及问题解决和创造力的测试任务与发展方面的影响最为明显。

年龄、能力与游戏中的学习

　　对于 5 岁以下的儿童来说，游戏在早期教育阶段的重要性现在似乎已经被接受，并受到鼓励。然而，相比之下，对于 5 岁以上的孩子来说，游戏正被挤出课程之外。在 KS1 阶段强调的正规学习否认了这些儿童仍处于发育的早期阶段这样一个事实。在对 5～7 岁的学龄儿童群体引入国家课程之后，对这些儿童的语言描述从"婴儿"（其含义为婴幼儿时期）改为 KS1（一个更为正式的名称），这再次强调不再将相对较幼小的儿童视为需要一种不那么正规的、以游戏为基础的课程的儿童。

　　有证据表明，只有那些有特殊教育需要或早期贫困的地区，年龄稍大的儿童仍被鼓励玩要。2001 年，英国政府宣布将拨款 600 万英镑，在贫困地区建立和经营 150 个玩具图书馆。此前，伦敦大学教育研究所（Institute of Education）对 2800 名 3～7 岁的儿童进行了跟踪研究。结果表明，家中拥有高质量游戏设备的儿童比那些没有设备的儿童表现得更好，而且这些教育优势至少会影响到儿童上小学。

任何参观特殊学校的人，无论是因为严重的学习困难（severe learning difficulties，SLD）还是因为情绪和行为困难（emotional and behavioural difficulties，EBD），都必须注意到儿童可用到的所有额外游戏设备，以及游戏额外需要的时间和特别的关注。尽管如此，这些学校的许多儿童仍然被要求（或至少在口头上）遵守国家课程。人们的假设似乎是，从第一学年开始，成绩优秀的孩子，不需要像那些能力较差或受教育程度较低的同龄人那样"需要"玩耍。

这似乎是一种占主导地位的观点，甚至在许多教师群体中也是如此。正如埃尔斯（Eyles，1993）所报告的那样，当考虑到游戏的重要性时，很明显，她采访的大多数教师都认为：

……花在游戏活动上的时间应该随着儿童年龄的增加而减少……很多二年级的孩子似乎并没有参与到课堂上可体验到的游戏活动中……到了第二年，（儿童的）压倒性意见是他们不玩了！当"游戏"确实发生在年龄较大的群体时，它总是被称为"不工作"，因此在活动期间并没有进行学习。

(p. 45)

20 年过去了，从以游戏为基础的课程向不以游戏为基础的课程的转变，已经从一个渐进式减少转变为急剧锐减。这种教学方式的巨大变化发生在儿童一年级开始的时候。

如果有机会，所有的儿童，无论年龄大小，都经常选择玩，甚至成年人也喜欢玩（在我们的文化中，成人电脑游戏、棋盘游戏和拼图的大行其道，以及大量的成人参加体育、历史重演和诸如彩球及保龄球等活动，另见第二章，都可以在我们的文化中证明这一点）。尽管如此，人们仍然假定游戏是儿童发展不成熟的指标，这是儿童经历的一个发展"阶段"，如果成功地超越了这一阶段，他们就可以接受正规教育，不再需要为了学习而进行游戏。

目前，一些相关的压力正在强化这一趋势，即在基础教育阶段之后将游戏从学校课程中挤出去，使 5 岁及以上儿童的教师很难以恰当的理由将游戏的机会和方法融入教室中。此外，人们普遍认为，家长更喜欢采取更正式的方式。例如，美国玩具研究所（the American toy institute，2000）委托进行的研究证实了这一点，该研究发现，72％的父母认为他们的孩子尽早开始（学业）学习非常重要，而 54％的父母认为学校已经有足够的游戏时间。

在英国，儿童开始接受正规教育的年龄非常小，这一切都加剧了这一问题。我们对一年级儿童的正式教育方式与世界上大多数其他工业化国家形成了鲜明的对比，在这些国家，儿童通常在 6 岁甚至 7 岁才开始正式接受正规教育（Whitebread and Bingham，2014）。

现在，越来越多的研究对于正规教育与游戏化教育的辩论，以及（或）从长远来看在适当年龄开展正式教育是否重要提供了更加有力的证据。例如，马尔孔（Marcon，2002）的一项纵向研究表明，到六年级结束时，在学龄前方案中以学习为导向的儿童的成绩明显低于那些参加了儿童发起的、以游戏为基础的学龄前方案的儿童的成绩。

游戏与创造力

由于在基础教育阶段强调以游戏为基础的学习与在教育上处境不利儿童之间存在明显的矛盾，再加上在第一年以后突然采用一种更正式的学习方法。我们一直坚持调查研究，实际上，对于年龄较大（一年级及以上）和更有能力的儿童来说，有趣的学习方法可能是有益的。鉴于支持游戏对儿童发展具有重要意义的心理学研究的有力证据和理论，这种可能性似乎值得研究，特别是在解决问题和创造性方面。

自 19 世纪中叶以来，心理学家一直在研究和发展关于儿童游戏的性质与目的的理论。它被认为是一种释放压力的机制，用来提供放松，缓解无聊，练习成人生活，实现我们的幻想，等等。然而，这对于儿童的发展是重要的，这一点从来没有受到怀疑。正如莫伊蕾斯（Moyles，1989）所表明的，对于人类发展和功能的每一个方面，都有一种游戏形式。

然而，只有在过去的 20～30 年中，人们才充分认识到思考、解决问题和创造能力的重要性。当然，人类的不成熟期比任何其他动物都要长得多，玩得更多，时间更长，思维的灵活性也更强。神经科学证据证实了这一点（例如，见 Pellis 和 Pellis，2009；另见第三章）。

游戏就是培养思维的灵活性。它提供了尝试各种可能性的机会，以各种方式将情况的不同因素组合在一起，从不同的角度看待问题。这与克拉夫特（Craft，2000）对创造力的定义非常接近，即"可能性思维"。西尔瓦等人（Sylva et al.，1984）在一系列实验中证明了这一点，这些实验要求儿童解决实际问题。通常，在这些实验中，一组儿童有机会借助物体游戏，而另一组则被"教"如何以有助于解决问题的方式使用这些物体。后来，在这两个小组中完成任务的儿童人数一直保持着类似的水平，这些儿童完全成功地完成了任务，他们被要求独自解决这一问题。然而，在"被教授的"小组中，儿童往往表现出一种"全都或全不"的反应模式，要么通过准确地回忆并遵循他们的指示立即获得成功，要么在最初的失败后放弃。相比之下，那些有玩这些材料经验的孩子在设计解决问题的策略方面更有创造性，如果他们最初的尝试不起作用，他们会坚持更长的时间。和"被教授的"小组同样比例的儿童几乎立刻就解决了这个问题，但许多没有成功的孩子在第二次或第三次尝试或在即将解决问题时，尝试了不同的可能的方法尽力解决问题。

游戏与自我调节

对游戏中的儿童的观察可以说明为什么游戏是一种强大的学习媒介。在游戏中，孩子们通常全神贯注于他们正在做的事情。它经常是重复的，并且包含了很强的实践元素（见结尾部分）。心理学研究和心理学理论所强调的另外两个因素也有助于理解游戏在学习和创造中的重要意义。这些因素涉及儿童对自己学习的控制感和自我调节能力的发展，以及他们在符号表征能力的发展中所起的作用。在各种身体上的、结构的和社会的游戏中，儿童被证明他们的认知和情绪"自我调节"技能得到了发展，也就是说，他们学会了意识到自己的身体、心理和行为活动的控制能力（Whitebread and Coltman，2007；Whitebread，2010）。越来越多的实证教育研究表明，早期游戏经验强化了幼儿的自我调节能力（例如，Ponitz et al.，2009），而儿童自我调节的教育干预措施是支持儿童作为学习者发展的最有效手段（Hattie，2009）。实现这一目标的一个关键机制是幼儿使用自我评论或"自言自语"。伯克等人（Berk et al.，2006）报告了一系列对 2～6 岁儿童的观察性研究，他们在这些研究中记录了"自言自语"的发生率。他们发现，在开放式游戏、假装游戏或想象游戏期间，这些幼儿的"自言自语"和语言自我调节水平尤其高。

游戏与符号表征

游戏对符号表征的发展也有着举足轻重的作用。人类的思想、文化和交流都是建立在独特的能力基础上的，人类能够运用各种形式的符号表征能力或心理工具，包括绘画和其他形式的视觉艺术、视觉想象，以及各种形式的语言、数学符号系统、音乐符号、舞蹈和戏剧等。至关重要的是，游戏被认为是儿童探索符号系统使用的第一种媒介（最明显的是通过表征）。所以，作为一个成年人，当你有了一段你想要思考的有趣的经历，一个要解决的问题，或者要写一个故事的时候，你的脑海里就有了做这件事的认知工具。由于缺乏这些工具，儿童需要真实情境和事物的支持，通过这些情境和物体，在游戏中形成想法。

游戏、思考、学习、发展和创造力之间相互影响的确切方式一直是人们广泛研究的主题(见 Craft,2000 和 Lillard,2002,关于有用的评论)。我们在本章的最后部分报告了与我们自己的研究特别相关的两项与儿童讲故事有关的实证研究,这两项研究早在 20 世纪 80 年代就已经完成了。佩莱格里尼的研究(Pellegrini,1985)表明,那些特别喜欢象征游戏的学龄前儿童的语言叙述比喜欢其他形式游戏的同龄人更详尽和连贯。季亚琴科(Dyachenko,1980,引自 Karpov,2005)指出,5～6 岁儿童使用棍子、剪纸等具有表征性的物体来复述故事的能力明显增强,并且他们在没有使用这些物体的情况下复述故事的能力也得到了增强。

"有指导的游戏"的作用

维果茨基"最近发展区"概念对教育的一个重要观点是,教师在参与和干预儿童游戏方面发挥着至关重要的作用。史密斯(Smith,1990)在一次大范围的文献综述中,研究了与自由游戏和"结构化"游戏有关的证据。他的结论为:这两种游戏在学习中都有作用;灵敏地进行成人干预可以有效地增强儿童的智力挑战能力,主要是通过开辟新的可能性和机会。

在本章的其余部分,我们回顾了我们所做的两项研究,这些研究探讨了可被称为有指导的游戏对儿童叙事性写作的影响。正如尼科罗普洛鲁和伊尔加斯(Nicolopoulou and Ilgaz,2013)的研究所表明的,尽管心理学文献对象征游戏在某些发展领域的确切作用仍然存在争议,但其在儿童叙事技能发展中的作用的证据是非常清楚的。

关于象征游戏与叙事性写作的研究

在第一项研究中,我们重复了西尔瓦等人的研究(Sylva,1984),调查了游戏对幼儿解决实际问题的影响。然而,考虑到当代小学课程对发展阅读和写作技能的重视,我们感兴趣的发现是,在同样的游戏和教学条件之间观察到的模式是否会在儿童叙事性写作这一相当不同的领域中出现。为这项研究选择的样本(Whitebread and Jameson,2003 年)由一所私立学校的一年级和二年级(5～7 岁)儿童组成。我们特别兴趣的是研究一个非常特殊的儿童样本组,他们都是智力水平至少高于平均水平的儿童(除了两个"智力水平一般的"儿童)[根据 Ravens 渐进标准矩阵智商测试(Ravens Advanced Standard Matrices IQ Test)]。事实上,这一群体的平均智商为 131,处于总人口的前 2%。每一组儿童的阅读年龄至少比他/她的实际年龄大 6 个月。样本中的所有儿童都是英国白人,他们的母语是英语。所有的儿童都有托儿所/学前教育的经验，并有许多机会在上学期间玩儿，直到他们基础教育阶段学年结束；然而，在研究开始之前，他们都没有与布袋故事（storysacks）或故事道具一起玩的经验。所有的孩子都有教师在学校给他们读故事的经验，也有被要求自己写故事的经历。根据先前讨论的普遍观点，通常情况下，这个样本对游戏的"需要"是最小的。因此，我们很想有机会去发现游戏是否真的会对他们讲故事和写作产生任何有益的影响。

遵循最初西尔瓦等人的研究的一般结构（Sylva et al.，1984），35 名 5～7 岁儿童被要求在阅读故事和在"游戏""教授""控制"条件下制作故事道具后，进行口述和书写故事。

为了进入"游戏"状态，人们使用了布袋故事。在英语学校，人们越来越多地使用布袋故事[最初在 1997 由格里菲斯（Griffiths）设计]。这些实验包括与故事中的物品和人物有关的玩具及工艺品，并被用于适合不同年龄范围的三个故事。儿童每读一篇故事，然后根据"游戏""教导"或"控制"情境，进行了不同的后续活动。为了控制三个故事的差异效应和三种条件之间的顺序效应，样本内不同子群的故事和条件的顺序是不同的。

10～15 个幼儿为一组，用图画书的形式阅读故事。在"游戏"条件下，孩子们被允许在教师不进行任何干预的情况下，以 5 人为一个小组玩故事道具10 分钟。在"教授"的情况下，教师和小组成员一起工作了 10 分钟，用故事道具讨论和示范其他可能的故事，但不允许孩子们操作故事道具。在"控制"条件下，研究人员给孩子们出示了印有故事人物姓名的影印本，但没有提供进一步的帮助或指导。然后所有的小组都被要求写出故事，其中包含了他们刚刚听到的故事中的一个或多个角色。这里强调，这应该与原来的故事不同。

研究者根据这些故事所用的书写时间、所包含的字数、使用国家政府准则（QCA，2001 年）的英语国家课程水平，以及与原始故事的开头、冲突和解决方案相同或不同的信息数量进行分析，还评估了儿童对创造不同故事的信心。

对三种条件下的儿童书写故事进行分析的结果表明，在"游戏"状态下，儿童比控制组包含更多的冲突和解决方案。此外，这些冲突和解决方案与原始故事中的冲突和解决方案不同，它们的故事质量高于"教授"或"控制"两种条件中的任何一种。在"教授"的情况下，虽然儿童在写作故事中包含的冲突和解决方案比"控制"条件更多，但他们花在写故事上的时间比在其他两种情况下要少，而且相对于"游戏"条件，他们包含了更多的"相同"点，比其他两种条件中的"不同"点更少。他们在问题解决上的"相同"之处要比其他两种条件下的儿童要多。

非常有趣的是，尽管我们探讨了与西尔瓦的研究完全不同的学习领域，但我们的发现和他们的发现一样，都清楚地表明游戏在帮助儿童发展创造性的解决问题能力方面的价值和重要性。我们对故事各个方面的分析结果表明，这些故事的各个方面具有高度的一致性，并支持这样一种理论，即没有机会玩耍的儿童只有观看教师的经历（"控制"组和"教授"组），认为为了能够完成任务，他们必须尽可能地模仿教师。这抑制了儿童的创造力，对于他们中的许多人来说，这似乎也增加了他们对失败的焦虑和恐惧。

考虑到自变量之间唯一的区别是一个单独的 10 分钟的游戏或被教授的机会，这是令人印象深刻的，这些结果非常重要。在一个日益紧迫的课程安排中，值得欣慰的是，仅仅 10 分钟的游戏就会对儿童的信心和创造力产生如此大的影响（包括其他方面）。这些结果是在一群 5～7 岁的高能力儿童中得到的，这清楚地表明，在一年级开始时放弃游戏化的学习方式可能会降低而不是提高早期学习和发展的质量。

建构游戏、象征性游戏与叙事技巧的研究

在这项较早期的研究的基础上，我们对一年级、三年级及五年级的儿童进行一项更全面的研究。我们正在与教师紧密合作，开发一种有趣的方法来教授叙事和写作技巧。这包括在常规识字课上开展有趣的活动，当儿童有机会使用不同的乐高玩具，包括建构性的和象征（如微型人物）性的元素时，以便在撰写关于它们的故事之前协作创造并表达他们的想法。这些活动的一些例子包括：

从一本书中构建一个场景；

创建一个故事板（在单独的乐高底板上）；

塑造自己创作的故事中的角色和背景；

表演故事的一部分，为一个众所周知的故事设定一个新的结局等。

在这些活动中，教师允许儿童能够自由地选择象征他们表达内容的乐高，以及选择如何与他们的小组一起完成任务（包括选择在桌子上或在地毯上活动）。所有的活动都要求孩子们富有想象力和创造性，并且需要亲身体验搭建一个具体的三维乐高模型。这些特点有助于营造游戏化的场景，鼓励儿童参与和放松，这不同于常规的教师指导的写作教学方法。

儿童在活动中的选择程度，加上合作建构的经验，为本章第一部分概述的关键领域发展提供了强大的学习机会：自我调节技能、符号表征系统的掌握（包括对话或交谈技能）和创造力。这种方法符合"有指导的游戏"的理念，因为教师在开展活动和利用观察到的高参与度来促进有效学习机会方面发挥着重要作用。例如，作为这一方法的一部分，教师设计的一个方

面是，通过示范和反思过程将使用乐高创编故事和想法的经验与关于写作的具体指导联系起来。通过这种方法，乐高不仅是一种玩具，而且被看作儿童用来创造和传达思想的外部表征系统。然后，这些思想被改编并转化为更复杂的写作系统。这种经验让孩子们有机会在写作之前进行创造、计划和编辑。此外，它为努力学习写作的儿童提供了一个脚手架，使他们以一种激励性且易于理解的方式为群体贡献自己的想法。

这个项目目前正在进行中。到学年结束时，108 名参与研究的儿童将使用这一方法学习整整一学年。年初的测量数据已经收集，年底将再次收集。其中包括儿童的写作能力（根据国家课程水平）和运用表达、接受和回忆叙事的叙事技巧（expression，reception and recall of narrative，ERRNI，Bishop，2004），以及"托兰斯创造性思维测验"（the Torrance Tests of Creative Thinking）（托兰斯，1972）所包含的创造性测验，使用发展适宜的问题解决任务（要求根据平面图建适火车轨道）测查自我调节和元认知（Bryce and Whitebread，2012）等。这种游戏方法的效果将使用前后测的定量方法进行评估，并将其与控制组进行比较。

我们还通过记录课堂活动，特别是小组活动中的儿童，收集了定性数据。我们采访了一些儿童和教师，了解他们对这一学习经验的看法。这些来源于这些资料的初步证据表明，教师和儿童都非常喜欢这种游戏化的做法。教师们特别强调了儿童在教室里的高度投入，以及儿童在合作玩乐高表达他们的想法时所表现出来的创造力。一些接受采访的儿童对于为什么玩乐高有助于他们的写作提供了非常详细的说明。他们说，在写作的过程中，他们的乐高模型就是写作计划的一部分，这对其写作是很有帮助的，因为他们可以记住他们在故事中想要包含的所有细节，而不必"再想一遍"。他们提到，与画一个故事相比，玩乐高更有趣，而且更容易，因为，与绘画不同，"你不一定要擅长它"。他们表示，乐高创建了一个三维模型，他们可以从不同的角度看到模型的元素。一些儿童已经发展出象征游戏的游戏策略。例如，通过移动微型图形，儿童想象他们可以通过眼睛看到场景，并从这个角度描述场景，从而写出描述性的叙述。

结 论

本文概述的这两项研究为证明游戏的支持作用提供了越来越多的证据，尤其是假装或象征性游戏可能涉及的对象或其他儿童，为儿童提供一个环境，使他们能够发展自己的表征能力，以及他们作为自我调节和学习者的能力和倾向。本章的第一作者和其他人曾在其他地方写过一些关于儿童自我调节的发展与儿童作为成功的问题解决者、创造性思考者和学习者相关的大量证据，及其对课堂环境、学习活动和师生互动的启示。特别是这次，我们讨论了初级教育的压力，需要批判性地看待这些作者所提倡的程序和做法。更重要的是，不仅在早期基础阶段，而且要考虑整个基础教育阶段，支持儿童富有想象力的游戏，从业者能够充分理解，并为他们的实践奠定基础。

思考题

1. 直到什么年龄，儿童在学校里游戏是有价值的？

2. 我们可以观察到的哪些行为可以表明儿童在建构或象征性游戏中正在发展其作为学习者的技能？

3. 自由游戏、儿童自发性游戏和有指导的游戏分别的价值是什么？

4. 为什么游戏可以促进儿童作为作家的发展？

参考文献和延伸阅读（加粗文字）

American Toy Institute. 2000. The Power of Play Factsheet[M]. ATI.

Berk, L. E., Mann, T. D. and Ogan, A. T. 2006. Make-believe play: wellspring for development of self-regulation[M]//D. G. Singer, R. M. Golinkoff and K. Hirsh-Pasek (eds)Play=Learning: How Play Motivates and Enhances Children's Cognitive and Social-emotional Growth. Oxford: Oxford University Press.

Bishop, D. V. 2004. Expression, Reception and Recall of Narrative Instrument[M]. London: Harcourt Assessment.

Bryce, D. and Whitebread, D. 2012. The development of metacognitive skills: evidence from observational analysis of young children's behavior during problem-solving[J]. Metacognition and Learning, 7(3): 197-217.

Craft, A. 2000. Creativity Across the Primary Curriculum[M]. London: Routledge.

Eyles, J. 1993. Play-a trivial pursuit or meaningful experience[J]. Early Years, 13 (2): 45-49.

Griffiths, N. 1997. Storysacks: A Starter Information Pack[M]. Storysacks Ltd.

Hattie, J. 2009. Visible Learning: A Synthesis of Over 800 Meta-analyses Relating to Achievement[M]. London: Routledge.

Karpov, Y. V. 2005. Three-to six-year-olds: sociodramatic play as the leading activity during the period of early childhood[M]//Y. V. Karpov, The Neo-Vygotskian Approach to Child Development. Cambridge: Cambridge University Press.

Lillard, A. 2002. Pretend play and cognitive development[M]//U. Goswami(ed.) Blackwell Handbook of Childhood Cognitive Development. Oxford: Blackwell.

Marcon, R. A. 2002. Moving up the grades: relationship between pre-school model and later school success[J]. Early Childhood Research and Practice, 4(1): 517-530.

Moyles, J. 1989. Just Playing? The Role and Status of Play in Early Childhood Education[M]. Milton Keynes: Open University Press.

Nicolopoulou, A. and Ilgaz, H. 2013. What do we know about pretend play and narrative development? [J]. American Journal of Play, 6(1): 55-81.

Pellegrini, A. D. 1985. The narrative organisation of children's fantasy play[J]. Educational Psychology, 5: 17-25.

Pellis, S. and Pellis, V. 2009. The Playful Brain: Venturing to the Limits of Neuroscience[M]. Oxford: Oneworld Publications.

Ponitz, C. C., McClelland, M. M., Matthews, J. S. and Morrison, F. J. 2009. A structured observation of behavioral self-regulation and its contribution to kindergarten outcomes[J]. Developmental Psychology, 45(3): 605-619.

Qualifications and Curriculum Authority (QCA). 2001. English Tasks Teacher's Handbook[M]. London: QCA/DfES.

Smith, P. K. 1990. The role of play in the nursery and primary school curriculum [M]//C. Rogers and P. Kutnick(eds) The Social Psychology of the Primary School. London: Routledge.

Sylva, K., Bruner, J. and Genova, P. 1984. The role of play in the problem-solving of children aged 3-5 years[M]//J. Bruner, A. Jolly and K. Sylva(eds)Play: Its Role in Development and Evolution. Harmondsworth: Penguin.

Torrance, E. P. (1972)Predictive validity of the Torrance Tests of Creative Thinking [J]. Journal of Creative Behavior, 6(4): 236-262.

Whitebread, D. 2010. Play, metacognition and self-regulation[M]//P. Broadhead, J. Howard and E. Wood(eds)Play and Learning in the Early Years. London: Sage.

Whitebread, D. and Bingham, S. 2014. School readiness, starting age, cohorts and transitions in the Early Years[M]//J. Moyles, J. Payler and J. Georgeson(eds) Early Years Foundations: Critical Issues, 2nd edn. Maidenhead: Open University Press.

Whitebread, D. and Coltman, P. 2007. Developing young children as self-regulated learners[M]//J. Moyles(ed.) Beginning Teaching Beginning Learning. 3rd edn. Maidenhead: Open University Press.

Whitebread, D. and Jameson, H. 2003. The impact of play on the oral and written storytelling of able 5-7 year olds[C]. Paper presented at the 33rd Annual Meeting of the Jean Piaget Society, Chicago, USA.

Whitebread, D., Bingham, S., Grau, V., Pino Pasternak, D. and Sangster, C. 2007. Development of metacognition and self-regulated learning in young children: the role of collaborative and peer-assisted learning[J]. Journal of Cognitive Education and Psychology, 3: 433-555.

第九章 友谊、文化和游戏化学习

佩特·布罗德黑德、利兹·切斯沃思/文　肖倩/译

摘　要

本章阐述了友谊是如何与幼儿的同一性发展相联系的，这种联系是通过游戏化文化探索活动实现的，进而通过朋友共同参与富有挑战性、知识性的活动来实现的。这种共同活动是幼儿学习的重要基础。因此，培养幼儿建立友谊对于教育者而言具有教育意义。我们阐明了开放的、灵活的游戏资源如何促进和维持友谊，因为幼儿能够基于自主决定水平共同参与益智活动。4组片段表明这些游戏资源如何让幼儿将他们的兴趣和文化体验融入早期经验中，并且无论是与新朋友还是与老朋友一起，幼儿都愿意与同伴共同参与到游戏化探索中。

导　言

许多研究都探讨了社交能力以及幼儿在同龄人群体中活动的重要性。然而，相对而言较少有研究认为友谊是幼儿与同伴共同参与游戏化活动的发展基础，甚至很少有人把友谊作为促进游戏化学习的教学策略。本章也发现，即便在英国《早期基础阶段纲要》中也很少提及相关内容，然而，友谊所产生的积极作用是值得研究者深入研究的。

友谊不仅仅是"社交能力的发展"或"在同龄人群体中表现活跃"。通过情境及相关的反思，本章揭示了友谊是表达文化和身份的方法，在适应的环境中，儿童会变得善于探索且乐于支持自主学习。当游戏资源足够充足从而使合作儿童能灵活地选择和使用时，友谊能够帮助幼儿建构和培养具有挑战性的益智学习经验，经过较长的时间，无论是在家还是在儿童所处的情景中，这些资源将融入儿童的生活、文化经验中。

通过与教育实践者全面合作，佩特·布罗德黑研究了儿童在早期的游戏环境中如何变得善于交际和合作，并说明了游戏与学习的联系（Broadhead，1997，2001，2004）。这项研究观察了儿童乐于参与的经典游戏活动，如沙子、水、角色扮演、大小建筑和小世界。观察结束后研究者会进行集

体反思，向教育实践者了解每个儿童的兴趣和游戏偏好的信息。研究表明，儿童在更加开放的区域内更容易参与具有挑战性的益智游戏，如玩沙区、玩水区和大型建构区。文中介绍了开放式的游戏材料（纸箱、漂亮的布料、帽子、轮子、轮胎等），并且进一步的研究表明了开放式的游戏材料能够促进同伴共同参与益智挑战。因此，儿童对友谊的兴趣提升与游戏化学习是相关的。派特·布卢德里德与年轻教师安迪·伯特（Andy Burt）共同对开放式游戏材料进行了更深入的研究，情境 1、2、3 就源自这个共同研究（Broadhead and Burt，2012）。

利兹·切斯沃思的研究聚焦于 5 个儿童在上学第一年时的游戏体验。研究者记录了以儿童为主导的课堂体验，用来帮助引出儿童、他们的父母及两个教育实践者的游戏观。在为期 8 个月的数据收集期间，在拍摄游戏片段的过程中，利兹每周至少有一天参与到儿童游戏中，并且与儿童和教师们一起观看视频资料。一个首要条件是建立和维持与儿童的互惠关系，从而使儿童能够积极参与到研究中。视频制作软件也让儿童能够自主决定观看和讨论哪个游戏活动。儿童在观看他们游戏的反应常常聚焦于关于友谊和关系的主题。家长和教育实践者们的游戏观中也经常会涵盖友谊。片段 4 来源于这项研究。它展示了克洛伊（Chloe）和哈利（Harry）在水中游戏的照片，同时当克洛伊选择观看以及与利兹讨论时，展现了儿童对游戏的看法和视角。

英国《早期基础阶段纲要》中的游戏和友谊

英国《早期基础阶段纲要》（DfE，2012）中指出了游戏对儿童发展的重要性，并将"游戏和探索"作为支持有效学习的三大特征之一。此外，英国《早期基础阶段纲要》中最后的评估标准，要求实践者提供简短的书面小结来阐述每个儿童在学习过程中是如何表现支持有效学习的特征的。然而，《早期基础阶段纲要》也非常重视入学准备工作，在幼儿入学第一年时"就预期平衡会逐渐向成人主导的活动倾斜，来帮助幼儿为更正式的学习做准备，即为小学一年级做准备（DfE，2012：6）"。因此，《早期基础阶段纲要》为游戏课程提供了机遇与挑战，即课程既要具有促进游戏的策略，同时又要突出《早期基础阶段纲要》在为幼儿正式学习做准备的作用（Chesworth，2014）。在某些情况下，游戏似乎成为成人教授课程的一种工具，而不是幼儿在同伴的陪伴下理解周围世界的机会。修订后的《早期基础阶段纲要》中的基本原则包括"儿童通过积极的关系来学会坚强和独立"（DfE，2012：3），但文件中没有提到友谊的发展。在《早期基础阶段法定框架》的最后部分，学习与发展中的"个体、社交和情绪"领域关于"建立关系"的早期学习目标是大多数儿童能够进行合作化游戏，以及与他人轮流游戏(DfE，2012：8)。这是对合作游戏的狭义解释，因为没有承认儿童具备与可信任、熟悉的同伴合作去发现和解决愈加复杂问题的能力；缺乏基于友谊的互动而产生的认知挑战共享体验中的益智维度和潜力，以及帮助儿童了解他们在与其他儿童发展关系过程中表现出的自我个性特征。

为什么友谊在儿童早期年龄阶段非常重要

学习是一个社会过程，游戏是儿童建构知识和全面地理解世界的主要活动(Vygotsky，1978)。当儿童的智力和文化兴趣被尊重，并处于资源充足的环境中时，那些在独自活动或同伴共同参与活动中表现得更为积极的儿童，他们的学习效果更好(Yelland et al.，2008)。环境应使儿童能够时刻处于社会与文化学习的"最近发展区"中，这是儿童可以在其他专家的帮助下进步的学习空间(Vygotsky，1978)。

教育者是起到"脚手架"作用的重要"专家他者"之一，而同伴和朋友也是起到"脚手架"作用的重要"专家他者"(Gallimore and Tharp，1990)。当儿童与其他相互了解的同伴一起游戏时，较高的熟悉度能让他们彼此了解个人知识、技能和能力，并通过语言了解思考问题的方式和他们共同参与的创造性体验。当儿童与朋友一起游戏时，游戏变得更加复杂、更具有益智性和挑战性(Howes，1994)；当和朋友一起合作游戏时会更加持久(Hartup，1996)。可能是，通过他们的友谊，儿童基于共同的兴趣和目标以及他人与自己的相似度，开始认识到文化的相似性。他们反复练习、探索和试验，分享和获得技能，交换知识和想法，设定共同努力的目标。只有在环境允许儿童具有这种共同努力的时间和空间时，这种合作才能增加他们的知识和乐趣。儿童必须在成人决定的世界中发挥作用，但正如科尔萨罗(Corsaro，2000)所说的，儿童仍然是社会化的积极参与者，因此，他们创造了自己的童年文化，同时也融入了家庭文化中。游戏是他们建构和重建社会、文化世界的手段。正如接下来的情境所表明的，当资源足够充足、灵活，能够支持儿童培养广泛的文化兴趣时，儿童就会将其使用到个人和集体的游戏中。

友谊的发展

友谊是需要"建立"的，这意味着时间的累积。教育工作者经常说："我们在这里都是朋友"。成人试图向儿童传达集体意识、团结意识和集体责任感。然而，因为儿童刚来到新的环境中，所以向还未交到朋友的儿童传达错误的团队意识是危险的（另见第十五章）。幼儿正处在学习"什么是朋友"的过程中，这也就是为什么他们会问："你是我的朋友吗？"或者"你是我的朋友，不是吗？"同时儿童也在寻求建立社会关系，儿童建立关于"朋友"的概念，包括朋友的行为、朋友之间会做哪些事情和为什么他们想要朋友。所有这些都需要学习，并且早期环境可能是学习朋友和友谊的概念，以及结交朋友和维持关系的绝佳场所。

友谊不是人类用来管理行为的手段，而是一种存在的状态，且不一定是一种持久的状态。随着儿童年龄的增长，他们会有核心朋友和可以依靠的朋友；因为我们是社会性的物种，没有朋友的儿童很少是快乐的（Factor，2009）。友谊的核心在于需要在个体和集体中做出选择、找到方向。因此，呈现以下片段的目的在于展示游戏化教学的核心，即灵活和开放性的游戏资源，以及儿童和朋友共同探索和实验的过程，游戏化教学对于儿童和教育者而言是有益的、丰富的学习。

片段与反思

本节将呈现 4 个情景片段。前 3 个情景片段源自派特的研究，第 4 个情景片段源自利兹的研究。片段 1 关注友谊的发展。纳迪亚（Nadia）和罗克珊娜（Roxanna）在她们探索和试验成为全新自我时，都在分别做出自己微妙又重要的选择。一个凸起的小舞台为儿童提供了室内的开放性游戏资源，其中还有道具、布料、服装和音乐。

片段 1

纳迪亚和罗克珊娜均为超过 3 岁的儿童，她们在小班生活 3 周了。纳迪亚已经能自信地探索环境并与成人互动。她在其他儿童周围游戏，但不与其他儿童共同游戏。罗克珊娜经常在活动区内走动。她观察儿童、观察成人与其他儿童之间的互动，但很少接近成人或儿童。她可能走到桌前画画或者游戏，但似乎不想与人互动。

今天，表演区正在播放阿巴乐队①的音乐。纳迪亚马上走过去，爬上舞台，开始跳舞，对着舞台上的其他人微笑，但没有说话。在纳迪亚跳舞时，罗克珊娜走过来，在台下看着纳迪亚跳舞；罗克珊娜微笑着但并没有与纳迪亚进行眼神交流。纳迪亚似乎并没有察觉，继续跳舞。罗克珊娜模仿纳迪亚的动作，纳迪亚看着她，研究了一会儿，微笑着和她进行眼神交流。两个女孩在一段时间内不间断地面带微笑，相互进行眼神交流。纳迪亚停

---

① 阿巴乐队，又称 Abba，是来自瑞典的流行音乐组合。

止跳舞，走出门外。罗克珊娜跟着她，看着她，但没有走出门外。

过了一会儿，纳迪亚回来继续跳舞。罗克珊娜看见纳迪亚后立即走近她（但并不是在舞台上），模仿她的舞蹈动作。她们又微笑着进行眼神交流，并且这种交流互动越来越明显，越来越频繁。纳迪亚停下来，又走出户外。这次，罗克珊娜跟着她走出了户外，她观察到纳迪亚开始牵着一根绳子在户外区域奔跑着。罗克珊娜也拉着一个绳子，跟着纳迪亚跑着、笑着。

纳迪亚回来是为了和罗克珊娜恢复联系吗？难道她预料到罗克珊娜会跟着她出去吗？是什么让罗克珊娜有足够的信心第二次离开去户外？我们不知道这是否是这两位幼小的新游戏者之间友谊的开始，但这些游戏资源使她们意识到她们在音乐和舞蹈方面有共同的兴趣。当她们一起在户外冒险时，她们都拽着绳子奔跑（这是幼儿无论在家还是在幼儿园里都能参与的常见活动），这让她们找到了共同的兴趣。她们正处于共同游戏的初级阶段，在相对陌生的环境下，这一阶段不会对儿童的语言和智力挑战方面提出更多的要求。纳迪亚和罗克珊娜在处于这个环境中的几个月之前就有这种潜力。

友谊的行为表现

片段 2 和片段 3 探讨了友谊与合作、益智活动、游戏化学习之间的联系。这些情景来源于历时 2 个月的拍摄资料。他们关注的是休吉（Hughie）和乔西（Josh），一对小班的好朋友。他们在户外有各种多元的开放式游戏材料可供选择。片段 2 和片段 3 共同阐述了他们的游戏设计由小到大的进程，以及由于他们描绘的家庭"视野"似乎非常大，因此他们在片段 2 中投入了大量的开放式游戏材料。片段 3 还揭示了休吉对源自家庭经验的其他方面的内容非常感兴趣，并且希望通过这个场景重现那些经验。

片段 2

休吉和乔西用塑料牛奶箱圈出一个大约两平方米的场地。休吉用一个小木箱、一个松果和一块石头装饰了其中一面墙，并且小心翼翼地将它们摆放整齐。乔西则不断进出这个场地，从活动室内外收集各种物品——叉子、水桶、铲子和一些树叶——带着它们回到场地里。乔西对休吉说一些关于"厕所"的事情；这似乎是很严肃的问题，而且这与休吉正在用收集的物品布置的那片区域有关；休吉大部分的游戏时间都投入这个区域中。然后休吉花时间用勺子从围栏外面的一堆土中收集土壤，并小心翼翼地把土壤放在一个气溶胶的顶部，将它和收集起来的物品一同粘在墙上。乔西用之前找到的一个水桶从户外的水龙头里取水。然后他全神贯注地"坐"在马桶上；休吉笑话他，就像分享一个笑话，乔西也笑了。他们之间似乎是友好的，这被他们共同理解为幽默。休吉从他之前收集的物品中发现了一张纸。乔西将之前取到的水冲进马桶里；休吉看了看，然后似乎去打扫厕所。这个建筑有两扇"门"，经常进出围栏的乔西会小心地将板条箱搬到一边，然后再搬回来从而打开和关闭这些"门"。他在模仿着开关门的动作。当休吉回到做出这个动作的角落时，乔西正准备去挖土。乔西非常小心地摆弄着一小堆土，并仔细地观察石头和纸片。乔西在土里发现了一只土鳖虫并且仔细地研究了一番，但没有和休吉有任何交流；休吉仍然全神贯注地在"厕所"周围忙碌着。他们之间的互动非常简要而不频繁，但是他们的目标是互通、互联的。

这段影片被回放给乔西和休吉看。派特问休吉这是否是他们的房子。他点点头，说："这是厕所。我正在往马桶里放洁厕灵，好把它打扫干净。"休吉接着说，"我一直在打扫厕所。"乔西说："我冲厕所。"休吉回答说："我需要一根棍子来清洁厕所。""我拿张纸在擦拭厕所内部。"休吉看了看派特，解释说："那里是水槽。"他们一边看电影，一边安静地聊着"上厕所时要擦屁股"。他们边笑着边相互交流着，但显而易见，他们都明白这对于他们而言是非常严肃的事情。乔西(那个经常开关"门"以进出场地的儿童)说："你必须特别小心以确保这些板条箱不会掉下来。"

显而易见，休吉和乔西共同关注有关厕所的话题，这对于幼儿，特别是对于男孩而言，是共同的主题，因为他们正处于掌控改变如厕习惯的人生阶段；这似乎是他们自我认知的重要组成部分。安迪老师在观看了视频之后表示，他对在象征"家"的空间里和儿童一起设计与游戏非常感兴趣。在5月的情景中(片段2)，与家庭相关的活动似乎比他们游戏的空间更重要，因为这个空间还非常小。到7月时(片段3)，他们的设计技能已经非常熟练了，因为他们具备了创造和居住在更大的空间的能力与自信。休吉对设计表现出了更广泛的兴趣，片段3就列举了与其相关的例证。

片段3

当拍摄开始时，游戏空间已经非常丰富了，尽管休吉还在继续添加设计。男孩们用牛奶箱创造了一个大约3米长的大厅入口或走廊，入口处有个"门"。走廊通向一个大约6平方米的大围场，占据了操场上一个很大的空间，代表着房子/家。围场的入口是为了休吉和乔西，以及其他和这两个孩子共同参与各项活动的儿童进出而设计的，他们通常都是通过走廊尽头的"门"进出的；所有人都明白进出的规则。这个围场中有"房间"，尽管这些房间之间没有边界。但是，这里有一个用盒子做的床，休吉和乔西常常在里面聊天。这有一个正在做饭的厨房；可以在床上和围场内其他地方讨论

The Excellence of Play

电视的内容。乔西关注一个看起来像窗户的建筑(他们在墙上挂了一个大约1平方米的塑料容器)。乔西花时间清理这个区域,而休吉定期离开围场去收集材料来拓展这片区域。他似乎在努力实现他内心想要的画面,尽管这一点很难确定。当没有和休吉在一起时,乔西的主要关注点依旧在清理"窗户"上。

由于其他儿童的干扰,他们的搭建游戏结束了。其他孩子们在操场周围建了一个"障碍训练场",并排成一纵长队跟进训练(有10~15个儿童参与跟进训练)。训练场建造者需要更多材料,于是他们开始从乔西和休吉的搭建区中取材料。起初,他们试图联合起来反抗,但是当休吉看到他们正在做的事情时,他停止了抵抗,并且观察训练场建造者的行为。乔西继续为他们的材料抵抗了一会儿,但当他注意到休吉不再抵抗时,就开始观察休吉正在看的东西,同时允许材料被拿走。

休吉在玩其他游戏的时候也明显表现出对设计和建筑的兴趣,他经常在决定构建什么、使用哪些材料。有一天他与实习老师一起制作望远镜。在上个周末,他刚和父母参观了一个真正的望远镜,并且和实习老师谈及这件事。乔西看着休吉,但似乎并不知道他心里在想什么,直到游戏结束。他们只能通过靠着轮胎保持平衡的大管子看向天空。乔西突然明白休吉在努力做什么,然后笑了。事实上乔西始终保持着兴趣,他明白休吉有一些有趣的好主意。

随着时间的推移,男孩们的建筑规模越来越大,也越来越复杂。休吉似乎对家庭主题并不感兴趣,但是很乐于和乔西一起参与其中。当休吉重新回来设计和搭建建筑时,乔西已深入地参与到有关家庭方面的主题里。休吉似乎很喜欢设计,但同样值得注意的是,他与进入这一空间游戏的其他儿童之间的互动要远远少于他和乔西之间的互动。乔西和其他儿童进行了几次对话,解释他在做什么,鼓励他们加入他的行列。开放式的游戏材料让他们每一个人都能在共同活动中追求自己的兴趣。由于其他儿童的干预,两个男孩似乎对被迫结束游戏并不在意。事实上,休吉似乎对他们在做的事情非常感兴趣,同时经过起初的抵抗,乔西妥协了,也许因为他注意到休吉的兴趣点和明显的不在意,也许是因为他从日常收集这些材料的经验中明白,只要他们愿意,他们可以不断重复他们的游戏,即使设计被拆除,这些材料始终是可用的。

安迪老师在观看这个影片时提到,负责搭建这个"障碍训练场"的女孩的母亲在军队服役。她可能见过这样的训练课程或听她妈妈提起过类似的课程。这可能是文化和身份影响游戏与问题解决的另一个例子。

片段4源自利兹的研究,该情景关注了克洛伊和哈利的游戏情节,克洛伊和哈利经常被观察到一起游戏。这一片段发生在为期8个月的研究即将结束时，它阐述了两个朋友之间持久的关系如何能够促进游戏化合作。讨论的重点不仅仅是儿童们在观看他们游戏时的反应，而且也包括克洛伊的母亲和教师的一些有趣的观点。

片段 4

几个星期以来，孩子们可以自由地从一个大水桶里取水。在这里，克洛伊和哈利对水流进行了一系列有趣的探索。儿童对影片的反应表明游戏是一个内在的合作体验。在这种体验中，他们能与朋友一起产生许多想法，使他们的游戏变得更加复杂。克洛伊在想表达观点的关键时刻暂停影片。克洛伊、哈利和利兹在图书区用笔记本电脑观看这段影片。

录像中的剧照： 克洛伊和哈利正在共同参与一系列有趣的探索。	克洛伊的叙述(同样告知利兹)。 克洛伊：【暂停电影。直接看向利兹】哦，还没开始呢。我在这里等哈利和皮帕。 【轻声耳语】他们在里面，和迪尔林女士一起工作。【停顿】他们很快就出来了，我们要到水区那边去，是吗？ 哈利：是的，我，我在里面。

	哈利：克洛伊，你看，该把刷子拔掉了。我的刷子掉了，然后让它往下冲【抬起并移动胳膊来模仿刷子的运动】。 利兹：哦，在那里【指着水桶】? 哈利：是的，它朝着下面冲去了【笑着看向克洛伊】。 克洛伊：【暂停影片】是的，它跑得太远。这其实是哈利的错。他不应该在我之前倒水，而应该等到我能正确地泼水之后再倒水。【(克洛伊)把手放在臀部上，皱着眉头看着哈利。哈利咯咯地笑。克洛伊的皱眉慢慢舒展，他和哈利一起笑了起来。】

103

克洛伊：看，哈利！

克洛伊：【大笑】哦，看，水一直往下流，就在那里。是的，我喜欢它一直往下流。

哈利：是的，我不知道这会发生【克洛伊和哈利大笑着看向对方】。

克洛伊：对，地板【停顿】，地板都湿透了。水会从里面出来，从排水渠道中出来。

哈利：水一直往下流！

乔丹：你把这一片都弄湿了，你被允许（这么做了）吗？

克洛伊：【暂停影片】对，这是我们玩游戏的地方，也是我们把水倒光的地方。水一直往下流，一直流到那里【指着窗户外面一直到操场底部的位置】。

利兹：克洛伊，你以前玩过这个游戏吗？

克洛伊：没有，这是我们第一次玩。但是我们现在还在玩，我们会玩大概7周的时间。

哈利：对，但是接下来我们会将全部的水都倒出来，不是吗？

克洛伊：对，我们会用很多水，让水能一直流到那里，再次形成一个大水坑。实际上不会比这水坑大了【展开双臂】。

哈利：对，我们现在能去玩了吗，克洛伊？

　　克洛伊提出"游戏还没有开始"，表明了她在等待哈利和皮帕一起开始游戏，因为"……他们在里面，与迪尔林女士一起工作。"这段游戏情节被认为从一开始就是共同体验，克洛伊一直等到她的朋友加入她的户外游戏中，才开始游戏。克洛伊对她用粉笔做记号的行为并没有过多评论（见本片段中的第一张照片）；这说明这种行为对于她而言意义不大，只是在她的朋友到来之前消磨时间的等待活动。克洛伊理解这个体系，她明白儿童有时被要求和教师一起"工作"。她接纳这件事并且推迟了她的游戏，等待她的朋友的到来。

　　儿童对他们的游戏的评论表明，他们对水的探索根植于社会背景中。显然他们的共同参与和共同兴趣维持着游戏的开展，即使在克洛伊认同的"游戏规则"上有一些小冲突，即克洛伊暗示哈利在她之前把桶里的水全部倒掉是个错误。克洛伊和哈利在观看视频时的对话表明了他们是如何合作构思的，从而使他们的游戏变得复杂。儿童的友谊使他们对水流产生了共同兴趣，同时，水从操场的斜坡上流下来这一发现，也激发了他们进一步思考的可能性。因此，这个活动从一个相对简单的游戏开始，变成了对水流运动的更加复杂的探究。观看影片的行为重新点燃了他们的兴趣，并促进了他们更深入的探索，换言之，克洛伊和哈利重新构思他们的探索并着手为未来的无限可能性开始计划。这两个朋友的后续调查似乎可能会为他们的游戏带来更多的复杂性和新的可能性。

　　克洛伊的老师琳恩（Lynne）也注意到这两人之间的友谊，她认为："克洛伊显然与特定的儿童在一起时感到舒服自在。她很自信；她喜欢和哈利一起玩。"同样，克洛伊的母亲汉娜（Hannah）一看到哈利出现，就说："哦，看，她又和哈利在一起了……好吧，她要嫁给哈利了！"通过把克洛伊、琳恩和汉娜的观点拼凑在一起，我们能发现儿童在活动时基于深厚的友谊，这种深厚的友谊能够让双方忍受他们在游戏规则上的小分歧，以维持他们游戏化的探究。因此，我们在这个片段的核心里发现了一种归属感，这种归属感支撑着儿童游戏化的合作（Van Oers and Hannikainen，2001）。

结　论

　　友谊不是独立产生的，而是在与家庭和学校生活的融合中产生的。友谊和同一性发展及文化倾向息息相关，同样，友谊是儿童在学习过程中不可或缺的重要组成部分，而游戏在其中起到关键的中介作用。为了理解这一点，我们需要基于儿童的游戏观，有策略地参与到儿童的游戏中。利兹的研究则基于教师、家长的游戏观和儿童自己的游戏观，从而使她的研究得到了进一步发展。

　　基于学校的友谊需要教学支持和开放式资源来促进合作。儿童们在游戏中有很强的自我决定能力，可能使游戏偏离教师的目标。然而，这往往加深了游戏的益智挑战。

　　这里所描述的开放式资源可以激发合作伙伴的灵活性和创造性思维，而友谊是合作和游戏延伸的关键因素。

　　目前的课程存在游戏化学习还是游戏化教学的立场还有些模糊，但如果你以游戏为主的教学目标非常强烈的话是能够传达出积极的信息的。儿童能在适当的环境中提升他们在游戏方面的智力素质。

思考题

1. 你如何看待友谊在课堂上对社交和智力生活的贡献？

2. 你将采用什么方式使儿童在幼儿园的游戏中融入家庭文化？

3. 举例说明当你看到儿童用你意想不到的方法来操作相同的、开放性游戏资源时的情景，并说明结果。

4. 思考一下在以上片段中哪个孩子可能是"专家他者"。基于片段 3 里的成人（实习教师），谈一谈成人如何成为"专家他者"。

参考文献及延伸阅读（加粗文字）

Broadhead，P. 1997. Promoting sociability and co-operation in nursery settings[J]. BritishEducational Research Journal，23(4)：513-531.

Broadhead，P. 2001. Investigating sociability and cooperation in four and five year olds inreception class settings[J]. International Journal of Early Years Education，9(1)：23-35.

Broadhead，P. 2004. Early Years Play and Learning：Developing Social Skills and Cooperation[M]. London：RoutledgeFalmer.

Broadhead, P. and Burt, A. 2012. Understanding Young Children's Learning Through-Play：Building Playful Pedagogies[M]. London：Routledge.

Chesworth, L. 2014. A deeper understanding of play[M]//A. Brock (ed.) The Early Years Reflective Practice Handbook. Oxford：Routledge.

Corsaro, W. 2000. Early childhood education, children's peer cultures, and the future of childhood[J]. European Early Childhood Education Research Journal, 8(2)：89-102.

Factor, J. 2009. "It's only play if you get to choose. " Children's perceptions of play and adult interventions[M]//C. Dell Clark(ed.)Transactions at Play. Play and Culture Studies, 9. New York：University Press of America：129-146.

Gallimore，R. and Tharp，R. 1990. Teaching mind in society：teaching, schooling and literate discourse[M]//L. C. Moll(ed.)Vygotsky and Education：Instructional Implications and Applications of Socio-historical Psychology. Cambridge：Cambridge University Press.

Hartup，W. W. 1996. The company they keep：friendships and their developmental significance[J]. Child Development，67：1-13.

Howes，C. 1994. The Collaborative Construction of Pretend[M]. Albany，NY：State University of NewYork Press.

Van Oers，B. and Hannikainen，M. 2001. Some thoughts about togetherness：an introduction[J]. International Journal of Early Years Education，9(2)：101-124.

Vygotsky，L. 1978. Mind in Society：The Development of Higher Psychological Processes[M]. London：Harvard University Press.

Yelland，N.，Lee，L.，O'Rourke，M. and Harrison，C. 2008. Rethinking Learning in Early Childhood Education[M]. Berkshire：Open University Press.

第九章 友谊、文化和游戏化学习

游戏中幼儿作为研究者

简·默里/文　李淑芳/译

摘　要

"幼儿作为研究者"(the young children as researchers，YCAR)研究发现(Murray，2012)，当幼儿主导游戏时，他们有时会表现出与专业的成人研究者相似的行为。尽管常常没有被意识到，但成人还是能够识别这种行为。本章讨论了幼儿游戏和研究的权利、游戏和研究的定义，以及他们在这两方面的边缘化。幼儿的认知游戏与研究之间存在联系。例如，"幼儿作为研究者"研究结果显示，儿童在游戏中是有能力的研究者。"幼儿作为研究者"向希望认识到儿童在游戏中的自主研究是构建理解的宝贵工具的从业者们传达了信息。

导　言

作为一个早期教育工作者，我遇到过许许多多的儿童，他们提出问题、做计划、收集信息、分析和解释、解决问题、探索与交流各种新奇想法和他们所创作的作品。儿童每天参与到自己的活动中，建构自己的知识和理解，这些绝大部分发生在他们自己主导的游戏中。我的基础阶段研究中的儿童在日常自然游戏中所表现出来的行为与我在大学工作中遇到的研究活动之间有着明显的相似性。

近年来，人们对幼儿作为研究者的兴趣不断上升，但是倾向于关注较大儿童和青少年(Cammarota and Fine，2008)，或者要求儿童和青少年采用成人的议事日程和研究方法。研究通常是校园中儿童日常生活的一部分，但是往往仅限于参加成人的项目或者作为学习的副产品。低于8岁的儿童在研究中的角色通常限于合作研究者或者被研究者，而且由成人设计的研究方法占据主导地位(Clark and Moss，2011)。成年人似乎很难在他们认为的研究环境中分享或放弃控制权，而且倾向于将儿童从学术的"高深世界"中边缘化(Redmond，2008：9)：一个绝对"追求分数"的世界，在那里，专业成人研究者是享有特权的(Lees，1999：382)。

"幼儿作为研究者"研究通过概念化的方式来解决幼儿的边缘化问题，在这个过程中，幼儿是研究者，或者可能被认为是研究者。参加这一研究的是 138 名 4~8 岁的儿童。本章认为，幼儿在自主游戏时，他们的行为有时和专业的成人研究者的行为非常相似，而且成人能够通过一些方式识别出这类行为。

幼儿游戏和研究的权利

忽视儿童自己的探究，不尊重他们作为权利人和有能力的、有经验的思考者的身份，阿帕杜莱（Appadurai，2006：167）认为，研究目前仍是一种不是所有人都能获得的"特殊权利"，所以，儿童不被作为研究者可能应该被认为是一个社会公平问题。

儿童的游戏权已经被写入《联合国儿童权利公约》第 31 条（见本书第一章）。游戏对于儿童来说既是自然的，又是必要的（Moyles，2010），是幼儿在幼儿园中的真实活动情境。然而，近年来西方儿童自由游戏的机会已经显著减少（Witten et al.，2013），从而导致关键的发展经验减少。出现这种情况的原因多种多样，包括家长对孩子安全的担心（Refshauge et al.，2012）、家长在工作之余时间的匮乏（National Family and Parenting Institute，NFPI，2009），以及儿童自由游戏可能导致对学业的分心（Fisher，2008）等。人们常常将学习和游戏对立起来，但是事实上，它们往往是同时发生的：儿童通过游戏来建构知识和认识论。然而，许多早期教育机构中的学究气氛过浓，而且这种过于重视学习的氛围已经通过家庭作业和成人主导的活动侵入幼儿的家庭中，这意味着幼儿自主游戏的机会越来越少。

游戏和研究的定义

虽然许多人一直在尝试对游戏和研究这两个概念做出定义，但这其实是很困难的。在英国，游戏一般被定义为"自由选择、自我管理、受内在动机驱动的儿童积极参与的活动"（National Playing Fields Association，NPFA et al.，2000：6；同样见本书第二章）。同样，研究文献中提出了游戏分类的许多方法（如 Kernan，2007）。赫特等人（Hutt et al.，1989）认为游戏由三个重要元素组成——戏剧游戏、规则游戏和认知游戏。虽然许多研究者提到了儿童游戏的价值和社会特征（Broadhead，2001；Edmiston，2008），但是里安（Ryan，2005）认为游戏是一项严肃的工作，"儿童游戏不是一个中立的空间，而是一个具有政治性和协商性的领域。"（p. 112）

和游戏一样，关于研究也没有一致的定义（Hillage et al.，1998）。尽管研究者提出了大量的定义，且这些定义之间具有很强的相似性。许多关于研究的定义强调知识的生成，而另一些则提倡系统性方法。传播在研究中的作用也得到了普遍的强调(REF，2014，2011)。在已有的文献中研究缺乏一个普遍的定义，意味着确定一个定义来支持"幼儿作为研究者"研究是一项重要的初始任务。研究者决定通过专业研究人员根据自己的经验对研究进行定义，然后将该定义与在后期实地调查中幼儿的日常行为进行比较。除了对研究做出定义外，参加该研究的专业研究者们还阐述了 39 种研究行为，从而形成一个研究行为框架(research behaviours framework，RBF)。而且，他们还特别列出了对于研究来说最重要的 4 项特征：

①探究；
②问题解决；
③概念化；
④基于事实的决策。

根据已有文献对每一个特征进行定义；通过不同方式记录儿童在家和学校里的日常活动，然后将这些活动与研究行为框架做比较。在本章后面我们会进一步讨论"幼儿作为研究者"的研究，但目前，一些幼儿在游戏和研究中被边缘化的解决方法，以及他们的游戏和研究如何相互交织等问题都得到了解决。

游戏和研究中幼儿的边缘化

不断增加的对自由游戏机会的剥夺意味着游戏对于儿童的重要意义被不断否认(Goldstein，2012)。出现这种状况的部分原因是成人对儿童游戏的认识仍然模糊而困难，因而往往难以发现儿童游戏的意义。例如，出现在许多幼儿游戏中的非语言社会互动，对于成人来说是难以理解的(Bae，2010)。这或许可以解释为什么成人常常想要控制儿童的游戏；然而，这样的控制使儿童无法从自己创造出来的游戏经验(重要的经验，在本书大部分章节中都提到)中获得真正的满足感。

成人不能识别儿童行为背后的含义，同样可能导致儿童在研究中被边缘化。儿童建构知识的能力在很长时间以来都是有争论的话题。有研究认为儿童具有发展"知识和真理的哲学"的能力[斯特雷加(Strega)将其定义为认识论，2005：201]；也有观点认为，儿童更高水平的知识仅仅是通过持续的经验才得以建构的。这些不同的观点显示了这样的意见分歧：是将儿童看作不断进化的人，还是看作从出生开始就是自己生活中的专家。

但是，有儿童参加了针对他们自己的游戏的研究(Kapasi and Gleave，

2009)。这些研究承认儿童的权利，包括社会价值观、儿童自主权、风险管理、社会排斥和包容等主题。

幼儿的认知游戏与研究有什么关系？

儿童的认知游戏和研究之间的联系是可以确定的。单词"epistemic"（认识论的）的词源是希腊语"episteme"，意思是"需要给出一些理由来解释为什么事情是这样的"（Thomas，2007：149）。认识论作为一门研究知识和确证信念有关的哲学分支而出现；我们如何知道我们知道。认识论是当今学术界认可当代研究所需的许多方案的基础。赫特等人（Hutt et al.，1989：222-224）将认知游戏描述为"获得知识和信息……问题解决……探究……富有成效性"，同时关注材料和变化。换句话说，就是知识建构。儿童运用多种形式进行表达和交流（见第二十章），这也可能是他们参与认知活动的方式。在这些情况下，幼儿通常运用感觉和知觉来思考，并与世界互动。因此，当他们通过这些感官体验进行推理时，他们得出的判断可能被认为是有力的。

认知游戏远不止是单纯的行为：认知游戏参与者意识到自己正在开展游戏以获得知识。因此，可以说认知游戏需要心理理论，心理理论被认为是一种"将心理状态归因于自我和他人"的高阶认知能力（Goldman，2012：402）。心理理论被公认为人类理解自己在世界上的位置和他人行为的一个重要指标，其主要依据是"我们理解行为背后的心理状态的能力"（Song et al.，2008：295）。意识到我们是如何通过行为来建立了解的，这是一种心理理论，也是一种认识论的参与。

关于幼儿心理理论质量的争论一直非常激烈。一些研究者认为儿童具有心理理论，另外一些研究者则认为"只是常识性思维理论……而不是科学理论的产物"（Wellman，1990：130）。莫顿提出的"理论论"概念将儿童对知识的获取与许多最新的文献和研究交织在一起（Morton，1980），这一理论解释了我们如何通过推理、验证想法、计划、决策、推断和系统地组织信息等高阶思维来发展理论，从而在日常生活中获取、建构和应用知识。戈普尼克和梅尔佐夫（Gopnik and Meltzoff，1997）极力主张婴幼儿运用"理论论"来建构和使用知识。他们的工作为形成一个重要的、不断发展的、多样化的研究体系做出了贡献，他们认识到"现在的儿童比 20 或 30 年前的儿童更有能力（在理论化方面）"（White bread，2012：137）。这些能力有时通过建构工作理论（Hedges，2014）和有效学习特征（Stewart，2011）等在儿童教育中得到确认。

考虑上述种种因素，"幼儿作为研究者"研究提出了一个建议。如果参与研究的幼儿参加了被研究者认为是研究行为的活动，那么可以认为他们参加了符合学术标准的研究行为。

儿童在游戏中作为研究者："幼儿作为研究者"研究的一些发现

运用不同的质性研究方法，"幼儿作为研究者"研究收集了数以百计的细节，在此基础上列出了参与的儿童在家庭和学校中从事日常自然活动的特征。他们的许多活动是"自由选择、自我管理、受内在动机驱动的儿童积极参与的活动"。换句话说就是游戏（NPFA et al.，2000：6）。研究者与儿童及其父母共同收集数据，并分析和解释研究中的发现。表 10.1 和表 10.2 列出了 3 所小学——阿希（Ash），比奇（Beech）和切里（Cherry）学校（均为化名），以及针对 5 个家庭的参与者的研究数据。

在"幼儿作为研究者"研究中，儿童的自然行为呈现了 80 个认识论因素。这表明儿童在参与认知游戏时，除了感官表现之外，还有探究、问题解决、概念化和基于事实的决策。研究者认为，后面 4 种是重要的研究行为。

表 10.1　3 所小学中"幼儿作为研究者"研究的参与者的概况

机构化名	儿童数量	儿童年龄	性别分布	参与者的数量和性别比例	最新检测等级	主要教学模式
阿希学校	32	7～8 岁	20 个男孩 12 个女孩	3（1 男，2 女）	2（良好）	常规教学
比奇学校	46	4～5 岁	23 个男孩 23 个女孩	8（8 女）	2（良好）	开放性教学
切里学校	60	4～5 岁	40 个男孩 20 个女孩	6（1 男，5 女）	2（良好）	开放性教学

表 10.2　5 个家庭中"幼儿作为研究者"研究的参与者的概况

化名	阿希学校		比奇学校		切里学校
	安妮	比利	杰玛	哈利	马丁
性别	女	男	女	男	男

	阿希学校		比奇学校		切里学校
家庭实地调查时的年龄	8	8	5	5	5
和谁居住在一起	母亲，父亲	母亲，父亲，姐姐（9岁）	母亲，父亲，哥哥（8岁）	母亲，父亲，弟弟（4岁）	母亲，父亲，妹妹（4岁）
家庭描述	现代的	独立的	4间卧室	有花园	正在发展中的英国中部的一个著名城镇
家庭语言	英语	英语	英语	英语/法语	英语
社会阶层分类	A	A/B	B	A	A/B
家庭	A	B	C	D	E

　　80个认识论因素可分成9类，出现在4种重要的研究行为中，呈现为4组（见表10.3）。在"幼儿作为研究者"研究中有数百个儿童参与此类活动，下面介绍了其中4个案例，其中儿童的名字为化名。每个案例都包括了一个与现有文献有关的幼儿开展游戏的案例，每个案例都讨论了该游戏作为研究行为的意义。选择这些案例考虑了"幼儿作为研究者"研究可能为实践提供的信息。

表10.3　幼儿游戏中的4种重要研究行为和9类认识论因素

探究：研究是幼儿日常游戏活动的一部分

模式化行为	实验	社会交往	制订自己的计划	对材料感兴趣 / 对环境感兴趣	原因和结果	探索 / 好奇 / 聚焦任务
既往经验的运用	创新	社会领域	自主	物质环境	认知领域	个性倾向

The Excellence of Play

问题解决：研究是幼儿日常游戏活动的一部分

既往经验的运用	创新	社会领域	自主	物质环境	个性倾向	游离者
		心理理论				
		邀请别人来帮助寻找解决方案				
		分享解决方案				
		解决他人的问题				
		未与他人分享或由他人见证的解决方案			对解决问题感到兴奋	
		未与他人共享或由他人见证的解决方案：未确认			通过问题解决激发动机	
通过阅读资料寻找解决办法					坚持解决问题	
想保留自己正在做的工作		拒绝分享解决方案			认为自己会失败	
找到解决方案的实际用途	寻找自己的解决办法	回应成人的半开放性问题	关注个人感兴趣的某些事情	归纳推理	缺乏动力	
应用规则来解决问题	设计实用的方法来解决问题	回应成人的封闭性问题	自由探索，开展与个人兴趣一致的调查和实验	演绎推理	不感兴趣	
重复已有经验	创造一个需要解决的问题	遵循成人的指导	自我调节	探索属性	放弃	未确认解决方案

114

					建立联系：分析	
					计划	
回忆指令					运用符号表征	
联结先验知识和新应用	识别异常				言语支持思考	
综合概念	创造一个想象的空间/角色	成人停止概念化	基于自己的标准做出决定		运用想象	
无关思考	从外在刺激中发展自己的思想	遵循成人的指示	自主计划和行动		参与一系列思考	
运用概念思考问题	发明一个过程/方法	通过合作发展概念化	创设问题	创造物体的一种新玩法	预测	运用拟人化
既往经验的运用	创新	社会领域	自主	物质环境	认知领域	游离者

基于事实的决策：研究是幼儿日常游戏活动的一部分

				元认知	
应用先前经验				反复试验	方法论问题
应用心理模式	珍视同伴观点			策略性思考	抽样问题
推断	按照成人意见活动	确定个人偏好	感官为行动提供证据	应用人类"理由"	研究
既往经验的运用	社会领域	自主	物质环境	认知领域	方法论问题

游戏探索中的一个社会领域：社会交往

　　文献显示，社会交往是儿童认知行为产生的重要环境(Corsaro，2003)，大量研究数据反复证明了这一点。同样地，"幼儿作为研究者"研究中儿童所处的物理空间和所接触的物体是影响他们探索与社会交往的重要因素。此外，儿童可以用各种方式进行交流的空间似乎也与他们的探索行为有关

第十章　游戏中幼儿作为研究者

115

(Bae，2010)。

片段 1

在阿希学校，儿童正在参加一个半独立的读写活动，学习目标是"能够理解角色行为"。每桌有 4 名及以上幼儿，佛罗伦萨(Florence)(女孩，8岁)和她的朋友坐在一起。25 分钟后，佛罗伦萨的朋友(女孩，8 岁)问我是不是穿了耳洞，并站起来寻找，佛罗伦萨也加入她的行列。此时，佛罗伦萨和她的朋友的探索行为是"自由选择、自我管理、受内在动机驱动的儿童积极参与的活动"(NPFA et al.，2000：6)。换句话说，这是游戏活动。而且，佛罗伦萨和她的朋友在社会场合为了"特别的诊断目的"而检查我的耳朵。

在这个活动中，佛罗伦萨和她的朋友开展社会性游戏(Broadhead，2001)，而且展现出认知游戏的 3 个关键特征：信息获取、探索和运用材料的活动(Hutt et al.，1989)。佛罗伦萨的行为与以下观点相一致：婴幼儿天生具有探索性(Gopnik et al.，1999)，特别容易被吸引到探索活动中(Garner and Bergen，2006)。此外，通过模仿朋友的行为，佛罗伦萨表达了社会一致性的意愿，这也与其他文献相一致。这些文献认为，儿童通过非语言媒介交流自己的观点，并以此作为认知活动的工具。儿童通过利用自己的"空间"来探索个人兴趣，而忽视了教师的预设目标，佛罗伦萨开始在社会民主的微观环境中发展自己的认识论(Hoyuelos，2004)。她通过建构自己对世界的理解来成为一个社会人。

探索的倾向：好奇心

"幼儿作为研究者"的研究数据显示，儿童发生的许多事情都表明好奇心与认知行为相关，这个结论与之前的许多文献是一致的。杰玛(Gemma)的妈妈报告了发生在家中的一个例子(片段 2)。

片段 2

杰玛(女孩，5 岁)正在玩一个手镯。她努力尝试并成功地打开和合上这只手镯，然后决定将这只手镯戴在她的脚踝上，因为戴在手腕上太大了。杰玛的妈妈在随后与家人举行的专题小组会议中报告了这一活动："她基本上是在玩手镯，并询问怎样才能打开它。"

在这个片段中，杰玛开展了认知游戏：她关注手镯及其特性(运用材料的活动)，发现手镯的新用途；同时还出现了探索行为，探索手镯本身及其用途。里维斯(Leavers，2000)认为好奇心是一种品质，将其描述为"探索的动机"(p.21)。杰玛的行为证明了这一点。她遇到一个新事物——手镯，先是询问怎样才能打开它，然后决定将它作为一个脚环戴上。在这个过程中，

116

杰玛表现出了认知好奇心。当她与手镯一起游戏时，她通过研究、检查、调查，判断出手镯太大，然后将手镯另做他用。她的行为显现出了"推理能力"这一高水平的思考能力。

探索的个性特征：聚焦一项任务

我们已经知道，专注——幼儿在游戏中展现出来的另一种个性特征，能够有效预测其一生的成功学习。在"幼儿作为研究者"研究中，"专注"本身就意味着儿童聚焦任务：当儿童参与认知行为时会表现出这一个性特征。

片段 3

在阿希学校的某一天，比利(Billy，8 岁，男孩)坐在教室的地毯上，听老师讲授一项艺术活动。当老师正在不停地讲解时，比利低头看到了自己的凉鞋，就开始摆弄起来。他用手指上下拨弄鞋带，反复弹动凉鞋的搭扣，看起来非常专注，比利几乎将脸贴到了凉鞋上，仔细检查。老师在讲解完后，对孩子们说："让我们来看一看谁坐得好。"比利听到后抬了一下头，但很快又将眼睛紧紧地看向他的凉鞋。

在这个片段中，比利自己发现了一个与教师不同的新关注点。但是，比利的行为与英国游戏协会等对游戏的定义是一致的："一种自由选择、自我管理、受内在动机驱动的儿童积极参与的活动。"(2000：6)此外，比利的行为也符合认知游戏的两个特征：①探究——操作性活动，②调查和检查——作用于材料的活动(Hutt et al.，1989：224)。除了作为游戏的典范，比利的行为还是"心流"的体现，因为他的注意力完全被活动吸引(Csikszent-mihalyi，1990：53)。当比利通过观察和摆弄凉鞋来探索时，他表现出"专注……强烈的动机，着迷和完全的投入"，集中精力"关注某一特定范围"。(Leavers，2000：24-25)此外，比利对凉鞋的探究行为与斯特宾斯(Stebbins，2001)列出的四种社会科学研究中的探究情形一致：

①研究、测查、分析或调查；

②通过测试或实验来熟悉某一事物；

③来回走动或者穿过某一特定空间去寻找和发现；

④为了(特定的)诊断目的去测验一个事物或者想法(p.2)。

探索时与物质环境相互作用：对环境的兴趣

有些参加"幼儿作为研究者"研究的儿童，在与环境相互作用时，表现出认知游戏的两个方面——物质环境和探索的结合。此外，有些儿童及其家人在家中收集他们的日常行为信息。还有一些研究者给参与研究的儿童配上了摄像机。在下面的片段中，杰玛学会操作摄像机来开展有序的"导游之旅"，在这个过程中获得了相应的知识和信息。她的行为还表明，在此之前，她已经在家中接触过这些物体，并且在录像前就知道了它们的名字和用途。

片段 4

杰玛在家里来回走动，用摄像机记录不同的地方。当她通过摄像机的取景器看到每一个物体时，便将物体的名字描述出来："箱子""早餐吧""防晒霜""厨灶""辣酱""糖""这些是楼梯""有 1、2、3、4、5、6、7、8、9、10、11、12、13 级台阶，当你需要时就能用到它。"

杰玛在家试验如何使用摄像机。家是她熟悉的空间，是她依恋的地方（Spencer，2004）。马拉古齐（Malaguzzi，1996：40）提出家是一个在"关系、选择、情绪和认知的情境中……产生一种幸福感和安全感"的物理场景。杰玛很珍视自己的家，因为她知道如何运用它。她在房间里来回走动以发现更多可拍摄的物品，收集数据和操作摄像机，为了收集数据而仔细察看每一个物体和空间。她将对环境的兴趣转化为对摄像机和家的探索。

在这个场景中，杰玛通过认知游戏将物质环境和探索结合起来。她通过操作摄像机进行探索，这个过程既包括探索摄像机本身，也包括运用摄像机来探索物质环境。在上面的案例中，杰玛的行为在孩子们探索的过程中并不罕见。他们也许是通过这样的行为来积极建构自己的认识论。同样，杰玛的"导游"似乎展示了她的思想"流"——幼儿最佳发育指标。杰玛有目标（使用摄像机来录制她家），完全投入录制家的活动中，而且她自己主导整个过程。杰玛高度自主的探索可能有助于她在身体、认知、社会和情感领域的发展。

"幼儿作为研究者"为早期教育实践提供了哪些信息？

"幼儿作为研究者"研究提出了一系列的问题，包括游戏、学习、研究和知识的定义及特征，以及它们的价值。在这项研究中，成人和儿童通过多种方式获取了儿童在家和学校中的自然行为。在这些自然行为中有许多与游戏的定义及由专业人员在该研究启动时认定的研究行为相一致。

虽然幼儿常常在游戏和研究中被边缘化，但是"幼儿作为研究者"研究发现，参与研究的幼儿在日常认知游戏活动中会自主地应用高阶思维。而且，儿童有时会避开成年人的要求，去从事研究行为。在"幼儿作为研究者"研究中，儿童的自然行为呈现了 9 类认识论因素（见表 10.3）。这些因素既是儿童研究行为的特征，也是促进儿童构建知识、意义和认识的工具。此外，现有的大量证据表明这些认识论因素能够有效预测儿童高阶认知加工和心理理论的产生。

"幼儿作为研究者"的发现对早期教育实践提供了有价值的信息，主要包括以下方面。

- 将游戏和学习割裂开来是不明智的：这不是儿童本来的意愿。
- 注意儿童在游戏中的 4 个重要的研究行为：探究、问题解决、概念化和基于事实的决策。运用表 10.3 来帮助识别幼儿在研究行为中的认识论因素。
- 给儿童时间、自由和空间来主导他们自己的游戏。当儿童"脱离任务"时，他们可能建构比由教师最初为他们计划的学习更高质量的认识。
- 认识到儿童为建构高质量认识而进行的游戏和研究的价值。为了实现这一目的，我们必须将对个别儿童的观察和知识与有关游戏和研究的基于事实的理论观点联系起来。
- 尊重儿童在游戏中的研究权利：这是对儿童进行研究必须遵循的基本伦理。

结　论

"幼儿作为研究者"的研究证实，参与研究的幼儿确实从事研究行为。这一论断可以通过演绎论证来证明，演绎论证是学院派的主要方法。

学院派将某些特定行为认定为研究对象，而参与实验的幼儿展示出了这些行为。因此，根据学院派的评分标准，儿童确实从事了研究工作。

"幼儿作为研究者"研究中儿童展示出来的许多研究行为是"自由选择、自我管理、受内在动机驱动的儿童积极参与的活动——游戏（NPFA et al.，2000：6）"。这表明游戏是一种媒介，通过这种媒介，幼儿可以自然地表现出与专业的成人研究者相似的行为来建构知识。通过研究行为的建立和幼儿在自然游戏活动中认识论因素的出现，"幼儿作为研究者"研究增加了将幼儿视为具有自我权利的研究人员的可能性。

思考题

1. 在早期教育机构中，支持儿童研究行为的因素有哪些？
2. 在早期教育机构中，可能抑制儿童研究行为的因素有哪些？
3. 如果在幼儿的自主游戏中不给他们开展研究的机会，有可能会对他们造成什么不良后果？
4. 教育者如何支持父母理解儿童在游戏中的研究对儿童发展和学习的潜在价值？

参考文献和延伸阅读(加粗文字)

Appadurai，A. 2006. The right to research[J]. Globalisation，Societies and Education，4(2)：167-177.

Bae，B. 2010. Realising children's right to participation in early childhood settings：some critical issues in a Norwegian context[J]. Early Years，30(3)：205-221.

Bailey，A. and Barnes，S. 2009. Where do I fit in? Children's spaces and places[M]// R. Eke，H. Butcher and M. Lee(eds)Whose Childhood Is It? The Roles of Children，Adults and Policy Makers. London：Continuum.

Broadhead，P. 2001. Investigating sociability and cooperation in four and five year olds in reception class settings[J]. International Journal of Early Years Education，9(1)：23-35.

Cammarota，J. and Fine，M. 2008. Revolutionizing Education：Youth Participatory Action Research in Motion[M]. New York：Routledge.

Clark，A. and Moss，P. 2011. Listening to Young Children[M]，2nd edn. London：National Children's Bureau.

Corsaro，W. 2003. We're Friends，Right? Inside Kids' Culture[M]. Washington，DC：Joseph Henry Press.

Csíkszentmihályi，M. 1990. Flow：The Psychology of Optimal Experience[M]. New York：Harper and Row.

Edmiston，B. 2008. Forming Ethical Identities in Early Childhood Play[M]. London：Routledge.

Fisher，J. 2008. Starting from the Child[M]. Maidenhead：Open University Press/McGraw-Hill Education.

Garner，B. P. and Bergen，D. 2006. Play development from birth to age four[M]// D. Fromberg and D. Bergen(eds)Play from Birth to Twelve. London：Routledge.

Goldman，A. I. 2012. Theory of mind[M]//E. Margolis，R. Samuels and S. Stich (eds)The Oxford Handbook of Philosophy of Cognitive Science. Oxford：Oxford University Press.

Goldstein，J. 2012. Play in Children's Development，Health and Well-being[R]. Brussels：Toy Industries of Europe(TIE).

Gopnik，A. and Meltzoff，A. 1997. Words Thoughts and Theories[M]. Cambridge，MA：MIT Press.

Gopnik，A.，Meltzoff，A. and Kuhn，P. 1999. How Babies Think[M]. London：Phoenix.

Hedges，H. 2014. Young children's 'working theories'：building and connecting understandings[J]. Journal of Early Childhood Research，12(1)：35-49.

Hillage，J.，Pearson，R.，Anderson，A. and Tamkin，P. 1998. Excellence in Research on Schools[R]. London: Department for Education and Employment.

Hoyuelos, A. 2004. A pedagogy of transgression[J]. Children in Europe, 6: 6-7.

Hutt, C., Tyler, S., Hutt, C. and Christopherson, H. 1989. Play, Exploration and Learning[M]. London: Routledge.

Kapasi, H. and Gleave, J. 2009. Because It's Freedom: Children's Views on Their Time to Play[M]. London: National Children's Bureau.

Kernan, M. 2007. Play as a context for early learning and development: a research paper[R]. Dublin: National Council for Curriculum and Assessment.

Laevers, L. 2000. Forward to basics! Deep-level learning and the experiential approach[J]. Early Years: An International Journal of Research and Development, 20(2): 20-29.

Lees, L. 1999. Critical geography and the opening up of the academy: lessons from 'real life' attempts[J]. Area, 31(4): 377-383.

Malaguzzi, L. 1996. The right to environment[M]//T. Filippini and V. Vecchi(eds) The Hundred Languages of Children: The Exhibit. Reg-gio Emilia: Reggio Children.

Morton, A. 1980. Frames of Mind[M]. Oxford: Oxford University Press.

Moyles, J. 2010. The Excellence of Play[M], 3rd edn. Maidenhead: Open University Press/McGraw Education.

Murray, J. 2012. An exploration of young children's engagements in research behaviour[D]. Unpublished PhD thesis, University of Northampton, UK.

National Playing Fields Association(NPFA), Children's Play Council and Playlink. 2000. Best Play. What Play Provision Should Do for Children[R]. London: National Playing Fields Association.

Redmond, G. 2008. Children's perspectives on economic adversity: a review of the literature[R]. Innocenti Discussion Paper no. IDP 2008-01. Florence: UNICEF Innocenti Research Centre.

Refshauge, A. D., Stigsdotter, U. K. and Cosco, N. G. 2012. Adults' motivation for bringing their children to park playgrounds[J]. Urban Forestry and Urban Greening, 11: 396-405.

Ryan, S. (2005)Freedom to choose[M]//N. Yelland(ed.)Critical Issues in Early Childhood Education. Maidenhead: Open University Press.

Song, H.-J., Onishi, K. H., Baillargeon, R. and Fisher, C. 2008. Can an agent's false belief be corrected by an appropriate communication? Psychological reasoning in 18-month-old infants[J]. Cognition, 109(3): 295-315.

Spencer, C. 2004. Place attachment, place identity and the development of the child's self-identity[M]//S. Catling and F. Martin(eds)Researching Primary Geography. Special Publication no. 1, August. London Register of Research.

Stebbins, R. A. 2001. Exploratory Research in the Social Sciences[M]. Thousand

Oaks，CA：Sage.

Stewart，N. 2011. How Children Learn：The Characteristics of Effective Early Learning[M]. London：British Association for Early Childhood Education.

Strega，S. 2005. The view from the poststructural margins [M]//L. Brown and S. Strega(eds)Research as Resistance. Toronto：Canadian Scholars' Press.

Thomas，G. 2007. Education and Theory：Strangers in Paradigms [M]. Maidenhead：Open University Press/McGraw-Hill.

Wellman，H. M. 1990. The Child's Theory of Mind[M]. Cambridge，MA：MIT Press.

Whitebread，D. 2012. Developmental Psychology and Early Childhood Education [M]. London：Sage.

Witten，K. ，Kearns，R. ，Carroll，P. ，Asiasiga，L. and Tava'e，N. 2013. New Zealand parents' understandings of the intergenerational decline in children's independent outdoor play and active travel[J]. Children's Geographies，11(2)：215-229.

Wringe，B. 2011. Cognitive individualism and the child as scientist program[J]. Studies in History and Philosophy of Biological and Biomedical Sciences，42(4)：518-529.

第三部分

游戏性教学

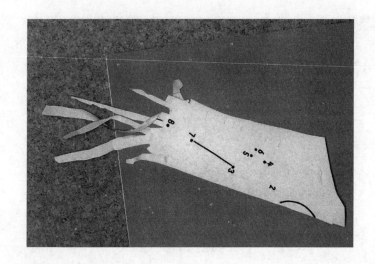

　　"支持游戏及其衍生物也意味着信任儿童，并将他们看作需要犯错的孩子，并且在他们犯错时我们必须宽容。"

——S. Jenkinson，*The Genius of play*，

Stroud：Hawthorn Press，2001，p.138.

第十一章 将早期阶段教育工作者重塑为游戏专家

贾斯汀·霍华德、彼得·金/文　周桂勋/译

摘　要

　　情绪健康对于儿童的发展至关重要，而游戏是促进情绪健康的重要方式。越来越多的人认为，早期教育不能仅仅关注儿童技能和知识的获得，更要关注儿童的成长。以游戏为中心的早期教育课程与这种观念是一致的。游戏提供的自由和选择使儿童更加自信、自尊、健康，因此游戏具有强大的发展和疗愈的功能。早期教育专业人员透彻地理解游戏为什么及如何具有强大的发展促进作用，这是至关重要的。本章建议将游戏看作一个实践的范围，而不是将其看作在不同背景中具有质的不同的东西。对于早期教育工作者来说，他们的角色是复杂的，经常需要他们在同一环境中保障儿童受照顾、教育和游戏的权利。本章将描述游戏发展潜能和游戏性促进所有领域发展方面的文献资料，也将描述早期教育实践工作者在理解游戏时，要在开始、过程和结果之间保持平衡。

导　言

　　毫无疑问，当我们观察儿童游戏的时候，有证据表明游戏为儿童提供了发展粗大动作和精细动作技能、互动与相互交流、探究物体性质与展示问题解决能力的机会。对儿童游戏的观察表明，随着时间的变化，游戏的形式、内容和复杂程度都会发生变化。儿童以不同的方式学习，如死记硬背、观察、建造模型和模仿。他们确实需要通过游戏来学习和发展吗？作为游戏的坚定支持者，我们当然不希望质疑它的重要性。然而，确定游戏为何是儿童学习和发展的一种独特方式却是个困难的工作。不是游戏的所有内在发展价值都可以被轻易观察到，而且作为一个概念，它是很难被孤立的，也很难将游戏作为因果变量加以测量。下面的练习可以说明这一点（见表 11.1 和表 11.2）。

表 11.1　一项启发你思考的活动（1）

- 观察参与游戏活动的一个儿童或一组儿童。
- 写一个关于这个活动的简要描述，记录下你认为儿童在游戏中获得的学习或发展。
- 下一步，检查你的清单并问你自己以下问题：儿童不参与游戏活动能够发展这些技能吗？这里的目标是你试图剥离的、儿童从游戏中获得却无法以其他方式获得的东西吗？

表 11.2 中将呈现你可能会遇到的问题的例子。

表 11.2　表 11.1 中所列活动的可能结果的例子

游戏活动：一对兄妹正在玩乐高积木。他们分别搭建各自的模型（一个在建造房子，另一个在开发一个重复模式）。两个孩子使用的是同一盒乐高积木。

学习机会	发展领域	这对于游戏来说是独特的吗？
彼此轮流	社会性	否
通过挑选积木认识颜色	认知/智力	否
学习新词	语言/交流	否
协商如何使用积木块	社会性	否
捡起和放置积木时的精细动作	身体动作	否

你发现了什么？

毫无疑问，游戏不是唯一的学习机会（或者即使有游戏是唯一的学习机会的例子，也是很少的）！儿童能够在包括正式学习的多种环境中发展这些技能。比如，在上面的游戏活动中，儿童能够在一般性的交谈中学会轮流，并且能够不断完善他们的精细动作技能。他们能够利用走路去商店这种日常生活经验了解自己、他人以及周围的世界。对于发展这些技能来说，游戏并不是必不可少的。我的学生经常会对游戏进行辩护，随之产生很多有益的争论！一个常见的回应为："那好，儿童可能以许多不同的方式学会这些技能，但是在游戏的时候会发生一些特别的学习，一些不同的学习。"让我们来研究这个特别的东西是什么，以及为何它会经常被忽略掉。

科恩（Cohen，2006）认为，自 19 世纪 50 年代以来，人们从认知、社会学和情感三种视角来研究游戏的动机。科恩将多种专业背景与这些领域联系起来。从教育的角度来看，游戏与认知发展有关，游戏治疗和情感发展有关，游戏工作运动与社会发展有关。以往，对于将游戏认为是一种存在方式（a way of being）还是一种形成方式（a way of becoming），人们的研究视角也各不相同（Sturrock et al.，2004）。认知的研究视角一般认为，游戏有助于儿童变成有能力的学习者。然而，社会学和情感的研究视角倾向于认为儿童仅仅为游戏而游戏，并且强调存在方式与形成方式不可分割。他们的重点放在了游戏的过程以及游戏有利于发展的特性上。当然，发展性问题无法轻易地被截然分开，并且这些领域的界限也是模糊的，尤其是当我们将游戏看作一种倾向（disposition）而非可观察的行为时，更是如此。

游戏促进儿童发展的内在价值

试图为游戏的发展潜能提供证据是个难题，因为我们很难定义游戏的概念（Moyles，1989；Garvey，1991），没有确切的定义，我们一直无法将游戏剥离出来以测量其影响。有一种观点认为以往的研究无法证明游戏本身（而不是其他经验）影响了儿童的发展。即使是对游戏剥夺儿童的研究也面临这些问题。因为被剥夺游戏机会的儿童常常也伴随着营养不良、缺乏父母照顾或居住条件差等其他形式的问题的存在。由于关于儿童自己对游戏的理解的研究为游戏发展潜能提供了证据，所以研究取得了重大进展（Howard，2009，2010）。

儿童关于他们游戏的观点的研究表明，儿童根据活动发生的地点、时间和伙伴（Karrby，1989；Wing，1995；Howard，2002），根据他们能够控制的程度和自由选择的程度（Howard et al.，2006），以及根据他们和谁一起玩（King and Howard，2014）来定义游戏。研究还表明，这些观点不是一成不变的。儿童根据他们的经验形成了对游戏意味着什么的理解。例如，在早期教育环境中接受过桌面旁的直接指导和具有在地面上自由游戏经验的儿童，或者具有教师参与到正式活动中但不经常参与游戏这种经验的儿童，会获得并利用这些线索来对以后的游戏事件进行分类（所以成人在场或发生在桌面的活动不被认为是游戏）。在面对问题解决的任务时，儿童是否将一项活动看作游戏，对于他们的行为和表现会产生重大影响。麦金尼斯等人（McInnes et al.，2009）的研究表明，与参加正式活动相比，儿童在操作一件他们认为具有游戏性的任务时表现出更多有目的性的问题解决策略，更加独立，更加专注。喜欢游戏的儿童（playful child）也表现出更高的参与水平和情绪健康水平。怀特布莱德（Whitebread，2010）也发现，当成人不在场的时候儿童在游戏中的元认知的频率和复杂性会增加（也可参见第八章）。理解儿童的认知可以让我们通过游戏最大限度地促进儿童学习，而不是使用假装成游戏的学习（learning disguised as play），即游戏是教学（play as pedagogy），也不是为了教学而游戏（play for pedagogy）。成人的互动当然是高质量的早期教育环境的一个重要特征（Siraj-Blatchford and Sylva，2004）。早期教育工作者是创设和维持游戏环境的关键人物，经过仔细考虑，可以被接受为游戏参与者（Payler，2007；Westcott and Howard，2007；Rogers and Evans，2008；Howard and McInnes，2010）。在游戏中对选择和控制的敏感，使早期教育工作者支持儿童在他们认为是游戏的活动中获得发展，同时可以将游戏精神注入更具有目的性的活动中去。从对游戏本质的基本理解开始，早教工作者可以最大化地发挥儿童游戏的倾向性（playful disposition）。游戏作为资源库（见图 11.1），可以使儿童在面对智力和情绪挑战时降低焦虑水平。这种低水平的焦虑可以增进幸福感、情绪安全感和提高随之而来的任务完成水平。

游戏资源的可利用性和任务的复杂性决定儿童体验到的焦虑/挑战和所需要的支持水平。

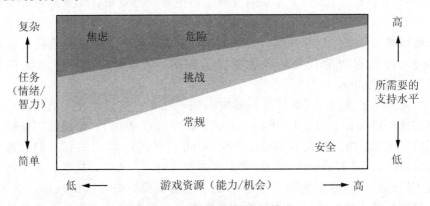

图 11.1　游戏的挑战/资源模式

关注情绪健康且基于游戏的课程（a play-based curriculum），建基于游戏倾向性的内在价值。研究证据清楚地表明，支持儿童游戏的倾向性能在 7 个关键的方面极大地促进儿童的发展：

①增加自信和自尊；

②提高动机和参与程度；

③有效交流；

④增强自我调控和元认知；

⑤增强思维灵活性和适应性；

⑥促进健康的依恋和社会关系；

⑦提高冲突解决能力和降低焦虑（Howard and McInnes，2013）。

课程文件中没有明确地描述游戏的倾向性和游戏过程，没有提供一个明确的理由来说明为什么游戏是重要的，只是强调教师应该提供怎样的游戏经验。游戏是促进儿童情感和智力发展的极其重要的方式。无论是在提供的环境还是与儿童互动的性质方面，早期教育工作者对于儿童游戏性学习经验的获得都至关重要（也可参见第二章），我们通过反思自己的娱乐休闲活动，可以证明游戏和娱乐作为健康恢复性行为，促进情绪健康、整体发展的重要性（见表 11.3）。

表 11.3　一项启发你思考的活动（2）

- 在你工作和学习之余，你会参加哪些活动？你去游泳还是去参加手工艺课？你热爱烹饪还是喜欢阅读图书？
- 你参加这些活动的理由是什么？
- 你认为这些活动在哪些方面对你非常重要？
- 如果你无法参加这些活动你会有什么样的感受？

你发现了什么？

当提到成人的休闲娱乐活动（实际上我们成人的"游戏"）时，我们几乎总会强调它疗愈的功能。以前这个反思活动引起的一些反应：

"我认为它真的很疗愈。它使我从生活压力中解放出来。"

"这不是我必须做的工作，所以我不必把它做得非常出色。"

"它为我提供了一个工作的避风港。"

"它使我成为一个更加平衡的人，它提醒我不仅是个母亲、妻子或一名护士，我还是我自己。"

"它使我对自己感到满意。"

"我可以摆脱所有的愤怒和焦虑。"

儿童教育专业人员为游戏提供条件的复杂性

片段 1

哈泽尔（Hazel）在早上 7：55 到学校，开始安排学校大厅以等待参加学校举办的早餐俱乐部的儿童的到来。在 8：05 的时候，本（Ben）来了。本患有注意力缺陷多动障碍，他不但参加早上的早餐俱乐部，而且参加一天结束时的课外活动小组。到 8：50 的时候，哈泽尔已经完成了整理工作，到接待室和学校的接待老师一起工作，一对一地陪着本。在休息和午餐时间，哈泽尔的职责是到操场上监控在那里玩游戏的儿童，并经常和本一起玩游戏。在下午 3：15，哈泽尔回到学校大厅里等待来参加由父母举办的课外活动小组的儿童。本通常第一个来，最后一个离开。

哈泽尔是位教师，还是支持学习的助教？游戏工作者？儿童照料工作者？午餐监督者？游戏治疗工作者？以上都是？以上都不是？在这些不同的情境中，哈泽尔如何与本进行游戏互动？

由于游戏受到政策要求和专业实践的影响，所以最后一个问题难以回答。儿童早期教育环境涉及三个概念：在早期教育中通过游戏学习的儿童(the play-learning child)(Kernan，2007)；在儿童保育环境中，关注儿童的学习(the learning-care child)(Caldwell，1989)；在游戏提供中关注游戏的儿童(the play-care child)(Petrie and Logan，cited in Petrie，1994)。伍德(Wood，2013)指出了在早期教育中，实践工作者试图平衡儿童主导(child-led)与成人主导(adult-led)的游戏活动之间平衡的张力。在解释政策应该如何执行时，成人在游戏中的角色可能存在于不同的专业环境中。这可以通过考察英国(the UK)和爱尔兰共和国(the Republic of Ireland)关于儿童权利、游戏、保育和教育的政策加以探讨。

游戏作为儿童权利的重要性的辨识

1989 年，联合国正式通过的《联合国儿童权利公约》(the United Nations Convention on the Rights of the Child)，共有 54 项条款，概述了儿童和年轻人的权利，并由 3 个 P(participation，provision and protection)(参与、提供和保护)加以支持与巩固。里面有关于游戏(第 31 条)和教育(第 18 条和第 29 条)的专门条款。另外，第 12 条和第 13 条是关于儿童拥有和表达自己观点的权利。英国在 1991 年，爱尔兰共和国在 1992 年，威尔士(Wales)在 2004 年依次批准了《联合国儿童权利公约》，这使得后来儿童和年轻人的政策与他们的权利有非常清楚的联系。另外，每个国家都承认儿童的权利，并任命一名儿童委员或儿童监察员。

这 54 项条款都明确而具体地包含在威尔士和苏格兰(Scotland)基于权利的政策中，并且构成了北爱尔兰(Northern Ireland)和爱尔兰共和国儿童权利的基础。在英格兰，《每个儿童都重要》里确实有关于儿童和年轻人的五项内容，这是基于《联合国儿童权利公约》的。由于工党政府制定了其他政策，因此就不再有这个政策了。2010 年成立的联合政府就不再使用这个政策了(参见第一章)。目前在威尔士、苏格兰、北爱尔兰和爱尔兰共和国的现行教育中，早期教育、儿童保育、游戏的政策和标准明确规定了《联合国儿童权利公约》中儿童和年轻人的权利。唯一的例外是英格兰(England)，那里的《早期基础阶段纲要》将早期教育和保育一起延伸到 5 岁，没有提及《联合国儿童权利公约》。只有威尔士和北爱尔兰在他们的儿童权利政策中将游戏作为一个重点目标或主题。

儿童的自然游戏

在英国和爱尔兰共和国，威尔士于 2002 年成为第一个拥有游戏政策（play policy）的国家，并在 2006 年出版的《游戏政策实施计划（策略）》［play policy implementation plan（strategy）］中支持了这项政策。紧接着，爱尔兰共和国在 2004 年制定了游戏策略（play strategy），在 2010 年制定了青少年休闲娱乐政策；英格兰在 2008 年制定了游戏策略，北爱尔兰在 2008 年发表了一个游戏和休闲的声明，在 2010 年制订了一个游戏实施计划，苏格兰在 2013 年制定了游戏策略。不幸的是，由于 2010 年英格兰的财政紧缩，联合政府抛弃了该国的游戏政策。每一项游戏政策和策略均与儿童权利政策相关，重点是第 31 条，即儿童游戏、休闲、运动和参加文化活动的权利。在这些政策和策略中，游戏概念是根据游戏的自由选择和没有外在目标的内部动机来定义的——或者基于最常使用的定义的词汇。游戏关注的是过程（a process），而非开端（a beginning）或结果（an outcome）。游戏的定义是基于儿童自然会做的事情，而且儿童有游戏的权利。儿童生活各个方面的政策或策略中规定了游戏权利，目的是促进儿童的健康、幸福感和学习。它包括家庭、社区、学校和任何形式的保育。

教育政策中的游戏

教育政策中的游戏关注的是课程和学习，但是学校也规定了儿童在课间休息或假期的时候进行课外活动，这可以称为非课程（non-curriculum）的游戏。自从《联合国儿童权利公约》被批准后，英国和爱尔兰共和国等国家已经修订或开发了新的早期教育课程。有些国家（英格兰和爱尔兰共和国）将早期教育和小学教育结合在一起；其他国家（威尔士、苏格兰和北爱尔兰）的早期教育和小学教育则是分开但紧密联系的。所有这些早期课程承认游戏对儿童的学习、健康和幸福具有重要作用。随着儿童年龄增长，游戏会由主要以儿童中心变得更以成人为主导，这也是共识。

英国和威尔士教育政策中以结果取向（outcome-based）的课程，清楚地将游戏作为学习的工具，设计了具体类型的游戏实现教育目标。爱尔兰共和国和北爱尔兰的早期教育，更加重视游戏的过程（process）而不是结果。这些国家都制订了早期教育游戏使用的指南来支持早期教育和基础教育阶段学习的进行，重视以游戏过程支持的结果，而不是满足的结果。在苏格兰，早期教育包括从出生到 8 岁，然而早期教育阶段的课程涉及 3～16 岁儿童和青少年(没有将基础阶段分开)。早期教育框架内的游戏重视改善结果，这也是结果取向的游戏。

威尔士和爱尔兰共和国制定了优先于早期教育(爱尔兰共和国)或基础阶段(威尔士)的游戏政策与策略。尽管爱尔兰共和国随后在教育和儿童保育相关的政策中明确提到了游戏策略，但威尔士没有这么做。苏格兰将早期教育框架工作(2008)和游戏工作(playwork)联系起来(这是非常超前的思考，因为它的游戏策略直到 2013 年才发表)。

符合儿童保育标准的游戏

自从 1998 年工党政府在《国家儿童保育战略》(National Childcare Strategy)中制定可负担、可使用和高质量的儿童保育条款之后，儿童保育成为优先考虑的事情。这导致了照管儿童、日托、课外活动小组和假期游戏计划条款的增加。在英国，自从《早期基础阶段纲要》中的教育条款修订后，英国教育标准局就对 5 岁以下儿童的校外教育(out-of-school provision)(包括日托、照管儿童、课外活动小组)进行监管和检查。在威尔士、苏格兰和北爱尔兰，每个国家都有自己相应的注册和检查准则，这是与教育相分离的。在威尔士，受威尔士保育和社会标准监察局(the Care and Social Standards Inspectorate for Wales)管理；在苏格兰，受保育检查局(the Care Inspectorate)管理；在北爱尔兰，健康和社会服务信托基金(Health and Social Service Trust)承担这项任务。目前爱尔兰共和国只对学前教育进行登记和检查，但是也有一个早期教育质量框架与早期教育课程一起使用。6 岁或 6 岁以上儿童的校外教育必须遵守"儿童优先"(Child First)原则和健康与安全指南。

每个监管机构制订的相应标准和检查措施都清楚地表明，创造充足的游戏机会和游戏环境的重要性。可以认为，游戏更多地被用作儿童的起点，而非结果取向(除了《早期基础阶段纲要》之外)或过程驱动的。尽管游戏与儿童学习(教育)中的重要性相关联，但是儿童游戏机会的计划却没有着眼于结果，而只是示范性的规定，该规定考虑了儿童可能怎么玩和玩什么。缺陷是，每个国家的标准和检查措施与相应的游戏政策相联系，而游戏政策比标准更早制定(如威尔士)。这是一个疏忽，尤其是在《儿童和家庭(威尔士)措施(2010)》[Children and Families(Wales)Measures (2010)](威尔士政府)专门提及了儿童保育和游戏，但是威尔士的日托标准没有涉及游戏政策。

政策和实践是如何联系的？

关于儿童权利、早期教育、游戏和儿童保育方面政策的发布日期将会相互影响，具体取决于每项政策的发布日期。无论是起点、过程还是结果中对于游戏的重视，都会限制或解放儿童教育实践工作者。从政策角度的解读是，在教育中提供游戏重视的是结果（评估），在儿童保育中游戏关注的是起点（计划）和过程（自由选择）。无论是在教育、儿童保育中，还是在游戏工作中，成人参与游戏的角色取决于环境和游戏原理，从起点贯穿到过程与结果。比如，拥有指导取向（directive approach）的游戏治疗师将会关注游戏的结果；非指导取向（non-directive approach）的治疗师则会更加重视过程。可以推断出的是，如果游戏与成人制定的标准相对立，其结果总是成人关注的。从贯穿学习、保育和游戏的政策角度来看，如果有法定的游戏任务，在威尔士，根据《儿童和家庭（威尔士）措施（2010）》，游戏更多地被看成是支持儿童学习和发展的过程；在北爱尔兰和爱尔兰共和国，早期教育和学习相结合；在英格兰，具有明确的政策联系；在苏格兰，在不同的专业水平上使用游戏变得不那么困难。

关注游戏的起点、过程或结果，则游戏在教育、保育和自由时间中扮演的角色不同。在学习、保育和游戏环境中，政策、专业实践和理念也会不同。这些环境如何与《联合国儿童权利公约》中的儿童权利和参与（游戏）、提供（学习）和保护（保育）共同发挥（或不发挥）作用，如图11.2所示。

可以说，哈泽尔一直在这个图表布局中的不同区域工作，使用游戏的专业实践会涉及：

学习（早期教育、小学、中学和高等教育、正式的、非正式的）

保育（儿童保育、治疗性保育、寄宿保育、午餐监管）

游戏（家庭、社区、学校、校外条款）

权利（参与、提供和保护权）

将游戏"作为"起点、过程或结果来使用，那么游戏在教育、保育和自由时间中所起到的作用也不同。尤其是对于实践工作者来说，这都表现在政策的制定和执行中了。

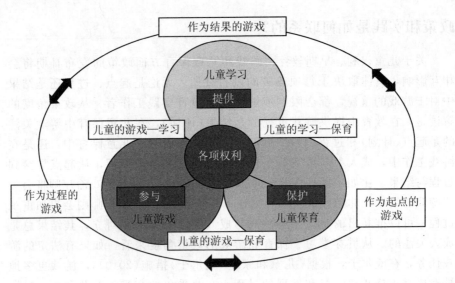

图 11.2   儿童服务中的游戏作用

应对游戏提供的困难

伍德(Wood，2007)认为，在本体性游戏(play for the sake of play)和以教育为目的的工具性游戏(play for the purposes of education)之间存在争论。由于教育实践主要考虑何时游戏和使用什么游戏而不是为何游戏，这加剧了二者之间的争论。正如我们所了解到的，从儿童发展和治疗的角度来看，游戏有着强大的内在价值的特性，而且这些特征并不是孤立的。由于课程重视情绪健康和幸福，因此我们开始看到教师从控制者逐渐转变为治疗者。早期教育实践工作者被看作游戏专家，并获得必要的训练，为这一角色做好准备。尽管他们花费大多数的时间和大多数的儿童在一起，但是与其他专业相比，教师和助教接受的游戏方面的训练比其他专业人员要少得多。

索尔斯等人(Soles et al.，2009)认为，教师在促进儿童心理健康和确定儿童何时需要干预方面的作用特别关键，所以必须提供更加重视儿童正常发展和不正常发展方面的培训。从教育的角度来看，"早期教育工作者需要具备基于当代理论和研究证据的教学技能"，以最大程度地发挥游戏的价值(Wood，2007：318)。正如我们所了解到的，当代研究证据是建立在倾听儿童的声音、强调游戏有价值的特征之上的，而且这些特征从发展和治疗的角度来看都是有价值的。

然而，在早期教育领域，对于游戏的理论理解和训练水平已经不断地被强调为实施基于游戏的课程的挑战(Moyles et al.，2002)，而且这一挑战在教育变得重视情绪健康和幸福之前就存在了。教师们面临着平衡他们对游戏价值的信念和父母对于学业成就、记录学习结果的压力之间的两难（Palmer，2006）。他们感觉不是在由真正的学习哲学所引导，而感觉仿佛驾驶着一辆课程车（a curriculum van）（Edwards and Knight，1994）。所以，很多老师说他们已经失去了专业自信，这就毫不奇怪了（Moyles，2001）。当早期教育专家有机会通过实验性学习形成对于游戏性质的根本性理解时，他们对于应对作为游戏专家这一复杂角色所面临的挑战的自信心就显著增强了。

结 论

本章讨论了在英国和爱尔兰共和国，游戏对于早期教育工作者的重要性。本章也讨论了早期教育、儿童保育和游戏工作中的游戏，涉及政策和专业实践两个方面。本章还详细说明了游戏为何对儿童的情绪和智力发展很重要。确定游戏的根本性特征已经突出了早期教育工作者作为游戏专家的关键作用，并且这一专业地位需要得到承认。本章建议，基于游戏的课程可以提高儿童的复原力、自尊和思维灵活性，使他们成为赋能的个体来应对智力和情绪上的挑战。重视作为教学的游戏将实践工作者从提供看似游戏的活动的限制中解放出来，并允许他们能够作为游戏伙伴共同分享儿童的游戏活动。然而，拥有这种自由，需要承认作为教学的游戏和作为治疗的游戏是不可分离的。本章不是说所有教师都是治疗师或所有儿童都需要治疗，而是仅仅要求我们思考如果我们真的相信游戏（通过儿童自己对自由、选择和控制定义的看法）的力量，那么从发展和治疗的角度来看，我们必须准备让游戏的这种力量在各阶段的工作中显示出来。这促使我们将早期教育工作者重新培养为游戏专家，并赋予他们由游戏理念驱动的能力。这些问题并不新鲜。诺伊曼（Neumann，1971）在她对于游戏的假设性定义中认为，游戏行为是具有发起、实施和完成的过程，并且包括标准、过程和目标。

- 游戏的标准包括内部动机、内部现实和活动的内部控制源。
- 游戏是包含模式和行为的过程。模式是感觉运动、情感、口语和认知。行为是探索、重复、模仿和情境转变。这些操作按顺序进行：探索、实践和应用。
- 游戏指向一定的目标：主体、客体、功能和位置。

早期教育实践者（无论是教师、儿童保育者、游戏工作者，还是游戏专家），甚至是主要照看者，需要思考他们提供的游戏机会的主要目标是否关注了游戏的发起(开始)、实施(过程)或完成(结果)——或者更准确地说，在与儿童一起工作时他们如何以及何时使用这三者。

思考题

1. 我是否理解为什么游戏能够促进儿童情绪和智力的发展？

2. 儿童在他们的游戏中拥有多少自由、选择和控制权？成人主导的游戏和儿童主导的游戏之间的平衡是什么？

3. 我在儿童游戏中扮演的角色是什么？我对于这个角色是否满意？

4. 我是否理解与我的环境有关的政策中的游戏的作用？我的游戏实践是否与政策要求相一致？

参考文献和延伸阅读(加粗文字)

Caldwell，B. M. 1989. All-day kindergarten-assumptions，precautions，and overgeneralizations[J]. Early Childhood Research Quarterly，4：261-266.

Cohen，D. 2006. The Development of Play[M]. London：Routledge.

Edwards，A. and Knight，P. 1994. Effective Education in the Early Years[M]. Buckingham：Open University Press.

Garvey，C. 1991. Play[M]，2nd edn. London：Fontana.

Howard，J. 2002. Eliciting young children's perceptions of play，work and learning using the activity apperception story procedure[J]. Early Child Development and Care，127：489-502.

Howard，J. 2009. Play，learning and development in the early years[M]//T. Maynard and N. Thomas(eds) An Introduction to Early Childhood Studies. London：Sage.

Howard，J. 2010. Making the most of play in the early years：understanding and building on children's perceptions[M]//P. Broadhead，J. Howard and E. Wood(eds) Play and Learning in Early Childhood：Research into Practice. London：Sage.

Howard，J. and McInnes，K. 2010. Thinking through the challenge of a play-based curriculum：increasing playfulness via co-construction[M]//J. Moyles(ed.) Thinking about Play：Developing a Reflective Approach. Maidenhead：Open University Press.

Howard，J. and McInnes，K. 2013. The Essence of Play：A Practice Companion for Professionals Working with Children and Young People[M]. London：Routledge.

Howard，J.，Jenvey，V. and Hill，C. 2006. Children's categorisation of play and learning based on social context[J]. Early Child Development and Care，176(3/4)：379-393.

Karrby，G. 1989. Children's conceptions of their own play[J]. International Journal of Early Childhood Education, 21(2): 49-54.

Kernan, M. 2007. Play as a context for early learning and development: a research paper[R]. Dublin: NCCA.

King, P. and Howard, J. 2014. Children's perceptions of choice in relation to their play at home, in the school playground and at the out-of-school club[J]. Children and Society, 28: 116-127.

McInnes, K., Howard, J., Miles, G. E. et al. 2009. Behavioural differences exhibited by children when practising a task under formal and playful conditions[J]. Educational and Child Psychology, 26(2): 31-39.

Moyles, J. 1989. Just Playing: The Role and Status of Play in Early Childhood Education[M]. Buckingham: Open University Press.

Moyles, J. 2001. Passion, paradox and professionalism in early years education[J]. Early Years: An International Journal of Research and Development, 21(2): 89-95.

Moyles, J., Adams, S. and Musgrove, A. 2002. SPEEL: Study of Pedagogical Effectiveness in Early Learning[R]. Research Report 363. London: DfES.

Neumann, E. A. 1971. The Elements of Play[M]. New York: MSS Information Corporation.

Palmer, S. 2006. Toxic Childhood[M]. London: Orion.

Payler, J. 2007. Opening and closing interactive spaces: shaping four-year-old children's participation in two English settings[J]. Early Years: An International Journal of Research and Development, 27(3): 237-254.

Petrie, P. 1994. Play and Care Out of School[M]. London: HMSO.

Rogers, S. and Evans, J. 2008. Inside Role-play in Early Childhood Education. Researching Young Children's Perspectives[M]. Abingdon: Routledge.

Siraj-Blatchford, I. and Sylva, K. 2004. Researching pedagogy in English pre-schools [J]. British Educational Research Journal, 30(5): 713-730.

Soles, T., Bloom, E., Health, N. and Kargiannakis, A. 2009. An exploration of teachers' current perceptions of children with emotional and behavioural difficulties[J]. Emotional and Behavioural Difficulties, 13(4): 275-290.

Sturrock, G., Russell, W. and Else, P. 2004. Towards Ludogogy, Parts I, II and III. The Art of Being and Becoming Through Play[M]. Sheffield: Ludemos.

Welsh Government. 2010. Children and Families (Wales) Measures (2010)[R]. Cardiff: Welsh Government.

Westcott, M. and Howard, J. 2007. Creating a playful classroom environment[J]. Psychology of Education Review, 31(1): 27-34.

Whitebread, D. 2010. Play, metacognition and self-regulation [M]//P. Broadhead, J. Howard and E. Wood (eds) Play and Learning in the Early Years: Research into Practice. London: Sage.

Wing, L. 1995. Play is not the work of the child: young children's perceptions of work and play[J]. Early Childhood Research Quarterly, 10(4): 223-247.

Wood, E. 2007. New directions in play: consensus or collision[J]. Education 3-13, 35(4): 309-320.

Wood, E. 2013. Play, Learning and the Early Childhood Curriculum[M]. London: Sage.

第十二章 允许游戏

凯西·古驰/文　周桂勋/译

摘　要

　　教育的政治焦点似乎是要建立向幼儿灌输分散的学科知识的狭隘政策。本章引用相关研究支持以游戏和游戏性为中心的教学（a pedagogy that is centred on play and playfulness）。本章将确认和探索成人在进行游戏教学时所需要的多变且复杂的角色，也将阐述成人作为游戏者的可能性和优势。其核心原则是，如果成人不关注预设的活动方案而是为儿童游戏的直接目的服务，那么他们对儿童的学习和发展最有帮助。增加关于游戏的知识、理解儿童在游戏时的行为和学习，被认为是与儿童一起工作的每个人的前提性工作。这将有助于避免成人在陪伴儿童游戏时经常感到困惑。

导　言

　　在英国，我们生活在这样一个关于儿童教育有越来越多的政治目标的时代，而且这个时代对于早期教育课程和教学有清晰、具体的要求（可参见第一章）。这种情况与一个深刻的非常具有规定性（prescriptive）的早期教育话语结合在一起，得到了国家监管机构一再重申的描述的支持（OFSTED，2014）。同时，尽管我们所说的是早期教育和保育，但这一阶段以教育中的识字和算术等技能的相关狭隘的定义为代表，这些技能目前在英国的政治、政策和研究课程中占主导地位，很少关注到保育。入学准备、早期干预、负担得起日托服务、测验、增值和向非常狭隘的学习目标的发展是当前的关键词汇。除此之外，全世界范围内对于早期教育的研究正在增加，加之该领域神经科学出版物的增多，似乎使得这一阶段的学习对于政治家和政策制定者相当具有吸引力。

　　在这个非常令人困扰的情境中，真正关心和支持幼儿发展与学习的成人（早期教育教师、早期教育的教育家或具有教师资格证的教师）被委以处理日常保育、儿童发展和教育的任务，并要求他们根据国家监管要求考虑活动任务。

如果"教学"(teaching)没有被误解为与"教导"(instruction)是同义词①，那么成人就需要仔细研究和理解在早期教育中所采用的教学的作用(参见第二章)。的确，对教学活动的文化理解变得越来越重要，因为来自各大洲的政客们都将思想转变为实践，希望他们可以简单地融入本国的学校文化中(参见片段1)。

片段1

一位挪威的教师解释道，来自英国的访问教师总是惊讶地发现，他们对于儿童在学校外面的场地上爬树并没有表现出任何明显的焦虑和担忧。她笑着说，当他们发现从树上爬下来的儿童的腰带上别着刀具时会感到更加诧异！

跨越国界的对教学的一致定义并不存在，或许也不应该存在。在进行信息传递的时候，在学校里的儿童世界是如何构成和协调的，学习的机会和场地是如何提供、扩展与丰富的，这些都是教师角色的一部分。并且这个角色是由文化建构和文化协调的(参见片段2)。

片段2

在香港的一个幼儿园里，一个两岁的儿童正独自捏粉红色橡皮泥。在她的旁边，其他儿童在玩其他颜色的橡皮泥。一位英国客人试图去触摸她的橡皮泥并试图诱导她玩游戏。很明显，那个孩子不高兴并拼命地保护自己的橡皮泥。一位香港研究者解释道，在他们那种人口众多的国家中，细菌和病毒传染非常快，通过这些游戏材料传染得更快，所以教师并不鼓励他们分享这些材料。这位两岁的孩子非常清楚地懂得这个信息。

英国政界人士一直试图从中国等地方借鉴教的政策、过程和实践，并且用通过短期在海外访问所学到的东西代替原有的教学。具有讽刺意味的是，与此同时，上海的教育部门正在试图减轻儿童繁重的学习负担。尽管上海教育系统中的儿童能够取得高分，但他们运用技能、解决实际问题的能力很弱，而且他们也缺少创新和批判思维能力(OECD, 2014；Ren, 2014)。

然而，纵观全球，有一点可以看成是我们国际理解的一部分，即和他们

---

① teaching 是指一方在探索或经历某件事时，另一方提供指导与反馈；这是合作性的，一个人是专家，另一个人是学习者，在活动中都是积极的。instruction 提供一步一步的指导，以便对方能够完成任务；这是指导性的，一方是积极主动的，另一方是消极被动的，信息单向流动。比如说，让对方学会系鞋带是 teaching，而让对方知道离开房间要关灯是 instruction。——译者注

分享日常生活的人们对于儿童成长、发展和学习非常重要（David et al.，2003）。像儿童一样，教师不是从一个模子里出来的，在培训时也没有被塑造成同一个类型，这对于专业以外的人来说似乎构成了一个挑战。与儿童在一起，回应儿童和陪伴儿童的学习能力是一项需要发展与丰富的技能。教师的专业性质、教师的角色和教师的工作是本章的中心主题。

有相当多的研究证据强调学习的社会性质（Bruner，1986；Dunn，2004），以及对重要他人依恋的重要性（Nutbrown and Page，2008）和情绪健康对儿童学习潜能的意义（Immordino-Yang and Damasio，2007）。神经科学的研究显示，对话（conversation）对于儿童大脑发育的巨大贡献（Gopnik et al.，1999；Greenfield，2000）。另外，社会文化方面的研究提供了一些微妙和细微方式的解释，在这些方式中，每时每刻的经验为儿童的学习提供了途径（Hall et al.，2014）。童年早期大脑的可塑性很早就得到了研究者们的广泛认同，加之大脑细胞在这一阶段以惊人的速度增长，反映出这一阶段的生活对未来发展和健康成长的深远意义（参见第三章）。神经科学提供了发展中的大脑所需要的信息，而社会文化研究得出大脑发育所需要的经验的性质。这些经验包括对话、互动以及与其他人一起带有情感地参与活动，从最广义的意义上来说，对于所有儿童，无论他们的物质背景怎样，这些都是成长过程中需要的经历。

据我们所知，对于早期教育环境中的幼儿来说，一个复杂但相互关联的教育是极为关键的。对儿童、童年和早期教育的价值进行概念重构是重要的，这需要政治家和政策制定者理解儿童，而不是将其看作"有缺陷的成年人"（defective adults）（Gopnik，2009：5），要将童年阶段看作"致力于学习我们的世界和想象世界的可能性"（p.11）的一段特殊时间。游戏对于儿童的假装、假设和可能性思维都是必要的，而且游戏是儿童检验这些可能性、调和与映射到更广阔的理解和行为模式中的一个方式，这会有助于儿童以后的发展。游戏似乎为儿童提供了实现这些目标的物质和精神的机会，而且是"童年的标志"（the signature of childhood）（Gopnik，2009：14）。但是，认为假想、假设、创造和游戏对于所有儿童都是一个自然的、渐进的发展过程，就是一个错误。相反，将儿童早期的学习看成是随着儿童发展出内在生命和外部表现，由经验、图像、语言等碰巧凑在一起的一个谜或一幅不断变化的图画，这种想法或许更有用。这个概念没有低估教师提供新的经验、新的图像、新的词汇和语言、新的遭遇的机会的作用，但它确实要求人们对文化、社区和儿童创造性渴望的尊重。重要的、充满关爱和有知识的成人所扮演的角色不是选择拼图片，而是协调、指导和帮助儿童确保拼图能够拼到一起，并且确保儿童感觉自己是设计和创造他自己的世界的艺术家与建筑师。

复杂的教学、复杂的教师

如果不使用游戏这个词，那么很难找到新的词汇来描述婴儿和幼儿所做的事与所参与的活动。然而难以捉摸的是，由于误解或政治上不喜欢这个词，不使用游戏这个词这种事情正在变成现实。游戏是我们拥有的最好的词语。游戏不是一个新的概念，但是由于国际和国内的研究成果，它变得更好理解了。儿童通过游戏探索各种可能性，并由此来了解世界。游戏中的幼儿被描述成科学家、统计学家和系统的实验研究者，很明显他们是探索者、问题解决者、角色承担者、戏剧家、"狂热的装扮者"(wild pretenders)、探险者和实习生(Piaget，1959；Rogoff，1990；Fei Xu，引自Gopnik，2009)。所有这些创造活动都是通过身体、智力和社会活动或互动进行的，有时是通过游戏完成的。有人会说，通过成人、父母的指导和教导也能实现同样的目标。但是，游戏中伴随着的行为对于改善幸福、发展自主性和自尊、学习独立与合作行为的价值，以及形成动机是同样有效的。陪伴儿童游戏是一项复杂的任务，只有了解和理解儿童的人才能做到，他们有时候能够让位于儿童在游戏中的复杂目标，且能够尊重这种目标。与儿童一起工作的成人在参与游戏时，需要做到知识渊博、有能力，还要有自信。对于一些成人来说，由于他们具备内隐的和外显的知识，这类知识和尊重是直觉性的(Atkinson and Claxton，2000：3)。

在童年早期，儿童与成人形成并培养一种特殊的关系以支持发展，因为生物学和文化都融合在一起以产生一种认同感。或许，尽管儿童和父母之间会很自然地产生这种关系，但是在早期教育和保育中这种关系不是生物学上形成的，但仍可以由教师构建和培养，以陪伴幼儿理解他们的世界。如上所述，在托幼机构、学校和其他环境中以这种方式与儿童一起工作，有时被描述成根本性的或理所当然的。然而，在英国和其他英语国家当前特定的教育氛围中，一种复杂性和发展性教学(a complex and evolving pedagogy)的建议产生了对于教师来说具有二分法的内容，那就是政治与教育一定有关系，一种对于规定性课程有强硬的管理动机和对责任紧密控制的程度。在教育实践中，与技术或理性的行为和活动相比，对于情感的关注就少多了或不重要得多了，尤其是当它不能为了问责而简单地进行测量时更是如此。但是，目前一些研究提供了认知发展和情绪具有更加紧密联系的证据。有个有趣的比喻表明了情感在教育中的根本性作用：

……情绪和情感绝不是在瓷器店里乱蹦乱跳的孩子，四处乱跑打破和弄乱精美的认知玻璃器皿。相反，它们更像是玻璃器皿下面的橱柜；如果没有它们，那么认知就会缺少支持。

（Immordino-Yang and Damasio，2007：5）

对大脑受损伤的成人与儿童的研究发现，情绪情感在认知发展、决策制订、问题解决、社会互动和社会功能中的作用至关重要。对"受损伤"患者的研究表明了情绪情感和认知之间的"嵌套关系"（nested relationship）。这项研究确认了"学习和回忆都不会发生在与情绪情感相分离的纯粹认知领域"，并且如果教育家试图创造一个纯粹的"认知领域"，那么他们在鼓励儿童"习得一定无法运用到真实情境中去的知识"，进一步说，"与情绪情感分离的知识和推理，缺少意义和动机的学习在真实的世界中没有什么用"（Immordino-Yang and Damasio，2007：9）。

建构这样一种"嵌套关系"需要多种复杂的专业知识：关于儿童、儿童发展、儿童生活、重要关系方面的知识，以及与课程相关的专业知识和学科知识。在早期教育领域有影响的作家和教育家，19 世纪的福禄贝尔和 20 世纪早期的蒙台梭利（Bruce，1987；Nutbrown et al.，2008）特别强调教育者和学习者之间相互尊重的关系，而且瑞吉欧·艾米利亚的马拉古奇追求"关系教学"（pedagogy of relationship）的理念（Rinaldi，2005）。挑战现在流行的政策和课程原则需要巨大的付出与专业上的勇气。这种专业也要求教师理解她自己、她的自传、她的目的、价值和教育目标。在新手教师的培训或实际的教育实践中，很少有时间反思和理解我们作为教师和学习者的角色、我们的影响、指导者和专业价值。

倾听教师

两位教师有机会参加一项研究，而这项研究的目的是解构他们的儿童工作，并试图建立他们自己的目标。教师们被要求思考他们自己在专业工作中做了什么，并定义他们首要的目标、与儿童一起游戏时的影响与目的。研究对两位教师进行了系统的观察，收集了两位教师在工作时的视频，也都对他们进行了访谈和三方对话（three-way conversation）。结果，得出了一些早期教育中"教学"的可能性的结论，也建构出一些实践要素。

两位教师的实践活动的一个关键要素是，她们认为儿童无法被强迫进行游戏。在两个教室里，游戏被完全理解为儿童学习的背景。保育教室中具有各种各样的游戏资源、游戏区域和儿童游戏的各种可能性。那里不但有不变的、固定的区域，也有灵活的空间，还有变换、添加材料、儿童移动和转变的机会。那里有常规，但也有灵活性。

在两个保育室中，每件事情——空间、资源、常规、时间、成人和互动——都被安排用于最大程度地满足儿童的日常需要，满足他们身体、社会性、情感和认知等方面的需要。成人主要跟随儿童的领导，跟随他们游戏时的兴趣和目的。一位教师的评论有助于理解她在儿童游戏世界中的作用："我们的互动越与儿童相契合，那么儿童在形成、扩展和理解他们所探索的事物时我们的互动就越有用。"他们在不同时间都强调自身对儿童的帮助。尽管看起来简单，事实上这是一个非常有价值的观念，似乎构成了他们实践的基础。他们都很清楚，他们是为儿童游戏服务的。尽管许多幼儿教师所采用的教学和管理的方式不同，但是这不是无所事事的或消极的角色。教师自己的评论表明，这是明智的选择，基于一系列资源之上的经验和信息，以及他们对工作各个方面的深刻反思。

教师们对他们的立场的解释如下。

J：儿童在有兴趣并且专注的时候学得最好。而且对于如此幼小的儿童来说，正是他们自己选择想做什么的时候……并且实际上学习的质量确实好得多，显然如果你不过多地指导儿童的话，你可以很明显地看到他们的参与程度、他们的专注水平，甚至结果都是如此的高质量和细节化。

M：我认为有时候当与儿童一起游戏时，没有日程表很重要，否则我会做和说我认为重要的事情而他们想做什么就不重要了……我想等着看，如果他们愿意的话给他们时间使唤我，或者如果他们不愿意的话可以忽视我——向我征求意见、告诉我事情、请求帮助、解释事情、装扮成另外的人……

J：如果儿童让你在那儿与他们一起玩，你就在那儿玩游戏，而且你需要玩游戏。

两位教师都强烈地感受到，通常教师应当等待儿童带领他们进入游戏活动中。他们在游戏时也被观察到使用不同的声音，如下所示：

• 游戏讲解员（narrator of the play）（描述行为的发生，有时候和儿童一起，有时仅仅作为旁观者）。在这种情况下，教师的作用是创造伴随的叙述，作为桥梁来支持儿童的意义制造、描述事件和帮助儿童建立联系。在这项研究的案例中，教师没有用她的叙述性语言指导和领导游戏，而是跟随行为、描述事件发生，当儿童靠近时让他们参与，在不打断儿童游戏过程的情况下帮助儿童解决问题。

• 游戏内的声音（voices within play）（作为游戏中的表演者）。在一个例子中，一位教师正在沙盘中移动恐龙，并以恐龙的身份说："我想要我的妈妈……"和"帮助我，我失去了……"这种例子非常常见，是偶然发生的或者是在儿童的指导下发生的。教师能够与儿童的游戏相协调，估计儿童游戏的目的和背景，但同时也会运用他们模仿、观察、解释和表演的技巧。一位教师评论说"你看，儿童的目的是让你加入游戏"。

• 收件人(the addressee)(导演的反义词)。在对一段20分钟游戏活动进行观察时，一位教师仅仅说了17句简短的话，这就不会形成阻碍。有时候，教师对游戏的贡献仅仅是倾听，他们需要进行补充而不是叙述行为。这位教师总是将儿童放在能手的位置上，询问儿童问题并且避免教学性谈话。他认为自己的职责是帮助儿童完成当时的任务。他的身体距离儿童很近，但是没有参与儿童的游戏。他们帮助儿童获取和搬运材料，儿童接受他但不是遵从他。然而他的在场是重要的。作为收件人，他是"在对话中也能够发挥创造性作用的倾听者，甚至有时仅仅是一位安静的非语言的倾听者"(Carter，2004：68)。

• 他们个人的声音(their personal voice)(来自他们自己的生活)。当被问及他们是否知道自己实践的来源时，一位教师评论说："我的实践来自很多积极的、投入的与人们的交流。"她讲述了在她职业生涯开始时一起工作的很多有影响力的专家。然而，她也讲到她的父亲是一位关键的导师，对于她对儿童的行为具有重要影响，尤其影响了她把儿童看作"重要人物"的方式："我并没有有意识地去想这个问题，但当你试图分析的时候，我想那就是我所做的，尽管当时我没有想'哦，我一定是非常令人尊敬的'，但或许那是来源，你知道就像成人之间的谈话，如果儿童说话你就停下来倾听。并且如果他们对你讲话，你会非常努力地说'请给我一分钟，我想跟你说点事'，但你确实回去并说'我没有听清楚你告诉我的话'，而不是那类看到但没有听到的事情。我认为这是我的实践活动的来源，我不确定。"

• 他们的专业声音(their professional voice)(地方和全国监管者的责任)。他们能够认真地反思他们与儿童在一起的工作，也能够表现出专业的声音。这种专业声音代表了他们对于学校文化的尊重和作为公务员的责任。他们谈道："……对儿童有很高的期待，想让他们实现最大的潜能并做得更好。""我对我的工作和我为什么干这份工作思考了很久，我经常在思考儿童，思考他们在做什么以及他们为何做这些事情，以及我应当如何做才能支持他们的活动，为了帮助他们可能想做的事情我需要做些什么……""当你满足儿童的需要时，你在满足你的需要，你的需要就是帮助儿童满足他们的需要；那是你作为教师的需要，不就是你的专业需要吗？"

• 在两位教师的设定中，他们都很难讲清楚究竟是谁主导了游戏，谁创造了过程和规定了行为，或者是谁改变了游戏。我们听到的声音反映了儿童和成人共同创造的活动。成人和儿童都是多重声音的(multi-voicing)(Carter，2004)：他们一起建构故事情节；他们在故事中一起"创造声音"；

对在家庭中获得的经验进行社会重构并导演游戏；并且还经常指导别的游戏者。另外，教师控制着成人的教学叙事，保持着监控、评估的职责，以及有时候模仿和提供语言的叙事。在这些实践中，成人和儿童既在游戏的内外活动，又在现实与理想的内外活动。代表个人意识的声音在游戏中融合，相互支持。

允许游戏

两位教师都在教室里与儿童一起玩，在儿童旁边评价和欣赏游戏，都被儿童接受为游戏伙伴。然而，他们作为教师拥有更大的价值。两位教师的元认知能力都非常强。他们都能够轻松和自信地思考、反思、讲述他们的实践、他们的学习、他们的活动以及他们的专业。他们为自己设置高水平的问题和挑战，他们对确定明确的实践目标清楚有力地表达为：

我想，赋权（empowerment）是最终的目的，所以儿童相信他们能够做事情、冒险、尝试、做自己、具有创造性、支配我或不支配我。我期待的结果是让儿童感到具有赋权的感觉。

重要的是儿童在家庭外的世界中找到他们的位置、他们的空间和身份认同，并在其中感到舒适和自信；在形成自己的能力和理解的时候，他们能够得到支持、鼓励和认可。我想，我在努力推动研究、探索和学习的倾向。

这项研究的意义在于发现教师能够评价、反思和理解他们在与儿童一起工作中三个关键要素的重要性，这三个要素为：意向性（intentionality）、叙事结构（narrative constructions）和声音（voice）。通过他们对儿童游戏目的和游戏中故事叙述表现出来的绝对尊重，教师保持了儿童在游戏中的极高的动机、高度的专注和积极的参与。儿童信任教师，这种信任在他们与教师合作并允许教师与他们一起游戏的信心中表现得很明显。教师将游戏看成是儿童行动并探索行动意义的一种方式。通过教师所展现的专业声音，他们能够将短暂的学习变得具体，将无法看到的思维变得更好理解。通过对游戏的叙述，他们创造出了意义理解的桥梁和对于游戏活动的共同建构和解释。这与瑞吉欧·艾米利亚和倡导"关系与倾听的教学"（pedagogy of relationship and listening）的教育家非常相似（Rinaldi，2005）。两位教师都允许儿童自由地选择时间和空间资源，帮助儿童行动并反思他们的行动，这些都涉及成人和儿童的元认知。当儿童叙述和复述他们的游戏活动的时候，他们都在讲述自己的理解、建立关联，并让善于思考的成人支持或质疑这些关联（参见第八章）。

两位教师是熟练的实践工作者，能够将游戏理论化，赋予它在儿童学习中的价值和地位。他们花费时间和精力去理解世界及儿童故事中叙述的世界，所以他们能够共同参与到游戏中去，在他们的专业对话中解释游戏，创造一种使儿童的目的和活动具有合理性的话语。他们对于儿童和游戏的内在知识创造了一种不断追问的教学方法。比如，儿童正在做什么？那时他们需要做什么？我正在做什么以及为何这么做？除此之外我还能做什么？对于这个内容我究竟知道什么？我如何才能为他们提供帮助？在探索教师自己的角色的过程中，一个活动已经内在于他们的实践中了，并在这项研究中得到了明确说明。教师将元语言运用到他们参与的游戏中，如"你可以从他的眼睛中看到一种联系，一段快乐时光"。就像儿童通过反思性的实践活动进行自我创造一样，教师在反思性地解构儿童的学习，也在进行自我反思。

结 论

本研究中的教师不是忙于"一种静态的学习理论"（a state theory of learning）（Alexander，2009：307），而是在儿童的早期学习中致力于发挥游戏的价值。两位教师都充满热情地允许儿童游戏，同时也在寻求与儿童一起玩游戏的许可。游戏环境是具有风险的地方，与儿童一起占据游戏空间需要具备一定程度的自信心和信任——对于儿童游戏的学习潜能还有儿童应对不确定性的能力，这要求教师和儿童具有非常强烈的信任关系。在不知道可能的结果和寻求彼此的陪伴的时候，教师和儿童都能感到安全。通过参与这项活动，儿童和他们的教师都学到了很多东西，尤其是，

……想象的重要性；在早期教育和小学阶段，对话与共同活动既能激起儿童的动机，又能利用大脑、心理与理解发展的知识。学习变成内部引导的和自主的行为而不是依靠外部压力的行为，儿童从而学会了技能和产生了赋能感。（Alexander，2009：257）

正如我们在这项研究中观察到的，如果通过允许儿童和他们的教师游戏来实现这个强制规定的目标的话，那么没有游戏参与的实践就会在每个层面上都受到质疑。

思考题

1. 你如何在实践中加入游戏？
2. 你的游戏教学法是什么？
3. 你在多大程度上相信儿童能从他们的游戏中学习？

4. 你会如何丰富关于游戏和游戏教学的知识？

参考文献和延伸阅读(加粗文字)

Alexander, R. 2009. Children, Their World, Their Education: Final Report and Recommendations of the Cambridge Primary Review[M]. London: Routledge.

Atkinson, T. and Claxton, G. 2000. The Intuitive Practitioner: On the Value of Not Always Knowing What One is Doing[M]. Buckingham: Open University Press.

Bruce, T. 1987. Early Childhood Education[M]. Sevenoaks: Hodder and Stoughton.

Bruner, J. 1986. Actual Minds, Possible Worlds[M]. Cambridge, MA: Harvard University Press.

Carter, R. 2004. Language and Creativity: The Art of Common Talk[M]. London: Routledge.

David, T. , Goouch K. , Powell, S. and Abbott, L. 2003. Birth to Three Matters: A Review of the Literature[M]. Nottingham: DfES Publications.

Dunn, J. 2004. Children's Friendships: The Beginnings of Intimacy[M]. Oxford: Blackwell.

Gopnik, A. 2009. The Philosophical Baby[M]. London: The Bodley Head.

Gopnik, A. , Meltzoff, A. and Kuhl, P. 1999. How Babies Think[M]. London: Weidenfeld and Nicolson.

Greenfield, S. 2000. The Private Life of the Brain[M]. London: Penguin.

Hall, K. , Curtin, A. and Rutherford, V. 2014. Networks of Mind, Learning, Culture, Neuroscience[M]. London: Routledge.

Immordino-Yang, M. H. and Damasio, A. 2007. We feel, therefore we learn: the relevance of affective and social neuroscience to education[J]. Mind, Brain and Education, 1 (1): 3-10.

Nutbrown, C. and Page, J. 2008. Working with Babies and Children from Birth to Three[M]. London: Sage.

Nutbrown, C. , Clough, P. and Selbie, P. 2008. Early Childhood Education: History, Philosophy and Experience[M]. London: Sage.

OECD. 2014. Pisa Results: What Students Know and Can Do[M]. Vol. 1(revised February 2014). Available online.

OfSTED. 2014. The Report of Her Majesty's Chief Inspector of Education, Children's Services and Skills, Early years[R]. Available online.

Piaget, J. 1959. The Language and Thought of the Child[M]. London: Routledge and Kegan Paul.

Ren, D. 2014. British bid to copy maths excellence doesn't add up[N]. South China Morning Post, 22 March.

Rinaldi, C. 2005. Documentation and assessment: what is the relationship? [M]// A. Clark, A. T. Kjorholt and P. Moss(eds)Beyond Listening, Children's Perspectives on Early Childhood Services. Bristol: The Polity Press.

Rogoff, B. 1990. Apprenticeship in Thinking, Cognitive Development in Social Context[M]. Oxford: Oxford University Press.

第
十
二
章

允
许
游
戏

第十三章 通过批判性反思实践发展游戏教学

苏·罗杰斯、克里斯·布朗/文

周桂勋/译

摘　要

本章讨论了在早期阶段发展游戏教学过程中遇到的挑战，所描述的案例是伦敦一个地方当局(one local authority in London)的一个合作性项目，该项目涉及 20 个早期教育环境。本研究的目的是通过对游戏背景中相互教学关系的反思，改善处境不利儿童的一些具体的发展结果。本章的结论性建议是，如果早期教育实践者被赋权以反思性与合作性(reflective and collaborative)的方式识别和解决教学问题，他们就能够更好地面对和反思游戏/教学(the play/pedagogy nexus)中的紧张关系。

导　言

　　教学及其与游戏的关系的相关问题是目前国际上对于早期教育的性质与质量争论的焦点。关于游戏以及游戏在学习中的作用，研究者和实践者都面临的困难是协调课程中相互冲突的要求和承认儿童的愿望与兴趣(包括个人、集体)。游戏被广泛地认为是童年早期的主要活动，越来越多的人开始关注和审视这个问题：游戏是如何和以怎样的方式有利于教室中的学习的(Rogers，2011)。但是与儿童一起工作的任何人都非常清楚地知道，发展基于游戏的教学(a play based pedagogy)并不是简单的事情。游戏并不是巧妙地融合到课程目标和学习结果中去的。它要求一个非常不同的方法，一种允许自发的、非预测性和非计划的游戏固有结果的方法。在试图对两个非常不同的要求的关系进行概念化的过程中遇到的进一步挑战是，一方面，形成性教学(developing pedagogy)，一般定义为成人在早期教育教室里对儿童"做"的事情；另一方面，形成性游戏(developing play)，一般定义为儿童的内在动机和自发的行为(Rogers，2011)。当儿童由学前阶段向法定义务教育阶段过渡的时候，这尤其是个挑战。在许多社会—文化背景中似乎都是这样的。

　　在英国，政府对早期教育越来越多的兴趣、投入和干预带来了一系列重要的政策方案，尤其重要的是《早期基础阶段纲要》，一份从出生到 5 岁法定入学年龄的课程框架（DFE，2012）。目前，政府明确承认，早期教育的目标主要是确保"入学准备"，这一点是早期教育部门的重要考虑。进一步说，对于 2 岁处境不利儿童教育进行干预的建议、对于早期教育工作者更高质量和更强能力的日益增长的要求，对儿童早期的教学具有重要意义。这样的儿童早期教学能够支持 21 世纪儿童的复杂学习需要和特征。当运用到儿童工作（Stephen，2010），尤其是运用到儿童自发的游戏中时（Rogers，2011），由于对于教学这个词相对较少的关注和理解，使得这一具有挑战性政策的背景变得更加复杂。

利用在伦敦地方当局涉及 20 个早期教育环境中的正在进行的项目中的数据，本章将探索能够解决一些与游戏教学（play pedagogies）有关的难题的行动研究和反思性实践的创新方式。本研究的主要目标是通过聚焦于游戏背景中互惠性的互动和反应性教学关系中的教学改变，提高来自特定处境不利群体儿童的发展结果。通过一种叫作课例研究（lesson study）的对于教学的专门反思，实践者和研究者一起提高幼儿的学习结果。我们将会在本章的后面对此详加论述。我们对这个项目和写作本章的一个兴趣是，我们如何才能够使得研究证据最大限度地对早期教学实践发挥作用（对于这个问题在更广的教育领域的详细讨论，参见 Brown，2013）。最终，我们关心的是改善儿童，尤其是改善最处境不利儿童的发展结果。这也是这个项目的中心目标。但是，我们发现通过改变教学来强化发展结果不是简单或直截了当的过程。它不可能通过单独或以任何直接的方式将研究成果传播给实践工作者来实现目标。只改变教学而不改变实践者的思维，也无法实现目标。为了实现"让研究发挥作用"（Brown，2013）的目标，我们总结的结论是，对专业共同体实践经验反思的分享为游戏教学的有效改变提供了有力的工具。然而，同时我们发现尽管《早期基础阶段纲要》要求进行实践性反思，但是由于学校和机构领导者有限的时间、经费、投入，因此早期教育部门反思的机会却相当少。从这个项目到目前为止的数据来看，我们建议当早期教育实践工作者被赋权结合研究证据，并有机会以批判性反思与合作的方式辨别和解决教学问题的时候，他们能够更好地面对和反思在教学/游戏关系中产生的问题。更重要的是，他们也能够以尊重他们的幼儿教育原则并达到对他们的法定要求的方式解决由此产生的问题。

何谓批判性反思？

教师持有的关于儿童、童年，以及儿童如何学习的根深蒂固的价值观、态度和信念，直接且深刻地影响他们的教学方式，进而影响儿童的学习经历。对于我来说非常清楚的是，要想成为一个成功的（教师），我就必须能够批判性地检视我自己的信念，并识别那些能够影响我自己的思维方式的社会观念。

（实习教师，引自 Rose and Rogers，2012a）

在一项关于实习生的理论与实践关系的研究中，罗斯（Rose）和罗杰斯（Rogers）认为在一个强调"提高标准"的文化中，为儿童提供丰富且有意义的游戏经验会不可避免地存在外部压力。批判性反思（critical reflection）在抵抗这种外部压力和建立自信与勇气的过程中非常重要。我们可以从一位实习教师的一篇评论中看出，实践性反思的训练对于早期教育实践者来说是不可或缺的一部分。然而，正如罗斯和罗杰斯（前面所引用的）的研究所显示的，随着实习生进入学校，理论和实践之间的鸿沟在扩大，同时实习生在经常很紧凑的实践安排和受管制的环境中反思的机会在快速减少。

国际范围内，无论是在教育、健康还是政策制定中，批判性反思都被认为在优化幼儿发展结果中起到关键性作用（OECE，2006）。在英格兰，反思性实践的理念是《早期基础阶段纲要》法定要求和《合格教师资格》（Qualified Teacher Status，QTS）标准的坚实基础。对于所有水平的实践者的培训来说，批判性反思都是提高儿童教育条件和优化发展结果的一个手段。

但是，反思性究竟意味着什么呢？舍恩（Schon，1987）的研究对于学校的反思一直都非常有影响。但是最近，他的研究对早期教育部门产生了影响（Hallet，2013）。舍恩认为，反思不仅仅发生在行为之后，而且发生在行为之中，因此，需要区分"行为之中的反思"（reflection in action）和"对行为的反思"（reflection on action）。批判性反思既需要"行为之中的反思"也需要"对行为的反思"。此外，批判性反思不必寻找确定答案或解决方案，而是对儿童学习过程的自我意识和理解的深化，以及对不断改善条件质量的过程感兴趣，并且更有可能发展出与儿童需要和兴趣相适合的教学。根据舍恩（Schon，1987）的研究，罗斯和罗杰斯（Rose and Rogers，2012）区分了技术性反思（technical reflection）和批判性反思。技术性反思，是关于目标实现和实际问题的思考。批判性反思则连接了两个主要目标：第一，教学是社会公正的，并且建立在对公平的考虑上；第二，教学是适当地关注儿童的，因此，建立在特定的政治和文化背景中的实践并不阻碍儿童的潜能或限制儿童的学习与发展进程。正如学生所做的笔记中显示的，成人如何将儿童看作学习者，是由我们自己的价值观、信念和经验决定的社会建构。这塑造了我们的教学实践和我们与儿童互动的方式，因此对早期的儿童经验产生影响。

人们从专业知识的视角来思考技术性反思和批判性反思的概念，可能会认为，当实践工作者获得经验和自信，即更加专业化时，他们更能够进行批判性反思。这一假设是基于这样的观点，即认为缺少经验和/或专业知识的新手，坚持以满足同伴、基层管理者、父母的直接要求的方式学习和努力。随着经验的日益丰富和自信水平的提高，实践工作者更有可能将他们自己的价值观和信念放到前头，正如他们所叙述的，将教学的新知识和更多的理解带入游戏中。在如此做的时候，他们也更有可能感到更加自信，并且相信儿童的发展会更加深化和更加有意义，同时也能够确保外部目标得以实现（如 Flyvbjerg，2001）。

基于游戏的教学的部分挑战是应对学习环境中儿童游戏的不确定性和模糊性。为游戏提供条件可能会威胁到一些实践工作者，因为游戏具有难以测量和难以管理的特性。通过反思彼此之间信任的不确定性，实践工作者能够获得对于他们工作的洞察力和自信，并且有能力将关于儿童的知识和理念更好地运用于工作中的挑战。

通过批判性反思发展教学

在本文中，一个多样化的从业者群体正在学习新近引入的有效学习特征（characteristics of effective learning，CEL），这个项目满足了特定的需求，并支持教学法的发展。这反映了近年来从关注儿童学习什么向关注儿童如何学习的明显转变，并提供了《早期基础阶段纲要》学习的教学背景，如下所示：

- 游戏和探索——儿童对事物的调查和经历，"试一试"；
- 主动学习——如果儿童遇到困难会更加专注并不断尝试；
- 创造和批判性反思——儿童拥有和形成他们自己的观点，把观点联结起来，形成做事情的策略（DfE，2012）。

该项目是为了提高实践工作者在使用有效学习特征时的认识和信心，并且强化儿童在促进创造性和批判性反思时的互动技巧（例如，儿童"拥有自己观点"的能力、"进行连接"的能力和"选择做事情的方式"的能力）。这一观点得到了研究证据的支持，表明这个特征与自我调节、创造性和动机相联系（Whitebread et al.，2009）。本章采用社会文化取向，这个项目更强调的是人际和内心功能交流的社会互动（Vygotsky，1978）。因此，学习被看作个体主动参与和参与情境化的社会实践的过程，而不仅仅是知识的传递或获得。从这种观点来看，游戏这种社会互动的学习方式被看成是在创造高度有效的学习情境。这些原则奠定了这里给出的童年早期教学的观点和这个项目所采用的反思性实践方式的基础。换句话说，知识的社会建构是通过共同参与的活动来实现的，儿童与成人（或有更多知识的同伴）分享共同的理解，或者实践者在项目中一起工作来提高实践的反思能力。这项研究的意义是，重新确认了对话教学对儿童和成人是最有效果的。

然而，在儿童早期的教学实践中这类学习被认为是短板，部分原因是缺少儿童可以进行的成人/儿童或教师/学生的对话的类型。据观察，占据主导的问题类型是封闭性的问题（Siraj-Blatchford and Manni，2009），这类问题很少给儿童留下质疑、扩展和反思他们所学东西的机会。在早期教育环境中，持续地分享思考被认为是有效教学的方式，就是两个或更多的个体"共同"以理性的方式解决问题、澄清概念、评价活动或者与开放性问题一起扩展叙述（Siraj-Blatchford and Manni，2009）。对早期教学的研究表明，共同建构，即成人与儿童相互建构（或共同建构）知识和意义，是成人和儿童交换信息的有利方式，并且这种方式可以为成人参与儿童发起的游戏活动提供一个有效的互动的框架。与更具有干预倾向的脚手架模式相比，共同建构可能给儿童更多的赋权。但是，研究已经表明，对于达到法定入学年龄的 4 岁和 5 岁的儿童来说，实践工作者对他们一般很少使用共同建构的方式（Payler，2009）。一项对于儿童角色游戏观点的研究（Rogers and Evans，2008）表明，尽管共同建构学习的结果是重要的，儿童与成人共同建构教学，围绕空间范围、场地、时间、选择游戏伙伴和游戏材料的组织过程的决策进行分享也同样重要。在成人决定的游戏环境中，儿童采取策略来克服妨碍他们游戏的一些规则和常规，并且设法克服影响他们游戏活动过程的成人干预。

在这项工作很早以前，牛津学前项目（the Oxford Preschool Project）[在19 世纪 70 年代由杰罗姆·布鲁纳（Jerome Bruner）领导，由伍德（Wood）等人发表的著名报告（1976）]也认为使用开放性问题是最有效的干预形式。但是研究也表明，成人使用不同的话语，会对儿童语言的使用产生非常不同的影响。在教育者使用的不同话语类型中，最能促进儿童扩展话语的被称为"交流感情的（phatic）话语"或"贡献性（contributions）话语"。"交流感情的话语"是简短的插入语，它能够使谈话进行下去（"真的吗？""真的是他？""哦，我的！"），"贡献性话语"是成人提供的（"我真的喜欢下雨，与下雪相比我更喜欢下雨。""哦，你穿的是我最喜欢的颜色。"）。研究发现，这两种语言都能够促进儿童继续谈话，比问任何问题都要好得多。进一步支持这个方法的证据可以在早期发展和学习研究的述评中找到（Evangelou et al.，2009：76）。这个述评确认的有效学习关系的关键方面包括：建立和维持这种关系的谈话的使用；对于儿童独特性和动机的承认；在促进亲社会思维

154

和行为时相互应答关系的重要性。

建立一个专业学习共同体

本文采用的是广义的社会文化和建构主义的方式，这个项目受到了专业学习共同体（professional learning communities）这个概念的影响。尽管没有一个可以普遍接受的专业学习共同体的定义，但它经常被描述为参与和关心教育的人一起合作学习如何改善学生的学习。在这个项目中，专业学习共同体被认为是一个实践工作者和研究者可以一起合作，通过集体反思的过程将研究成果和实践知识整合到一起的背景（Stoll，2008）。这个项目以这种方式促进研究者和实践者合作：正如前面所描述的，通过建立一个游戏背景中的互动性教学（interactive pedagogies）研究的学习共同体，形成扩展实践者支持儿童创造性和批判性思维教学策略的工具箱（Brown and Rogers，2014）。在专业学习共同体的会议期间，实践工作者和研究者举办一个知识创造工作坊。根据野中郁次郎和武内（Nonaka and Takeuchi，1995）以及斯托尔（Stoll，2009）的研究，这要求研究者发起一场讨论，这场讨论首先聚焦于当前关于包括游戏在内的有效的早期教育实践的研究和知识。然后实践工作者受邀在辅导小组中分享他们自己的实践知识，分享的重点是他们自己所在机构和当前实践的信息。

介绍了行动研究的方法，采用了叫作课例研究的集体反思工作（collaborative reflective working）的模式。课例研究起源于日本，尽管在早期教育行业中不为人知，但它包含了有效专业发展的所有特征，现在已经作为一种有效的集体课堂学习的模式，受到国际范围的认可与传播。人们认为这种方法是起作用的，因为它为实践工作者提供了对儿童的学习和进步进行深度分析的机会，因此能够形成优化儿童学习结果的特定的教学技巧（Dudley，2011）。[①]

要求实践工作者确定他们在项目结束时要达到的目标，以及达到这个目标的方式。根据厄利和波里特（Earley and Porritt，2013）提出的方法，以及"在开始时记住目标"（他们想达到的目标），实践工作者需要回答如何利用呈现给他们的研究和他们的实践知识，以及学习小组中的其他人提供的知识来发展他们的教学方法。在这个最初的工作坊之后，来自合作机构的实践工作者被配对分成 6 个小组，每个小组 3 人。在每个阶段，每个机构为

---

① 课例研究被描述为一群参与者共同计划、教学、观察和分析研究课例中的学习和教学的过程。

第十三章 通过批判性反思实践发展游戏教学

他们的学习小组主办一次参观活动。参观机构包含两个部分：第一，每个小组（和一位辅导者）观察一个活动，小组成员一起计划，但由主办的实践工作者领导；第二，观察完以后，小组对所观察的活动进行批判性反思，分析儿童的学习和实践者的教学方法。在每次课例学习的最后，所有的 36 位实践工作者聚到一起进行一天结束时的讨论会，与更多的小组分享他们的反思。反馈由辅导者搭建"脚手架"，并且与研究和之前的学习相关。提供了所采用方法的简要的框架，最后一部分介绍一些已经促进了参与实践者的理解和实践的方法。

我们已经学到了什么？

这个项目还在进行中，但是我们已经看到了这个项目对实践工作者所起到的积极作用。我们提供关于反思性实践正在帮助实践工作者改变和与有效学习特征有关的教学的两个案例。

一起学习

这个项目的其中一个最大益处和积极效果是它将不同机构与不同年龄阶段的实践工作者聚集到一起。在课程研究小组中，小班教师和儿童中心的教师每个月都会参观彼此的机构，并在那里进行一系列对于有计划活动的观察，并且共同进行批判性反思和共同制订计划。一位儿童中心的教育者反思说：

……我们都来自不同的地方……具有不同的资质……有些人有学位，有些人没有……但我们学到的是我们到这儿都是为了同样的目标，那就是用最好的实践去教育儿童。

对实践反思进行分享的经验有助于在小组内建立早期教育实践工作者极强的共同体的感觉，这打破了学前机构和学校机构以及不同资质教职工之间的隔阂。最重要的是，这个项目的参与者提供了站在他们那个年龄阶段和机构背景之外观察儿童的稀缺机会。项目的这一方面有助于深化教师对游戏发展和教学方法的理解。一位小班教师评论说，参观婴儿室并观察一个圆圈时间的活动可以帮助她看到在她的小班中游戏性的方法是何等的有效。即使在一个更加结构化的游戏活动中也是如此。反思性讨论允许游戏性学习的理念作为一种学习态度或学习方法的探索，而非仅仅将其作为一种单独的活动。

同样地，一位儿童中心的教育者描述了在一个小班内的观察经历是如何帮助她反思她与学步儿的交往的。由于对于危险和"失控"的担心，有时候她会过度管理。在一个儿童中心的学步儿童室里一项精心设计的"清洗娃娃"的案例，实践工作者故意站到后面让儿童自由地对水进行探索。清洗娃娃变成了拍水游戏，儿童探索他们对水做出动作会产生怎样的效果。在随后的反思性反馈的环节，很明确的是这可能成了一项具有挑战性和"冒险"的活动，很容易使实践工作者感到他们需要更多的控制。拍水游戏不必完成有计划的个人目标和"照顾婴儿"的社会性与情感发展目标。但是，到这个时候，建立在互惠、信任关系基础上的小组提供了一个安全的环境，实践工作者在这里可以探索计划结果的灵活性和可供选择的其他教学方法。

站到后面，让儿童主导

我们从无数的研究中得知，为儿童提供游戏条件的一个最大的挑战是，成人感到允许儿童跟随他们自己的兴趣进行游戏的自在程度。这个项目中的反馈环节最经常被提及的是"站到背后"（Standing back）和"让儿童更多地冒险"（allowing children to take more risks），这表明了游戏教学方法和探索的一个转变（参见第十八章）。通过观察和倾听，实践工作者与儿童的行为更加合拍，能够调整他们的行为以更加微妙的方式支持儿童学习和与儿童共同建构学习。许多来自不同项目机构的实践工作者都表达了这样一种观点：在实践背景中对研究观点进行反思的机会使得他们允许儿童拥有更多自由，在用材料和空间进行实验的时候更加自信。许多实践者看到他们在游戏和儿童主导的活动中展现出来的儿童观点的品质时，感到非常惊讶（参见片段1和片段2）。

片段1

安吉拉（Angela）是一个儿童中心的教育者，负责照顾幼儿园阶段的儿童。参加完项目开幕的工作坊和听完研究发现后，她谈论了她是如何发现材料具有挑战性以及因此感到受打击的。她质疑这个项目对于她来说是否合适，并考虑彻底退出。几周之后她决定继续，然后她主办了第一节课的学习访问，并让他的项目小组观察。对于安吉拉来说，这是个转折点。她的同伴小组观察中并给出的反馈使她也能够反思自己的互动类型和儿童所学的内容。这肯定了她的工作，同时也帮助她思考另外的工作方式。那天以后，安吉拉参加了整个小组的反馈环节，向36位实践工作者展示了她的工作。有了这个经验后，她评论说："我享受我的工作。但在过了［项目］的第一个环节之后，通过站起来并在小组前面汇报，我真正拥有了成就感。"

几周之后她报告说，尽管刚开始会感到气馁，但她也因此通过阅读"脚手架"方面的研究以及持续的分享思考扩展了她的理解。现在当她看到研究和实践在她工作中相关时，她会感到更加自信和更有能力感。她继续在她工作场所的职工会议上介绍自己的研究，这个行为是赋能的，也正如她自

The Excellence of Play

己所说的"确实帮助她思考自己的研究"。安吉拉在这个项目中的进步是，专业共同体的实践和方式以微小但是具体、重要的方式改变实践工作者发展，并对儿童经验有积极影响的案例。

片段 2

在这个案例中，小组一致同意将关注点聚焦于《早期基础阶段纲要》中有效学习特征的"批判性思考和创造性"。他们想让儿童有机会对具有意义的"实际生活"的问题找到他们自己的解决方案，即去解救一个挂在树上的风筝。在讨论的时候，他们确定其中一个主要挑战是让儿童发挥主导作用，通过在安全的环境中尝试错误，并找到他们自己的解决方案。这个活动由凯斯（Cath），一位儿童中心的教师领导，但是作为课例研究组成部分的活动前的计划和讨论是共同进行的。向儿童介绍完"问题"之后，凯斯支持儿童出现的想法，并允许他们对材料进行各种尝试，更重要的是让儿童犯错。这个活动，尽管是由成人发起的，但由成人和儿童共同建构。儿童一起合作，而且这个活动具有游戏性和目的性的品质。儿童和成人都非常喜欢这种一起工作的方式，而且问题解决、动机、专注和创造性的水平远超出凯斯的预期。由专业学习共同体提供的反思性方法支持了成人的冒险，反过来对教学实践和儿童的学习经验产生了影响。

结　论

本章的结论性建议是，如果早期教育实践者被赋权以反思性与合作性的方式识别和解决教学问题，他们也就能够更好地面对和反思游戏/教学相关的紧张关系。重要的是，他们也能够更加自信地以遵循他们的价值观和法规要求的方式解决这些紧张关系。但是，实践工作者也表达了在比他们的团队更广泛的范围分享他们的"新"知识和经验的愿望。一些实践工作者已经在工作会议和其他专业背景下分享了他们在项目中取得的进展。虽然这已经被积极地接受，但是由于参与者没有经历参与项目所提供的那种批判性反思的过程，因此在参与者的环境中影响实践的潜力是有限的。在某种程度上，这解释了早些时候的观点，即研究证据本身无法改变实践。如果想让研究对实践工作者起作用，我们认为它需要与幼儿的真实工作发生联系，并且要受到在专业学习共同体中的观察和批判性反思的机会的支持。

思考题

1. 关于反思性实践，《早期基础阶段纲要》说了什么？这对你发展游戏教学有什么帮助？

2. 你是一位技术性反思者，还是批判性反思者？请你从实践中，分别给出例证。

3. 在实践中，研究证据是如何帮助你形成游戏教学的？

鸣　谢

非常感谢这个项目中的参与者慷慨地分享了他们对于儿童学习的观点，非常感谢大英帝国官佐勋章获得者伯纳黛特·达菲（Bernadette Duffy）促进了讨论和对项目的支持。

参考文献和延伸阅读（加粗文字）

Brown, C. 2013. Making Evidence Matter: A New Perspective on Evidence-informed Policy Making in Education[M]. London: IOE Press.

Brown, C. and Rogers, S. 2014. Knowledge creation as an approach to facilitating evidence informed practice in early years settings[C]. Paper presented at AERA Conference, Philadelphia.

Earley, P. and Porritt, V. 2013. Evaluating the impact of professional development: the need for a student-focused approach[J]. Professional Development in Education, 40(1): 112-129.

Evangelou, M., Sylva, K., Wild, M., Glenny, G. and Kyriacou, M. 2009. Early Years Learning and Development Literature Review[R]. London: DCSF Research Report 176.

Flyvbjerg, B. 2001. Making Social Science Matter[M]. Cambridge: Cambridge University Press.

Hallet, E. 2013. The Reflective Practitioner[M]. London: Sage.

Nonaka, I. and Takeuchi, H. 1995. The Knowledge Creating Company: How Japanese Companies Create the Dynamics of Innovation[M]. New York: Oxford University Press.

OECD. 2006. Starting Strong II: Early Childhood Education and Care[M]. Paris: OECD.

Payler, J. 2009. Co-construction and scaffolding: guidance strategies and children's meaning-making[M]//T. Papatheodorou and J. Moyles(eds)Learning Together in the Early Years: Exploring Relational Pedagogy. London: Routledge.

Rogers, S. 2011. Play: a conflict of interests? [M]//S. Rogers(ed.)Rethinking Play and Pedagogy in Early Childhood Education: Concepts, Contexts and Cultures. London: Routledge.

Rogers, S. and Evans, J. 2008. Inside Role Play in Early Childhood Education: Researching Children's Perspectives[M]. London: Routledge.

Rose, J. and Rogers, S. 2012a. Principles under pressure: student teachers' perspectives on final teaching practice in early childhood classrooms[J]. International Journal of Early Years Education, 1: 43-58.

Rose, J. and Rogers, S. 2012b. Adult Roles in the Early Years [M]. Maidenhead: Open University Press.

Schon, D. 1987. Educating the Reflective Practitioner[M]. San Francisco: Jossey-Bass.

Siraj-Blatchford, I. and Manni, L. 2009. 'Would you like to tidy up now?' An analysis of adult questioning in the English Foundation Stage[J]. Early Years, 28(1): 5-22.

Stephen, C. 2010. Pedagogy: the silent partner in early years learning[J]. Early Years, 30(3): 15-28.

Stoll, L. 2008. Leadership and policy learning communities: promoting knowledge animation[M]//B. Chakroun, and P. Sahlberg(eds)Policy Learning in Action: European Training Foundation Yearbook 2008. Torino, Italy: European Training Foundation.

Stoll, L. 2009. Knowledge animation in policy and practice: making connections[C]. Paper presented at the Annual Meeting of the American Educational Research Association.

Vygtosky, L. 1978. Mind in Society: The Development of Higher Psychological Processes[M]. Cambridge, MA: Harvard University Press.

Whitebread, D., Coltman, P., Pino Pasternak, D. et al. 2009. The development of two observational tools for assessing metacognition and self-regulated learning in young children[J]. Metacognition and Learning, 4(1): 63-85.

Wood, D., Bruner, J. and Ross, G. 1976. The role of tutoring in problem solving [J]. Journal of Child Psychology and Child Psychiatry, 17: 89-100.

第十四章 工作还是学习：儿童如何学习阅读信号

简·乔治森、简·佩勒/文　许梦麟/译

摘　要

在本章中，我们探索儿童如何理解早年环境中接触到的信号，来帮助他们自己判定外界对他们有什么预期。本章要点：

- 介绍相关理论概念，以帮助我们理解儿童如何学习做什么，什么时候做，在哪儿做的相关研究理论框架；
- 探索关于儿童如何感知那些可被理解为工作或者游戏的不同种类的活动的现有研究成果；
- 提供两个与此议题相关的现有研究案例成果；
- 邀请从业者思考如何运用这些知识以提高低龄儿童的课程质量。

导言和背景

早期的教育家凭借研究证据和经验，一直在努力挑战过去几十年在"工作"和"学习"之间建立的自动关联，并展示游戏对幼儿学习的卓越贡献（Moyles，1994；Broadhead，2006；Ranz-Smith，2007）。然而在此期间，英格兰儿童服务行业的局势发生了巨大变化，特别是对于有特殊教育需求的儿童所提供的服务。英格兰幼儿服务旨在与诸如确保开端计划儿童中心（Sure Start Children's Centres，见第一章）等机构建立有效的多机构合作。在2014年9月推出的教育、健康和社会关爱等诸多计划，集中概述了联合政府用来鼓励教育、健康和社会关爱服务领域的相关专业人员与家庭和年轻人合作的策略。

大多数5岁以下的儿童是从经过职业培训的从业者那里接受教育和照顾的。这些从业者中很多人不太可能参加过跨专业教育的学习，但是经过早期的劳动力改革，他们在实施计划和干预方面拥有了更多的支持。早教专业人员（early years professionals，EYPs）以及2013年以来的早教教师（early years teachers，EYTs）共同受训成为先期毕业生，引领英国《早期基础阶段纲要》（DfE，2012）的实施，同时针对早教专业人员（2012）和早教教师（2013）的国家标准都包括了与综合实践直接相关的标准。当然，两套标准

161

The Excellence of Play

中对以游戏为基础的儿童学习和发展方式的相关描述都有过变化。早教专业人员标准对游戏在儿童学习中的角色进行了明确提及，而早教教师标准则更强调"教学"，避免使用游戏这个词汇。当然现在引导早教教师的《早期基础阶段纲要》确实已经保留了一些关于"游戏与探索"作为儿童学习的关键要素的表述。

但是干预这个概念与仍被认为是基于游戏的课程有多匹配？儿童对他们参与的不同类型的活动的理解是怎样的——这些活动是工作还是游戏？我们都知道认知塑造预期，并且预期影响参与和产出（Brooker，1996；Ranz-Smith，2007）。因此，我们将会探索在现有研究中儿童如何认知不同活动，以及这些认知如何影响他们参与的研究成果。我们将主要探讨两项研究：第一项主要研究早期提供的建筑物是如何塑造儿童的认知的；第二项研究儿童在早期综合练习中遇到的现实问题，特别是有特殊教育需要的儿童，他们在工作、游戏、干预和学习中遇到的挑战因实施治疗输入而被放大（也参见第十一章）。探索幼儿对不同类型活动的看法和参与情况，可以帮助成人为其所照顾的儿童提供最适合的教学方法。

理论基础

我们发现社会文化理论的相关论述可以帮助我们理解社会交际活动。从维果茨基关于思维社会化的概念开始，我们认为每一个社会场景都是人们对做什么、说什么和如何应对周围环境所做的选择的结果。因此在任何社会场景中的任何事情都蕴含着意义。儿童每天在与人、物及其所生活的空间的互动中学习到这些意义。这些知识都是他们在幼年成长过程中逐渐建立的。当进入学校的时候，他们会意识到什么时候是适合游戏的，什么时候他们应该听从指令并且遵循规矩。在早期学校教育的日常练习中展现给儿童不同的课程类型，他们就会熟练地在不同场合，如在圆圈活动和讲读写环节中采取不同的说话方式（Chreistie，2002）。

思考儿童通过辨别什么样的信号来区分游戏时间和工作时间是有益处的。伯恩斯坦（Bernstein，2000：35）让我们认识到，教育话语要始终同时包括所要教授的内容（教学话语，主要融入大多数读书学习与成长发展的环境中）和社交秩序的规范性话语，通常是关于人际关系的默契，如谁说了算，谁只能选择。物理环境和特定的谈话方式会发出这种信号，儿童需要学会识别这些信号。我们认为采取多元模式来实现这一目标非常重要；不只是语言交流能够发出关于接下来可能发生什么事情的信号，还包括视觉、声音、气味、温度和质地等。因此，从业者应该思考儿童和家庭如何理解早教环境中建筑物所释放的信号，以及这些建筑如何塑造了他们能够做什么和不能做什么的认知（Georgeson and Boag-Munroe，2012）。

关于儿童如何感知不同类型的活动，以及这些感知如何影响他们的参与，我们知道了什么信息？

前人的研究表明，在早期教育经历中，儿童学会了区分不同类型的活动，这有助于他们逐渐理解工作和游戏之间的差异，儿童将会把这些理解带入成人生活中（Apple and King，2004）。研究已经发现幼儿会很明显地将特定物体（油漆、石块、沙子、建筑材料、木板和电脑游戏）与游戏相联系，而不是将它们与工作联系起来（Wing，1995）。教室环境的其他特征（教师在场、空间和缺少约束）也会影响他们对游戏的解读（Howard，2002）。温（Wing）从与儿童的讨论中得出结论，将活动解释为工作或游戏的主要标准似乎是该活动是否被儿童视为具有强制性。这可以通过成年人与儿童在进行讨论时儿童所使用的特定词语来判定，在儿童的评论中反映为"可以做"与"必须做"进行判定。然而，区分言语的情态或语言中的强制感需要一定的语言理解水平，这可能超出某些有特殊教育需要的儿童的语言能力范围。对于这些儿童来说，用以区别工作和游戏的环境线索与非言语线索，以及对努力与自得其乐的回忆或联想可能更为重要（Howard，2002）。

儿童（包括那些有特殊需要的儿童）必须学会关于空间的感知及其物理可供性，在空间中找到自己（Gibson，1986；Greeno，1994）。他们学习如何在不同物理情形下（斜坡、台阶、广阔的区域或狭窄的空间）做出身体反应，以及如何在社交方面运用空间与他人进行连接，顾及他人的行为并且与他人在不同的空间中活动并进行互动。这样可以塑造他们游戏的方式以及他们所感知到的人际互动（Waters and Maynard，2010）。但是他们也需要了解建筑的文化约束性和可供性，了解特定空间对他们的行为活动有什么样的期待。

因此我们应该思考建筑和空间给儿童与家庭发送了什么信号。在这种特定的空间里何种特定的存在方式/做事方式/说话方式才是可接受的？他们应该原地不动，还是可以四处走动？应该保持安静，还是想唱就大声歌唱？儿童已经有了关于在哪里可以自由走动和在哪里会行动受限的相关经历，所以他们需要找到在早期环境中受到何种限制，特别是当成年人们对"适宜行为"的意见不一致时的限制。例如，一个政府部长把"自由游戏"解读为"没目的的四处跑"（Daily Mail，2013）。这种对自由与受限制的感知，是儿童分辨工作和学习之间区别的关键。想一想，每一天是如何开启的，时间和空间是如何被动作、地点、物体、感官刺激不时地打断、分隔的；过去，人们用铃声标志学校一天中的不同阶段，在很多场景中用一段特定的音乐标志收拾整理的时间到了；做饭的气味标志着用餐时间，而隔壁学校儿童玩耍的声音标志着课间休息时间。诸如此类信号，通过与特定的活动联系在一起承载了意义，进而可以在其他场景中被识别。这些信号成为我们"认识某地某事"的信号系统中的一部分，即与特定活动相联系的多元话语模型。这个信号系统使得我们可以像理解文本一样理解建筑，就像我们利用字母、发音和关于写作体裁的知识去理解一段文字作品一样。

不同环境中特定活动的类型和目的可以通过不同的话语来发出信号；教育研究者已经注意到教育话语的独特特性（如 Willes，1983；Mercer，1995）以及教学话语与幼儿学习之间的联系（Brooker，1996；2002）。罗伯茨和萨兰吉（Roberts and Sarangi，2005）指出，虽然从业者的知识为实践做基础，但是这在他们的教学话语中体现得并不明显。因此我们关注动作、空间、物体和话语如何共同作用来引起与传达对话。话语分析有助于拆解个体如何利用不同意义系统来理解他们在特定环境和时间中的生活（Regan de Bere，2003）；下一节的内容为探索幼儿如何理解早年生活实践活动的相关文献提供支持。

我们自己的研究举例

学习理解早教建筑物

儿童通过建筑外观辨识建筑的能力似乎首先是从辨识建筑里的人和事物发展起来的，然后才对建筑特征做出反应。作为探讨学前场景下的互动和教学差异研究的一部分（参见 Georgeson，2009），我邀请儿童（3 岁和 4 岁）探讨有关熟悉的和不熟悉的幼儿园场景的照片。这些儿童偶尔可能会指出一些他们认识的物体或者建筑的一部分（如玩具、卡通人物或者门窗的图片），甚至他们会认出并提出关于照片里的儿童的问题，尽管他们并不认识那些儿童。当儿童看到熟悉的建筑外部照片或者他们靠近不熟悉的建筑时，儿童要么会说他们不认识那是什么，要么会宣称那是他们认识的某个具体地方，并且在多数情况下他们经常会试图把那个地方与他们认识的人关联起来。例如，当描述一张他们从来没见过的高高的木栅栏和铁门的照片时，孩子们会说："那是我外婆的房子。"当我让孩子们去看建筑内部的照片时，他们马上就对其进行命名或对其进行评价，有时候这些命名和评价与他们最初对建筑外部的理解相符，有时候有所改变。有些年龄大一些的儿童可以运用窗户或者门的特征作为判断建筑功能的标志。这样的解读有些时候会让儿童对不熟悉的建筑产生可能属于某种特殊种类的建筑的推测："那是一个酒吧！"（对贴着告示的沉重双开门照片的反应。）"这是一个幼儿园。"（对护壁板顶木条镶着泰迪熊的走廊照片的反应，这个儿童所在幼儿园的场景是用泰迪熊做标识的。）这种判断影响了他们关于里面可能发生什么事情的看法。

下面的摘录（见表 14.1 和表 14.2）举例说明了我们在上文中提到的一些发现。第一个摘录是从我与一个刚刚从附近城市（仍在英格兰辖区）搬到乡下并且进入幼儿园的 4 岁小女孩的对话中节选出来的。她正在看着两个不熟悉的幼儿园的照片，一幅照片上是位于居民街区路旁的维多利亚式的房子，另一幅照片是在道路尽头私家土地上建造的很大的爱德华式独立住房。房子外有很多木质镶边，内门里还有一个令人印象深刻的楼梯。第二段摘录是从内城区幼儿园来的两个 4 岁小女孩的对话，他们看的也是两所幼儿园的照片。

表 14.1　与一个刚刚从附近城市搬到乡下的 4 岁小女孩的对话摘录

照片	儿童的评论 研究者的问题（斜体）
幼儿园 1：街边房屋的一侧	我刚刚搬到这个国家。 *你认为这是哪儿？* 我不知道。
幼儿园 1 的正面	英格兰。 *英格兰的某个地方。* 在大卫的房子附近。
幼儿园 1 的房间	快看那是孩子们。 *他们在干嘛？* 他们在水里玩。
幼儿园 1 中同一间房间的内部	*他们叫什么？* 我不知道。 *他们在你的……你的地方吗？* 不……
幼儿园 2：开车通过铁门	*你认为这是哪儿？* 我不知道。 *你认为这是什么样的地方？*

The Excellence of Play

续表

照片	儿童的评论 研究者的问题(斜体)
幼儿园2的正面,上面有停车场	我认为是大卫的房子
幼儿园2的前门(从外面看)	我认为是大卫的房子。
里面的双开门,有大大的黄铜把手和告示	这不是大卫的房子……是一个酒馆。
门廊、楼梯和平台,嵌着深色木头	这一定是一个旅馆。

表 14.2 从城市幼儿园来的两个 4 岁小女孩之间对话摘录

照片	儿童的评论
幼儿园2:开车通过铁门	是公园,是公园——我爸爸开车带我去过公园。昨天我爸爸开车带我去过公园。
幼儿园2的正门(从外面看)	是学校。看,我看到了名字。我要去学校……
打了马赛克的儿童	*她在干什么?* 她在画画。
凌乱的绘画	(兴奋)看,看他们,他们正在画画!

两个摘录都显示儿童试图把建筑与他们认识的人联系起来解读。当解读失败的时候,我觉得可能是由儿童不熟悉的人使用了这个建筑(照片中的儿童)造成的。他们对建筑的解读由对他们重要的人物和地点塑造形成,但是如果他们不能把所看到的建筑物与自己的经历相关联,就不会对其感兴趣。

这些儿童对两个幼儿园的解读受到了他们所生活的社区中比较常见的建筑类型的影响。早期教育的空间设计有时候是有意地从儿童生活过的社区建筑借鉴过来的;市里的婴幼儿中心,还有瑞吉欧·艾米利亚(意大利北部一小镇)的学前教育机构就是这样设计的。在那里,幼儿园房间的排列借鉴了围着广场的工作室的想法,采用了认真工作与自由游戏相结合的方式(Rinaldi,1998)。但不是所有儿童都能充分地融入主流文化中,并从这样的文化参照中获益,也不是所有儿童都能对游戏和工作有一样的预期,这一点会在下一部分第二个研究例子中有详细描述。

不同话语的例子

这个研究是对一项小规模调研的数据的重新分析,调研对象为英格兰特殊教育学校和全纳教育学校里有学习困难的 4 岁儿童（Nind et al.，2007）。佩勒（Payler）用两个案例展示了在特定场景中儿童不仅要应对三种不同环境变换的情况，而且还要应对在不同交际环境中的不同话语的变换。这个场景旨在提供治疗性输入来改善儿童的需要，并且根据当时的课程大纲提供早育课程。早教从业者在常规的学前阶段开始提供"治疗"。这些治疗性信息资源是经过专业治疗师（如言语治疗师）设计、计划并间断性监控的。这些治疗师大多身处异地，早教从业者每天会尽最大能力向治疗师汇报情况。

杰米①（Jamie），一个特殊的全纳教育学校中的 4 岁小男孩，被诊断为发育障碍，其中包括言语和语言发育迟缓。对他的言语治疗在一个独立分开的小房间里进行，时间为 8～10 分钟。治疗内容是由一名走访/巡防的言语治疗师（speech and language therapists，SLT）设计的，但是治疗的操作是由杰米的关键人物汤姆（Tom）——一名早教从业者——与杰米一对一进行的。案例 1 简要描述了汤姆和杰米之间的言语治疗事例，以及从治疗到正常对话的过渡。

片段 1

杰米坐在语言治疗室里，他面前的桌子上摆着一排大小不一的塑料小动物。汤姆坐在地上面对着杰米，让杰米找到"小象"。杰米指着桌上的一个物体说："在那儿。"汤姆用清晰而温和的声音，同时用默启通②（makaton）手语对杰米说："那是一头大的大象，小的那个大象呢？"默启通手语主要用于强调语言治疗中需要重点强调的词，如"大"和"小"，还有指认动物。杰米在指着另一个物体之前聚精会神地看着汤姆。汤姆夸赞说："对了，好样的。"然后将这个回答记录了下来。杰米安静地等着，两只手折叠在嘴前，咬着一个手指，眼睛则盯着小动物玩具。汤姆又一次用了默启通手语，让杰米找到大的马。杰米指着其中一个小动物。汤姆再一次表扬："做得好！"然后记录下了这个回答。杰米很顺从并且渴望受到表扬。他的动作和回答严格遵循了汤姆在治疗开始时所要求的规范流程和语言治疗形式。

最后，汤姆要求杰米把小动物玩具放到一边。杰米迅速地站起来，精力充沛地把小动物放回去。杰米评论了小鸭子，然后问汤姆那个最大的动物玩具黑猩猩是不是也要放进盒子里。杰米指着一瓶吹泡泡混合液，请求汤姆说："玩那个。"这是他通常因参与语言治疗而得到的奖励。汤姆拿起泡

---

① 所有名字都是化名。录像定格图像均采用轮廓图，以保证参与者的匿名性。

② 默启通是一种被有目的地选择的手语词汇。

泡液瓶子，杰米蘸了进去，吹起了泡泡，然后试图抓住那些泡泡。他变得兴致勃勃，全神贯注地玩了起来。接着话语改变了，汤姆对杰米说话更自然了："喔，只有一个？你弄出来的吗？你能抓住它吗？喔，它不见了！对，最后一个，然后你就可以回门厅去了。"当汤姆给杰米吹泡泡并让他去抓时，杰米变得更加活跃了，他扑向空中，充满期待地跳起来，兴奋地去抓泡泡。

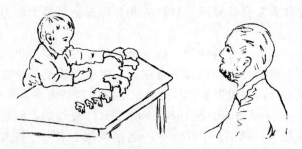

图 14.1　杰米在和汤姆开展语言治疗："找到那个小象。"

汤姆报告说，与杰米单独在一起的这段时间里，在语言治疗快结束的时候杰米开始变得话多了起来。结果看来，远离学前阶段与其他孩子们的熙熙攘攘的生活，转而采用一对一的方式对杰米的言语和语言表达能力发展的裨益超过了控制组。

图 14.2　杰米最终的奖励：愉快而自然的互动

话语治疗的显著特征为：

- 控制使用某些特殊词汇；
- 使用默启通手语作为补充；
- 韵律；
- 成人控制的、封闭的互动空间(Payler，2007)；
- 经过一段时间发展起来的对与话语和形式相关期待而发展起来的

共识。

杰米正在理解在语言治疗过程中与他的期待相关的复杂的默契规则。杰米在语言治疗过程中与治疗后的言语和行动方面的差异令人震惊。在语言治疗环节，他在一个封闭的互动空间里与人交流，这些互动是由成人提供给他选择的机会，要求他做练习。杰米在语言治疗过程中没有共同建构意义（Payler，2009），没有做出贡献或者展示出超出他敏锐能力的情感反应，无法做出正确的反应。然而汤姆一宣布环节结束，杰米就开始有了这些反应，在场景中与汤姆有了交流。杰米似乎与汤姆成功地完成了从治疗到游戏式的话语转换。这凸显了从业者在理解向儿童提供不同种类的交际机会的价值方面的重要角色作用。从业者如何创造并且应对互动过程决定了儿童与他们互动的可能方式——作为同伴、作为参与指引者或者作为沉默的个体。

我们现在去看另一个儿童案例，曼迪（Mandy），一个罹患天使人综合征（angelman's syndrome，又称安格曼综合征）的 4 岁女孩。曼迪参加了一个具有专门资源的儿童中心，在那里接受了语言治疗、职能疗法，主要治疗自我进食和每周 10 分钟的物理疗法。当然，曼迪与早教从业者的日常互动也包括短期物理治疗，特别是她的走路练习，鼓励她在助行架的帮助下走路。片段 2 例举了曼迪从游戏向"治疗"话语的转变过程。

片段 2

刚开始，曼迪躺在活动毯子上用她的嘴探究一个她最喜欢的玩具。她从房间的一头爬到一个工作台上去观看并触碰上面陈列的音乐玩具。一个早教从业者艾米（Amy）最初支持曼迪对音乐玩具的兴趣。艾米协助曼迪在工作台旁站好，并评价了曼迪对音乐玩具的兴趣。艾米演示了如何用一个玩具敲打器敲出声响，然后把那个敲打器交到曼迪的手中，赞赏并鼓励她。曼迪兴致盎然地参与其中。

图 14.3　探索音乐玩具

但是很快，艾米决定以此为契机进行促进曼迪走路的物理治疗练习。尽管曼迪对玩音乐玩具的兴趣还没有消失，艾米叫人拿来了曼迪的助行架，让一位有点不情愿的小孩鼓励曼迪借助着助行架走路。艾米此时的话语有了改变，从最初以曼迪的兴趣为基础，用语言和动作协助曼迪更深度的参与，转变到采用一种更直接和更具限制性的话语，尽管艾米仍然试图用一个有意义的物体(一个曼迪最喜欢的柔软玩具)作为注意的焦点。艾米指挥另一个孩子把玩具举在曼迪够不到的地方，刺激她走路。

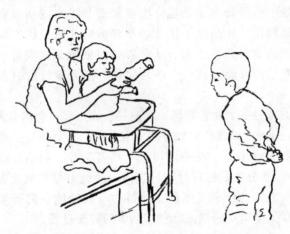

图 14.4　行走治疗；艾米找了另一个孩子来帮忙

曼迪别无选择。艾米运用语言指引和身体引导，抬起曼迪的手扶着助行架，确保曼迪的服从。艾米运用祈使句："移动你的身体。""走啊，曼迪！"与此同时艾米站在曼迪身后，手臂环绕着她并且再次调整曼迪的身体姿势(从曼迪手臂的下方举起她的手臂，多次把她的手臂重新放回到助行架上)，这一切都在暗示在这件事情上没有商量的余地。曼迪被限制在一个封闭的互动性空间里，接受语言和动作的指令，以确保她服从治疗中的特定目标。曼迪对提高她练习走路的目标没有兴趣，她坚持从助行架中逃走并回到工作台旁。曼迪非常清楚地表达了这个想法。她最终成功地爬走了。

物理治疗话语的显著特性为：

- 聚焦目标，由成人引导；
- 成人通过话语和肢体动作对儿童的行为进行高度控制；
- 曼迪的自主性降低，对清楚表达缺少参与兴致；
- 成人付出巨大努力来维持这种话语的进行。

对于曼迪来说，从游戏式交流到治疗式交流的转换看起来无济于事，这使曼迪和艾米都感到惊慌失措。

尽管方式微妙，曼迪和杰米在学前阶段对活动类型变化的经历与应对变化的反应是显著不同的。通过检查异同点，我们可以开始拆解可能会帮助幼儿理解在活动中对他们的期待的特征，以此帮助他们更有意义地参与其中。相似点包括：

- 在"治疗"中"封闭的互动空间"，以及语言和肢体交流（Payler, 2007）。
- 由成人紧紧控制的明确目标。

不同之处包括：

- 在"治疗"和"非治疗"之间的时间、空间上的清晰划分，对杰米采用分开的房间/时间，但是对曼迪则没有采用此方式；这也许帮助杰米了解到了何时他可以使用不同形式的互动——他能做自己并且可以自由交谈，同时他需要跟随指令。
- 这进一步得益于与杰米在治疗环节的开头和结尾的协商，但是艾米没有对曼迪这么做。
- 这协商产生了随着时间推移在杰米和汤姆之间建立起来的共识，在曼迪身上却没有显现。

结　论

在本章开头我们提出了关于儿童如何在不同环境中读取对他们有怎样期待的信号的问题。这些例子已经显示人们如何选择环境来做出选择、进行时间管理，以及他们说的和做的所构建的情境信号。有效的早教专业人员显示出对不同活动的预期意识，如何将信号传递给儿童——并被儿童理解——从而使他们能有意义地参与这些活动。这些信号包括：

- 物理的和暂时的环境——时间与空间；
- 活动的社会性特征——权力、控制、选择、关系；
- 文化特征——儿童对"游戏规则"、对控制与社会性交换的前验知识与灵敏反应；
- 源于不同原则的潜在碰撞。例如，早期活动原则与游戏相联结，疗愈性原则与精准相联结，控制工作指向目标的实现。

儿童参与的本质和他们参与的意愿与能力取决于早教专业人员对那些通常被认为理所当然的服务所具有的重要意义的理解。

思考题

1. 从业者可以如何寻求并且按照儿童对于期待的理解，在何时何地提高孩子的参与度和学习能力？

2. 从业者可以如何影响建筑的设计、建筑的布局和使用、时间和空间来塑造为儿童及家庭提供的服务？

3. 从业者可以如何更完全地参与到与其他专业人员协商治疗性输入与活动计划中去，使儿童在话语及活动类型间的过渡更加容易？

参考文献和延伸阅读（加粗文字）

Apple，M. W. and King，N. 2004. Economics and control in everyday school life. In M. W. Apple，Ideology and Curriculum[M]，3rd edn. New York：Routledge.

Bernstein，B. 2000. Pedagogy，Symbolic Control and Identity：Theory，Research，Critique[M]. Lanham，MD：Rowman and Littlefield.

Broadhead，P. 2006. Developing an understanding of young children's learning through play：the place of observation，interaction and reflection[J]. British Educational Research Journal，32(2)：191-207.

Broadhead，P.，Meleady，C. and Delgado，M. A. 2008. Children，Families and Communities：Creating and Sustaining Integrated Services[M]. Maidenhead：Open University Press.

Brooker，L. 1996. Why do children go to school? Consulting children in the reception class[J]. Early Years，17(1)：12-16.

Brooker，L. 2002. Starting School：Young Children Learning Cultures[M]. Buckingham：Open University Press.

Christie，F. 2002. Classroom Discourse Analysis：A FunctionalPerspective[M]. London：Continuum.

Daily Mail. 2013. A generation of unruly toddlers：minister under fire for 'ill-judged' claims that nursery children aren't taught manners[N]. 2013-04-21.

Georgeson，J. 2009. Co-constructing meaning：differences in interactional microclimate[M]//T. Papatheodorou and J. Moyles(eds)Learning Together in the Early Years：Exploring Relational Pedagogy. London：Routledge.

Georgeson，J. M. and Boag-Munroe，G. 2012'Architexture'：access and participation[M]//T. Papatheodorou(ed.)Debates on Early Childhood Policies and Practices：Global Snapshots of Pedagogical Thinking and Encounters. London：Routledge.

Gibson，J. J. 1986. The Ecological Approach to Visual Perception[M]. Hillsdale，NJ：Erlbaum(originally published 1979).

Greeno，J. G. 1994. Gibson's affordances[J]. Psychological Review，101（2）：336-342.

Howard，J. 2002. Eliciting young children's perceptions of play，work and learning using the activity apperception story procedure[J]. Early Child Development and Care，

172(5): 489-502.

Mercer, N. 1995. The Guided Construction of Knowledge-Talk Amongst Teachers and Learners[M]. Clevedon: Multilingual Matters.

Moyles, J. 1994. The Excellence of Play[M]. Buckingham: Open University Press.

Nind, M. , Flewitt, R. and Payler, J. 2007. The experiences of young children with learning disabilities attending both special and inclusive preschools[R]. final report for Rix, Thompson, Rothenberg Foundation.

Payler, J. 2007. Opening and closing interactive spaces: shaping four-year-old children's participation in two English settings[J]. Early Years: An International Journal of Research and Development, 27(3): 237-254.

Payler, J. 2009. Co-construction and scaffolding: guidance strategies and children's meaning-making[M]//T. Papatheodorou and J. Moyles (eds) Learning Together in the Early Years: Exploring Relational Pedagogy. London: Routledge.

Ranz-Smith, D. J. 2007. Teacher perception of play: in leaving no child behind are teachers leaving childhood behind[J]. Early Education and Development, 18(2): 271-303.

Regan de Bere, S. 2003. Evaluating the implications of complexinterprofessional education for improvements in collaborative practice[J]. British Educational Research Journal, 29(1): 105-124.

Rinaldi, C. 1998. The space of childhood[M]//G. Ceppi and M. Zini(eds)Children, Spaces, Relations: Metaproject for an Environment for Young Children. Reggio Emilia: Reggio Children.

Roberts, C. and Sarangi, S. 2005. Theme-oriented discourse analysis of medical encounters[J]. Medical Education, 39(6): 632-640.

Waters, J. and Maynard, T. 2010. 'What's so interesting outside?' A study of child-initiated interaction with teachers in the natural outdoor environment[J]. European Early Childhood Education Research Journal, 18(4): 473-483.

Willes, M. 1983. Children into Pupils[M]. London: Routledge and Kegan Paul.

Wing, L. A. 1995. Play is not the work of the child: young children's perceptions of work and play[J]. Early Childhood Research Quarterly, 10: 223-247.

第十五章

游戏和过渡：帮助"新入学"儿童适应学校

希拉里·费边、艾琳-温迪·
邓洛普/文　许梦麟/译

摘　要

　　本章探索影响与大多数儿童非同时入学的儿童的相关问题。来到一所新学校是令孩子们兴奋的，同时也可能使他们感到焦虑，因为新的经历常常会完全改变他们原有的生活模式和文化，同时他们还要接触新朋友和新老师。家长也需要对此变化做好准备，以帮助孩子顺利适应新变化。本章在家庭和社区的背景下，根据每个儿童的需要采取多种集体合作策略，结合对游戏所扮演的角色的理解和其赋予课程教学大纲的价值，提供了一种个性化的策略。

导　言

　　中途转学的儿童数量呈增长趋势，转学与入学或离校不一定是在年初、年末或学期初、学期末，并且他们很难做到提前告知学校。因为有些儿童（如流亡者或者武装部队的孩子们）会突然临时入学。这些孩子们也极有可能在一周后或者在一年后某时刻离校。他们也有可能来自另外一个国家，不会说也听不懂当地的主要语言。这就是所谓"学生流动性"，被定义为"非正常入学和离校学生总流动数量"［英国教育标准局（Office for Standards in Education），2002：1］。"影响移民学生进步的因素远远不止是一所学校或一间教室，而是受到一系列复杂因素的影响。"（Hamilton，2013：205）这就需要一个过渡性的方法，用以支持这些孩子在学校教育共性发展中的个性，要考虑每个孩子给他们参与的课堂群体带来什么，同样，接收的社区要能够与儿童积极共建，接纳新加入的儿童的贡献，以及满足他们更广泛的需求，使得这些孩子从最开始可能存在的"边缘化"，到通过参与集体活动而不断改变，最终融入集体。

　　儿童在学校中获得自在感所需的时间因人而异。在论述"情境学习"的时候，史密斯和佩莱格里尼（Smith and Pellegrini，2000）认为，学习中场合设计的程度受到先前和现在的学习情境因素的影响。据此，我们可以推断，如果在课程、教学法和环境方面的过渡中能为儿童提供更多可辨识的情境，他们会更容易将先前的学习经验迁移到目前的学习中。据此，我们提倡在情境中看待发展的重要性（Dunlop，2014），这就意味着接收新生的学校教师要尽最大可能地理解儿童的先前经验和学习背景，来帮助儿童融入新的环境。通过这个个性化融入过程，儿童们不同的兴趣、贡献和观点就可以活跃丰富起来。游戏的特质可以帮助转学儿童积极参与，同时运用他们在之前所处环境中学习到的东西，并且在先前经验的基础上建构整合，拓展他们的思维以适应新环境。

布鲁克和爱德华兹（Brooker and Edwards，2010）详细阐述了基于游戏的课程，认为游戏不是"自由主义"的活动，也不一定是儿童自然存在的方式，而是"老师在其中扮演很重要的刺激、支持和合作角色的活动"（p.206）。虽然这个文化历史教育观适用于所有学习者，但是对于那些由家庭流动、移民、有额外帮助需求和复杂的家庭情况等原因引起，正在经历教育过渡的儿童尤为关键。对于这些因经历不同而处境不同的儿童来说（Harré et al.，2009），游戏也成为一种养育方式，甚至是一种治疗性的沟通策略，可以促进他们身心健康。

"今天有近10亿人从地球的一处搬到另一处。我们正在经历人类有史以来最大规模的迁移。"（Salopek，2013：37）家庭环境的变化不可避免地对儿童产生影响，并为其带来教育上的转变。儿童在学校教育方面的任何变化都预示着家长也要像他们的孩子一样尽快调整以适应新的文化身份、新的教育模式、新的课程，也许还有不同的教学法。有不同经历的家庭在学校里很容易被社会定位为"脆弱"，且缺乏能力。对于这些家庭来说，得到懂得发现他们的优势并且支持他们社会资本发展的专业人员/从业人员的帮助十分重要。否则这些家庭可能会被不公平对待和社会排斥所侵蚀（Jack and Jordan，1999）。无论在何种情况下，家长都可以通过提供家庭环境的连续性为孩子学习和生活的过渡做出重要贡献，但是他们也需要获得在迁徙中失去的那部分社会支持。

那些来自将课程视为正式教学的国家的父母可能需要额外的帮助才能理解在课堂中采取"玩中学"的用处。同样，教师知晓儿童在过去生活中关于"玩中学"的经历将有助于他们开展教学计划。这就提出了一个问题：如何运用集体合作的策略，使儿童和他们的父母共同参与，为每个儿童提供适宜的过渡期帮助，解决他们的需求。国家教学与领导学院（NCTL，2013）指出："个性化学习……营造了一种所有学生可以在其中进步、成功和参与的精神氛围。个性化学习通过吸纳学生和家长以伙伴的身份参与其中而强化教与学的联结。"在苏格兰，个性化原则是一项课程权利，并且与选择权相联系，"个性化学习意味着一定程度的选择权，也使学习者在做决定的时候扮演更强有力的角色（Education Scotland，2012）"，同时也意味着承认儿童先前经验并且提供个性化的支持。

对新入学儿童采用个性化学校教育意味着学校要提供切实的人文关怀，帮助其适应过渡过程中的领导与管理支持，与父母密切合作，以及吸纳学生的参与。当然，这些问题中的主要焦点是如何运用游戏这种方式帮助每个孩子以及他们的家庭顺利过渡，而不是把游戏简单地看作一种活动而已。

流动性片段

一些儿童可能在入学的时候几乎不懂或者甚至完全不懂当地的语言（请看片段 1）。

片段 1

帕特里克（Patryk）在课上被介绍给其他同学，但是他听不懂其他人在说什么，也不知道他应该做什么。他说："第一天，我坐在地毯上哭了。我用波兰语和老师说话，但是她听不懂。山姆（Sam）和本（Ben）给了我一个泰迪熊玩具，但是我把它扔到了地上。我觉得非常难过。我在波兰有朋友，但是在这里一个也没有。在游戏时间我因为推和踢其他孩子而被罚五张蓝色卡片，有一个英国小男孩尝试着用波兰语跟我打招呼，然后我们玩起了足球。最后每个人都成了我的朋友。我不再感到害怕并且认为学校很酷。"（Hamilton，2010）

帕特里克在刚来的时候不仅不懂英语，而且因缺少朋友而感到沮丧。但是很明显，游戏（在这个案例中是足球）起到了使他获得新友谊的辅助作用。那么教师在帮助帕特里克理解课堂活动、协调他的兴趣并且帮助他结交朋友方面，原本该起到什么样的作用呢？

试图适应另一种文化或者课程有时候可能会制造紧张。下面是一个波兰父母的例子（见片段 2）。

片段 2

在波兰有很多纪律……学校的要求也非常严格。儿童学习很刻苦也有很多作业。学校是个学习的地方，而不是玩的地方。玩耍只能在家里。在学校里，儿童只有一张桌子和一把椅子，没有玩具。老师们讲话很大声，他们与儿童保持着一定距离。在波兰的学校里儿童需要很坚强。我小时候很害怕去上学。而我的孩子从来都不怕去上学。因为对于他们来说学校是个色彩斑斓、舒适惬意的地方，学校就像家一样。（Hamilton，2010）

很显然，在这个片段中，家庭对学校的期待不包括游戏。他们的直觉期望和预想因其在不同背景下的经历而意味着他们不完全理解在"玩中学"的过程。教师们该如何说服家长们，令其相信游戏对儿童学习第二语言有帮助，并相信儿童通过在与同伴互动的有趣的环境里做活动能使他们更容易吸收一种新语言？

经历非常频繁搬迁的儿童可能在此过程中觉得相对安全一些，因为对于他们来说搬迁是生活的一部分，即便在学期中单独入学，他们仍有可能会充满信心，并很快地判断出新环境对自己的要求。在军队服役家庭中的孩子就是这样的例子，他们比大多数孩子更容易流动。在片段3中，一名苏格兰的教师回忆了她教过的那些服役家庭的孩子们。

片段 3

"我们学校的招生地区有一个军营，因此有不同的家庭来来往往，有时候他们待上数年，有时候一次只待上几个月。经常搬家的儿童总是不容易的，但是我回想起来在我们这儿就读的一个7岁的小女孩，这个孩子曾经在4个国家的4所学校里就读过，她很快就知道了全班孩子的名字，她通过不断地观察，学会了我们的常规和实践。她会在自己需要的时候寻求帮助，并且抓住一切机会参与孩子们的小组活动。她很快学会了当地人的语音语调，并融入了我们当地的文化。多年来我学会了尊重这些们孩子的经历，并且给他们创造与当地孩子分享自己经历的空间——有些孩子在到我们学校之前曾在四五个国家生活过，但不是所有的孩子都具备苏西（Susie）这样的转换能力。

在苏西的案例中，她的家庭非常努力地为她提供转学前后的连贯性。在每次家庭搬迁后，她的妈妈都会在孩子入学后的几天内到学校来，确保苏西被安排在合适的班级，并且会与苏西的老师确认其是否还需要关于苏西的更多更详细的信息。

关于课程大纲的思考

课程大纲反映了在任何一种特定文化背景下的主流教育思想。它影响着教师的教学行为，也决定了儿童在学校里的体验。当今大多数国家都有他们自己的课程大纲。境外来的儿童因此不可避免地需要适应新的学校结构、人际关系和学习项目。在国内不同地区迁徙的儿童也会受制于不同的学校政策及某个特定学校对国家课程标准的解读。与儿童一起发现这些可以观察到的差异是有益处的，这样孩子们就会知道别人理解了他们所处环境的变化。

关于游戏的思考：它对新入学儿童意味着什么？

儿童从游戏中学习，并且通过游戏激发学习的积极性似乎是没什么可怀疑的了。从游戏以及第一手的经历中学习能够帮助儿童和其他伙伴参与其中，并且发展友谊。儿童在社会情境中构建社会性知识，在他们与同伴之间有意义的互动中，促进学习。这种互动通常是通过他们的自主游戏开始的，这种机制帮助儿童应对他们周围环境的变化，并且可以为儿童提供适宜框架，让儿童尝试自己解决问题。因此游戏成为帮助儿童了解他们周围世界以及了解自我并构建新概念的重要方面之一。

从游戏中学习为培养自信、战略思考能力及增强自我信念提供了条件。培养自信的一种方法是鼓励儿童在没有对或错的场景中玩儿，如家庭游戏角、沙子游戏、玩水游戏之类。在操场上踢足球帮助了帕特里克，就像苏西在新学校的操场上做游戏的过程中快速学会了苏格兰语一样，但是新来的儿童也很可能会从认识教室里的器材中产生一些想法，如积木，并且思考这对他们可能有什么要求。娜塔莉亚（Natalia）继续说："第一天，课堂里的英国小女孩们走过来和我说话。她们知道我听不懂，所以她们用手做哑语，给我展示玩的东西——她们使用自己非常了解的玩具和游戏来帮助我。"游戏是关于做的，通过做，她能够开始学习英语。所以我们可以看到课程可以根据所提供的资源以及教师提供的场景与游戏设计相结合。但是，游戏区的建立和游戏活动本身并不能促进儿童良好的语言发展，还需要成人的参与以及有计划地创造对儿童有意义的戏剧化情境。

教育的职责之一就是给儿童提供情感滋养，使他们有幸福感。游戏被认为正在治愈曾经经历过困难或负面体验的儿童（Barber，2008）。因此给儿童提供表达性游戏的机会，如玩面团、角色扮演还有脏乱的游戏很可能会帮助他们渡过糟糕的情感体验，帮助他们与过去的情感体验和解。富有安全感、爱心并且自信的儿童通常对探险更有准备，这种探险塑造了他们在面对未知时的处理方式，并且让儿童相信他们周围的世界是可控的（Claxton，1999）。

游戏是童年中非常普遍的经历。大多数儿童有机会以有益于学习的方式玩耍，从社会竞争力到认知发展，包括语言和想象力的发展，帮助儿童获得情感幸福以及获得身体发展。儿童通常带着他们的好奇心、创造力、求知欲、学习热情和对其他人的兴趣来到学校，并且将这些情感带入游戏中。有些儿童，由于环境或额外的支持需求，错过了这种常见的童年经历。这些儿童有更"复杂的支持需求"，它是指"承认家庭面临的挑战，聚焦于不同问题的相互影响作用，强调具有适当支持的家庭可以利用他们自身的长处，在他们生活中做出积极的改变（Dockett et al.，2011）"，而不是给这些差异打上与主流不同的烙印。有"复杂的支持需求"的儿童可能会与通常有良好支持的儿童具有不同的游戏体验。有确切的证据显示，游戏在这些群体中是一项有力的干预，若父母参与其中，则会对孩子有更长久的影响。

有竞争力的儿童

有竞争力的儿童这一概念有很深的根源，但是通常过渡实践的性质把儿童定位为一个完全的新加入者，而不是贡献者。如果我们想知道儿童能给学校带来什么，就需要进行一个必要的转变。忽略了这个就是忽略了儿童先前的丰富经历，儿童是在这些经历中掌握了他们感兴趣的内容，并达到了一定的能力水平。为了给过渡期的儿童提供良好环境，我们作为成年人一定要更多地从他们的视角看问题，从他们眼中看世界，辨识出艺术家、工程师、经验丰富的售货员的应用数学、哥哥和姐姐们的社交能力和责任感、照顾者、创造者，这些是我们需要意识到的能力，这样我们才能使儿童贡献他们的所知、所感和所不确定的感知。

建立关系

为过渡期儿童提供支持，也意味着教师需要和家长合作，为儿童的教育过渡提供积极支持。父母/家庭的参与与否会对儿童的过渡经历产生影响（Dunlop，2003；Dockett et al.，2011），从长远上看，会影响儿童的教育结果。此外，父母的心理支持以及儿童自身的性格也会对儿童的早期学习成绩有相当大的影响。家长和教育工作者的关系以及角色互补随着儿童在教育系统中的变化而发生变化（请看表15.1）。

儿童的过渡也是家庭的过渡。格力伯和尼赛尔（Griebel and Niesel，2002）认为家庭既与孩子共建过渡，也潜在地与孩子的教师共建孩子的过渡期。同时因为每个家庭各不相同，每个孩子都会有与其他孩子不同的个人过渡经历。父母们如何看待孩子的过渡会受到诸如与专业工作人员之间关系、跨文化的转换、父母轮流监护和教师的反应等因素的影响。"学校最初对待孩子父母的方式，也在其以后的生活中会极大地影响到家长与学校教育系统之间的关系（Alexander，1998：128）。"

The Excellence of Play

表 15.1 父母/教育者的转变

父母		教育者
在家的儿童	主要教育者和养育者认为："这是我的工作。"	
开始学前教育	儿童学习新事物；与新认识的成年人建立非父母关系	结束/建立关系
与儿童共建	一起预见上学时的情形	与一位学校教育者共建
入学准备：生理、实践、智力、情感	转换身份。上学儿童的父母认为，应该"让他坚强起来"	预想：父母和孩子的准备
期待变化	游戏阶段结束了，现在开始上学了	将重视游戏，并将其视为持续性活动
不再是幼儿园的孩子了	放手	儿童作为小学生
父母作为照顾者和支持者。	协同；共建；共同教育者；合作	作为有影响力的教育者

认识熟悉的

在另一所学校里上学往往会凸显差异，但是有些事情，如玩耍，会保持不变，尽管会带有一定的文化差异。通过参加课堂活动，通过听或看，儿童会熟悉班级文化并且开始塑造他们自己的社会文化世界。当然，在场景游戏中，儿童和从业者共同计划，一起玩耍，这样可以使新来的儿童和比他们成熟的同伴一起创造一个共享的课堂文化。在场景游戏中，教师和儿童计划游戏内容与环境场景，如把教室的一角变成"机场"或者"医院"。通过这种场景支持儿童和老师想象主题、角色和动作，口头表达他们的决定，为创造一种集体幻想提供了模型（Broström，2007）。区别于自发性游戏，场景大部分是事先决定好的，因为形成计划和开始游戏之间有时间间隔，所以角色、规则和行动都是准备好的。这就导致场景游戏更有组织性，与单纯的角色扮演游戏相比，更有目的性，有清晰的产出，并且营造出一个对想象的游戏场景的理解。

大多数儿童知道游戏是什么并熟知其中的规则，尽管是与其他儿童在其他学校里，且有时候是以另一种语言进行玩耍的。他们很可能知道游戏技巧，但是他们可能不了解新课堂里的运作方式或者不能完全辨别出正在进行的活动。通过把儿童带进场景游戏中去，儿童的想法得到倾听，使其有能力参与班级活动，有助于他们在原有的经历和新经历之间斡旋。

帮助第二语音学习者学习课程并熟悉课堂活动，通常需要有高度的情境支持。有一个帮助新儿童过渡的相关项目运用了电脑程序。课堂里的游戏活动被拍成照片并通过一个电脑程序进行展示，同时配以英文的文字和口头评论，以及由父母、孩子和工作人员制作的其他语言的录音。娜塔莉亚在听到她的母语作为程序的一部分时很开心。她更快地熟悉课堂中的游戏活动，为后续学习创造了新的机会。

社交和文化空间的地位

创造社交空间能够鼓励游戏的开展，因而可以发展人际关系及对于学习的理解。然而，社交空间是一个复杂的社会结构，其中有一个因为在文化中似乎很显而易见但很少被表达的预期与反馈系统（Lefebvre，1991）。这些空间比显而易见的外在空间有更多层意义，因为社交互动不仅仅是从游戏中开始学习的，也是学习文化的场所。人际关系和群体文化价值观在帮助儿童认同学校社群过程中起十分关键的作用，并且有助于儿童在过渡过程中获得归属感。空间有助于儿童调整自己以适应学校生活并从中获得健康情感。遗憾的是，那些没能融入群体或者没有习得群体规范的儿童，通常会变得边缘化，并因此失去成功的动力。为了融入群体，儿童需要通过观察、模仿、利用他们已有的经验以及与他人互动等方式发现和解读正在发生什么，以此来与周围环境建立联系。通过关系，他们不仅获得对文化的理解，也会在其中构建自己的身份认同。跨国界移民的儿童有多重交叉身份，因而对家的归属感概念是与动态的地理位置相联系的，而不是固定在静止的地理位置上的（Laoire et al.，2010）。

能力系统的地位

CORe项目的结果之一就是确定有效的早期教育和关爱服务的能力系统特征。有报告认为需要高水平的能力系统。在这个系统中，个体、机构、跨机构以及管理能力是能力系统的四大构成部分。实践、知识和价值观的每个层次分别与系统的每一层相关。这项工作的中心意图是在能力系统中从业者能以一种反思式的方式工作，强调实践而不是技能："我们试图让我们自己与教育工作技术概念化（我做事做得对吗？）脱离，并向内省反思式的工作方式靠拢（我做了对的事情吗？）。"（Van den Broeck et al.，2010）

The Excellence of Play

个性化过渡

儿童在与他人的关系中构建社会关系，每个来到学校的孩子都有着不同的成长经历。儿童要获得对学校的积极观念并感到自信，需要：

- 对他们的课堂有很好的了解，以及对学校建筑有一些了解；
- 了解他们的老师以及她/他在想什么；
- 了解学校所用的语言；
- 了解学校活动的性质；
- 结交朋友的策略；
- 对课堂文化的感知。

为了帮助儿童构建他们自己的形象以及他们在环境中的位置，教师可以把"已经适应的"的儿童纳入进来，询问这些儿童什么对他们是重要的，以及对于新入学的儿童来说，了解学校哪些方面是重要的。这些学生可以通过制作教室书，用学校特定场景的图片、绘画及文字来表达游戏活动。利用这种方式，教师可以了解到对于新入学的儿童来说什么是最重要东西；已适应的儿童开始理解新来儿童的需求，新入学的儿童也已经在班级同学的帮助下较好地适应了环境。

结　论

本章指出过渡已经成为一种越来越常见的生活方式（Brooker，2009），重点突出了非典型性过渡，强调了游戏在不能直接进入新的教育场景时，作为支持儿童和家庭的工具所具有的重要作用。通过游戏，过渡可以是个性化的：儿童可以凸显他们自己的能力，在游戏活动中贡献自己的力量并发展友谊。这种友谊通常在他们初入学时在正式场合里与其他学生进行有效沟通而难以获得成功。在儿童文化中，游戏本身的力量能帮助他们应对因突如其来的入学而面临的跨文化过渡。个性化的过渡关系到每个学校的社会实践活动。这种社会实践活动能够使学校、儿童和他们父母彼此理解。游戏环境为学习社区里的所有儿童提供了平等的机会，每个孩子都可以在包容性课堂文化中做出贡献。

每所学校都需要确保为每个新到来的儿童做好准备，无论他们是在学期的开始还是在一年的年中到来，是独自到来还是成组到来。学校负责保障游戏空间和游戏机会都准备就绪，确保能够帮助儿童探索他们的情感，消除不好的体验，确保他们能够继续学习并发展友谊。儿童是天生的人类学家和探索者，他们需要深入探索，不只是和物件玩儿，而是和人玩儿。

游戏和对话是幼儿了解自己、他人和周围世界的主要方式。他们通过以下方式进行学习：

- 建立在先前经历上的个体化的游戏活动；
- 在课程任务中强调情感和社会支持；
- 家长和专业人员合作；
- 目标共建的游戏活动。

所有家庭都可能会有未预见到的家庭环境变化，导致孩子因家搬迁而造成学习上的不连贯。非正常过渡的新入学儿童需要的是量体裁衣式的支持方式，这样才能获得具有支持性的过渡。在所有过渡中，游戏作为媒介，提供了一个表达自我、与他人同在、观看并且吸收、模仿、结交新朋友和鼓励接触的路径，使得那些处于变化环境中的儿童逐渐融入新的环境中。游戏和游戏化学习各自搭建了一座通向新的学校、新的友谊，通向不同的教学策略，通向新生活的桥梁。游戏为处于过渡期的儿童提供了找到归属感的机会。

思考题

1. 什么类型的游戏可能会帮助新入学儿童与原在校儿童交流并成为朋友？哪些游戏活动是为了帮助新入学儿童与原在校儿童融为一体而设置的？

2. 在过渡到一个新学校期间，游戏可以如何帮助儿童发展适应能力？

3. 如何才能帮助那些来自采用严肃课堂教学风格的国家的家长理解"玩中学"的意义？教师们该如何告诉家长他们在课堂中所运用的在游戏中学习？

4. 教师们如何可以了解到儿童在游戏中学习的经历？你将如何将其运用到你的教学计划中？

参考文献和延伸阅读（加粗文字）

Alexander，T. 1998. Transforming primary education in partnership with parents[M]//C. Richards and P. H. Taylor(eds)How Shall we School our Children? Primary Education and its Future. London：Falmer Press.

Barber，J. 2008. Feeling positive[J]. Practical Pre-School for the Foundation Stage，84：8.

Brooker，L. 2009. Taking play seriously[M]//S. Rogers(ed.)Rethinking Play and Pedagogy. London：Routledge.

Brooker，L. and Edwards，S. 2010. Engaging Play[M]. Maidenhead：Open University Press/McGraw-Hill.

Broström, S. 2007. Transitions in children's thinking [M]//A. W. Dunlop and H. Fabian(eds)Informing Transitions in the Early Years: Research Policy and Practice. Maidenhead: OUP/McGraw-Hill.

Claxton, G. 1999. Wise Up: Learning to live the Learning Life[M]. Stafford: Network Educational Press Ltd.

Dockett, S., Perry, B., Kearney, E., Hampshire, A., Mason, J. and Schmied, V. 2011. Facilitating children's transition to school from families with complex support needs[R]. Albury: Research Institute for Professional Practice, Learning and Education, Charles Sturt University.

Dunlop, A.-W. 2003. Bridging children's early education transitions through parental agency and inclusion[J]. Education in the North, 11: 55-56.

Dunlop, A.-W. 2014. Developing child in society: making transitions[M]//M. Reed and R. Walker(eds)Early Childhood Studies, A Critical Companion. London: Sage.

Education Scotland. 2012. CfE Briefing 5, Personalised Learning. Available online at: http://www. educationscotland. gov. uk/Images/CfEBriefing5_tcm4-741643. pdf (accessed 25 April 2014).

Fabian, H. 2014. Transitions[M]//L. Dryden and P. Mukherji (eds) Foundations of Early Childhood. London: Sage.

Griebel, W. and Niesel, R. 2002. Co-constructing transition into kindergarten and school by children, parents, and teachers[M]//H. Fabian and A.-W. Dunlop(eds)Transition in the Early Years. London: RoutledgeFalmer.

Hamilton, P. 2010. The inclusion of Eastern European children into primary schools in North Wales: a case study[D]. Unpublished PhD dissertation, University of Wales.

Hamilton, P. 2013. Including migrant worker children in the learning and social context of the rural primary school[J]. Education 3-13, 41(2): 202-217.

Harré, R., Moghaddam, F. M., Pilkerton Cairnie, T., Rothbart, D. and Sabat, S. R. 2009. Recent advances in positioning theory[J]. Theory and Psychology, 19(5): 5-31.

Jack, G. and Jordan, B. 1999. Social capital and child welfare[J]. Children and Society, 13: 242-256.

Laoire, C. N., Carlene-Mendez, F., Tyrrell, N. and White, A. 2010. Introduction: childhood and migration-mobilities, homes and belongings[J]. Childhood, 17(2): 155-162.

Lefebvre, H. 1991. The Production of Space[M]. Oxford: Blackwell.

Office for Standards in Education(OfSTED). 2002. Managing pupil mobility(reference number HMI 403)[R].

Salopek, P. 2013. Out of Eden[J]. National Geographic, 224(6): 36-39.

Smith, P. K. and Pellegrini, A. D. 2000. Psychology of Education, Pupils and

Learning[M]. London：Taylor and Francis.

Van den Broeck，A.，Vansteenkiste，M.，De Witte，H.，Soenens，B. and Lens，W. 2010. Capturing autonomy，competence，and relatedness at work：construction and initial validation of the Work-related Basic Need Satisfaction scale[J]. Journal of Occupational and Organizational Psychology，83：981-1002.

第四部分

游戏化课程

　　"······我们的目标是通过发展儿童的技能、学习以及其他方面的能力、人的尊严、自尊和自信来增强儿童的能力，而且这一切必须通过以儿童为中心的、对儿童友好的和体现儿童权利的方式来获得。"

——儿童权利委员会报告(2006：第28段)

联合国大会和会议管理部

第十六章 与媒介和材料尽情玩耍

凯西・林/文 孙璐/译

摘 要

儿童每天接触有智慧的材料——有可变性的材料——可以帮助儿童获得成为流畅、灵活的思考者所需要的专业能力。在本章中，儿童创造性活动的案例来自早期教育环境中的社会文化研究。儿童的专注、投入和成就感是这种活动的特征。瑞吉欧・艾米利亚幼儿园的经验证明，这种活动可以扩展至5～7岁的儿童。

导 言

本章强调了实践工作者有能力决定空间的运用、每天放在环境中的媒介和材料，以及在如何使用材料方面给予儿童权利。实践工作者有必要进一步了解游戏材料的性质，以便于在儿童从事有趣的意义建构时，他们能参与到儿童的各种表征活动中去。

儿童对于经验的独特回应

《早期基础阶段法定框架》强调，儿童的独特性是其首要原则。通过每天的常规和仪式，在一个有利的环境中，儿童能够以不同的方式和不同的速度学习(DFE，2012)。

儿童展现他们独特性的重要途径之一，就是他们反应经验的个性化表现。如果儿童有权决定以何种方式回应刺激物，而这些刺激物都是经过精心选择的物体和材料，并且成人十分了解这些材料本身所具有的拓展和变化的可能性，那么在这样的环境中，儿童的表征就会表现出个性的创新。他们会体验到出主意、做出新东西的激动和喜悦，而这些都是他们自己和他人所重视的。

在许多机构中，实践工作者对于创造性表征的内涵的理解都十分深入。随着时间的推移，他们的认识不断提高，并且它也是教师继续教育的一部分。教师可以在观察幼儿的时候识别它，并学习如何在不影响儿童主体意识的情况下扩展它。然而许多早期教育实践者都认为自己的理解还不到位。

The Excellence of Play

下面的材料节选自书籍《活动中的幼儿》(*Young Children in Action*)(Hohmann et al.，1979)，为儿童如何用表征来理解世界提供了支持和证明。

霍曼等人(Hohmann et al.，1979)描述了表征的过程，即儿童通过模仿、假装、搭建，以及艺术作品和书面语言，对物体和经验进行描述。这种表征的能力表明，幼儿正在获得对于世界的更为抽象的认识。它源于儿童可以从事这样的活动：

- 用所有感官积极地探究；
- 通过直接经验发现事物之间的联系；
- 操作、改变和组合材料；
- 有目的地选择材料和活动；
- 获得使用工具和设备的技能；
- 使用大肌肉，并会关注自己的需求。

他们发现了一些关键经验，这些关键经验能够支持幼儿在经验和表征之间建立连接，这些关键经验是累积性的，且经常同时发生。

通过声音、触摸、尝和闻来认识物体

有丰富活动经验的儿童能够通过他们的感官信息识别出许多物体，如听到警报声就会联想到(代表)整个物体的画面———一辆消防车。在婴儿的感知运动和较大儿童的符号理解之间，这是一个中间步骤。

模仿动作和声音

学龄前儿童从对成人动作的初始模仿开始，如从杯子里喝水。他们的模仿会逐渐复杂起来，如开车。通过模仿，他们学会了用自己的身体和声音来表现他们所了解的世界。这就是假装游戏或角色游戏的开始，儿童在游戏中会将一系列的模仿融入角色中。

将模型、照片、图片与真实的地点和事物联系起来

"这辆卡车很像我爸爸的卡车，但是他的车很大很大，而且是蓝色的，我能按喇叭，我还能真的发动它。但是你就得像这样推着这辆车。"这类经验可以帮助儿童理解发生在他们日常生活中的众多表征的意义。对在这些表征中获得经验的解释，也为儿童日后解释更为抽象的事物，如字母和数字，提供了背景。

角色游戏

通过模仿另一个人的言行来假装自己是某人，是幼儿表现关于人物和情境的经验与知识的另外一条途径。通过角色游戏，他们对于所理解的事件进行了整理和运用，而这些事件都是他们曾经见过或参与过的，因而增进了他们对于世界的理解。角色游戏可以帮助儿童对发生在成人世界的、他们自己只是部分理解的事情做出解释。

制作模型

把盒子装满东西再倒出来，挤、滚、压面团，堆积木，将积木从一个地方运到另一个地方，这些动作为儿童提供了探索立体材料的机会。当他们乐于制作人物和物体的模型时，这些材料就成了他们用来表现的工具。儿童的表征在数量、细节上各不相同，在表征和被表征物的相似性上也各不相同。这些差异取决于儿童对于被表现物体的熟悉程度，以及他们运用材料的能力。儿童对狗的明确的心理表征，可能只会表现为工作台上的一个形象十分粗糙的狗，因为她还不具备制作出细节所需要的技能。与之相反，当她具备了用黏土塑造符合自己内心的形象的能力时，更多的细节就可以被表现出来。

涂涂画画

儿童会用颜料或工具在纸上画出他们心中的一个人、一个地方、一个物体或情景。它不总是表现为形状（形象表征）。通常，男孩会比女孩有更多的时间表现动作（Ring，2010），刷子或笔的移动代表了物体/人在时间和空间上的动作（Matthews，1999）。在绘画时，儿童的兴趣会成为所要表现事物的标准。

观察口头语言可以被写下来和读出来

听写的过程令许多学龄前儿童十分着迷，并且通过这种方式，成人可以给儿童示范表现经验的另一条途径。听写的故事可以是熟悉的人和情境、拍过的照片、搭过的建筑，以及他们在角色游戏中扮演过的情景。他们的故事可能是一系列连贯的句子、单词或短语。通过听见自己的话被读出来，儿童开始感受到自己话语的力量，交流他们的经验和想法，并意识到他们既可以是故事的作者也可以是听众。

社会文化背景的影响

幼儿创造意义的社会文化背景对其创造行为有重要的影响，它决定了材料使用的常规和仪式，如对时间和空间的组织，以及同伴和成人在使用材料时的榜样示范（Anning and Ring，2004）。

在瑞吉欧·艾米利亚幼儿园的文化里，儿童对世界的知识和经验进行表现的能力，通过马拉古奇（Malaguzzi）所说的"一百种语言"（Edwards et al.，1998）得到了认可和优先考虑。在指出幼儿是丰富的且有能力的学习者的同时，马拉古奇（Malaguzzi，1998）认识到儿童并不仅仅以一种方式来思考和学习，而是通过许多种方式来探索世界的。儿童与儿童、儿童与成人，以及成人与成人之间的互动，是在瑞吉欧·艾米利亚的体验中不可缺少的一部分。

在所谓合作性课程中，实践工作者能够关注儿童的兴趣，与儿童一起开发活动项目。对于发展过程的持续纪录——如文字、照片、图表、工作模型、绘画——使得教师有可能"在支持儿童学习的同时，还从儿童自身的学习那里获得学习（如何去教学）"（Rinaldi，1998：120）。纪录片、视频和图书还支持了教师、儿童、家长的记忆与互动。通过回顾某个项目和查看文档，儿童就有了进一步反思和解释他们想法的机会（Axelsson，2009）。

在瑞吉欧·艾米利亚幼儿园里，对于儿童以及儿童周围的成人而言，游戏性（playfulness）作为一种学习方法得到了倡导。在一次参观瑞吉欧·艾米利亚幼儿园的过程中我们看到，为了保留视觉思维中的一个重要阶段，孩子们正在复印绘画作品。复印给他们提供了创意的可能性，因为他们知道复印件是可以丢弃的。马拉古奇（Malaguzzi，1998）认为环境作为"第三位教育者"，应使得儿童和教师都能够表达他们的潜力、能力和好奇，因此环境应该是灵活的。

在画室、工作坊或工作室中，丰富的材料和工具让孩子们触手可及，瑞吉欧·艾米利亚幼儿园的空间不仅仅是一个创造的空间，也是一个研究的空间——孩子们在这里可以检验他们的理论，他们既可以独自一人或与其他儿童在一起，也可以和专业的、有能力的成人在一起。

在英国，这一认识已经得到了一些项目的支持，如"5×5×5＝创造力"项目（Bancroft et al.，2008），而且孩子们拥有了更多机会来表达他们自己，如通过运动、视觉表征、音乐和文字。成人，包括艺术家和教育者，要确保孩子们能够被倾听，他们的想法应该被听见和支持，他们还要有一个创造性的环境，他们在那里应当能够体验到一种主人翁意识和满足感。

当经过多年的发展，幼儿在材料的使用上是由兴趣驱动、由技能提供支持时，在这种扩展活动中，幼儿的参与就会有助于他们发展持续的内在动机。奇克森特米哈伊（Csikszentmihalyi，1997）用"心流状态"（flow state）这一概念来描述那些完全沉浸在自己所做的事情中的幼儿。这种状态的特征是一种非常专注、投入和满足的感觉，儿童全身心地投入其中，能力也发挥到了极致。儿童的内部动力会在这样的环境中得到支持，能力水平和挑战水平不但是相匹配的，而且也是较高的。

伴随着儿童能力的发展，在使用开放式媒介（如积木、黏土、颜料）的过程中，儿童能自由地以多种不同方式组合资源的重要性必须得到重视。强大、持续的思维转换被认为是幼儿的"自由心流状态"（free-flowing）、多种形式意义建构的一部分，它就是游戏过程的一部分，如剪切、粘贴、做标记、将纸和卡片分层摆放，或者用积木和塑料箱进行搭建、重新排列和连接。当儿童调整他们心中的设想，以适应所使用资源的性质时，这一过程的结果就会持续地变化。这些"变化过程中"的作品，既原始又富有表现性。它们通常取决于一些转瞬即逝的想法，这些想法往往用语言无法解释，只能通过儿童的肢体动作表现出来。

克雷斯（Kress，1997）指出，"儿童的行动是多种形式的，这既表现在他们使用的材料、制作的物体上，又表现在他们身体的参与上；身体和心灵之间没有分离。"（p.97）在家里，克雷斯对自己年幼的孩子进行了详细的观察，发现他们在从事多种形式的表征时会使用：

• 找到材料来制作"模型"；

• 将家具和日用品与玩具混在一起来创造"世界"，在这个"世界"中表演游戏里涉及的故事；

• 使用绘图媒介，如水彩笔和颜料，通过精心地"绘画"来展示他们对周围世界的理解。

他称这些为"儿童对他们的世界产生积极、有趣和有目的的影响"（p.114）。

克雷斯（Kress，1997）认为，儿童把画的东西剪下来，这样的行为有着特殊的意义。这些"被剪下来的图片"的情感品质和潜在功能，与那些扁平的二维物体截然不同。剪下来的绘画作品可以让儿童"到处移动它，将它和其他物品一起放在一个全新的环境里，在新想象出来的和现实的世界中形成新的结构"（p.24）。这个剪下来的东西似乎可以为儿童在二维世界和三维世界之间"架起鸿沟"。

在克雷斯的基础上，帕尔（Pahl，1999）意识到，幼儿需要时间将自己沉浸在持续的故事讲述中，并从一种材料转换为另一种材料，运用他们周围现有的材料来塑造他们自己的标记。通过手中材料和物体的变化，他们的故事也在逐步发展，并创造了新的意义和新的表现形式。帕尔指出，儿童在家里进行创作时，会有更多的机会来利用流动性。她感到只有在家庭情境中，儿童才能不在"成人警惕的目光下"自由变换物体的功能（p.104），并根据他们所掌握的资源的性质调整心中的意图。

在帕尔（Paul，2002：1-2）看来，出自家庭中的儿童绘画作品是"多种影响的混合"，不仅利用了电视和视频中的故事，而且还有来自电脑游戏、神话故事和祖父母们的影响，"反映出了生活的本来面目"。这些手工作品被帕尔定义为"写作、绘画、口头叙事、模型和游戏"（p.2），对于儿童身份形成和自我感知至关重要。

思维灵活性的基础，是幼儿在对他们的经验做出多种形式、互相交织的回应时表现出来的广度、丰富性和可能性，而这一点在其学习读写的方法中得到了认可。有研究者（Genishi and Dyson，2009）认为，"在各种不同的情境中学习应该说什么、如何说，是用口语还是非口语来'说'"，这就是学习读写的基础(p.9)。在儿童使用符号系统的连续体中，他们的姿势、演讲、绘画和写作之间的相互联系得到了强调。演讲的重要性在于，儿童能够表现意义，与他人分享自己的想法，参与更多更为深思熟虑的、计划得更好的、更有趣的活动中去。读写能力的获得，并不仅仅是通过对传统的字母、单词和句子的掌握来实现的，而是通过幼儿所有形式的意义建构来呈现的，如交谈、绘画、游戏、搭建、唱歌和行动等(Barrett，2011)。戴森(Dyson，1990)认为实践工作者的作用就是帮助幼儿"将学习读写与他们带到学校来的丰富多彩的资源编织在一起"(p.211)。

有证据表明，儿童在幼儿园和家庭情境中使用的材料，对于发展他们的想法和意图而言实在是太有限了。在一项关于"艺术制作"的详尽研究中(Tarr，1995)，许多儿童和实践工作者的互动都被认为是常规化的。塔尔(Tarr)观察到，3岁和4岁儿童正在学习向实践工作者寻求认可与接纳，并在这个过程中获得了关于什么是可以被认可的"学校艺术"的认识。当孩子完成一幅作品，并把它拿给实践工作者时，就会得到一句诸如"真漂亮"此类的评语，或是被询问有关作品主题的问题。她意识到，当实践工作者在选择作品进行展示的过程中，就会将有价值的信息传递给儿童及其父母，这种理念就是通过这样的间接教学得到进一步的强化的。这种做法影响了亲子之间关于艺术作品的互动，并进而塑造了儿童的回应。如果只是泛泛地赞赏儿童画得"真可爱""真漂亮"，儿童对于艺术及其语言或技能的理解就无法得到扩展，对于儿童作为艺术家的自我概念的发展也无法起到支持作用。

在一项关于家庭、幼儿园和学校情境下的幼儿绘画的追踪研究中，安宁和林(Anning & Ring，2004)发现，在这些情境中幼儿的绘画全部受到了限制。此外，当幼儿绘画时，成人与幼儿的互动存在过度指导的问题，并只关注到了对于成人有意义的部分，如画出人物和写下名字——而与之相伴的是，缺乏对于幼儿创造与创新的赞赏和关注。研究表明，当幼儿到了5岁，进入法定教育阶段时，在不固定的游戏时间里(wet playtimes)，他们会开展游戏式绘画。例如，画幼儿自己想画的和可以拥有的画，而在每周被指定的时间里，幼儿只是"工作式"绘画，如按照成人规定的程序画画。

幼儿通过对表征的所有权来表现思维的灵活性

有研究者于2004—2010年开展了一项小规模的纵向研究项目，它是对于先前研究发现的一个回应(Anning and Ring，2004)。这一行动研究的意图是为了帮助实践工作者在支持幼儿绘画的过程中更好地认识和解释自身的作用。该研究认为，实践工作者需要进一步理解：绘画既是一种思维的工具，也是幼儿创造性表征的完整而独特的一部分。

为了解决理论认识和教学实践两方面的问题，研究者设计了一项为期3天的、将培训和行动研究融为一体课程。共有60位幼儿教师（3个分别由20人组成的小组）参与了此次培训，并对行动研究第一阶段中收集到的数据进行了讨论和分析，这些数据都来自他们自己的教学。行动研究第二个阶段历时较长，是由一小部分自愿报名的教师参与的。在行动研究的最后一个阶段，即第三阶段，教师们在3所最常去的幼儿园中拍摄了一些意义建构的录像视频，内容聚焦于幼儿及师幼共同参与的绘画活动或与绘画活动有关的互动（Ring，2010）。在这个研究项目中，视觉的方法是优先考虑的。用录像的方法纪录儿童在环境中的互动，可以捕捉到绘画就是多种形式的意义建构的一部分。

从项目数据中选择图片和随后的叙述表明：首先，创造发生在幼儿与材料和想法的互动中；其次，实践工作者意识到了他们所观察到的现象的复杂性。

片段1：贝琪，快满3岁，其手工作品为《妈妈》

贝琪（Becky）在纸上画了一个清晰的形状，不等别人问她，她就将这个形状命名为"妈妈"。她在她的作品上花了20分钟，认真地涂色。然后沿着边缘把这个形状剪了下来（见图16.1）。

实践工作者的观察

当她把名字写在那张剪下来的大大的图片背后时，我觉得她会停下来。可是她又把纸剪成了许多小块儿，她高高兴兴地剪着她画的画。最后，在各种大小不同的纸片中，她选择了一张放在带回家的盒子中，重新写上了她的名字。其他纸片则被留在了那里。

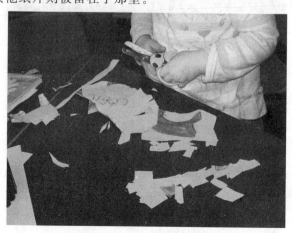

图 16.1　贝琪沿着边缘剪纸

片段 2：梅根，3 岁，其手工作品为《怪物》

梅根（Megan）在她的纸上画了一个圆圈，说："这是一个怪物。"然后她用剪刀把她的画剪成了好几张。她说："我把它剪了，因为它真的很生气。"

图 16.2　梅根的《怪物》

实践工作者的观察

那里以前可能没有剪刀可用，或许我曾经说过："哦，不要把你可爱的画给剪了。你为什么不拿另外一张纸来剪？"但那只不过是我自己对于作品完成后的想法。

片段 3：亨利，3 岁 6 个月，其手工作品为《火箭》

亨利（Henry）用带有各种线条、记号的白纸做了一枚火箭，后面的"火焰"则是用胶水和胶带粘贴上去的。

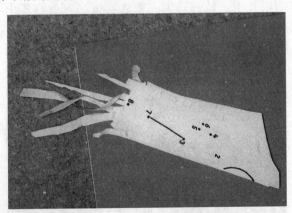

图 16.3　亨利的《火箭》

实践工作者的观察

其他男孩对于如何做出这样一枚火箭也十分感兴趣。他们进行了多次讨论，亨利又帮助其他男孩做了更多的火箭。孩子们还粘上了窗户和飞行员，让火箭变得更加个性化了。在一节课上，我们制作了更多的火箭，并学会使用废旧材料来解决问题。在过去，我通常都是直接建议孩子们制作什么，但是在花更多时间倾听他们之后，我的作用则更加潜移默化，支持他们实现更高层次的参与。

片段 4：乔舒亚，3 岁，其手工作品为《好棒的大船》

乔舒亚(Joshua)画了一艘船、云朵和太阳。他在画上粘了一条虫子，这条虫子是用一张剪下来的、折叠的、有标记的彩色纸制作的。他把他的纸对折了一半，并在作为封面的那张纸上写下了"好棒的大船"。

图 16.4　乔舒亚的《好棒的大船》

实践工作者的观察

乔舒亚后来说："它其实是一只会蹦出来的海虫子。"我们以前从没有见过或制作过立体卡片，但是在图书区孩子们可以接触到各种各样的立体图书。为了真正地参与和理解儿童的绘画，我需要真的去观察儿童、了解儿童，追随他们的兴趣，因为每个人的绘画方式都是不一样的。你的环境应该成为一种支持性的环境，从孩子们的所在地出发、带领他们前进，而不是在那里设定一个目标，然后说：在这星期结束之前我要你们做这个、这个和这个。

片段 5a：格雷丝，3 岁 5 个月，激发了 5 岁孩子的灵感

格雷丝(Grace)上的是一所小学的附属幼儿园。她走进二楼的教室，给

班主任看她一直忙着制作的东西。

图 16.5　格雷丝的成果

实践工作者的观察

她完全是自己决定要做出一个人物造型的，但完成后的作品比她本人要大 1 英尺(1 英尺约等于 0.305 米)。班里的孩子们都被它吸引住了，他们也开始"建造"自己的作品。一个男孩和他的朋友决定要制作一只巨大的霸王龙。他们找来四五张纸，用胶带把纸粘在一起。他们花了一上午的时间来给它涂色，并增加了一些新的功能。又有三个孩子走了过来，他们也想制作一只属于他们自己的恐龙。不久有个孩子给我看了他的作品。它的样式和恐龙很接近，但体积很小。他说："它是一个机器人，名叫克利思。"

片段 5b

在一位盲人和他的导盲犬来学校参观之后，一个孩子制作了一只实物大小的导盲犬。

图 16.6　一个孩子制作的导盲犬

实践工作者的观察

孩子们开始制作其他动物，如一只老虎，并且在制作大型作品中融入了班级中新开展的交通工具主题，如公共汽车和摩托车。

成人对于创造性表征乐趣的共鸣

实践工作者最大的变化就是对于儿童绘画作品的使用和用多种媒介、材料进行创作产生了影响，使儿童在对空间和材料的使用上有了更大的自主权，在表征内容上有了更大的自主权。这一切都起始于实践的转变，即实践工作者先后退、观察和纪录儿童的行为，然后再决定下一步要怎样做。儿童作为决策者的能力越来越得到认可和重视。当实践工作者给予了儿童所有权，就会引起持续变化，如同水中的涟漪。例如，实践工作者感觉到，当没有了引导的压力，他们在参与孩子活动时更加放松了，当少了成人不断地提问与干扰，孩子们在与同伴并肩工作时更加自信了。这就导致了更多的社交互动、合作和分享，而当年龄较大的儿童为了共同的兴趣或主题一起工作时，他们之间就建立起了情感的纽带。随着权力从成人转移到儿童，成人和儿童之间的交流也变得更加有趣。

随着时间的推移，孩子们在材料的使用上越来越有信心、越来越大胆了。他们正在体验创造出前所未有的作品时的兴奋和投入。他们意识到他们的行为、运用材料后的行为结果与内在感受体验之间的联系。

实践工作者发现，幼儿的绘画与"废旧模型"或"工作坊"材料（如剪刀、胶水和胶带）的提供之间有较强的相关。当儿童对真实生活中转瞬即逝的片段和在游戏中想象出来的故事进行表现与再现时，他们运用材料的能力和将材料从"一种状态变为另一种状态"的能力（Burton，2000），与他们创造的物质和语言层面的叙述交织在一起。

结　论

当教师更好地理解了幼儿意义建构的灵活性和多种形式的本质时，就能够：

- 在实践中将幼儿的幸福感放入他们心中；
- 优先使用观察的方法，以便更好地了解、理解幼儿的创造性表征，并为此创设各种条件；
- 将儿童视为意义的建构者，带领他们前行，而不是让他们适应预先制订好的目标；
- 允许儿童根据自己感兴趣的事来把握自己（或实践工作者）创造的机会；
- 意识到并逐步理解当儿童以各种途径进行意义建构时，表征的内在联系和流畅性；

- 确保教师的干预能使儿童接触到新的知识、理解、技能、态度和情感；
- 将兴趣相投的孩子聚集起来；
- 意识到并支持流行文化故事的发展；
- 通过绘画使儿童的沟通交流更流畅；
- 当意识到儿童自身意义的丰富性时，对那些想当然的假设提出质疑。

在前行的过程中，实践工作者认识到了他们努力的方向，即所有支持儿童的人都需要了解和认识各种不同的材料以及它们的可能性。他们希望在《早期基础阶段法定框架》框架之内以及之外，能给儿童提供更有辨识能力的支持。这包括了一位实践工作者所说的"技术语言——这种语言要为意义的建构提供支持"，正如艺术家和设计师们在与材料的接触中所使用的语言一样。瑞吉欧·艾米利亚幼儿园中儿童的创造性表征纪录，让我们看到了许多鼓励 6 岁儿童用他们从小就经常接触到的相同的材料进行深入思考的例子。甘柏迪（Gambetti，2003）评论道：

在瑞吉欧·艾米利亚，我们有我们能够找到的最优质的材料，然而这样做不是为了让儿童成为天才，而是让我们和他们有更多机会去发现他们的学习过程和思考能力。我相信，当你在儿童很小的时候给了他们这样的机会，当你能够赋予他们思考能力时，它就会永远伴随他们。（p. 76）

有智慧的材料因其具有可变性而受到重视，提供这种材料是瑞吉欧·艾米利亚教育学和哲学的核心部分。提供高质量的材料并不总是意味着花费，而是与学习和理解有关，它们才是决定让幼儿每天都接触到哪些材料的基础。

思考题

1. 在日常接触中，你班上的孩子们对哪些材料最感兴趣？

2. 儿童为什么喜欢这些材料？随着时间推移，如何拓展他们对于材料的使用？

3. 在班级中是否有你想要进一步了解的，以及你不想让孩子们知道的材料？

4. 你如何确保让班级中的儿童的想法占主导地位？

参考文献和延伸阅读（加粗文字）

Anning，A. and Ring，K. 2004. Making Sense of Children's Drawings[M]. Maidenhead：OUP/McGraw-Hill.

Bancroft, S. , Fawcett, M. and Hay, P. 2008. **Researching Children Researching the World: 5×5×5＝Creativity[M]. Stoke on Trent: Trentham.**

Barrett, M. K. 2011. Educating teachers about the complex writing processes of preschool students(project)[R]. Honorable Mentions. Paper 1.

Burton, J. M. 2000. The configuration of meaning: learner-centred art education revisited[J]. Studies in Art Education, 41(4): 330-345.

Csikszentmihalyi, M. 1997. Creativity: Flow and the Psychology of Discovery and Invention[M]. New York: Harper Perennial.

Department for Education(DfE). 2012. Statutory Framework for the Early Years Foundation Stage: Setting the Standards for Learning, Development and Care for Children from Birth to Five[R]. Available online.

Dyson, A. H. 1990. Weaving possibilities: rethinking metaphors for early literacy development[J]. The Reading Teacher, 44(3): 202-213.

Edwards, C. , Gandini, L. and Forman, G. 1998. The Hundred Languages of Children[M]. Greenwich, CT: Ablex.

Gambetti, A. 2003. Teachers living in collaboration[M]//L. B. Cadwell(ed.)Bringing Learning to Life: The Reggio Approach to Early Childhood Education. New York and London: Teachers' College Press, Columbia University.

Genishi, C. and Dyson, A. H. 2009. Children Language and Literacy: Diverse Learners in Diverse Times[M]. New York: Teachers College Press.

Hohmann, M. , Banet, B. and Weikart, D. 1979. Young Children in Action[M]. Michigan: High/Scope.

Kolbe, U. 2001. Rapunzel's Supermarket[M]. Byron Bay, Australia: Peppinot Press.

Kress, G. 1997. Before Writing: Rethinking the Paths to Literacy [M]. London: Routledge.

Malaguzzi, L. 1998. History, ideas, and basic philosophy: an interview with Lella Gandini[M]//C. Edwards, L. Gandini and G. Forman. 1998. The Hundred Languages of Children: The Reggio Emilia Approach-Advanced Reflections, 2nd edn. Norwood, NJ: Ablex.

Matthews, J. 1999. The Art of Childhood and Adolescence: The Construction of Meaning[M]. London: Falmer Press.

Pahl, K. 1999. Transformations: Children's Meaning Making in a Nursery[M]. Stoke-on-Trent: Trentham Books.

Pahl, K. 2002. Texts as artefacts crossing sites: a multi-modal approach to the home/school transition[C]. Paper presented at BERA Conference, Exeter.

Rinaldi, C. 1998. Projected curriculum constructed through documentation-Projezzione[M]//C. Edwards, L. Gandini and G. Forman(eds) The Hundred Languages of Children: The Reggio Emilia Approach-Advanced Reflections, 2nd edn. Norwood, NJ:

Ablex.

Rinaldi，C. 2008. Malaguzzi and the teachers[M]//C. Rinaldi，Dialogue with Reggio Emilia：Listening，Researching and Learning. London：Routledge.

Ring，K. 2010. Supporting a playful approach to drawing [M]//P. Broadhead，J. Howard and E. Wood(eds)Play and Learning in the Early Years. London：Sage.

Tarr，P. 1995. Preschool children's socialisation through art experiences [M]// C. M. Thompson(ed.)The Visual Arts and Early Childhood Learning. Reston，VA：National Art Education Association.

第十七章 与游戏共鸣

琳达·庞德/文　孙璐/译

摘　要

在本章中，"玩音乐"（playing music）这个词被类比为一种语言，可以用来描述各种游戏化的、创造性的体验。本章讨论了游戏和音乐的生物学功能，并探索了它们在学习和发展中的作用。其特征包括：集体凝聚力、对于记忆的支持、对于情绪的反思或表达。我讨论了如何使音乐变得更有趣，并强调了如何在课程中用游戏化的音乐来支持学习。在沟通交流、身体能力、个性、社会性和情绪的发展中，游戏化的音乐对游戏发挥着至关重要的作用。

导　言

为了使父母和政策制定者相信游戏在学校中的价值，在 20 世纪后期的学前教育中，曾经有一段时间，所有发生在幼儿园或其他类型学前教育环境中的事件都被描述为工作。孩子们会被询问是否想在沙坑、娃娃家或积木区里工作。采用这种策略是希望给予游戏性活动以重要的地位，让它们看上去是严肃而富有成效的。它并没有刻意做什么，却实实在在地将游戏本身呈现得既严肃又有效。神经科学和发展心理学的研究成果为教育者提供了支持，那就是游戏不仅有趣，而且对于发展而言至关重要。除此之外，游戏，伴随着音乐要素和社交互动，似乎是每个儿童从生命的最初就要开始学习的内容之一。就其本质而言，游戏（和音乐，正如本章将要证明的）不仅有趣，而且还具有基础性的重要意义。

我们在日常生活中描述音乐活动的方式，为它与游戏的关系提供了一些有趣的线索。我们选择使用"玩音乐"这个词，以区别于我们在其他学科领域或课程领域中使用的语言。例如，我们不会说玩绘画。尽管在日常的各种活动中，从音乐会上钢琴家的演奏到说唱艺术家创作一首新曲子，我们经常会用到"演奏音乐"（playing music）这个词，但是我们一般不会把教室里进行的各种音乐活动形容为演奏音乐。虽然我们会说孩子们在演奏乐器，但是对其他活动我们通常只是简单地形容，如唱歌、跳舞或听音乐。我们一般不会问：他们是否想要玩歌曲或玩舞蹈？在其他艺术领域中，尽管我们可能会跟孩子们说玩泥巴(或者做泥巴的工作)，但是我们更倾向于将他们的艺术创作称为绘画或舞蹈。艺术家通常不说玩绘画、玩雕塑或玩舞蹈，尽管我们知道从事这些创造性的行为要涉及大量的游戏性活动。例如，毕加索和莫扎特，他们充满激情和创造性的艺术作品常常表现出孩子般的特点。

人们几乎不会谈论玩数学或玩物理，也许这并不让人感到惊讶。然而据说理查德·费曼(Richard Feynman)因发现量子跳跃而获得的诺贝尔奖，其灵感就是来自在食堂玩纸盘子。西蒙·派珀特(Seymour Papert)发明了LOGO 编程语言——能让儿童自己创建程序的软件。他小时候就特别痴迷于玩齿轮和其他可以旋转的物体。他还描述了支持他不断学习的动力——探究和激情是至关重要的组成部分。

斯莫尔(Small，1998)认为，音乐这个词应该被作为动词使用——"音乐创作"(musicking)——它提醒我们，从事音乐活动(无论是演奏或倾听)，是一个与他人有关的积极的过程。"玩音乐"这个词确实代表了动作，但它并不属于日常用语，即像斯莫尔设想的那样，可以全面地应用于音乐活动的各个领域。尽管如上所述，我们说播放录制的音乐，但是不说播放现场的音乐——我们只是听！而斯莫尔则把所有这些活动都描述为"音乐创作"。

音乐是用来做什么的？

由于音乐是人类活动的共同特征，因此可以推测，它是存在生物学上的用途。在所有的社会中，音乐在人类的生活和学习上都发挥了许多重要的功能或作用。

音乐可以支持社会互动和群体认同

在宗教场所、足球赛场、军队和校歌表演活动中，我们都可以看到通过音乐来增强群体凝聚力的场景。显然，教育工作者们就是以这种方式，用特定的歌曲吸引一群孩子聚集过来，如坐在地毯上听故事。

片段 1

让 3 岁的乔舒亚停止一项活动是很困难的事情。工作人员发现，预告故事时间、安静地坐在地毯上，以及唱熟悉的歌曲可以帮助乔舒亚加入集体中来。他不再需要不断地提醒，而是能够快乐地加入，就像是集体中的一员一样。

无论被严格定义的流行音乐或歌剧院的观众，贯穿一生，音乐都是一种身份或文化的表达。甚至幼儿都能够识别和享受带有文化意味的音乐，他们会将音乐与自己是谁以及将来会成为谁的认识联系起来。

　　为了培养婴幼儿和儿童的社会参与性，将音乐和游戏结合起来，对于发展必要的互动和联结特别有效。研究表明，游戏和音乐有许多共同的特征。除了通过行动、探究和创造"自我激励的快乐"来学习（Cross and Morley，2009：73）之外，游戏和音乐都可以促进与他人协商与合作能力的发展。

音乐有助于创造、表达或反映特定的氛围和情绪

　　在日常生活中我们经常可以看到这样的情景：在葬礼和聚会上，在酒店大堂或超市中，音乐的选择甚至有助于看似被动的倾听者转换一种特殊的心境。作为成人，我们通常会很快识别出一首特定的曲子是否与我们的情绪相吻合——要么反映了情绪，要么帮助我们去克服消极情绪。我们可以选择让我们放松、振作或恢复活力的音乐。这一功能在人们普遍会给幼儿唱摇篮曲和舒缓的歌曲方面表现得十分明显。即便是婴儿和学步儿也会受到充满活力的音乐的影响，甚至在他们可以独立行走之前，一段欢快的乐曲就会让他们手舞足蹈、激动不已。

　　在 21 世纪，音乐伴随着我们生活的方方面面。作为个体，我们除了可以在智能手机或类似的设备上听音乐之外，当我们散步时，也会随处听到口哨声、歌曲和公共场所里的背景音乐。我们的行为也会不可避免地受到我们所听到的音乐的影响。

片段 2

　　当 10 个月大的蕾拉上幼儿园后，为了帮助她入睡，她需要听到妈妈唱给她的那首熟悉的摇篮曲。她的主要看护者每天都学习并给她唱这首歌。当蕾拉适应了之后，她开始把唱生日快乐歌和庆祝活动联系在一起，并且十分渴望参加庆祝活动。

片段 3

　　一位斯坦纳·华德福的实践工作者用一个小竖琴发出了集体活动转换的信号。它轻柔美妙的声音营造了一种安静平和的氛围，使孩子们自动加入集体活动中，而不会造成不必要的冲撞或打扰。

音乐促进记忆

　　特定的乐曲会使人联想起难忘的场景。仅仅是听到一首特别的歌曲或一段音乐开头的几个音符，它就会把你带到一个特定的时光或地点中。广告商们就很好地利用了这一点。他们的广告歌曲的节奏和韵律（无论是否配

上了音乐）会一直停留在我们的脑海中，让我们心烦意乱，特别是当我们不希望想到牙膏或巧克力的时候。但是教育者们也意识到了音乐的潜力，儿童在学习一系列明显不相关的字词（一、二、三，星期一、星期二、星期三）或字母（A、B、C）的过程中，歌谣可以发挥很好的作用，假如再给它们配上音乐，把它们按顺序背下来就会更加容易。大多数的学前教育工作者都能够利用儿童熟悉的曲调加以创造，如《我们绕过桑树丛》这首歌，来帮助他们记忆一些知识、故事情节或词汇。

控制和纪律

音乐可以帮助孩子们有序地从一个空间或活动转换到另一个空间或活动中去。许多幼儿园都会用特定的曲调或歌曲作为收玩具的提示。熟悉的歌曲可以帮助孩子们学习社会价值观和塑造行为，这包括轮流参与活动以及跟大家说"早上好"。

罗伯特·欧文公开承认了对于集体管理和一致性的强调，他于 19 世纪早期在新拉纳克建立起他的创新性慈善事业时，让 2 岁以上幼儿在课程中集中学习音乐。他将音乐和舞蹈视为剔除恶习的一种手段，"通过增强快乐和满足感……由此将注意力从那些卑鄙可耻的事情上转移开来。"（Donnachie，2000：170）然而尽管音乐有着丰富的潜力，它的主要用途却常常只是用来让儿童服从——所有人在同一时间里做同一件事情。或许是所有人都唱同样的歌，做同样的动作，这可能与纪律有关：所有人都整齐地排好队出去玩，或列队进入会场。虽然这自有它的用途，但是因为我们急于掌控时间，保持"正确的"曲调、歌词和动作，而忽视了音乐的表现性和创造性。

沟通交流和音乐

音乐能使原本困难的沟通变得容易。

• 距离会让沟通变得有困难，但音乐能使词语或声音变得更加容易被倾听和理解。唱歌、吹口哨、敲鼓就是大家都十分熟悉的例子。然而，在距离不大但沟通仍有障碍的地方，这项技术就可以应用到日常实践中来。例如，当我们要把远处操场上的孩子们叫过来时，成人通常会采用有节奏的呼声或夸张的语调，以便达到音乐般的效果。

• 当所要表达的情感很难诉诸语言时，音乐在协助沟通上就可以发挥独特的作用（Mithen，2005）。音乐能使我们发泄怒气，形容爱、欢乐或悲伤。据说法国诗人维克多·雨果曾建议，音乐能使我们表达"那些既不能说，又不能保持沉默的事情"。又或如鲍曼（Bowman，2004：32）写道："音乐听上去就像情绪的感觉。"

• 在吸引尚未学会语言的婴儿融入文化这一至关重要且极具挑战性的

工作中，音乐发挥了重要的作用。它是通过吸引婴儿的注意力、意义共享和情感的沟通来达到这一目的的，对于情感的关注有效地拉近了婴儿和看护者之间的距离。听觉，这个最先发展、最后衰退的感官，在出生前就在胎儿的"子宫交响乐"中得到了刺激（Bowman，2004：37）。

在整个婴儿期，乐感在促进发展和学习方面持续发挥着作用。成人甚至是非常小的幼儿在和婴儿说话时，都会提高声调并使用唱歌般的旋律。婴儿的听觉能够让他们区分出语言和声音——他们喜欢妈妈的声音和她的第一语言。他们还喜欢有大量对比音高和节奏的复杂的声音。我们现在已经得知，成人所使用的语调传递了大量的情绪，这显然是一种普遍模式。因而，无论是英语、法语还是有声调的语言，如汉语，它们用来交流的曲调和音调，如赞成、不赞成或安慰，都有着巨大的相似性（Powers and Trevarthen，2009）。

从三四个月开始，婴儿和成人就能投入有趣的音乐互动中，这包括歌曲、童谣和吟唱，它们虽然是较为传统的，但越来越多地改编自流行音乐。这里有许多来自不同语言和文化的例证，成人通过重复的歌曲和童谣来激发幼儿的兴趣，这些歌曲和童谣在节奏、音高上有细微的变化，从而显得更加有趣。在这些"婴儿歌曲"中有一种类似故事的结构，能让婴儿做出情绪上的反应，这通常与延迟性的高潮联系在一起。例如，"像泰迪熊一样围着花园绕圈圈"就是一首著名的英语童谣。

• 在支持那些在沟通交流上有困难、被称为有特殊教育需要的孩子们身上，音乐通常得到了很好的运用。甚至是那些有严重口语表达困难的孩子，有时也能够根据提示加入歌曲中，伴随着音乐的节奏进行表现。鲍曼（Bowman，2004：38）曾经用以下文字对此进行过描述："声音很少只在身体的外围做出反应……它在我们中间流通、循环，甚至是穿透我们，无论个体或集体。"

邦德（Bond，2009）描述了一种针对盲聋儿童的教育方法，她称其为"舞蹈和游戏"。她认为目前这一领域的教学实践可依赖于动作，通过动作"鼓励儿童学习并影响另外一个人：这样互动就开始了"（Bond，2009：405）。成人，作为婴儿和看护者之间最初的有效互动者，要追随婴儿的引导，利用有节奏的律动和声音，通过振动让婴儿去感知。

• 在学习英语的早期阶段，音乐在对幼儿沟通交流的支持上，也有很大的价值。在歌曲中的词汇更有利于记忆；夸张的声音通常更容易被识别；动作有助于幼儿理解歌曲的意思。与讲故事一样，高水平的重复（这在日常对话中是不可能的）促进了幼儿理解能力的发展。

创造性和音乐

最后，但并不意味着最不重要的是，音乐和游戏一同在支持人类创造性的发展中发挥了重要的作用或功能。婴儿个体(Trevarthen，1998)以及人类整个物种(Mithen，2005)的早期发展，在很大程度上要归功于音乐和伴随音乐产生的肢体动作。由于音乐和舞蹈的游戏性支持了创造性的发展，这反过来又塑造了我们非凡而灵活的大脑，因而对人类的生存做出了贡献。

音乐和游戏

在考虑到音乐的功能后，现在最重要的是把音乐和游戏联系起来。音乐本身不仅重要，而且还能对游戏化的学习产生影响。声音是婴儿的第一个玩具，并且在人类的发展中，舞蹈很可能就是我们人类出现的前兆或预示。在能用双腿直立行走之前，我们很可能还不能用我们的声音来歌唱或用手来使用工具。人类在能用后肢站立并行走以前，很可能就是手脚并用来跳舞的。现在我们认为与舞蹈有关的游戏化的、情绪上的兴奋和体力的充沛，是否就是导致我们站起来的原因呢？

在英国，修订后的《早期基础阶段法定框架》的出版(DfE，2012)开辟了新的天地，它成了法定的要求，强调儿童是通过三个主要特征来学习的。尽管游戏，包括游戏化的音乐创作在内，仅在第一个特征中被公开提及，但是这三个特征是整合在一起的。在表 17.1 中可以找到这一联系。

表 **17.1** 有效学习的特征(**DfE，2012**)和游戏化的音乐

特征	与游戏化的音乐创作的联系
游戏和探究	
发现和探究	要想有所发现，需要时间来练习和十分自由地探究声音。除了全班或小组的音乐创作以外，儿童需要时间与空间去和声音"做游戏"。就像角色游戏或积木游戏一样，教室里应该一直都为儿童提供音乐。音乐区常常积满灰尘是因为成人在使用这一资源时缺乏信心。为音乐创造提供一个较大的区域，有空间可以跳舞，有镜子可以看到舞蹈的效果，是十分必要的。
对已知的事物开展游戏	当儿童创编歌曲、跳舞和演奏音乐时，他们的探究反映的不仅仅是他们的兴趣，还有他们的知识。这将不可避免地产生文化偏见——儿童会用到在家庭或社区中听到(和看到)的音乐。成人在游戏中的作用就是给儿童介绍各种各样的音乐，以此鼓励他们分享这些经验。

特征	与游戏化的音乐创作的联系
愿意"试一试"	所有真正的创造性游戏中，都存在着承担风险的要素，因此孩子们应当被鼓励去尝试，并学会控制好风险。传统教育对于正确答案的强调，使得一代又一代的成年人声称自己不会唱歌、不会玩，因为他们不懂音乐。现在是时候重拾音乐中的游戏，并鼓励儿童（和成年人）承担音乐的"风险"了，他们可以试着挑选出一段美妙的曲子；像鼓手表演一样敲鼓；或者像哥哥一样播放录音机。这最终会支持孩子们在认知上敢于承担有效学习所需要的"风险"。

主动的学习——动机

参与和全神贯注	因为每个人都在音乐上花了很多时间，孩子们不可避免地会被它吸引。他们喜欢倾听，特别是在有机会看到声音是怎样被制造出来的时候。只要观察音乐家一小会儿，幼儿就会去模仿他们所看到的动作和表现。需要我们记住的十分重要的一点是，幼儿会用他们的身体来倾听（和学习）。为了能够更好地倾听音乐，他们的身体应该是可以移动的。
很喜欢他们所做的事	大家一起唱歌、游戏和跳舞是很有趣的。活力和欢乐是学习中必不可少的要素（Pound，2014），并且游戏化的音乐可以为学习提供支持。就像倾听一样，快乐也是关于身体的。兴奋会使孩子们四处奔跑，但它也会改变大脑中的化学成分，使得学习变得更加容易记忆和持久。人们发现，音乐造诣较高的人的特征之一就是，他们童年早期的音乐创作是十分有趣的［斯洛博德（Sloboda）引自 Pound and Harrison，2003]。
继续尝试	因为音乐能带给人带来快乐和激励，所以孩子们会一直坚持下去，特别是当目标是他们自己设定的，而不是受正确答案或正确做法的期望所驱使时。据说要想很好地掌握任何一种本领（包括音乐在内）必须要花至少 1 万小时，而这样的传说是无法实现的，除非人们感觉这时间花得值。如果活动很有趣，孩子们会更倾向于持续地努力。

创造力和批判性思维

对于选择如何按照他们自己的想法做事情	向孩子们介绍各种类型的音乐，可以为他们的新想法提供材料。新想法形成于其他人、新的情景和材料。创编歌曲和演奏乐器使孩子们有大量机会去做出决定和选择。这些都是重要的学习策略，可以在音乐游戏中得到锻炼或发展。哪种乐器听上去像小汽车？这些钟音条（chime bars）的声音像警车吗？

第十七章 与游戏共鸣

右上角：续表

特征	与游戏化的音乐创作的联系
进行连接	例如，音乐游戏可以创造机会，与以下内容联系起来： • 声音可以以不同的方式制造出来； • 音乐、艺术、自然和数学中的规律； • 在不同的乐器上演奏相似的规律或顺序； • 用音乐的或视觉的方式表现地点或事件（例如，关于火车或大海的音乐）； • 同样的曲调以不同的节奏、不同的风格或在不同乐器上演奏出不同版本； 音乐创作还涉及与他人建立联系，这需要自我约束和协商，这两者都是学习的重要方面。

我们怎样使学前音乐教育更加游戏化？

游戏的本质是它的活力，音乐与游戏在这一点上是共同的，但是实践工作者常常难以让音乐发挥出它的全部潜力。在许多可能的或理想的改变中，我认为有三点特别重要。它们是音乐即兴创作、歌曲创作和身体参与。重新强调这三件事，不但能转变音乐教育，还能提升对于学前阶段创造性的关注。

第一，即兴创作常常和爵士乐联系在一起，但事实上在包括西方古典音乐在内的大多数传统音乐中，它都占有稳固的地位。在促进想法的演练、探索边界、借鉴和改变熟悉的主题方面，即兴创作实现了游戏的作用。它可以是涂鸦成就的杰作，也可以是短暂的聊天。正如独自或与他人一起学习交谈时需要游戏一样，学习音乐也需要游戏化的即兴创作。我们不认为口语交谈的价值比印刷文字的小——它们各有各的作用。但是，在音乐上与谈话对等的即兴创作，却常常被用轻蔑的语气描述为只是"编造"出来的。事实上，我们应当鼓励儿童参与到音乐对话中，与他人合作来承担风险，并创编歌曲和音乐。

第二，唱歌得到了广泛的推广，因为人们认为唱歌会使学习变得更加容易，并且能够带给学习者活力和热情。尽管当两岁的小孩子参与到另一种形式的游戏中时，也能即兴演唱，但是歌曲创作常常受到忽视。当儿童到了法定入学年龄时，这种即兴的、创造性的音乐创作能力通常就消失了。卡洛儿·戴维斯(Coral Davies)（引自 Pound and Harrison，2003）将儿童创作的歌曲分为三种类型：故事歌曲、遵循已知结构（或框架）的歌曲以及被

左侧竖排：The Excellence of Play

她称为神秘之歌的歌曲。她认为，在更加积极的鼓励之下，儿童能够持续创编歌曲，创造性的发展也会得到促进。儿童自己的歌曲常常会被忽视，这在其他创造性表达领域则是不可能的。例如，儿童的绘画和模型作品常常会被热心地展示出来。

片段 4

幼儿园的工作者们开始收集孩子们创作的歌曲。有时他们会挑选一首歌曲教其他孩子唱，其他时候他们会伴随表演把歌词写下来。很多孩子都会创编自己的秘密歌曲，有一部分孩子甚至只有两岁大。一般而言，它们不会遵循一首歌的标准结构，或者真的讲述一个故事。它们通常只是对所发生事件的某种即时评论，通常是用带着拖长音的短语和重复的词汇唱出几个音调。还有不少孩子能根据歌曲的框架进行创编——基于熟悉的歌曲或曲调——只把歌词替换掉。这所幼儿园的工作者特别善于创编这样的歌曲——把孩子们的名字或熟悉的事件编到已知的歌曲中。小游戏经常伴随着故事歌曲。例如，桑迪普（Sandeep）一边唱歌一边玩农场动物游戏，这首歌是这样唱的：

> 马儿在原野上，
> 正在吃所有的草，
> 它踩在兔子身上，
> 撞所有的羊。

第三，身体的参与是所有学习中必不可少的部分。不会移动的生物体是没有大脑的。遗憾的是，身体的重要性并不总是被认可。当孩子们上学之后，学习中需要身体参与的时间就越来越少了。但是学前教育实践工作者不应就此得意自满。正如托宾（Tobin，2004：111）指出的："在学前教育中身体正在逐渐消失。"（Tobin，2004：123）他指出，人们对于与儿童的身体接触有一种正常的但被误导的恐慌，然而"将对学业的强调置于社会性发展之上"，导致的结果就是大幅度地减少了儿童从事身体活动的时间，造成了"重［原文如此］脑轻体、重技能获得轻情绪情感和复杂思维之间的不平衡"。

由于认识到了身体发展是学习的主要领域（DfE，2012），强调肢体在协调和控制身体方面所起的作用，可以对认知的发展起到促进作用。音乐，因其内在的身体性，为身体发展在学前教育中重新获得地位提供了重要的机制。尽管一些教育者十分拥护霍华德·加德纳（Howard Gardner）的多元智能理论（Gardner，1999），但并非所有人都理解身体和认知发展之间联系的重要性。由于不能将身体、心灵和文化有机地整合在一起，因此音乐（及其他）教育工作者失去了"创造一种教育模式的机会，在这种教育模式中，音乐被视为是一种延续和增强，使我们所有的智力成就成为可能"(Bowman，2004：34)——也就是身体。

年幼的孩子能够做出最恰当的反应：光听音乐不动身体几乎是不可能的。学前教育工作者可以采取两个简单的步骤来重新组织音乐教育，使其更加游戏化。首先，我们要确保，无论是否提供乐器，音乐区都要为孩子们自由活动身体提供足够的空间，此外这里最好有一面镜子，这样孩子们在活动的时候就能够看到自己的身体。因为场地不足，这对于许多教室来说还是有困难的，但是有时我们至少可以试着让它成为可能。其次，我们可以在室外提供更多的从事音乐活动的机会。虽然不是一定要在户外身体才能发展，但是它提供的空间和自由使得大肌肉动作更容易发生。除此之外，我们还可以给孩子提供机会让他们探索较大的声音和自然界的声音。

音乐如何使整个课程的学习更加有效？

虽然为了音乐本身而玩音乐是至关重要的，但正如我们所看到的，它的确能够促进有效的学习。音乐的功能也使其在有效教学中发挥着重要作用。表 17.2 展示了音乐对于学习的帮助，它是如何在主要的学习领域中支持儿童发展的(DfE，2012)。

表 17.2　音乐在三个主要学习领域中的作用(**DfE，2012**)

学习和发展的 主要领域	游戏化的音乐创作的贡献
个性、社会性和情绪发展 • 建立联系 • 自信和自我意识 • 控制情绪和行为	音乐可以为幼儿表达情绪提供非常好的机会。这能帮助孩子们更好地意识到他们自己的情绪情感，并以社会能够接受的方式更好地处理情绪。成人可以利用音乐帮助儿童建立活动转换的预期或营造某种情绪氛围。 　　音乐创作本质上是一种社会活动。加德纳(1999)清楚地表明，音乐智能依赖于对他人的意识，如果一位音乐家不会观察和配合共同演出的同伴，他肯定不会走得太远。 　　舞台区的角色扮演和假装拿麦克风唱歌，让儿童有机会探索表演的性质，并且以游戏化的、不威胁他人的方式建立自信。给音乐表演录像使得儿童能够对自己的表演进行回顾和反思，因而增强他们的自我意识。

学习和发展的 主要领域	游戏化的音乐创作的贡献
沟通交流和语言 • 倾听和注意 • 理解 • 说话	正如我们所看到的，音乐在沟通交流有困难的情况下可以发挥特别的作用。讲话的节奏、音高和语速决定了讲话是如何被倾听与理解的。游戏化的音乐和音乐化的游戏可以使儿童去探索音乐的要素，从而增强他们对自己声音和身体的控制。 　　像说话一样，音乐化的声音和有节奏的动作可以发挥符号的作用——将想法、思想和情感表现出来。在瑞吉欧·艾米利亚，各种表征形式被描述为不同的语言。在将想法从一种符号转变为另一种符号的行动中，儿童的理解能力就得到了提高。
身体发展 • 运动和操控 • 健康和自我照顾	身体动作是幼儿学习中必不可少的部分。音乐，就像游戏一样，使得儿童可以去探索他们能做的事情——但是尽管基于游戏的动作（如打闹游戏）与舞蹈有共同之处。对音乐的动作回应涉及了更高水平的思考(Panksepp and Trevarthen 2009)。 　　在更为基础的层面上，从使用词语到熟悉曲调，歌曲可以用来帮助儿童记忆一些重要的常规，如洗手。

结 论

　　游戏被普遍描述为可以使儿童以他们的最高水平去行动和学习。在音乐化的游戏中，学习甚至是在更高水平的层面上发生的。如同游戏一样，音乐在人类的发展和学习中有着重要的、基础性的作用。尤其是它在"身体上的活力和理性"之间架起了桥梁(Panksepp and Trevarthen，2009：112)。学前教育工作者肩负着重大的责任，要确保通过游戏化的教学，让幼儿享有的游戏化的"音乐创作"提供的好处。

思考题

　　1. 在你的幼儿园中，你需要采取哪些步骤来使音乐更加游戏化？

　　2. 为了在儿童的音乐游戏中能够成功地进行干预，你需要哪些支持以便对自己的音乐能力感到有充分的自信？

第十七章　与游戏共鸣

3. 你为儿童发起的"音乐创作"提供了哪些自然发生的机会？

参考文献和延伸阅读(加粗文字)

Bond, K. 2009. The human nature of dance[M]//S. Malloch and C. Trevarthen(eds) Communicative Musicality：Exploring the Basis of Human Companionship. Oxford：Oxford University Press.

Bowman，W. 2004. Cognition and the body：perspectives from music education [M]//L. Bresler. Knowing Bodies，Moving Minds：Towards Embodied Teaching and Learning. Dordrecht，the Netherlands：Kluwer Academic Publishers.

Cross，I. and Morley，I. 2009. The evolution of music：theories，definitions and the nature of the evidence[M]//S. Malloch and C. Trevarthen. Communicative Musicality：Exploring the Basis of Human Companionship. Oxford：Oxford University Press.

Department for Education(DfE). 2012. Statutory Framework for the Early Years Foundation Stage[R]. Available online .

Donnachie，I. 2000. Robert Owen：Owen of New Lanark and New Harmony[M]. East Linton：Tuckwell Press.

Gardner，H. 1999. Intelligence Reframed[M]. New York：Basic Books.

Mithen, S. 2005. The Singing Neanderthals：The Origins of Music, Language, Mind and Body[M]. London：Weidenfeld and Nicolson.

Panksepp，J. and Trevarthen，C. 2009. The neuroscience of emotion in music[M]// S. Malloch and C. Trevarthen. Communicative Musicality：Exploring the Basis of Human Companionship. Oxford：Oxford University Press.

Pound, L. 2014. Playing, learning and developing [M]//J. Moyles, J. Payler and J. Georgeson. Early Years Foundations：Critical Issues, 2nd edn. Maidenhead：Open University Press.

Pound, L. and Harrison, C. 2003. Supporting Musical Development in the Early Years [M]. Buckingham：Open University Press.

Powers，N. and Trevarthen，C. 2009. Voices of shared emotion and meaning[M]// S. Malloch and C. Trevarthen. Communicative Musicality：Exploring the Basis of Human Companionship. Oxford：Oxford University Press.

Small，C. 1998. Musicking：The Meaning of Performing and Listening[M]. New England：Wesleyan University Press.

Tobin，J. 2004. The disappearance of the body in early childhood education[M]// L. Bresler. Knowing Bodies，Moving Minds：Towards Embodied Teaching and Learning. Dordrecht，the Netherlands：Kluwer Academic Publishers.

Trevarthen，C. 1998. The child's need to learn a culture [M]//M. Woodhead， D. Faulkner and K. Littleton. Cultural Worlds of Early Childhood. London：Routledge/ Open University.

第十八章 户外探险游戏

海伦·托维/文 孙璐/译

摘 要

户外为儿童提供了活动的机会，他们可以在游戏中体验勇敢无畏和冒险精神，探索新地形，创造出令人激动的、戏剧性的情境，"用全部肢体充分感受生命"，去经历那些室内没有的危险和挑战。然而，探险游戏的价值并不总是被人认可，游戏的机会常常会因为乏味、缺乏挑战性的环境，以及对于儿童安全的焦虑而受到限制。本章对户外探险游戏的一些关键要素进行了思考，并指出，由于不让儿童玩这样的游戏，我们限制了他们学习的机会、理解和管理风险的机会，以及使他们成为大胆的、探险型的思考者和学习者的机会。

导 言

玛格丽特·麦克米伦(Margaret McMillan，1930)指出，儿童应该能够"勇敢而富于探险精神……在一个令人兴奋的环境中，新的机会得以发现"(p.78)。她建造了一个花园，儿童在那里可以爬树、挖水沟，用开放的、可循环使用的材料搭建大型建筑，并且使用真正的工具来挖掘和建造。这个花园包括了一片用来探索的荒地，以及一个可以用来搭建和创造的、由城市废旧材料组成的"垃圾堆"。

为什么探险游戏要在户外玩？

户外为游戏提供了非常独特的、不同于室内的环境。它提供了空间和自由，儿童可以尽力去尝试、探索、试验、挑战极限，并且变得勇敢而富有探险精神。富有探险精神就是要勇敢、能承担一些风险、接触未知的和不确定的事物，对新的经历和想法保持开放。如何来看待这个世界、究竟选择走这条路还是那条路。它涉及了全身心地投入、猜测和永不满足的好奇心——一种富于探险精神的心智倾向。

开放的空间和多样的地形能够带来独一无二的机会，让儿童去探险、攀登岩石或倒下的大树、穿越茂密的草地或杂乱的树丛、探索角落和缝隙、探究未知的事物。当儿童与周围的环境互动时，他们可以开展各种各样的、生气勃勃的、"全身心的运动"（Greenland，2009：1）。材料可以用新的方式来组合，这就提供了意想不到的挑战和需要去解决的问题。

伴随着天气和季节的不断更替，千变万化、不可预期的自然环境提供了思考和惊喜，激发了好奇和探究，创造了令人兴奋的游戏机会，这意味着无论是在树叶里打滚、在泥坑里踩来踩去、在泥浆和雪地里滑倒，还是在影子上跳跃，正是户外环境中十足的可变性，使得它与众不同，与较为静态的室内环境形成了鲜明的对比。

户外运动的自由性使得游戏在时间和空间中流动起来。户外空间所具备的多样化的特质能让儿童发现适合他们自己能力水平的冒险和挑战。什么是需要勇气去做的和危险的，这对于不同的孩子而言差异是很大的。户外还为儿童在充满冒险的社会交往中探索与他人建立友谊和关系，提供了丰富的机会。

然而，户外是有各种可能性的。在那些空空荡荡的柏油地，或是单调乏味、充满了塑胶制品的、安全的游戏场地上，冒险游戏是无法开展起来的，在那里儿童与大自然或真实的亲身体验之间的联系被切断了。同样，如果成人对这样的游戏感到焦虑或害怕，总想去控制或裁判的话，冒险游戏也无法在这种环境中开展。

有风险的、"眩晕的"户外游戏

户外游戏一个与众不同的特征就是儿童的行为倾向，即他们会去做他们认为冒险或"害怕"的事情，而冒险就是这类游戏的核心特征。这样的游戏通常包括：

- 高度、动作和速度；
- 改变惯常的身体姿势——如踮脚尖走路、旋转、打滚、倒挂；
- 享受不稳定和不可预测带来的乐趣；
- 故意寻求未知结果的不确定性。

同时体验到风险和挑战、害怕和愉悦，感觉处在危险的"边缘"，是这类游戏的特征。我们从婴儿身上就能够看到这一点，当他们被一位自己信赖的大人抛向空中、弹跳起来或向后倾倒时，以及当小孩子走过一座摇摇晃晃的桥、从长满青草的山坡上滚下来、用绳子的一端荡秋千时，他们脸上都是高兴的表情。

这种游戏与凯丽亚拉（Kalliala，2006）提出的令人眩晕的游戏有一些关联，眩晕游戏通常具有一种随心所欲、旋转和令人兴奋的特质。这种游戏的特征是"试图暂时破坏稳定感，并给清醒的头脑造成一种舒适的恐慌感"（Caillois，2001：23）。"舒适的恐慌"（voluptuous panic）一词精准地表达了这种游戏同时带来的欢愉和害怕这两种情绪。凯洛伊斯（Caillois）还指出，这种游戏对于情谊、友谊和社会凝聚力的发展也十分重要。格林兰（Greenland，2009）认为，此类运动游戏对于儿童的神经发育和日后的学习起到了核心作用。在一项长达12年的发展性运动游戏研究项目中她指出，如果可以选择的话，孩子们参与最多且最投入的游戏就是在"旋转—翻—滚—落"后，接着玩"推—拉—伸展—悬挂—击打"。这类运动刺激了儿童的前庭觉和本体觉，即平衡感和自身在空间中的意识。用绳子的一端荡秋千可以让儿童感受到物理学的法则，如速度、动力、重力和平衡。同样地，从斜坡上快速滑下来可以给身体带来对于速度、能量、力量、摩擦力和因果关系的体验。这样的冒险游戏对于残疾儿童来说尤为重要，因为他们可能无法从生活中的其他地方获得这种体验。

欢乐(gleefulness)、眼花缭乱(giddiness)和创新

　　吵闹的户外游戏通常伴随着笑声与欢乐，无论是现实还是比喻，孩子们真的是"乐晕了"（giddy with glee）。身体的倒挂、快速旋转、向前后和旁边移动，这种眼花缭乱、眩晕的游戏、做与"正常"相反的事情，与儿童渴望尝试他们不断扩展的、对世界其他方面的认识之间会存在某种联系吗？

　　丘科夫斯基（Chukovsky，1968）观察到了儿童对于"违反事物既定秩序"（p.92）的喜好，他们会创新、反向思维，从另外一个视角来看待它们。这种将已知事物打乱然后重新审视它的能力，是儿童学习的一个重要方面，它能使新的联系成为可能，有利于产生更加灵活和创新的思维方式。

　　与户外游戏有关的童谣、游戏、笑话和打油诗有着悠久的传统与丰富的文化。这种游戏通常和运动结合在一起——无论是拍手、踩脚、转圈、荡秋千、跌落、蹦蹦跳跳、行进、追逐或是弹跳——都伴随着歌唱、节奏与韵律。这些游戏场上的童谣可以是颠覆性的和挑战性的，把认可的和可能的事情排除在外。例如，这首俏皮的童谣就来自一群5岁大的孩子对一首传统童谣的改编，他们在户外一边拍手一边唱道：

嘻嘻嘻、哈哈哈、泡，狗狗吞拖布。

嘻嘻嘻、哈哈哈、噗，狗狗吞掉你。

嘻嘻嘻、哈哈哈、喂，狗狗吞掉我。

嘻嘻嘻、哈哈哈、喔，狗狗吞臭臭！

这样的游戏描述了儿童在对语言结构进行游戏时是多么的大胆，以及他们承担风险的愿望、对于粪便的兴趣和创造不和谐形象时的快乐。儿童在这个游戏中需要找到规律、遵循语法规则，以保持童谣的节奏和韵律。这就好比当儿童把身体倒过来时，他们也把想法和语言倒过来了，故意扭曲已知的事物。这就使新的组合和联结得以建立，而这也是灵活、创造性思维的一个重要部分。户外就为这种生气勃勃、冒险、令人眩晕又愉快的游戏提供了自由、空间和时间。

大胆的表演游戏

人们还可以在儿童想象的游戏场景中看到探险精神和大胆，他们喜欢想象出"大坏狼""吓人的妖怪"等角色来故意吓唬自己，这样的游戏通常包括了追、逃、捉、救。科尔萨罗(Corsaro，2003)在他对儿童同伴文化的人类学研究中指出，海啸、地震、跌落悬崖、火灾、流沙和毒药等经常出现在儿童游戏的主题中。他们的故作勇敢、胆大和充满力量还构成了大多数的超级英雄游戏，在这样的游戏中，儿童会在一个全新的、想象的世界里探险，他们在那里可以安全地探索有关抓住与营救、丢失与找到、勇敢与害怕、力量与无力、生与死等普遍的主题。

片段 1 是一个戏剧性的户外探险游戏。一群 4 岁的男孩将一段枯柳树的空树干当作他们的游戏道具。他们在附近的灌木丛里采了许多蓝色的花朵填到树干中。他们先制作了毒药，然后制作魔法药。

片段 1

男孩 A：假装这是一个洞，有只大坏狼住在这儿。

男孩 B：对，而且它有毒药。

男孩 A：对，而且它是有毒的植物，能把人毒死。

男孩 B：对，它把人毒死。

男孩 A：对，他们死的时候就像这样(用手在喉咙上比画了一下)，是不是？

男孩 C：但是魔法药让他们又变好了是吧？

男孩 A：不对，我们还没有得到魔法药呢。

男孩 C：搅拌。我们要搅拌它。

男孩 A：对，我们需要水，是吧？(他拿了一个小杯子，用一块树皮当作水龙头，假装给杯子倒入水，然后把它浇到树干里)。

男孩 B：魔法药，魔法药，魔法……

在这个节选自一段长时间游戏的精彩片段中，这些男孩子们正在探索好与坏、威胁与免于威胁、生与死。他们为了自己的游戏，正在练习熟练地使用符号，将环境中的简单特征转化为游戏道具。空树干先是成了一个洞穴，然后是一口大锅。花朵成了毒药，然后是魔法药。一块树皮代替了水龙头，能流出想象中的水。他们跳出了"游戏框架"，在抽象的层面上商讨着故事中的场景、角色和情节。他们在重复"有毒的植物"和"魔法药"的过程中，享受着语言带来的力量。他们正在逐渐形成一份戏剧档案，其中有脚本、角色和情节，这些以后都可以用于他们的游戏或故事写作中。

打闹游戏

户外探险游戏还包括活跃的身体游戏。在身体游戏中，儿童可以尽情地奔走、逃跑、追逐、假装打架、翻滚、扭打和摔倒。这个游戏的核心是表现出"这是游戏，不是真的"的能力。这类游戏发出的信号包括夸张的姿势、大笑和皱眉，它们与真正打架时的姿势和表情，如皱眉、痛苦的表情和怒目而视，是非常不同的。显而易见，这种游戏的风险很高。游戏者要有足够的自我约束能力来控制他们的肢体动作，以保证在玩闹中打出去的拳没有达到真正打架时的力度，假装的攻击或害怕也不会被看作真的攻击或害怕。游戏者必须与复杂的信息沟通交流，即尽管这些假装的动作代表了真正的威胁、攻击和敌意，在游戏中它们代表的含义则是截然相反的——那就是为了友谊和快乐。然而尽管研究（如 Jarvis and George，2010）表明，在现实中这只是偶尔发生，而且儿童也形成了良好的社交沟通技巧来编码和解码这些信息，游戏者误解这些信号的可能性还是很高的。贾维斯（Jarvis）指出，成人不太擅长察觉这些敏感的信号，而且倾向于把打闹游戏看作有攻击性和危险的。成人需要接纳这一游戏的主题和意图，并确保有开放的空间让孩子们奔跑和追逐，有柔软的草地让孩子们打滚和摔跤，而且在玩这种游戏的时候，最好不打扰到其他孩子。

开放的建构游戏(open-ended construction play)

户外环境的不确定性和开放性为大型建构游戏提供了空间，儿童可以将板条箱、木板、梯子、防水布、排水槽、滑轮、沙和水等多种材料，从各种不同的方式进行排列组合，创造出新的、令人激动的可能性和挑战性。儿童还可以设计和搭建出他们自己的建筑，如围栏、人行道、隧道、桥梁、河道、想象中的火灾、火山……这个清单可以一直列下去。当材料可以简单地组合在一起，创造惊喜、意想不到的问题时，这种游戏就会变得特别有挑战性。它需要有大量的"零件"(loose parts)：就是指所有开放的、没有固定用途的、可以有多种不同玩法的材料。"零件"理论是由建筑师本·尼科尔森（Ben Nicholson）在四十多年前提出的。他给零件、创造力和创新思维之间建立了联系并指出："在任何一个环境中，发明创造的程度和新发现的可能性都与环境中变量的数量和种类直接相关。"（Nicholson，1971，引自 Tovey，2007：74）在幼儿园的花园和探险游戏场地中可以长期使用这些建筑材料，如废旧轮胎、木板、板条箱和木质弹药盒。

由于户外区域提供大量丰富的"零件"和可以用来改变的空间与时间，它为儿童学习熟练地使用象征物体、发展想象性思维提供了机会。想象力可以给"事物的存在方式"带来变化，因而扩展了可能性的范围。这对于发展抽象、象征和"好像"的思维是非常重要的。改变还需要进行协商并得到他人的认可。研究者表明，当儿童使用开放性的资源时，交流和商讨的复杂性就会大幅地增长，因为它们是如此模糊，从而让许多改变成为可能（Trawick-Smith，1998）。

一项在早期教育机构中对游戏的深入研究（Broadhead and Burt，2012）发现，使用寻找到的材料和废旧材料有利于展开令人兴奋的、开放性的游戏，而户外区域为此提供了丰富的环境。有证据表明，当儿童参与到问题情境和问题解决中，并用想象力来改变时，他们是十分坚持和投入的。他们的游戏会持续一段时间，复杂性也会逐步增加。有趣的是，作者注意到，尽管游戏具有潜在的"风险"，儿童还是会故意加大挑战的水平。比如，给用木板和板条箱搭成的小桥增加障碍，或加大滑坡的坡度，然而与之前使用传统户外游戏器械的情境相比，意外事故的数量并没有多少变化。事实上研究者也注意到了，儿童在尝试他们认为危险的事物之前，会先根据他们自己的信心和能力水平进行自我调节，并计算需要承担多少风险。在儿童发展学习、思考、问题解决能力和创造力等高级技能的过程中，元认知和自我调节技能的发展是非常重要的。

富于探险精神的游戏者、富于探险精神的思想家

富于探险精神并乐于承担风险被认为是有效学习者的重要特征。早期基础阶段指南《发展至关重要》（*Development Matters*）指出，有效的学习者愿意通过以下方面去"尝试"：

- 主动的活动；
- 寻求挑战；
- 表现出"能行"的态度；
- 承担责任、参与新的经验、通过尝试和错误来学习（Early Educa-

tion，2012)。

蒂什曼等人(Tishman et al.，1993)指出，"心胸开阔、富于探险精神的心智倾向"和"有爱思考、发现问题、爱探究的心智倾向"是优秀思想家 7 项心智倾向中最重要的两项。事实上，风险正是我们所说的创造性、想象性和假设性思维的重要基础。我们"大胆猜测""敢于不同""在思想中探险"，产生了"大胆的"想法，并在我们的思维中进行"想象的飞跃"。人们常说的"跳出思维的条条框框"指的就是跳出已知确定的、封闭的参数，用新的方式去看待问题和思考。

户外探险游戏包括了富有探险精神的思维方式，如承担风险、探索想法、推测、想象、创造和坚持。罗伯森和罗维(Robson and Rowe，2012)的研究证明，户外游戏和社会性表演游戏对于幼儿的创造性思维的发展特别有效。对于儿童行为的观察分析表明，儿童发起的、通常表现为同伴或小组形式的活动在儿童最高水平的参与和坚持中发挥了重要作用，而且它们常常与尝试和分析、灵活性和独创性、想象和假设联系在一起。他们的研究表明，户外为创造性思维提供了时间和空间。例如，有机会对材料进行选择和组合、与朋友合作等都可以成为贡献性要素(见片段 2)。

片段 2

一群 4 岁的孩子正在沙坑里用木板、板条箱、管道、管子、软管里流出来的水建造战壕、大桥、公路和河流。他们对于水如此快地就被吸进沙子里感到很惊讶。

沃伦：水流得真快……看，奎尼……真快。哦，看看冰霜。哦，它去哪儿了？水到哪儿去了？它为什么不再流了？它藏起来了吗？它流到下面去了吗……流到下面……？奎宁，挖呀挖，我们找到水了。哦，看，好多水流出来了……抓住它，抓住它。哦，水流到下面去了，全流走了。让我们挖一挖，找到它。看，看，水在这儿！

成年人：男孩子们，小心水，有人要滑倒了！

这个游戏充满了兴奋与惊奇。沃伦对于水到底怎么样了感到十分好奇。他推测水可能藏起来了，但是又否认了这个想法，因为他认为水可能在地下流淌。他验证了他的想法，并改变了他的动作，去挖而不是去"抓住"水。这就是孩子能够进行反思、元认知与自我调节，以及在一段时间内极其投入和坚持的证明。成人则错过了这个精彩的片段，他们对安全问题感到担忧，并试图去控制这个吵闹的游戏。

回避风险

本章所列举的探险、冒险游戏会被一种对风险感到回避和焦虑、限制儿童在户外自由游戏的文化所剥夺。对于许多实践工作者而言，冒险已经成了某种要被评估、控制和消灭的不受欢迎的事物（Tovey，2009）。有证据表明，这些开放的、不可预测的、吵吵闹闹的、快速移动的，或许还包括了假装打架的游戏，会令那些要求儿童"好好玩"的成年人感到不安，或者会因为对儿童安全的担忧而阻止他们游戏。然而，尽管这类探险游戏会有受伤的可能，但是它还有许多好处，任何对风险的评估都必须要权衡一下这些益处。

在游戏中承担风险的价值是什么？

风险是完整生活的一部分。生活充满了各种各样的风险，而我们不得不去学习如何认识和管理它们。如果不准备去冒险、摔跤、从结果中学习，那么婴儿将永远无法学会爬、调整步伐、站起来，儿童也无法学会跑、攀爬、骑自行车。

愿意承担风险是一种重要的学习心智倾向。德韦克（Dweck，2000）强调了她提出的"精通"学习法的重要性——一种试一试、做一做、乐于挑战的心智倾向，而不是以担忧和害怕失败为特征的"无助"模式。如果我们不停地对儿童说"注意""小心""不要那样做""下来，你会掉下去"，这样做是危险的，因为我们会通过传递我们自己的焦虑，无意中让孩子也习得了这种"无助"的学习态度。

敢于承担风险能让孩子们扩展自己的界限，挑战能力的极限。它需要个人在信心和能力的基础上，对于自己所涉及的风险的挑战程度做一定的评估。这种自我评估对于儿童形成对安全的认识，以及在游戏中发展自我调节能力都是至关重要的。

有控制地暴露在一些风险中对于情绪健康和复原力似乎也有积极的作用。举例来说，克洛伊普和亨德利（Kloep & Hendry，2007）认为，假如后果不太严重的话，犯错对于未来失败带来的负面影响可以起到保护性的作用。能够控制住恐惧感和不确定性、控制住紧张情绪，是情绪健康和复原力的重要方面。看来，冒险游戏在降低对"可怕"情景的焦虑上发挥了重要的作用（Sandseter，2009），并且能够帮助儿童应对发生在自己身体和情感上的意外事件。乐观、自信、充满活力、灵活、自尊以及"和自己在一起"的积极情绪，正是儿童总体幸福感的重要指标（Laevers，引自 Greenland，2009）。

对回避风险的文化提出挑战

由于年幼儿童久坐少动，在室内活动的时间越来越多，并且缺少"每天去户外探险"(Gill，2012)的自由，人们对于这些问题的担忧与日俱增，有证据表明，人们对于冒险和挑战的看法发生了变化，并且对回避风险的文化提出了挑战。

英国卫生与安全管理局(the UK Health and Safety Executive，HSE)明确表示，儿童需要在游戏中承担风险。它指出"HSE理解并接受……儿童经常沉浸在这样的游戏环境中，在管理良好的同时，有一定程度的风险，有时还有潜在的危险"(p.1)。它继续指出"HSE想要确保，对于健康和安全问题忧虑的错误认识不至于导致缺少挑战性的无害游戏环境会妨碍儿童扩大他们的学习范围、增强他们的能力"(p.1)。它的关键信息十分清晰，即"裹在棉被里的孩子永远无法学习什么是风险"(HSE，2012：1)。

对于实践工作者与家长在承担风险和户外探险游戏的价值上的争论，这样的声明是一个很好的出发点。与其提倡一个"安全的环境"，我们更应该关注为儿童创设一个可以去探险的、"足够安全"的环境，在权衡独特经历的益处与可能存在的风险、伤害的可能性之后，采取一种相对平衡的方案。

教学启示：成人在户外中的重要作用

正如我们在本章中看到的，户外可以成为幼儿经历惊奇、奇妙和冒险的发源地。但是如果这种冒险的感觉不能得到成人的认可或回应，那么这种好奇心、思考和创造力的火花就会消失。比尔顿(Bilton，2012)对成人和幼儿在户外的互动进行分析后发现，尽管儿童希望成人能分享有趣的事，展示他们做过的或完成的事情，但这通常得不到成人的回应，成人更关心他们所谓"单调的、事务性的事情"，如组织孩子们轮流骑自行车、解决争端，或者最常见的就是告诉孩子们哪些事不能做。几乎没有来自成人的回应是可以扩展儿童的游戏、思考和理解力的。

与之相反，在一个乡村公园，沃特斯和梅纳德(Waters & Maynard，2010)对一些在户外由儿童发起的、与成人之间的互动进行了案例研究，结果发现，当成人以符合儿童兴趣的方式进行回应和互动时，丰富而有意义的对话就会出现。这些对话涉及环境中的"零件"、景物的特征，如水坑或树，以及想象出来的场景，如"精灵的家"或"恐龙藏起来的地方"。

这两项研究都揭示了，户外活动在为成人与儿童提供丰富的认知参与上所具有的潜力，而且这两项研究都指出，成人必须抓住机会回应儿童的兴趣、关注点和谈话，而不是制止儿童，或将成人主导的活动强加于他们。

那么，成人应该如何开展户外探险和挑战性游戏呢？下列陈述或许提供了一些可行的路径。

- **培养对于探险游戏的积极态度**，将冒险和挑战视为乐趣、而非可怕的事情。这需要成人对问题采取一种灵活创新的态度："那真是个好主意，让我们试试吧!"而不是"不行，不许那么做"。
- **将儿童视为探险的寻求者和风险的承担者**。这就意味着要关注儿童的兴趣、识别他们设置的问题、帮助他们用安全的方法来完成他们想做的事情。
- **为儿童去户外探险留出足够的时间和空间**。一起玩的孩子太多、在户外的时间太少、可怜的师幼比，以及一个乏味的、缺乏挑战性的环境，这些都会妨碍儿童游戏，并更有可能导致环境中意外事故的发生。
- **为探险游戏创造条件**，确保资源有足够的灵活性，既可以为最胆小的孩子、也可以为最爱冒险的孩子提供挑战。这就需要提供开放性的资源，有可以躲在灌木丛里、可以爬树的"荒地"，有让孩子体验不同高度、速度、坡度和地形的机会，还有类似绳子和荡桥这样的，让孩子感受不稳定性和不可预测性的设施资源。
- **给儿童赋权，让他们确保自身的安全**。这需要教给孩子们保持安全的方法。比如，在拿较长的棍子或梯子时要请朋友帮忙，在爬树之前看看树枝是否结实，在蹚水之前用棍子量一下河水的深度等。一所自然幼儿园会让儿童在爬倒下的树之前做"风险评估"。这样儿童就可以使用修剪锯和砂纸修剪锋利的树枝，以便安全地玩耍(Warden，2014)。
- **用风险/收益评估取代严密、程序化的"风险评估"**。这种评估方式应对某次经历的收益与风险都做出权衡。例如，这种权衡的方法在鲍尔等人(Ball et al，2013)的文章中就可以找到，并为早期教育环境提供了可借鉴的框架。
- **倾听儿童对于游戏的想法**。儿童认识到这种游戏很可能是吵闹、杂乱的，有时甚至是混乱的，但是在得到支持和鼓励后，这种游戏也可以是持续的、合作的和复杂的。
- **对于儿童能做的事抱有现实的高期待**。这就意味着成人对儿童要有足够的了解，知道何时该静静地观察，何时该敏感地提供帮助，何时该积极地介入、参与游戏，或以有意义的方式扩展游戏。
- **鼓励儿童冒险性的思维**。例如，培养他们有信心去追求新的体验和想法，乐于在思想上去"探险"、奇思妙想、创新、无目的地做事、发现和解决问题、想象、再现、猜测、反思、做出不同寻常的组合和连接。

结 论

　　本章探索了儿童户外探险游戏的某些方面，这种游戏是肢体上的、快速移动的、冒险的和不可预期的，成人有时会感觉不安、令人苦恼或不安全。本章指出这种游戏对于成长中的身体和心灵提供了必要的学习体验。然而这并不意味着所有的户外游戏都必须是冒险和富有挑战性的。儿童有信心去探险是源自一种安全感。熟悉的日常常规，平和、安静的空间也是同等重要的。但是，假如我们不给儿童敢于冒险和探险的机会，我们就有可能会培养出这样的下一代：他们要么在追求刺激和兴奋时过于莽撞，要么会回避风险，不但缺少必要的复原力去承担和管理自己的风险，而且还不具备成为大胆的、富有探险精神的思考者和学习者的心智倾向。

思考题

　　1. 你认为自己是一个富有探险精神的思考者、学习者吗？这一点会如何影响你与儿童的相处？

　　2. 你如何为残疾儿童创造条件，让他们去体验探险游戏，如快速移动时的兴奋？

　　3. 想一想你自己的户外游戏环境，在那里孩子们可以去探险和好奇、冒险和挑战吗？在那里孩子们会找到令他们满意的"可怕"体验吗？

　　4. 你的户外游戏环境是否为"零件"和开放性游戏提供了丰富的准备，游戏的方向和结果都是未知的吗？

参考文献和延伸阅读（加粗文字）

Ball, D., Gill, T. and Spiegal, B. 2013. Managing Risk in Play Provision：Implementation Guide[M]. London：Department for Children, Schools and Families.

Bilton，H. 2012. The type and frequency of interactions that occur between staff and children outside in Early Years Foundation Stage settings[J]. European Early Childhood Education Research Journal，20(3)：403-421.

Broadhead，P. and Burt，A. 2012. Understanding Young Children's Learning through Play[M]. London：Routledge.

Caillois，R. 2001. Man，Play and Games(trans. M. Barash)[M]. Urbana，IL：University of Illinois Press.

Chukovsky，K. 1968. From Two to Five[M]. Berkeley，CA：University of California Press.

Corsaro，W. 2003. We're Friends Right? Inside Kids' Culture[M]. Washington,

DC：Joseph Henry Press.

Dweck，C. 2000. Self Theories：Their Role in Motivation，Personality and Development[M]. Hove：Psychology Press.

Early Education 2012. Development Matters in the Early Years Foundation Stage [R]. London：Early Education.

Gill，T. 2012. No Fear：Growing Up in a Risk-averse Society[M]. London：CalouseGulbenkian Foundation.

Greenland，P. 2009. Developmental Movement Play：Final Report and Recommendations[M]. Leeds：Jabadao.

Health and Safety Executive(HSE). 2012. Children's play and leisure：promoting a balanced approach[R]. Available online.

Jarvis，P. and George，J. 2010. Thinking it through：rough and tumble play[M]// J. Moyles. Thinking About Play：Developing a Reflective Approach. Maidenhead：Open University Press.

Kalliala，M. 2006. Play Culture in a Changing World[M]. Maidenhead：Open University Press.

Kloep，M. and Hendry，L. 2007. 'Over-protection，over-protection，over-protection!' Young people in modern Britain[J]. Psychology of Education Review，31(2)：4-8.

McMillan，M. 1930. The Nursery School[M]. London：Dent.

Robson，S. and Rowe，V. 2012. Observing young children's creative thinking，engagement，involvement and persistence[J]. International Journal of Early Years Education，20(4)：349-364.

Sandseter，E. 2009. Children's expressions of exhilaration and fear in risky play[J]. Contemporary Issues in Early Childhood，10(2)：92-106.

Tishman，S.，Jay，E. and Perkins，D. 1993. Teaching thinking dispositions：from transmission to enculturation[J]. Theory into Practice，32(3)：147-153.

Tovey，H. 2007. Playing Outdoors，Spaces and Places，Risk and Challenge [M]. Maidenhead：Open University Press.

Tovey，H. 2009. Playing on the edge：perceptions of risk and danger in outdoor play [M]//P. Broadhead，J. Howard and E. Woods. Play and Learning in the Early Years：From Research to Practice. London：Sage.

Trawick-Smith，J. 1998. A qualitative analysis of metaplay in the preschool years[J]. Early Childhood Research Quarterly，14：433-452.

Warden，C. 2014. Nature Kindergartens and Forest Schools [M]. Auchterarder：Mindstretchers Ltd.

Waters，J. and Maynard，T. 2010. What's so interesting about outside? A study of child initiated interaction with teachers in the natural outdoor environment[J]. European Early Childhood Research Journal，18(4)：473-483.

第十九章 游戏性探索和新技术

尼古拉·耶兰/文　贾晨/译

摘　要

在本章中，我扩展了游戏性探索（playful explorations）的含义（Yelland，2011）。21世纪，在重新给游戏下定义的时候，新技术扮演了重要的角色。融合了新技术的游戏性探索，使幼儿能够获得以前无法实现的多模式体验。这些体验促使幼儿萌生各种想法，并将其应用到实践中。它帮助幼儿开始给周围事物赋予意义，使他们能够交流自己的理解和看法。这些特点影响了儿童的自信心和自主性，鼓励他们运用不同的方法探索周围的环境。本文的数据来自一个平板电脑项目，它表明了儿童学习的不同途径和方法。当儿童将其想法应用到实践中，接触（多种多样的）资源，和不同的人进行互动时，他们都在学习。

导　言

游戏性探索（Yelland，2011）可以由儿童发起，或是由教师鼓励儿童开始。它可以向多个方向，或者向具体规划的方向延伸。游戏性探索是结构化的，但同时也是灵活的，它与幼儿园和学校的低年级教室的环境设置紧密联系。在设计游戏性探索的环境时，会遇到它固有的教学方法的挑战。教师们能够，并且应该在第一时间内创造游戏性探索的环境，或者在学习者参与到这种形式的游戏中时，教师应该介入并且建议新的方向。这可能与将游戏看成是由儿童自发的、自由选择的、自愿参与的观点不一致。将"游戏"重新命名为"游戏性探索"，这个改变是经过慎重考虑的。它表明游戏概念的重心发生了改变。游戏性探索包含了游戏的环境，它在学习情景中是可以被塑造、被描述的，这些情景可能与学习指标相关联，而这些学习指标，也似乎在现在的儿童早期教育中随处可见。

幼儿来到幼儿园的时候，他们通常都已经体验了很多新技术，也有很高的热情去使用新技术。他们有可能已经使用过市场上贴着教育玩具标签的电脑、数码相机、MP3播放器、手机和很多其他新款的手持设备（见图

19.1)。在进入正式的教学环境之前，他们已经使用这些设备进行游戏性探索很长时间了，也学会了用不同的方法使用它们。对于这些儿童来说，新技术是他们用来创造新事物的媒介，之后他们可以将这些新事物和任何人分享，不再仅仅局限于他们的直接个人空间。将新技术和传统材料(如积木)结合起来，能够使游戏性探索成为可能，并得以扩展。另外，新技术可以用来记录学习情景，描述已经发生的学习类型(Carr，2001)，并与家长分享。

图 19.1　女孩和平板电脑

在游戏性探索中，新技术是儿童通过多种途径进行学习，获得一些不同的体验。在教师的辅助下，游戏性探索使年轻的学习者运用不同媒介参与到多种模式的学习中。相应地，我们也需要重新思考 21 世纪所要求的读写能力是什么。

游戏性探索的环境

本章中，我列举了年轻儿童在两种环境中使用平板电脑的学习情景。第一个环境是一个妈妈群，它是由澳大利亚一个大城市的本地学校正式组织的。第二个环境是相同城市里的一所幼儿园。

片段 1：2～3 岁儿童(妈妈群)

每周，平板电脑仅仅只是为妈妈们和她们的孩子(年龄在 2～3 岁)在室内或室外提供的众多活动之一。每周的活动都会变换，包括画油画、读书、玩沙和水、做手工(如做项链、装饰面具)、捏橡皮泥、拼图和堆积木。

平板电脑上有各种应用程序(App)。应用程序的类型有很多,从电子书[例如,《三只小猪》(Three Little Pigs)],与书中的人物玩各类游戏[例如,"芭蕾小精灵"(Angelina Ballerina)],流行文化["爱探险的朵拉"(Dora the Explorer)],到制作音乐,再到其他活动,如制作气球小动物、玩木偶、驾驶乐高车辆,这些在"真实"世界里也都存在的活动。

毫无疑问,儿童喜欢平板科技这种方式。当他们在一个游戏或活动中触摸屏幕的时候,他们脸上的表情就是喜欢的证据。举个例子,他们在一些游戏中会收到及时的反馈(如视觉、听觉或语言上的),他们也给予相对的回应。虽然一些应用程序对于家长和教育者来说有些俗套,但是观察记录显示这个年龄段的儿童似乎喜欢大部分应用程序。尽管和我们预想的一样,儿童并不能长时间地聚焦于这些应用程序,而是在一段时间内(一小时)从一个应用程序换成另一个,之后再回到之前的应用程序。这个妈妈群使用的应用程序给儿童创造了培养学习数学的基本能力的机会,如整理、匹配、归类、数数。这些应用程序还为儿童提供了玩音乐、画画、玩木偶的情境。有一些应用程序需要一些简单的动作(例如,点爆气球,按按钮,在路上驾驶一辆乐高拼成的轿车,并发出声音),这总会让年轻儿童发出咯咯的笑声。请看片段2的例子。

片段2:气球学校

屏幕上会出现有数字编号的气球,儿童需要根据给出的数字,点爆气球。

特瑞娜(Trina)非常喜欢点爆气球,她按住所有气球……,因为即便你点错了气球,这个应用程序也会发出响声……

探索是可能的,但是它通常发生在预先植入了游戏特征的已定建构中。这些应用程序为父母与孩子提供了交流的环境,他们可以沟通和探讨正在探索中的游戏有哪些组成部分,因此也可以看成是它刺激了儿童去使用语言和练习语言。这个年龄段的儿童最显著的特征之一就是,他们的注意力时间短,能够快速掌握一个游戏的突出特征或是使用平板电脑所需的个人技能。例如,他们能够通过"主页键"退出游戏,定时切换游戏,打开和关闭平板电脑。

通常来说,2岁的儿童不会分享他们的游戏材料,也不会在集体中和其他儿童一同玩耍。观察记录表明,当一名儿童在玩平板电脑时,有时会有其他儿童过来看发生了什么,他们会用语言和非语言进行交流互动。这是平板电脑游戏的独特性。请看片段3、片段4的例子。

片段3:《游戏学校》中的艺术创作

儿童可以把《游戏学校》(Play School)里的人物放到一个选好的场景中。儿童可以移动他们,然后以电影的形式创造一个故事。

汤姆(Tom)看到特瑞娜(Trina)在玩这个应用程序,决定要加入和她一起玩。调查者向他们简单介绍了如何使用这个应用程序,之后他们各自选择了一个人物,分别是杰米玛(Jemima)和大泰迪(Big Ted),随后将人物放在场景中。调查者向他们展示了怎样用这些人物制作并观看电影。他们让大泰迪看起来像坐在了另一个人物身上的时候,他们感到非常有意思。汤姆对这个游戏失去了兴趣,随后拿起了其他平板电脑开始玩。特瑞娜继续玩这个游戏,并问汤姆,他们两个是否可以交换平板电脑。汤姆不想交换……

片段4:农场翻转

一个使用农场动物的记忆力游戏。

萨拉(Zara)和丽萨(Lisa)想要一起玩这个记忆力游戏。但是因为屏幕无法同时识别多个手指,所以一起玩的效果并不好。几分钟后,丽萨拿起了另一个平板电脑,开始玩丛林匹配的游戏。丽萨一边玩,一边用眼睛看萨拉在她的平板电脑上玩什么。当她的平板电脑发出搞笑的动物叫声时,丽萨和萨拉一起笑了起来。

一个有趣的观察记录显示了教师和家长不同的教学策略,并且这种区别十分明显。教师通常让儿童自己探索、自己发现,并用言语表达自己在做的事情。而家长更倾向于为他们的孩子指出正确答案,或是简单地告诉他们如何做某事。这在汤姆拼拼图的例子(片段5)中可以得到证明。

片段5:水中场景的拼图

很多片拼图放在一起,组成了一个水中场景的拼图。汤姆正试着拼这个拼图,不过他总是没有办法将一块拼图放在正确的位置上。他的妈妈要么立刻拿起这片拼图,把它放在正确的地方,要么是给他一个具体的提示。汤姆根本没有思考的时间,哪怕是用一分钟想想应该如何靠自己才能完成这个拼图。

在为期6周的研究调查中,我们与家长沟通,并且示范如何辅助儿童,让家长鼓励儿童探索游戏中的方方面面,而不是聚焦于一点,并让儿童用语言解释他们的探索发现,家长们也开始更加擅长让他们的孩子体验较少结构化、较少明确指示的活动。这在一些游戏中尤为明显。儿童喜欢在应用程序中得到"错误"的答案,因为这样才会有音效。最初,家长会给儿童正确答案的提示,从而达到游戏的目标,但是渐渐地,家长开始意识到,

图 19.2 水中集合

他们的孩子其实明白，答对了题并一定会听到音效，他们正在以另一种方式学习着。

我们发现了什么？

下文是关于 2～3 岁儿童使用平板电脑的主要发现。

• 儿童对应用程序中涉及的形式（视觉、听觉、空间、口语和语言）及直观的因果关系给予回应。在语言、视觉和听觉共同刺激的动态环境中互动，儿童能够体会到达到目标时的成功感（例如，点爆一个气球，搭配字母拼出单词，完成一个拼图后看到它变成动画片的场景），看到结果的实现，以及他们的动作产生的效果。

• 应用程序提供了儿童可以和其他儿童、陪伴他们的成人互动的环境，从而使他们练习使用语言。举个例子，本（Ben）在玩"超级为什么！"（Super Why!），他在找字母，然后沿着路径将这些字母组成一个单词。他使用应用程序的时候，他的祖母让他辨识这些字母，并且说出最后组成的单词。祖母还问他，他可以在丛林中看到多少棵树，房子的门是什么颜色的。

• 这些活动创造了学习基础技能的环境，比方说整理、匹配、归类、认识字母和数字，还有计数。例如，在玩"午餐盒"（Lunchbox）游戏的时候，汤姆可以辨认出游戏中出现的各类水果，将他们归类后统计数量。他还会在一排水果中挑出不同类别的那个，找到水果名称的第一个字母，说出各个水果的颜色。他还发现很多其他机会来练习这些基础技能。给予玩家贴纸奖励的游戏是这个年龄段儿童的最爱。尽管需要不断重复的玩，但是因为这类游戏的难度都一样，汤姆（Tom）收集了很多贴纸奖励，因此他非常快乐!

- 这些应用程序使儿童能够创作、阅读、听动画故事，同时还提供了能够录制他们声音的设备，允许他们在文本上进行创新。例如，索菲亚(Sophia)在玩"小猪佩奇"(Peppa Pig)的游戏时，他的姑姑告诉她如何使用自我录音的功能。索菲亚还同姑姑一起为佩奇和她的家人去游乐园加入了新的故事线。

- 应用程序帮助儿童建立了他们与真实世界经历的联系。例如，"吹爆气球"(blowing up balloons)，允许他们和书中[例如，《芭蕾小精灵》(Angelina Ballerina)]，电视里[《小猪佩奇》和《托马斯小火车》(Thomas the Tank Engine)]，或是电影里[例如，《小汽车》(Cars)]出现的人物共同玩耍，以此帮助他们了解事物的不同表现形式，不同的出现地点。举个例子，当蒂娜(Tina)在应用游戏中给芭蕾小精灵穿芭蕾舞裙的时候，她说她还有一本芭蕾小精灵的涂色书，她把芭蕾舞裙涂上了粉色来搭配小精灵。

在这些游戏性探索中，成人以不同的方式帮助儿童学习(Yelland and Masters，2007)。他们对儿童的支持表现在：①技术方面，告诉他们如何使用平板电脑，以及帮助他们了解游戏固有的不同特征；②认知方面，鼓励儿童表达他们的想法；③社交方面，支持他们和其他儿童进行游戏化的交流与互动。这些是以游戏为基础的项目的重要组成部分，因为如果没有这些辅助，最初使用平板电脑时遇到的复杂问题，就会让儿童却步。就像在积木区玩乐高一样，儿童在平板电脑上玩乐高，并且交流他们是如何通过"点击"屏幕将乐高拼接起来的。同样地，他们可以在地板上、也可以在屏幕上移动一辆卡车，然后大声宣布屏幕上的卡车移动得"更快"！他们可以听"教师"读故事，也可以听到电子书中不同声音读的故事。他们还可以在书中加入自己版本的故事[《小猪佩奇去游乐园》("Peppa Pig Goes to the Fair")]。

片段 6：4 岁的儿童

幼儿园有一个以游戏为基础的项目。在这个项目中，儿童可以在一系列可利用的材料中选择一个活动，既可以在室内活动，也可以在室外的操场上。室内有绘画的颜料，铺着地毯的读书角，木偶剧院，很多做手工需要的材料，还有一些塑料制品。室外有沙坑、玩水区、儿童可以奔跑的空间，以及各式各样供儿童攀爬的架子。平板电脑放在室内的一张桌子上，因为儿童习惯了自己选择一项活动，然后坐在桌旁完成它。儿童已经适应了在幼儿园里用平板电脑，所以他们开始想是否能在室外使用平板电脑。

最初，似乎都是男孩们在用平板电脑。但是渐渐地，女孩们看到男孩们玩得非常愉快，她们也加入了进来，并且询问是否可以轮流使用平板电脑。一开始，平板电脑能吸引四个男孩聚在一起。他们先是看着其中一个人玩游戏，然后轮流玩。这几个孩子都说，他们家里有平板电脑，会玩一些特定的游戏，比方说，"剪断绳子"（Cut the Rope）和"我的水在哪里？"（Where's my Water?）这些是很多成人和儿童都喜欢的复杂游戏，我们没有为4岁的儿童提供这些。第一周，儿童玩了我们提供的应用游戏，他们做了（电子的）杯子蛋糕，在迷宫里和小老鼠一起玩，和"游戏学校"中的木偶互动，或是轻扫屏幕，切换到其他游戏上，因为他们有自己喜欢的拼图游戏，或是一个很"酷"的用字母拼写单词的游戏［例如，"超级为什么！"和"数字火车"（Number Train）］。他们还喜欢画笔（Brushes）（绘画），完成动物拼图，或是一系列识字，数数的应用游戏。

儿童想要探究每个应用程序的潜力，他们要么是独自探索，要么是和朋友一起，弄懂这个应用程序是什么。他们总是两个人或多个人一起，按照顺序依次玩游戏。

以游戏为基础的幼儿园项目所设计的活动都让儿童自由选择，通过对话或合作性活动（用积木搭建一个车库）和他人互动。将平板电脑加入这些活动中，又代表了另一种新活动，它使儿童能够去玩耍、去探索，创造了很多儿童学习事物、了解人、接触不同看法的环境。虽然活动不同，但游戏模式却惊人地相似。一些游戏鼓励个体游戏（如读书、穿线），而另一些游戏则更具创造性，开放性（例如，绘画、用盒子制作模型），或需要身体活动（例如，攀爬、玩沙、玩水）。儿童在室内室外都可以使用平板电脑，因此它既适合个人活动，也适合集体活动。平板电脑还为儿童提供了很多环境，他们可以和成人交流他们正在做的事情，预测接下来可能发生的事情，或者在互联网上搜索信息。

这个项目的观察记录显示了使用应用程序时展现的一些游戏模式。

• 个体游戏（solitary play）通常出现在那些有具体目标的游戏中（如拼拼图、拼写单词、数数）（请看观察记录1）。

观察记录1

到兰德尔（Randall）的顺序时，他选了芭蕾小精灵的应用程序。在这个应用程序中，芭蕾小精灵会想到一朵花（比方说一朵雏菊），这时屏幕上会出现很多气泡，玩家需要用手指点击只装有雏菊的气泡。芭蕾小精灵想到的花儿会一直变化，变化的速度是根据玩家点击花朵的正确率来控制的。正确率越高，屏幕上出现气泡的速度就越快。在游戏开始的时候，兰德尔点击了所有从屏幕上方落下来的气泡。我告诉他，在这个游戏里，他只需要点击装有芭蕾小精灵想到的花朵的气泡。他立刻明白了规则，开始只点击正确的气泡。

完成一次游戏后，他(使用主页键)离开了这个应用程序，选择了数火车(Counting Train)(玩家需要在 3 个选项中选择正确的数字，然后将数字放到对应的火车上)。他能够将正确的数字从屏幕的底端拖拽出来，然后把它放到数字火车上的正确位置(例如，他移动数字 4，把它放在数字 3 和 5 之间)。当他找到正确答案的时候，他非常高兴，激动地说："我答对了!"当应用程序祝贺他回答正确时，他开心地笑了。他玩了一会这个游戏(大概两到三分钟)，按住主页键退出了这个游戏，重新选择了数数的幼儿游戏(TallyTots Counting)。在这个数数游戏中，玩家需要在数字 1 到 20 中选择一个数字，然后开始数数，一直数到这个数字。同时，还要完成一个任务，如将 10 个橡子放到一只小松鼠的嘴里。他从数字 2 开始，按顺序点击数字，并完成各个数字任务，一直玩到数字 10。每次完成一个数字任务，他都看起来对自己的努力特别满意，激动地大声说："我做到了!"数字 10 对应的任务结束后，他直接跳到了数字 20，完成了数字 20 的任务。随后，屏幕上出现了由很多萤火虫组成的数字 20。罗拉(Rory)大声说："我做出了这个数字!"随后他又从 20 倒着数到了 16。

平板电脑活动和其他活动一样，可以引发对话(请看观察记录 2)。

观察记录 2

一些孩子在玩平板电脑的时候，其他观看的孩子会和我交谈，更多的孩子会离开其他活动，慢慢走向我——和我简单地交流，或是给我展示他们刚刚做的了不起的事情。例如，爱丽斯(Iris)从制作杯子蛋糕的游戏联系到了实际生活，告诉我她周末在家和妈妈一起做了杯子蛋糕，就像罗斯(Rose)现在正在玩制作杯子蛋糕的游戏一样；当露西(Lucy)在平板电脑上画素描的时候，兰德尔给我看了他刚刚画的画；简(Jane)给我介绍了一本她正在读的书，并且和我分享了她在午餐时都吃了什么；罗斯和爱丽斯告诉我她们在室外搭了一个小房子。这种形式的互动有利于刺激儿童脑中的各类联结，有助于儿童使用和扩展语言。

4 岁的儿童喜欢冒险，有毅力；他们能够分享着使用平板电脑，证明自己的自控能力(请看观察记录 3)。

观察记录 3

罗斯身边围了一群孩子，在看她玩制作杯子蛋糕的游戏。有些孩子试着想要触摸屏幕，但是她不喜欢。她说："不要摸……现在轮到我在玩!"威尔(Will)建议她选择绿色的糖霜："绿色、绿色、绿色……"(他一直在说。)

罗斯选择了淡粉色的糖霜。威尔绝望地说道："啊，我错过绿色的了。"维纳斯(Venus)建议罗斯说，她选择放在杯子蛋糕顶部的糖果很不健康："糖果对身体不好，因为你会生病"。说完，爱丽斯开始说起糖果对身体和牙齿有多不健康……当轮到兰德尔玩平板电脑时，罗斯把平板电脑递给他。但她继续待在兰德尔身边，看他玩游戏，然后加入了新的对话中……

　　一些儿童想要找到一个应用的更多信息。例如，当一群男孩在玩愤怒的小鸟(Angry Birds)游戏的时候，其中一人建议他们在网上找到这个游戏的更多信息，他说在家他和他的父母就是这样做的。我们支持他们的探索行为，为他们在浏览器中找到了谷歌搜索，并在搜索栏输入文字，引领他们在网上找到一系列有关愤怒的小鸟的周边游戏视频，还找到了一个短视频，是很多愤怒的小鸟在太空里快乐地飞翔。教师娜欧蜜(Naomi)指出，相比于只是用平板电脑玩游戏，她对使用平板电脑去探索的这一潜力更感兴趣。她希望能够在项目中增加如何用互联网搜索信息，比如说儿童在操场上看到一只蝴蝶后，对蝴蝶是怎样由蚕变化而来的感兴趣。这时就可以用互联网搜索信息。她还意识到平板电脑的另一个作用，就是用它记录电子照片和电影，随后可以把他们制作成书或电影，让大家一起观看，从而引发对话。

　　娜欧蜜老师告诉我们有一天发生的一个情景，表明了平板电脑对一个男孩的学习产生的积极的影响(片段7)。

片段7：娜欧蜜的反思记录

　　欧文(Owen)今天来幼儿园时，有一个他想要完成的项目计划。他告诉我："今天我真的很想做一套格里弗斯将军(General Grievous)的服装。"因为我不太确定格里弗斯将军是谁，我问欧文他长什么模样。欧文告诉我格里弗斯将军是克隆人战争(Clone Wars)里的(一个角色)，他有四只胳膊，用拿激光剑。我问欧文他能否为我画一幅格里弗斯将军的画像，让我能更好地知道他的长相，从而帮助他制作服装。欧文不想画肖像，继续向我描述这个人物。他对这套服装的样子有着明确的想法。之后我建议，我们可以用平板电脑搜索格里弗斯将军的图片，来帮助我们制作这套衣服。欧文认为这是个好办法，于是我们一起搜索。他找到了一张满意的图片后，我们开始做衣服……

　　在这个例子中，平板电脑作为一个有价值的资源，帮助欧文实现了他的目标/计划。他来到幼儿园时，满怀热情、急切地想要按照自己的兴趣来完成一件事(总共花费了大概两小时)，这是多么有意义啊！

　　有关幼儿园中4岁儿童使用平板电脑的主要发现，可以总结如下。

The Excellence of Play

- **平板电脑上经过筛选的应用程序为个体游戏和社交性游戏提供了环境和机会。**平板电脑并没有将儿童和与其他同龄人的互动隔离开来，相反，它把儿童聚集在了一起。儿童通常是同龄人对同龄人的教育者，他们支持和帮助其他人参与到应用活动中，找到使用平板电脑的方法，给其他人展示如何控制声音，如何切换屏幕页面，如何回到主页等。

- **平板电脑为儿童之间以及儿童与成人之间的对话制造了机会。**平板电脑通过共同的兴趣或是关注点将儿童联系在了一起。儿童喜欢交流他们正在玩的游戏。对于一些儿童来说，这是与同龄人建立互动关系的好方法。

- **平板电脑上的游戏具有自我控制和坚持不懈的特点。**我们注意到当儿童在玩平板电脑的时候，他们展现出了强烈的专注力，聚焦于手边的任务。在某些任务上很难聚精会神的儿童，在玩平板游戏的时候，却完全没有这方面的困难。

- **应用程序让儿童有机会接触，并开始使用（学校）学习所需的基础技能。**儿童在很多探索性游戏中找到他们喜欢玩的游戏后，通常会在一段时间以后再玩一遍，来巩固他们的学习和理解。这和儿童重温想象游戏的一个主题或用积木搭建楼塔是一样的——每一次回顾和重温，他们都能学习到新东西，和/或对游戏有更深的理解。

- **儿童能够体验多种多样的学习模式。**平板电脑使儿童有机会自己选择他们想要以何种方式参与到特定的学习体验中。很多儿童喜欢用平板电脑拼拼图，也喜欢去"摆放拼图的桌子"上玩拼图。他们说他们更喜欢平板电脑上的拼图游戏，因为"更有意思"！

结 论

当我们考虑如何在 21 世纪重新给游戏下定义时——并且明确提到计划性和自发性活动中的学习时——我们需要的不仅仅是阐释游戏的固有优点，它能自动地和学习联系在一起。我曾提议（Yelland，2011），伴随着新技术的游戏性探索，可能包括儿童和包含教师在内的成人的交流，造就了儿童早期教育的动态教学机会。我们需要提供能让儿童体验不同表现形式的环境，创造机会让他们对世界形成新的认识。

对家长和教育者而言，挑战就是保持虚拟世界和真实世界的平衡（Yelland，2007）。家长们经常会说他们担心新技术会夺走孩子在"真实"世界的体验。这取决于家长，由家长来保证这不会发生。儿童应该有机会自己选择，但是家长和其他成人要能够创造不同的环境鼓励儿童进行游戏性探索，让儿童使用各式各样的学习材料获得更多的学习机会。通常家长会认为，他们买了一个玩具或软件，他们的孩子就会自发地去玩，不需要成人干涉。这种情况也许会发生，但是也有例子证明，一个新玩具可以成为家长或是其他成人和孩子进行互动的共享学习环境。这个过程中产生的对话可以带来一系列积极的结果。例如，成人可以创建环境以扩充儿童的语言或词汇，可以提出探索性的问题，帮助儿童学习具体的概念，并希望儿童能够适当地理解抽象概念，引导他们向更高层次的思考和认知水平发展。

本文所列的例子解释了游戏性探索的含义，阐明了在将不同看法、（多种方式的）资源和人物融入活动中时，创造的不同的学习途径。新技术提供了十分吸引儿童的环境，并有潜力扩展其学习体验。新技术可以被看作儿童与儿童之间、儿童与成人之间互动交流的催化剂，它使儿童把不同的表现形式连接在一起。同时，有利于儿童更深刻地理解概念和经历。

游戏性探索可以由成人辅助，并且它可以在新环境和研究中得到扩展，但这要依据儿童的兴趣点。这些新的游戏世界使儿童不仅可以理解新概念，还能深刻思考不同的身份特点以及如何同其他人交流。这个学习类型补充、扩展了"真实"世界中的三维游戏性探索。幼儿教育者通过互动和提供资源辅助儿童赋予事物意义，鼓励他们用新技术建立不同表现形式之间的联系。

思考题

1. 在幼儿园中，你提供了哪些游戏性、技术性探索？

2. 在幼儿园中，你是如何为儿童提供一系列不同的、技术方面的体验？

3. 你提出的探索性问题如何？能否帮助儿童学习具体的概念，使他们建立适当的抽象概念，引导他们进行更高层次的思考和认知？

4. 你发现了哪些可以支持游戏性、技术性探索的方法？

参考文献和延伸阅读（加粗文字）

Carr, M. 2001. Assessment in Early Childhood Settings: Learning Stories [M]. London: Chapman.

Yelland, N. 2007. Shift to the Future: Rethinking Learning With New Technologies in Education[M]. New York: Routledge.

Yelland, N. 2011. Reconceptualising play and learning in the lives of children[J]. Australasian Journal of Early Childhood, 36(2): 4-12.

Yelland, N. and Masters J. E. 2007. Rethinking scaffolding with technology [J]. Computers and Education, 48(3): 362-382.

第二十章 数学和假装游戏的生态学

莫福来·沃辛顿/文　贾晨/译

摘　要

　　社会性假装游戏被看作最高等级的游戏形式，它使儿童将文化经历同想象力联系起来，并帮助其理解象征性意义。相反，学术科目无法妥善地设置于儿童早期教育阶段。事实上，它通常会让游戏、数学、读写能力相互分离、互不相关。

　　高质量的、自发的假装游戏能够提供有潜力的、丰富的、社会生态文化环境，使社会性和文化性的学习得以发展。同时，它揭示了儿童文化性的数学知识的起源及其自然发展的过程。没有成人设定的要求和目标，儿童的假装游戏总是意义丰富的、包罗万象的、充满智力挑战的。

导　言

　　游戏、数学、读写能力，一直以来都是教育者们研究和辩论的中心。然而，在英国，教师们长期受到日益增长的政治压力，要求他们提供少数技能的"证据"，游戏的重要性总是被忽视。这种压力显示在不断变化的课程大纲和具有局限性的考试文化中。实验证据表明，这些压力使学校越来越注重形式，认知任务经常被认为比游戏更重要（Brooker，2011：156）。由成人主导课程的形式环境和以"学习技能为基础的"教学脱离了有意义的情境，无法为儿童提供社会性和文化性意义。这导致了儿童对数学的理解只停留在表面，脱离了数学在真实世界中的应用，与数学不断疏远（van Oers，2012）。

　　英格兰的早期教育应是从出生到 5 岁。然而，在一个非常提前的年龄，4 岁时，儿童离开家或是幼儿园，进入学校。事实上，早期儿童教育的文化和意识就在这时停止了。教师使用的语言也发生了变化，从在幼儿园时重点是儿童及其游戏和学习，变成学校中的课程目标与课程计划的语言（Carruthers，2014）。对于许多儿童来说，学校中的游戏仅仅是成人主导任务中的一个短暂的喘息机会。可即便有这个间歇，也总会被一系列作业打断，或是由于学校日常活动的要求被缩短（Moyles and Worthington，2011）。

生态文化的影响

生态学指的是生物体（包含人类）与其所在环境间的相互关系。这种相互关系的本质显然影响了儿童"在真实环境中获得真实意义"（Bronfenbrenner，1994：38）。布朗芬布伦纳认为，包含文化知识的活动使"积极的、初步发展的人类有机体与其周围环境中的人、物体、符号之间的相互作用变得越来越复杂，逐步发展更加复杂的、双向的互动"（Bronfenbrenner，1994：38）。

布鲁克提出，通常，"在家中学到的知识和技能都来自特定的文化，它和学校文化的相似度也许不高，所以儿童自身带到学校的'文化资源'通常是看不见的"（Brooker，2010b：34）。类似的担忧引起了摩尔等人（Moll et al.，1992）的关注，他们认为儿童的家庭文化知识或是他们的"知识储备"，对他们在学校的学习和游戏都是十分重要的（Riojas-Cortez，2000）。

功利主义认为游戏是通过教学法的方式，来实现某个具体的学习目标。与功利主义不同，用生态文化的立场来看待假装游戏（通常也被看作"角色扮演游戏"），它认为假装游戏是"学习未来所需能力的媒介"，德拉蒙德将它看作"游戏统治下的认知学习"（Drummond，1999：53，引自 Rogers，2011：5/15）。几个研究调查证实了这一点。但是数学应用在计划性的假装游戏中的证据不多（参见 Worthington and van Oers，2014）。相反，本章描述的研究发现表明，自发性游戏可以支持儿童的兴趣、积极性、思考和数学学习。儿童在社会性相互合作的环境中整合文化知识，如游戏，避免了将学术学习和社会性学习一分为二。它关系到高质量的学习，并对儿童产生积极的效果（Siraj-Blatchford，2010）。

伍德（Wood，2010）强调儿童游戏的意义："可以用由里到外的角度来看。"这源于应急/响应方法，它将儿童的文化实践、价值和目的放在特别的位置上（P.11）。罗杰斯提出，相对于只是简单地将游戏看成是打着"以游戏为基础的学习"的幌子，其实质是传递课程的媒介，我们首先要做的是要从儿童的角度来看待游戏（Rogers，2010：163）。这可以被描述为"关联教学法"，它

……允许不确定性和可能性，我们应记住对于儿童来说，参与到游戏中的一个基本原因，可以和你喜欢并且感兴趣的人共度时光，从而建立联系……游戏将儿童放在了首位，而非课程。它更多地关注民主的创造性、文化融合的教室，而不是文化和行为的一致性。（Moore，2004：121，引自

239

Rogers，2011：14)

社会性假装游戏和文化学习

社会性假装游戏提供了一个具有潜力的、理想的将社会知识和文化知识交织在一起的环境：它是儿童早期的"重要活动"，为"儿童向新的、更高层次的发展"铺平了道路(Leont'ev，1981：369)。列滕耶夫认为，在儿童大概 3 岁的时候，"他们开始萌生了想要表现的像一个成人一样的需求。"范(Van Oers)将参与到文化实践中看作一个"具有生命力的角色"或是模仿性的参与(imitative participation)……对一个有生命力的角色的模仿，创造了一个自发性的，并且需要自身参与其中的学习机会(Leont'ev，2012：144-145，original emphasis)。根居等人(Göncü et al.，2007：161)强调，年轻儿童的活动"反映出普遍的文化实践"的程度。例如，调查研究中的一个孩子阿亚安(Ayaan)，她在一个大托盘里玩水和贝壳，她的老师观察记录了她的活动(片段 1)。

片段 1

阿亚安似乎是在用传统方式给她的家人准备米饭。她用少量的水淘洗粮食：这一步骤花费了一些时间。阿亚安的婶婶说淘米可以把米中不需要的杂质筛选出来。在英国，是不需要这个淘洗步骤的，因为在制造过程中，机器会完成这个步骤。可是很多非洲(尤其是索马里)家庭可能仍旧把淘米作为传统和习惯的一部分。

数学濡化和符号语言

假装游戏的一个重要方面就是符号学调解——使用一个物体代表另一个，这是儿童自身符号表征的基础——如绘画、地图、写作，以及儿童的非正式数学符号和文本——以某种方式具有意义，并且永远对自身有意义。

列滕耶夫(Leont'ev，1981)观察道，"一个儿童的发展的中心内容是它对人类历史发展成就的挪用，包括那些人类思维和人类知识(p.311)"，如数学。穆恩和克林伯格(Munn and Kleinberg，2003)强调，鉴于儿童能够轻易地"被传授算数技术"，如果他们不知道这些活动目的的更广泛意义，那么他们的自发性学习将会被推迟(p.52)。这些文化规律关心"如何运用一个体系，以及它在我们的文化中扮演怎样的角色……(它们)大概是儿童学习的最重要的事物：如果不理解这些，儿童就有风险会被滞留在无意义的活动海洋中"(Munn and Kleinberg，2003：51/53)。

在读写萌发理念以及休斯(Hughes，1986)开拓性工作的基础上，卡拉瑟斯和沃辛顿做了大量的调查，研究儿童的非正式数学符号和表征，逐渐演变成儿童数学图形(children's mathematical graphics)的教学理念。他们的研究详细记录了在不同环境(如 Carruthers and Worthington 2005；2006；2011；Worthington，2009)、不同游戏(如 Worthington，2010；Worthington and van Oers，2014)中，儿童通过他们的符号和表征来理解数学。

家庭的社会性和文化性实践

本章探索了在家庭和幼儿园这样的环境中，年轻儿童自然而然接收到的生态文化影响，是如何影响他们进行假装游戏的，以及他们在幼儿园中，如何自发地将数学和图形应用到他们的游戏中。本章所依据的纵向数据来源于英格兰西南部一个大城市的儿童中心下设的幼儿园。人种论的案例研究关注儿童的假装游戏和数学，以及他们自发地运用符号和视觉表征进行交流。本章中对儿童游戏的誊写直接取自教师们的手写观察记录，记载于每个儿童的学习日记中。

案例研究中选取的 7 名儿童年龄在 3～4 岁，都处于幼儿园生活的最后一年。其中 3 个儿童的游戏记录的特点证明了恩格尔(Engel，2005)描述的"是什么"(或者是"好像")：当儿童参与到假装游戏中时，他们卖冰激凌，在咖啡馆中排队，或玩保险箱，他们的谈话、符号及意义详细阐释了他们的真实生活。儿童探索到的数学概念涵盖了课程的所有方面，数字、数量、计数，金钱经常出现在他们的游戏中。这表明，这些方面是他们在家庭中最经常遇到的。时间、长度、距离、方向、速度、重量、温度、形状、空间和容量也出现在他们的游戏中。

阿亚安的家庭文化

阿亚安的家庭来自索马里：她同她的妈妈、爸爸和 4 个兄弟姐妹生活在一起。阿亚安和她的妈妈，其他女性亲戚以及妈妈的朋友们一起度过在家的时光。在她们客厅的墙上，很多可兰经的文字被高高挂起，以显示她们的尊重。不上幼儿园的时候，阿亚安经常看电视、逛街、准备食物、去公园、照看年轻的弟妹，这些组成了她的一天。阿亚安同她的哥哥一样，非常热衷学习阿拉伯语。在卧室的一角，放着一块大黑板，阿亚安的婶婶在那里教她阿拉伯字母。她的爸爸开出租车。在他回家的时候，阿亚安和她的兄弟姐妹都会大声地帮着他数今天的报酬。

假装游戏：阿亚安的冰激凌

接下来的学习片段是根植于家庭活动的假装游戏的例子；它将购物和

使用金钱结合了起来。冰激凌商店的游戏是阿亚安最喜欢的假装游戏,整个夏天,她多次重复这个游戏。阿亚安这时候正在学说英语,尝试使用"分钟"和"英镑"。她的老师认为经常性的重复这个游戏可以帮助阿亚安学习英语口语,增强她的自信心。

片段2

这两周,阿亚安一直在露台上玩耍,透过窗户,假装向其他儿童卖冰激凌。今天,当一个孩子回答说"是的"的时候,阿亚安说"卖没了",又加了一句"我再做一个"。随后她收集了很多石子,假装做了一个冰激凌,阿亚安问塔里克(Tariq)他想不想要一个冰激凌。她将一个想象出的冰激凌递给塔里克,接着按住收银机上的按钮说,"50分钟。"接着,阿亚安在笔记本上画了虚线,没写任何字。

当阿亚安再一次玩冰激凌商店的游戏时,她说"50分钟,谢谢"。当一个孩子递给她"1英镑的时候",阿亚安说"请给我50英镑"。

图20.1 阿亚安正在卖冰激凌

在全世界的教育环境中,普遍的做法是由成人规划教室中的一个区域,提供资源,让儿童进行假装游戏,这个区域会维持几个星期。在这个模式中,成人决定了游戏的重点(如一个医院),期待儿童做有关医院方面的事情。然而,尽管许多年轻儿童会对医院、邮局、鞋店或医生很熟悉,但是它们很少联系到年轻儿童发自内心的、当下的个人兴趣和经历。相反,这个研究中对儿童游戏的描述揭示了他们最近生活经历中的真实的一面,是他们与亲近的人共同经历的。

对儿童游戏的记录包括进入停车场、杂物店、饭店、入口登记、见到邮局工作人员、快递人员、建筑工人和露营。因为儿童是直接参与到这些经历中的，所以儿童明白是否（什么时间和为什么）需要包含数学或图形、使用语言、记号和符号，用他们认为相关的、明确的方式去和别人交流自己的想法。这些都不是由教师规划或建议的。布鲁克认为这样的游戏要依赖于成人对儿童的看法，要将儿童"看作有能力的个体，他们能够通过和他人的合作，使用文化工具，给自己在世界中的经历赋予意义"（Brooker，2010a：44）。

儿童在假装游戏中使用符号语言

维果茨基称"书写对儿童来说应该是有意义的……，他们的内在需求应该被唤醒……书写应该被包含在一个任务中，这个任务是与生活紧密相连、密不可分的。同样，在儿童学习说话的时候，他们也应该能够学习阅读和书写……书写应该是她游戏中必要的一部分。书写的教授应该是自然的……应该是被'培养'出来的，而非'强加的'"（Vygotsky，1978：118，original emphasis）。同样的道理可以应用到儿童早期的数学符号"书写"语言上。年轻儿童面临的难题是"学校"数学的语言和图形表征无法匹配他们当前的理解，这一点在休斯（Hughes，1986）的研究中得到了证实。不把假装游戏看成是为了满足特定的课程要求，本章中探讨的模型表明，在自主学习环境中，开放式、自发性的假装游戏，能够促进儿童学习文化、数学和读写能力的知识。

家庭和幼儿园文化

片段3：谢林（Shereen）的家庭文化

谢林的家人来自菲律宾。她喜欢在家看儿童视频光盘（DVD），跟着音乐跳舞，与弟弟一起玩耍。在谢林家，购买食物、准备餐饭、做饭、吃饭或者去餐厅吃饭都是很重要的事。去谢林家拜访的时候，谢林的奶奶（从菲律宾来探望谢林）给了作者她刚刚做好的一碗面条，这凸显了食物在谢林家的中心地位。谢林非常精通绘画和写作，她很骄傲地展示她的这些技能。

假装游戏：谢林的咖啡屋

儿童在交流时选择使用的图形记号和符号是儿童数学图形与发展理解数学的中心，片段4的例子明确阐述了这一点。

片段4

谢林决定在幼儿园的花园里开个咖啡馆；她自己的角色是"服务员"，

她记录下客人点单的情况，并且解释还有什么食物可以点。谢林找到她的朋友们和艾玛(Emma)老师，询问她们要点什么，她在笔记本上画了很多波浪线。过了一会儿，她转身去问艾玛："你想吃什么？有米饭、巧克力、蛋糕和鸡肉。"艾玛说她不想吃鸡肉，接着谢林给"鸡肉"画了个记号，之后用笔把它划掉了，她解释道："这个 x(叉号)表示不要鸡肉。"

一会儿，谢林又进一步问了一些问题，艾玛说，她本来想要点鸡肉的。可是谢林指着她刚刚画的"x"说："你看！不要鸡肉！"

谢林找到她刚刚画叉号的地方，提醒艾玛这个叉号表示的意义，又问她："你要来点儿蘑菇吗？"之后，她指向她画的蘑菇的地方，解释道："看，有一个对号，这说明我这里有蘑菇"，又说道："你要冰激凌吗？它是3、4。"

图 20.2　看！不要鸡肉！

对于这个调查研究中涉及的儿童来说，他们很自然的，也经常选择通过图形来表达他们的想法——例如，在范围更大的调查中涉及的 7 个孩子，在这一年中都使用了图形交流，几乎占据了他们假装游戏的一半。他们自由地使用了一系列非正式的记号(涂鸦式的记号)；符号语言的记号(例如，之字形线代表书写)；字母和类似数字的符号；他们也使用了标准符号，如箭头、叉号和对号(就像谢林一样)。同时，他们的文字表现了不同的类别，包括(增添到本章中已涉及的那些类别)通行卡片、停车的符号、写说服信、支票、收据、登记、预定露营地、购物、停车，电影院"开门"和"关门"的指示牌，地图和计划、收据和购物清单(Worthington and van Oers，2015)。很多类别都是由儿童在他们游戏中探索时遇到的数学概念引起的。

埃塞克(Isaac)的家庭文化

埃塞克是独生子。他总会看他爸爸做木工活,也会参与其中,一起装修他们的房子。这些工作大量使用了工具,引发了数学对话,如计算和测量木头,画出正方形,按角度切割,使用水平仪。在家里的厨房里,埃塞克有他自己的工具和工作台,与他爸爸的工作台挨着。

埃塞克对很多技术都非常感兴趣,并且在这方面知识丰富,包括像相机、扣锁、保险箱这样的安全小配件。他最喜欢的睡前读物是一个建筑工人的交易目录,这一直持续了两年多。埃塞克和他的爸爸有很多共同的兴趣,像露营、骑摩托车、开火车。埃塞克的文化学习隐藏在他们各种各样共同感兴趣的活动中。埃塞克的爸爸现在经营一家当地的小啤酒厂,工作包括送货、开发票、付款及数现金,埃塞克参与了所有有关读写能力和数学的活动。

在所有社会中,年轻儿童的文化知识都会自然而然地包含他们家庭日常生活和劳动的方方面面,如准备饭菜或照顾婴儿。有时,儿童会看着他们的父母工作,或是同他们一起干活,如木匠活儿,或在地里干活(见 Goncu and Gaskins,2007)。有时,一些儿童的经历会被边缘化(观察、意识),有时他们会作为小学徒亲身参与(Lave and Wenger,1991)。约翰-斯坦纳提出:

> 向身边的一位知识渊博的伙伴学习,可以更有效地发展一种特定的思维语言,比从书本、课堂或是科学展中学习更有效。这种正式或非正式的学徒关系的核心在于让儿童开始接触人类生产力的外在活动,同时开始领悟隐藏其中的思维过程。(John-Steiner,1985:200)

根居等人(Göncü et al.,2007)认为,年轻儿童的家庭文化知识财富说明"游戏相关理论应该被放置于儿童所处的环境中",同时要考虑儿童所在特定社区的独特视角(2007:175,emphasis added)。

假装游戏:埃塞克、杰登(Jayden)和保险箱

埃塞克的老师艾玛给幼儿园买了一个小保险箱,不仅用来支持埃塞克的兴趣,同时也让其他儿童去探索发现。几天后,她观察、记录了下面的游戏情景,包含了丰富的数学知识(见片段 5)。

片段 5

杰登和埃塞克搬了一个小柜子,把它当作保险箱。他们在上面放了一个键盘和一个写字板。他们用手推车运送积木。当另一个孩子拿走一块积

木时，杰登就在他的写字板上画一条波浪线。之后他把纸拿下来，放进保险箱，在键盘上敲击几个键。每次有孩子移动木块时，他就会重复这个动作。

埃塞克说："这个是保险箱。这儿有一把钥匙，只有一把，你按住这里，它就打开了。它需要一些数字，其他人都不知道，1，1，8，7，0，6。这些数字有点难记。"

杰登把一些真的硬币和游戏用的支票放进保险箱，埃塞克把计算器固定在了柜门上，说道："你需要按这个按钮才能打开保险箱……是 4，9，7，9。"杰登按了一些数字，然后在柜门打开的时候，自己发出了"哔哔"的声音。之后他关上门，问："关闭的号码是多少?""1，9，5，2"，他一边按计算器上的键，一边读出数字来。

随后杰登说，你要给我"1，9，5，2"，当艾玛说她没有足够的现金但是可以写一张支票时，埃塞克说："我需要好几百磅!"艾玛从她的钱包里找到了一把硬币，杰登说："好的! 我们需要把盒子装满，你要给我 1560 磅"。

在他们的"保险箱游戏"过后几天，埃塞克决定记录从积木区拿走的积木的数量，"一、二、三，拿走了!"记下来以后，他把它们放在了保险箱里。

罗格夫强调，当儿童处在能够接触到成人生活各个方面的社区中时，"儿童……

图 20.3 输入数字，开启保险箱锁

通过他们的观察和在成熟活动中的不断参与进行学习。"(Rogoff，2003：301)每个儿童的自身特点不同，他们接触到、参与到的活动也不同："他们有什么样的机会去观察、去学习也根据他们是否被包含在全部社区活动中而有所不同"(Rogoff，2003：298-299)。尽管史密斯(Smith，2010)认为，处在一些文化中的儿童可能比其他儿童有更多的机会去观察或参与成人的工作。

学习环境

环境这个词的意义远比指身体所处的环境和拥有的资源更广泛，它包含校长和教师们的理念价值和共同信仰(MacNaughton，2005；Dahlberg，et al.，2007)，有助于形成一个地方的风气。威廉姆斯等人(Williams et al.，2014)以布朗芬布伦纳的理论为基础，研究了幼儿园中教师工作和儿童学习之间的相互关系。他们发现教师要么将重点放在儿童的社会性知识学习上，要么就是将学习看作社会性知识和认知知识的整体，这是"一个综合的学习方法"(2014：1)。那些采用"社会性教学（整体）导向"的老师，避免了直接的"可以在学前教育阶段经历的科目学习"，更加重视"社会能力的学习和游戏……"对于这些教师来说，不是两种教学方法二选一，而是为儿童在各个领域的全面学习创造条件(Williams et al.，2014)。

本次研究中涉及的幼儿园教师采取的是全面学习的观点，其突出特点就是合作与交流，鼓励儿童有自己的想法，通过丰富的对话支持他们发展复杂的思考过程，而不是固定在完成课程目标上(Worthington and van Oers，forthcoming)。游戏包含的内容很多，儿童自己的图形和数学都得到了重视，他们的书写、绘画、地图和数学图形到处可见。教师们都对早期教育的这些方面有着丰富的知识，在记录儿童游戏和学习方面也很有经验，他们记录下来的观察记录为自我反省和共同学习提供了有价值的工具。在这个幼儿园中，没有设定一个指定的区域让儿童进行假装游戏：不管是室内还是室外，儿童们可以在任何他们想在的地方玩耍。当（如果）他们在游戏时觉得需要，就会收集手工制品和工具。成人通过表示出兴趣、为儿童个人兴趣提供资源支持，创造数学和图形丰富的环境，通过每天真实使用图形做示例来辅助儿童的假装游戏。坎普(Kamp)重点强调"一些游戏类型允许的自由创新也许有明确的文化优势，特别是在成人角色是开放型的社会中"(Sutton-Smith，1976)，使这类游戏的特点为"适应性增强"(Kamp，2001：19)。

讨论

英格兰的很多有关儿童早期教育的政策，并不能帮助年幼儿童有效地理解、学习数学，理解数学的支持截然相反，尤其是文化性数学知识和抽象的数学符号图形语言。这种情况在学校中 4～6 岁的儿童身上表现的更加严重，尤其是有关早期的"书写"数学。布鲁克(Brooker)称，想要认真地看待儿童：

我们也许需要基于这些观察记录得出结论，而不是为了满足课程的学习目标，规划而指定游戏活动。我们需要做的，仅仅就是给儿童空间，让他们可以自己选择对他们重要且有意义的活动，给他们提供他们需要的资源，让他们以自己的方式，规划自己的时间完成目标。

(Brooker，2011：162)

与完成规定任务不同，高质量的假装游戏能够通过提供一个强大的濡化环境来促进数学(和读写能力)的学习。在这个环境中,儿童可以学到教学所需的日常概念,以及学校知识的"科学"概念(Vygotsky,1978)。

我们本章探讨的这些研究发现揭示了一个有趣的悖论:游戏是自由的,无须成人计划和设定目标的,儿童是自发性参与的。而假装游戏却通常是丰富的、可持续的、存在智力挑战的,为文化知识如数学的学习提供了有意义的环境。一个环境的生态系统影响着游戏的质量以及儿童的思考和学习,远超出了任何课程目标、目的或是技能练习,它为假装游戏和数学提供了激动人心的未来。

结 论

有几个重要的生态文化特征,影响着儿童选择探索数学和在游戏中通过数学图形进行交流。首先,儿童的家庭文化知识和他们的假装游戏存在直接联系。其次,开放机会(以及儿童对他们游戏的所有权)有助于高质量、可持续的假装游戏,促进儿童探索和解释文化知识。最后,假装游戏的发生率、可持续性和成功都依赖于儿童早期教育环境中校长和其他教职工的价值观、信仰、知识和实践。

思考题

1. 你对儿童目前的家庭文化知识了解多少?

2. 儿童开始和发展他们的假装游戏的自由度有多高? 他们的假装游戏可以持续多久?

3. 一个星期内,在儿童的假装游戏中,你能记录下来哪些数学语言和图形?

4. 你可以特意做些什么来辅助高质量的假装游戏?

鸣谢

作者十分感谢位于布里斯托尔(Bristol)的红崖(Redcliffe)儿童中心的儿童、家庭、员工和校长,感谢他们分享儿童丰富的游戏和学习。

参考文献和延伸阅读(加粗文字)

Bronfenbrenner,U. 1994. Ecological models of human development. International Encyclopedia of Education, Vol. 3, 2nd edn. Oxford:Elsevier[M]//M. Gauvain and M. Cole(eds)(1993)Readings in the Development of Children, 2nd edn. New York:Freeman.

Brooker,L. 2010a. Learning to play or playing to learn? [M]//L. Brooker and

S. Edwards. Engaging Play. Maidenhead: Open University Press.

Brooker, L. 2010b. Learning to play in a cultural context [M]//P. Broadhead, J. Howard and E. Wood. Play and Learning in the Early Years. London: Sage Publications.

Brooker, L. 2011. Taking play seriously[M]//S. Rogers. Rethinking Play and Pedagogy in Early Childhood Education. Abingdon: Routledge.

Carruthers, E. 2014. The pedagogy of children's mathematical graphics[D]. PhD thesis, University of Bristol.

Carruthers, E. and Worthington, M. 2005. Making sense of mathematical graphics: the development of understanding mathematical symbolism[J]. European Early Childhood Education Research Association Journal, 13(1): 57-79.

Carruthers, E. and Worthington, M. 2006. Children's Mathematics: Making Marks, Making Meaning[M], 2nd edn. London: Sage.

Carruthers, E. and Worthington, M. 2011. Understanding Children's Mathematical Graphics: Beginnings in Play[M]. Maidenhead: Open University Press.

Dahlberg, G., Moss, P. and Pence, A. 2007. Beyond Quality in Early Childhood Education and Care[M]. London: Routledge.

Engel, S. 2005. The narrative worlds of what is and what if[J]. Cognitive Development, 20: 514-525.

Göncü, A. and Gaskins, S. 2007. An integrative perspective on play and development [M]//A. Göncü and S. Gaskins. Play and Development: Evolutionary, Sociocultural and Functional Perspectives. Abingdon: Taylor and Francis Group.

Hughes, M. 1986. Children and Number: Difficulties in Learning Mathematics[M]. Oxford: Basil Blackwell.

John-Steiner, V. 1985. Notebooks of the Mind[M]. New York: harper and Row Publications.

Kamp, K. A. 2001. Where have all the children gone? The archeology of childhood [J]. Journal of Anthropological Method and Theory, 8(1): 1-34.

Lave, J. and Wenger, E. 1991. Situated Learning: Legitimate Peripheral Participation[M]. Cambridge: Cambridge University Press.

Leont'ev, A. N. 1981. Problems in the Development of the Mind[M]. Moscow: Progress.

MacNaughton, G. 2005. Doing Foucault in Early Childhood Studies[M]. London: Routledge.

Moll, L., Amanti, C., Neff, D. and Gonzales, N. 1992. Funds of knowledge for teaching[J]. Theory into Practice, 31(2): 132-141.

Moyles, J. and Worthington, M. 2011. The Early Years Foundation Stage through the daily experiences of children[J]. TACTYC Occasional Paper No. 1.

Munn, P. and Kleinberg, S. 2003. Describing good practice in the early years-a response to the "third way"[J]. Education 3-13, 31(3): 50-53.

Riojas-Cortez, M. 2000. Mexican American pre-schoolers create stories: sociodramatic play in a dual language classroom[J]. Bilingual Research Journal, 24(3): 295-307.

Rogers, S. 2010. Powerful pedagogies and playful resistance: role play in the early childhood curriculum [M]//L. Brooker and S. Edwards. Engaging Play. Maidenhead: Open University Press: 152-165.

Rogers, S. 2011. Play and pedagogy: a conflict of interests? [M]//S. Rogers. Rethinking Play and Pedagogy in Early Childhood Education. Abindon: Routledge.

Rogoff, B. 2003. The Cultural Nature of Human Development[M]. Oxford: Oxford University Press.

Siraj-Blatchford, I. 2010. A focus on pedagogy: case studies of effective practice [M]//K. Sylva, E. Melhuish, P. Sammons, I. Siraj-Blatchford and B. Taggart. Early Childhood Matters: Evidence from the Effective Pre-school and Primary Education Project. London: Routledge.

Smith, P. 2010. Children and Play[M]. Chichester: John Wiley and Sons.

van Oers, B. 2012. Meaningful cultural learning by imitative participation: the case of abstract thinking in primary school[J]. Human Development, 55: 136-158.

Vygotsky, L. S. 1978. Mind in Society: The Development of Higher Psychological Processes[M]. Cambridge, MA: Harvard University Press.

Williams, P., Sheridan, S. and Sandberg, A. 2014. Preschool-an arena for children's learning of social and cognitive knowledge[J]. Early Years: An International Journal of Research, 34(3): 226-240.

Wood, E. 2010. Developing integrated pedagogical approaches to play and learning [M]//P. Broadhead, J. Howard and E. Wood. Play and Learning in the Early Years. London: Sage Publications.

Worthington, M. 2009. Fish in the water of culture: signs and symbols in young children's drawing[J]. Psychology of Education Review, 33(1): 37-46.

Worthington, M. 2010. Play is a complex landscape: imagination and symbolic meanings[M]//P. Broadhead, J. Howard and E. Wood. Play and Learning in Educational Settings. London: Sage Publications.

Worthington, M. 2011. Coomuniceren in rekentaalo: noodzakelijk voor kinderen in hunspel(Communicating mathematically-'necessary' for children in their play). Zone, 1: 12-15.

Worthington, M. and van Oers, B. 2014. Pretend play and the cultural foundations of mathematics[J]. European Early Childhood Education Research Journal, 24(3).

Worthington, M. and van Oers, B. 2015. Children's social literacies: Meaning and the emergence of graphical signs and texts in pretence[J]. Journal of early childhood literacy.

第二十一章 游戏，读写及语言学习

海伦·布拉德福德/文　徐蕊/译

摘　要

本章概述游戏经验在促进幼儿早期关键语言及读写技能发展的重要性，进而阐述了其依据在于幼儿早期已经具有特殊语言能力及读写知识的理解力。本章节讨论以下几个方面问题。

- 幼儿早期语言与读写经验。
- 成人在幼儿早期语言与读写发展中的角色。
- 在游戏化背景下为幼儿提供高质量的语言与读写经验。

导　言

近些年来，学前教育领域受到国际上的广泛关注。其中一个重要的关注点在于早期语言与读写能力的发展，大多数国家优先考虑这一点是由于已有研究认为语言读写技能与后期的学业成就具有相关性(Sylva et al.，2010)。因此，大多数政府工作优先考虑早期语言及读写能力发展，早期教育课程改革中也体现了这一目标指向。例如，英国《早期基础阶段纲要》(DfE，2012)将表达与语言作为其发展措施的一条核心原则。将语言发展作为所有年龄段课程基础目标的原因有二：

- 学前期是语言能力发展的关键期。
- 语言发展为未来学习提供了关键的交流工具。

所有语言都有各自的语音系统，幼儿从出生起就开始接收周围的声音，语言是一个逐步发展的过程，必须要以恰当的方式支持幼儿以实现其最优的发展结果。到了5岁，假设幼儿没有言语困难，他们应该习得了其母语在成人阶段所使用的主要语法(Peccei，2006)。这一点适用于所有语言及文化背景。所有幼儿必须学着说话，然而，语言能力的发展必须通过与成熟的语言使用者的互动支持来完成。因此在幼儿早期，支持、计划、鼓励适龄的对话是十分重要的。

语言对儿童的学习与发展至关重要，不只是因为口语的掌握影响着其早期阅读和写作技能。蒂尔和萨尔兹比（Teale and Sulzby，1986）将儿童早期阅读和写作行为定义为自发性识字。紧接着出现的观点认为，读写能力只在系统化的指导下才得以发展，自发性识字更关注"幼儿个体读写学习的轨迹以及他们趋向传统读写学习的发展阶段。"（Makin，2006：267）自发性识字可以被视为相对来说毫无读写经验的幼儿所经历的过程。此视角中有两条重要概念：

- 儿童生下来是受教育的。
- 它包含了幼儿不断成长的元认知水平这一元素，认为他们在读写能力发展方面具有主动性。（Wray，1994；Jacobs，2004）

在这方面，读写能力发展与学习其功能与构成有关。的确，基于社会文化理论的研究表明，幼儿对读写的探索是通过主动参与社会和文化两个领域而习得的（Compton-Lilly，2006）。因此读写能力发展无论在什么样的读写实践情况下都会发生；幼儿从此在家里或社区开始学习最初的阅读和写作，通过在相应情境下与他人的互动而学习。进而，幼儿至少会在早期获得一些读写功能与目标的知识与理解。

成人在幼儿早期语言与读写发展中的角色

语言

有关成人运用适当策略促进幼儿语言发展方面的研究成果诸多。维果茨基（Vygotsky，1978）描述了儿童作为学徒在社交场景中获得认知发展。换言之，随着语言能力越来越熟练，幼儿被指导着以更加成熟的方式思考并通过与能力更强的人、与周围的文化间的互动进行更成熟的交流。能力更强的他人可以包括幼儿直接接触的社会文化网络中的一部分人，如家庭成员（父母、祖父母、兄弟姐妹），以及玩伴和同龄人。幼儿的语言发展在以下情境下很可能会更强：如果幼儿被鼓励着主动参与对话，提问、假设、想象、幻想、设计、大胆说出梦想，以及倾听故事并给他人讲故事。

成人的角色是神经科学研究发展中的一大特色专题，神经科学是探索幼儿大脑从出生起的潜力和弱点的。在生命最开始的五年内，大脑会发生显著的急速发展与反应。神经学家按照联结主义网络来定义大脑的能力。人出生时，大脑内有数以亿计的脑细胞，但他们彼此并未相互联结。因此脑是不断在进步的，伴随着定义语言能力的早期语言经验。比如，纵向研究和人口研究中的证据指出，学前期是幼儿利用潜在的敏感性对外界做出反应的一个时期；正是语言经验的质量和类型塑造着脑的发展模式，关键性地建立他们在青少年期及成人期"我是谁"的问题（Gammage，2006）。基于大脑的研究也因此支持着神经科学告诉我们的，有关成人在促进语言发展方面的重要作用这一问题与其他领域研究之间的联系。社会及文化方面的语言发展在当今也同样重要，随着儿童通过讲话，学习将自己置身于一个特定的社会背景下，这种情况下，发展语言和自我认知有着密切联系。

为阅读和写作发展一种元语言

布里顿（Britton，1970）指出，有关对话的结构与功能的应用知识充当着阅读和写作进步的基础。首先，儿童甚至在生命第二年以及常用词的表达出现之前，就表现出了广泛的交流能力。比如，梅金（Makin，2006）观察了 10 个 8～12 个月的婴儿在分享阅读的时候与母亲的语言互动情况。梅金研究中的婴儿被定义为"前语言阶段"，他们在交流时会借助附属语言，如发声、身体语言、动作及面部表情。梅金（Makin，2006）还发现，母亲会使用读写教育相关的用词与孩子交流，如"书""页"。婴儿被鼓励着帮忙翻页，一些妈妈会说出"最后一页"或"结尾"。此外，与其他人的社会交往对于语言发展过程来说是很重要的（Vygotsky，1978；Kuhl，2004），因此，起关键作用的成人，诸如父母及早期照料者在支持幼儿语言学习方面具有很大的潜力空间。口头反馈要肯定幼儿的努力并鼓励其继续练习。比如，要包括补充有关语言结构方面的细节以及组织这些内容完成更流利的交流。

戴森（Dyson，1983）观察了口头语言在幼儿早期书写成就方面的作用。她认为，"要想正常书写，儿童必须既能口头说，又能将自己的想法概括成文字。"布雷斯韦尔（Bracewell et al，1982）则认为，口头和书面的讲述都要求同样的认知过程要素，因此典型的认知发展能够揭示出这两种模式中相似的表现形态。比如说，书面讲述在词汇和句子建构方面相较于口头表达而言有种相似但后出现的发展态势（Scott，1991）。阿拉姆（Aram，2006）认为，父母的日常干预，如识别印刷体文字或在孩子试图在家里写字的时候和他们交谈，能够培养孩子对写作特点和功能的理解。这一现象即使是在写作并非为被关注的焦点时也会发生。比如说，父母对孩子说，只要他们写完一份购物清单，他们就可以出去购物了。此时，这位爸爸或妈妈并没有教孩子写字，或干预孩子自己想要写字的意图。然而，他们在传递一个理念，那就是写作服务于特定的目标。

因此，阅读和写作技能的发展是受其与成人的言语互动以及他们自己的行动影响的，言语互动能够促进儿童理解阅读和写作的力量。通过这种方式习得一种元语言来支持儿童浮现出来的对语言使用的理解，阅读和写作的模式也能够发展起来了。

读写能力：阅读和写作

参与阅读和写作练习是儿童文字学习的一个重要阶段。正是通过这种参与，他们逐渐学习到有关阅读和写作是怎样运作的重要概念。他们通过了解打印的文字是在传递信息，从而逐渐理解到印刷是有意义的。比如，书里和周围环境中的文字是由与口语对应的单独的词组成的，这些词在每次看见的时候都是一样的，这些单词是由单个的音节和字母组成的，在英语里，文本是从左到右阅读的。研究表明了家庭参与儿童读写发展的优势。蒂尔和萨尔兹比(Teale and Sulzby, 1986)认为家庭环境是以下三类读写经验的根源：成人与儿童在阅读和写作情景下互动；儿童自主探索识字；儿童观察成人的写字行为。

许多研究，如蒂尔和萨尔兹比(Teale and Sulzby, 1986)，关注到家庭读写实践的社会阶层维度对儿童读写发展的影响，当前研究表明，读写相关的行为与互动的质量和频率以及儿童在家的经历是影响因素，而并非假设一个缺损模型(Sylva et al., 2010)。所有父母都有潜力去为自己的孩子提供丰富的家庭及社区读写活动经历，并且将家庭读写练习和儿童自发的读写知识联系起来。儿童对于印刷文字意向性的理解是与两部分因素相关的，即读写事件发生的频率以及他们本人的参与度，如给他们读一个故事或写一张生日卡。儿童在家里能够学到更多字母的秘密和特定的文字语言形式，因为在家里，家庭成员们会用自娱自乐的方式使用语言。在学龄前阶段开始建构文字形态与概念知识的儿童也自此开启接受正式的读写指导，他们会比没有开始学习的同龄人表现出显著优势。

语言、读写与游戏化策略

既然早期经验能够影响到儿童长期的读写发展，那么为儿童提供高质量的语言和读写情境是非常重要的，游戏就是其中的一种。游戏经验可以促进并支持儿童发展语言和读写技能及理解力，通过以下这两种方式：第一，在他们生活的环境里靠自己独立地去检验他们对阅读和写作功能及目标的假设；第二，靠成人对儿童已知和所表达的兴趣的反应，成人与儿童一同或代替他们所监护的儿童去完成游戏的剧本。视每个孩子为独立的个体并做出适当的回应以最优化其学习与发展是非常重要的事情。

游戏对于早期学习是非常重要的，原因有很多(在第二章中也有阐述)。我们所有人都会把自己想做的事情做得很好，但几乎没人乐意被动地去做自己不感兴趣的事。儿童本能地会被游戏所吸引并能在他们自主选择的游戏中专注较长时间。因此，游戏为儿童提供了探索的机会并按照他们自己的步调以及语言、阅读或写作的发展阶段来学习；它还使儿童有机会被管控，还能在这种相关的有意义的开放式的经历中感觉到胜任力——比如说，为了一个真实的目标而写作并且毫不担心会"犯错"。通过游戏，儿童能够满足自身需求并感知世界。游戏能够为儿童今后使用字母或数字等符号来做记录，为表达其思想奠定坚实的基础。游戏鼓励儿童创造力和想象力的发展并为其巩固学习提供机会。最后，儿童的游戏使得其早期照料者们观察到儿童发展的最高表现，看到、理解、适应他们的想法、焦虑和兴趣。

游戏是通过创设有意义的情境来为儿童提供能够独立探索印刷文字的重要媒介。布罗姆利（Bromley，2006：7）认为，"在游戏中，儿童为了自己的目的模仿成人的'书写习惯'。"早期照料者的其中一个挑战就是为儿童安排好适当的物理环境来支持他们提升书写经验，包括将书写融入游戏中的机会最大化。纽曼和罗斯科洛（Neuman and Roskos，1997）调查了儿童在特别设计的、能反映出真正的读写情境的游戏背景下进行的读写活动。该研究进一步证实了同龄人在儿童的读写发展中所能起到的作用。从观察及访谈记录中得出的证据表明，能力更强的游戏同伴通过他们更厉害的"假装游戏"的示范，如如何在邮局寄信，能够教比自己能力稍弱的同伴，也增长了他们对环境的认知。

角色游戏的价值

儿童的早期照料者必须关注到，儿童的语言发展是保证他们能够成功沟通的前提条件。社会交往应该被根植于儿童早期及之后发展过程中的方方面面。角色游戏区促进并鼓励着儿童之间的合作交流并为儿童学习怎样在多种情境下共同沟通提供很好的机会。在游戏中学习的方式为儿童提供了一种通过与同伴使用语言表达自己的"无风险"学习环境。角色游戏区里可以只有儿童——有时候，儿童独立游戏是很重要的。然而，照料者有时也会进入他们的"幻境"中并参与他们的游戏——比如，在他们的理发店里做个发型。知道什么时候、怎样介入游戏，并不让儿童感觉到照料者的"侵入"是需要敏感度和谨慎度的一件事。

角色游戏区为将阅读和写作融合在游戏中提供丰富多样的机会。比如，一位早期照料者在她的班里创设了一个以"杰克和豆茎"为主题的角色游戏区。游戏区是一座巨大的城堡，在城堡最高处盘绕着豆茎。孩子们在绿色的豆茎叶子上以杰克妈妈的口吻给杰克写信，让他在城堡里收集一些具体的东西，如金鸡蛋。孩子们在角色区城堡里把信投入邮箱里。然后照料者等孩子们每天放学后再把信贴在豆茎上，好让孩子们在第二天早上找到它并阅读。这个过程为讨论和证明儿童写作的可信度提供了机会，鼓励其他儿童写信，了解到他们的信也会以相同的方式得到重视。那一年创设的另一个角色游戏区是以"汉娜的惊喜"为基础的（Eileen Brown）。角色游戏区变成了汉娜在村里的家，里面还有她装满了水果的篮子。换的衣服也准备好了，使得孩子们能换上衣服，旅行去见她的朋友阿克娅。他们可以走出角色区，去班级的户外区域完成这个环节，他们最初和照料者一起旅行，照料者在沿途有意放了一些在绘本中出现的动物。孩子们一回到汉娜家里就紧接着画出旅行的地图，给旅行中遇到的动物以及从她篮子里拿的水果做个标签。

语言技巧及成为一个流利的阅读者

带韵律地阅读，或者有感情地朗读，被视为流利阅读的其中一个特点（Schwanenflugel et al. 2004）。他们的研究强调了在韵律阅读中破解单词的速度的关键作用。当一个孩子带着韵律阅读，口头阅读听起来更像是个演讲，这个演讲措辞适当，停顿结构、重音、升降调和通用表达方式都做得不错。想以这种方式阅读的孩子必须能破译文章背景并能将标点符号也运用在演讲里。他们必须在普通对话中使用普通的升降调。适当的语言技巧的缺乏将会对阅读活动造成负面影响。成为一个技术精湛的读者是需要时间的，然而，需要提醒照料者的是，小读者们在早期几年是逐渐呈现了一定的破译速度的。他们会在阅读时在许多句子中出现自发的、有一定长度的暂停，处于一种一开始就停的犹豫阶段。小读者们也许会在句子中间并不需要停顿的地方停顿很长时间。他们在不断提高阅读技能，然而，支持儿童是非常重要的，因为最重要的目标应该是培养对书籍和阅读的热爱而非减少对其的热情。

儿童自出生起都应该鼓励着他们每天都看书，图书应该既在家里又在早期成长生活中的各个背景下作为不可或缺的一部分参与到儿童的成长过程中。图书可以借助视觉辅助手段变得更鲜活，具有抑扬顿挫的语调以及对所传达内容应有的热情。有件重要的事情需要记住的是，现在市面上已经有了许多适合学步儿和小婴儿阅读的稍复杂但互动性适宜的图书了。儿童从角色游戏阶段起就开始了阅读，这个阶段他们对出现在他们身边的书本和印刷字体表现出了很强的兴趣。他们会发现自己喜欢的书。他们模仿在书中观察到的成人的行为，如小心地用手托着一本书，翻页并像成人一样大声喊出来。他们接下来就能够复述自己听到的或读到的书中的故事。大声把故事书讲给孩子们听并问他们问题能够加深对故事的理解。与他们交流他们对故事的想法，问一些开放性的问题，如"你认为接下来会发生什么？"能够提高他们的预测技巧。游戏化的押韵词、适合做动作的歌曲和诗歌都应该出现在儿童的阅读清单里。

与儿童共读故事的重要性

听故事的儿童更有可能拥有对书面语言和口头语言惯用法之间的区别

的更深理解。韦尔(Well，1986)意义重大的纵向研究调查了家庭对于学龄前阶段儿童的长期读写能力发展的影响，从开始会说话一直研究到儿童上小学。该研究主要关注的是入学前几年的语言发展，然而，韦尔同样关注到儿童拓展语言水平所需要的与阅读相关的准备。其中一个主要结论是，儿童可以听到故事是很重要的。他认为，听到大声讲出来的故事能够让儿童体会到书面语言的组织和结构，在听故事的过程中，儿童还能够养成自己对世界的认知模型并形成话语表述出来。听故事还能为儿童与成人之间提供合作对话的机会，儿童能够将故事与生活中的重要事件联系起来，等等。

当成人分享给儿童一本书的时候会发生什么？儿童从这样的经历中会学到什么，成人怎样支持他们的学习？成人的阅读行为、用正确的方式拿书、谈论故事内容、翻页，或者指向注释。通过分享阅读，儿童可以学习到：

书是有意义而令人兴奋的；

书是一场发现之旅；

书让人有机会听到口头语言；

书让人有机会学到语言的惯用法、口语与非口语是怎样为成功沟通做准备的；

书让人有机会对口语做出回应。

当我们和孩子一起读书时，我们使用一些策略去构建语言与认知，如为句子结构命名并建模。儿童会反复阅读自己喜欢的书，他们应该被鼓励着去选书来让人读给他们听。分享图书是非常重要的，任何年龄段都是。早期照料者应该明白一点，那就是陪伴儿童阅读不能着急或把它看作任务去对待，而应该意识到，他们是在帮助儿童终生爱书、爱学习、积极参与阅读。他们还应该看到分享阅读对于儿童语言发展的支架性作用。

语言技巧及入门写作行为

儿童从很小的时候就开始探索写字的特点。他们在理解字母法则之前会这样为了表达意思来探索写字的特点，尽管他们写出来的东西并不是正常的文字，因为大人是读不懂的(Bradford and Wyse，2012)。具有意向性是写字过程的一个特点，能够看得出来儿童已经对他们写的东西是做过有计划性、结构化的决策的，并且他们期待图表化的标志能够让人明白。哈斯特(Harste et al.，1984)发现3岁的幼儿就在其早期的写字尝试中表现出了意向性。古德曼(Goodman，1986)，以及兰卡斯特(Lancaster，2001)认为，2 岁的幼儿会由于多种多样的原因参与一些写作任务并且大多数幼儿开始使用符号来表征真实事物。

克莱(Clay，1975：15)认为，通过测查儿童尝试写字的最早时间，我们掌握了许多评论是关于……儿童从印刷体文字中学习写字，学习写字"已经渗透到他们逐渐增多的写字尝试"。分析儿童的非常规式字体表明，儿童的创作过程与成人并无特别大的差异。诸多研究都调查到，当成人和儿童遇到写作任务时所做的决策，经历了相似的认知过程。写作包含了从一系列可能的行动中做出选择，这也反过来暗示了在一定程度上有意识的备选方案的存在。帕尔(Pahl，1999)认为，儿童会根据他们当下所接收到的信息和资源以及当前在他们脑海里特别突出的东西来解释事物。换句话说，儿童会直接利用他们的已有经验。在这方面，缺乏经验这一点决定了他们常规写字的能力，而不是当他们为了解决一个写作任务而使用的策略。雅各布斯(Jacobs，2004：18)将这些策略描述为"暂时的支架"，它将随着儿童对写作过程越来越了解而逐渐变得简练。

语言与读写学习的游戏和背景的案例

本章论述了所有人在想做某件事的时候才会学得最好，而被动状态下或毫无兴趣时都是最不可能学到东西的。请关注接下来这三个案例梗概，来源于儿童自发地通过创造有意义的背景来将语言与阅读、写作技巧融合的欲望。

片段 1

阿拉斯泰尔(Alastair)，两岁四个月大，我们观察他在儿童中心花园里游戏的情况，他每周在儿童中心待 15 小时。儿童中心为所有孩子准备了一个活动——找到藏在稻草里的鸡蛋，然后把他们放在篮子里，再数出有多少个。组织活动的照料者还准备了一个孩子身高够得到的大白板和白板笔，在白板上把鸡蛋数量从 1 到 20 写到一条线上。参加探索活动的孩子被鼓励着在白板上写下他们的发现并数出的鸡蛋个数。照料者支持孩子们找到白板上相应的数字，从左到右一个接一个地对应数数。阿拉斯泰尔被这个活动吸引了，他在远处观察了 15 分钟。然后，他一看见有机会，就立刻跑到了白板处，大声数数到 7，同时还(虽然是很随意地)用左手指向了线上的数字，用右手在每个喊过的数字下面做上记号。阿拉斯泰尔边数边写下的数字是成团形、弯曲的一条线。然而，在他的脑中，以及观察者的视角下，阿拉斯泰尔是写下了他自己脑中的 1 到 7 的数字。他是在板子上从左到右写的。

以上记录了阿拉斯泰尔是怎样找到有意义的、游戏化的情境的，在其中他展示了读写方面的萌芽知识，包括了大声数数、数字表征及记录。

片段 2

这是奥利弗（Oliver）在家里边玩儿边写下的关于他所知道的和他认为对自己来说有意义的事物。在一个周六的早上，他不急不忙地找来了纸和笔，走进了正在睡觉的爸爸妈妈的卧室，坐在地板上开始写。爸爸妈妈醒来的时候，他还在写。图21.1展示了他的作品。

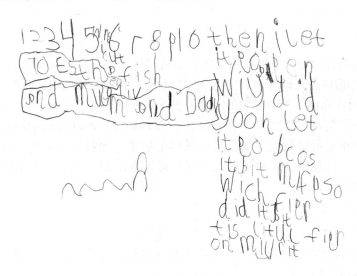

图 21.1　奥利弗的游戏化写作

奥利弗的这个作品是他在仅仅4岁的时候创作的。他把作品送给了妹妹埃丝特（Esther）、爸爸和妈妈。他开始写数字1到10。然后他更改了计划，因为写数字让他想起了童谣："1，2，3，4，5，once I caught a fish alive."接着，他就在数字5和6之间直接插入了"wns I cut a fish alive"这几个字。在数字10后面完成了剩下的歌谣内容。

片段 3

爱德华（Edward），5岁，在正在用笔记本电脑工作的爸爸旁边写下了下面这些文字。他们周日下午一起"做作业"。有时候写作是必须的任务。爱德华的作业是写出对他来说很特别的一句话——见图21.2。记录了爱德华的爸爸是怎样指导孩子这种任务型写作的，虽然是在笔记本上。爱德华的爸爸是英国人，妈妈是法国人，所以他叫爸爸"papa"。他在幼儿园的小班时开始学写手写体文字。

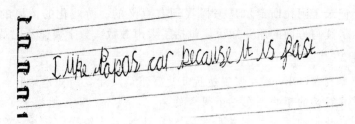

图 21.2　爱德华的手稿

结　论

语言和读写能力发展应该是所有早期课程 2 个季度的基本目标。

1. 学前阶段是幼儿语言能力、阅读和写作技巧发展的关键时期。

2. 语言和读写能力的发展为将来的学习提供准备。

儿童的学习环境应该是有意义的、有目标的、游戏化的情境，既可以是在家庭里也可以是在早期发展的其他情境中。理解了儿童是怎样在游戏中学习的，能够帮助我们理解儿童是怎样铺设他们自己成为具备读写能力的人的成长轨迹的。

思考题

1. 游戏和娱乐以什么样的形式出现在早期课程中，以及儿童语言和读写能力发展过程中？

2. 我们怎样结合有意义的、游戏化的语言和读写发展情境，使儿童充分发展其语言和读写能力？

3. 我们怎样确定我们的计划为每个语言学习个体提供适宜的游戏化反馈？

参考文献和延伸阅读(加粗文字)

Aram，D. 2006. Early literacy interventions：the relative role of storybook reading，alphabeticactivities，and their combination[J]. Reading and Writing，19：489-515.

Bracewell，R.，Frederickson，C. and Frederickson，J. D. 1982. Cognitive processes in composing and comprehending discourse[J]. Educational Psychologist，17：741-751.

Bradford，H. and Wyse，D. 2012. Writing and writers：the perceptions of young children and their parents[J]. Early Years：An International Research Journal，33(3)：252-265.

Britton，J. 1970. Language and Learning[M]. Miami，FL：University of Miami

Press.

Bromley， H. 2006． Making My Own Mark-Play and Writing[M]． London： Early Education.

Clay， M. M. 1975． What Did I Write? Beginning Writing Behaviour[M]． Portsmouth， NH： HeinemannEducational Books.

Compton-Lilly， C. 2006． Identity， childhood culture， and literacy learning： a case study[J]． Journal of Early Childhood Literacy， 6(1)： 57-76.

Department for Education(DfE)． 2012． Statutory Framework for the Early Years Foundation Stage[M]． London： DfE.

Dyson， A. H. 1983． The role of oral language in early writing processes[J]． Research in the Teaching of English， 17： 1-30.

Gammage， P. 2006． Early childhood education and care： politics， policies and possibilities[J]． Early Years， 26(3)： 235-248.

Goodman， Y. 1986． Children coming to know literacy[M]//W. Teale and E. Sulzby. Emergent Literacy： Writing and Reading. Norwood， NJ： Ablex.

Harste， J. C. ， Woodward， V. A. and Burke， C. L. 1984． Language Stories and Literacy Lessons[M]． Portsmouth， HA： Heinemann Educational Books.

Jacobs， G. M. 2004． A classroom investigation of the growth of metacognitive awareness in kindergarten children through the writing process[J]． Early Childhood Education Journal， 32(1)： 17-23.

Kuhl， P. 2004． Early language acquisition： cracking the speech code[J]． Nature Reviews Neuroscience， 5(11)， 831-843.

Lancaster， L. 2001． Staring at the page： the functions of gaze in a young child's interpretation of symbolic forms[J]． Journal of Early Childhood Literacy， 1(2)： 131-152.

Makin， L. 2006． Literacy 8 — 12 months： what are babies learning? [J]． Early Years： An International Research Journal， 26(3)： 267-777.

Neuman， S. B. and Roskos， K. 1997． Handbook of Early Literacy Research[M]． New York： The Guildford Press.

Pahl， K. 1999． Transformations： Meaning Making in a Nursery[M]． London： Trentham.

Peccei， J. S. 2006． Child Language： A Resource Book for Students[M]． London： Routledge.

Schwanenflugel， P. J. ， Hamilton， A. M. ， Kuhn， M. R. ， Wisenbaker， J. and Stahl， S. A. 2004． Becoming a fluent reader： reading skill and prosodic features in the oral reading of young readers[J]． Journal of Educational Psychology， 96： 119-129.

Scott， C. M. 1991． Learning to write： context， form and process[M]//A. G. Kamhi and H. W. Catts. Reading Disabilities： A Developmental Language Perspective. Boston， MA： Allyn and Bacon.

第二十一章 游戏，读写及语言学习

Sylva，K.，Melhuish，E.，Sammons，P.，Siraj-Blatchford，I. and Taggart，B. 2010. Early Childhood Matters：Evidence from the Effective Pre-school and Primary Project[M]. London：Routledge.

Teale，W. and Sulzby，E. 1986. Emergent Literacy：Reading and Writing[M]. Norwood，NJ：Ablex.

Vygotsky，L. 1978. Mind in Society：The Development of Higher Psychological Processes[M]. Cambridge，MA：Harvard University Press.

Wells，G. 1986. The Meaning Makers：Children Learning Language and Using Language to Learn[M]. London：Hodder & Stoughton.

Wray，D. 1994. Literacy and Awareness[M]. London：Hodder & Stoughton.

第二十二章 儿童的幻想型角色游戏：为什么成年人应该参与其中

尼尔·基特森/文　徐蕊/译

摘　要

　　本章着重讲述了假想角色游戏和社会性戏剧游戏在儿童认知、社会性及情绪发展方面的重要性。社会性戏剧游戏给孩子带来持续性的学习潜能。促进这种游戏的进行，能够使照料者们通过创设一些能激发并鼓励儿童高认知水平行为和能力的情境来扩展、提升儿童的学习水平。这种途径要想达到最佳效果，需要照料者以和谐的、互动性的方式进行干预。只有当教育者承认并意识到自己在儿童假想游戏中的重要角色时，他们才会感觉到自己能够干预并发挥其真正的潜力。

　　片段 1

　　日托所的角落有一个"商店"。成人已经为孩子们的游戏准备好了真实的货品。事实上，他们为自己的精心准备而感到自豪并认为这将是孩子们角色游戏的丰富而有价值的环境。基莎（Kisha）、阿肖克（Ashok）和迈克尔（Michael）已经在"商店"里有一段时间了。基莎拿着电话在唱歌，阿肖克和迈克尔反复地把钱从抽屉里取出来、放进去。孩子们都在忙碌着，参与其中，但这些浅显的活动并未展现出角色游戏的动态化作用。成年人在游戏里扮演一位有点迷糊的老人，他不记得他为什么进到商店里了并且需要人帮助他回家。这个游戏马上就有了截然不同的效果。这些孩子们不再只和标签与金钱一起玩儿了，而是作为店员来满足他人的需求。基莎用电话给老人家里打电话来确认这个请求并安排了车送他回家，同时还电话告知老人的家人，把老人送回家。儿童在其中熟练地使用着语言，发展了道德理解水平并表现出了处理复杂问题的能力。

导　言

　　不知道你们有没有见过像基莎、阿肖克和迈克尔这样玩角色游戏的孩子；我的意思是真的去观察，而不只是在他们玩游戏的时候看一下。他们的能力是非常惊人的。对我来说其中一件非常棒的事儿是他们就游戏规则进行谈判的能力，他们看上去从未同意这些规则。游戏反复、轮流地进行着，看样子他们都本能地明白了游戏怎么玩儿。现在，很显然游戏可以有更多的价值，我们在这一章节中将更多地关注这些细节。但既然孩子们看样子能够很轻易地完成这种游戏，那么对于教育者来说，能否利用他们的这些能力来教育他们呢？这样的途径应该是有很多的。我们可以让孩子独立进行，像基莎、阿肖克和迈克尔一样，因为他们可以自己完成得很好，但就我所观察到的，我认为，如果成人参与他们的游戏，他们从经验中得到的收获会更多。我们可以设置游戏，就像上述例子中，给予儿童游戏结构，在参与游戏的过程中提升这个学习环境、向他们发起挑战，而不是正常情境下的教学形式。

我们不需要在那儿指挥着孩子们，告诉他们应该做什么。如果这种形式的游戏足够值得我们鼓励孩子们去做的话，为什么我们不直接参与进去呢？我认为，这个原因与孩子们无关，而与那些觉得很难参与其中的成年人有更大的关系。

接下来的几页我们将探讨为什么我们应该坐在地板上扮演迟到的公共汽车或者躲在角落里假装咕噜牛（Gruffalo）来了。对我来说，这就像在鼓励孩子读书并享受其中。我们该做的就是把书分享给他们，我们来谈一下曾经发生过的事以及即将发生的事；我们表扬那些表现好的孩子，奖励就是允许他们看我们读书。我们会觉得如果为了提高阅读水平而仅仅把一堆书丢给孩子去读是个很奇怪的做法。分享和参与是好的行为，但就假想游戏而言，最坏的可能性是（我知道这么说有点陈词滥调了，但我是真实见过的）我们告诉孩子们去角落里编个故事出来。

人们经常会被儿童游戏的方式所吸引，但近些年来这种"吸引"变得很正式，人们觉得学术研究值得关注这块内容。有越来越多学者的研究兴趣放在了儿童把假想游戏作为基本策略的学习方式上（Edgington，2004；Wood，2004）。假想游戏被视为儿童参与学习过程强大的、有活力的工具（Kitson and Spiby，1997）。而且，它是儿童本来就"了解"的一种本能的、基本的活动。脱离了教育环境，他们似乎在努力着独立地参与假想游戏中。尽管这些活动被认为是"好事"，但是，关于照料者逐渐成为学习过程中的一部分这方面的研究并未广泛传播出去。

很多成年人都有种信念，那就是和孩子们一起相处时要把他们的游戏视作非常神圣的假想游戏，甚至其他形式的游戏，都使儿童摆脱成人而成为一种治愈手段。事实上我并不完全反对这种观点。有种愚蠢的观点认为，当一个成年人和孩子们一起游戏的时候，每当他们奔向更衣箱时，成人都应该第一时间出现在那儿。很明显，参与这种活动能为儿童提供一种思想自由感——他们玩的正是他们的故事并把故事演化成了规则。我担心的是，孩子们会经常重复非常相似但不完全相同的游戏形式，参与非常相似的角色扮演活动，模仿同样但不完全相同的行为，反复解决类似的问题。我记得小时候我和哥哥坐在家里凳子的最高处，腿搭在栏杆上，玩我们自创的游戏，名字叫"弗雷德·布罗迪（Fred Brodie）和他的朋友"。年纪更小一些的我，当然，就是"朋友"了。我不记得我们都做了些什么，但我们很满足（并且安静）地度过了好几小时。我们的父母看到我们能够保持安静这么久感到很欣慰。毫无疑问，如果不是很享受这个游戏，我们就不会继续玩儿下去。但这个游戏并没有继续发展或扩展其他玩法，因此，我们的思维水平和技能也没有得到发展与扩展。如果是玩这个相同的假想游戏，那么孩子们的认知领域、思维水平和技能、想象力的发展都会受限制。

有效的干预能够促进儿童的学习，帮助他们建构新问题和挑战，鼓励并支持个体发展，并扩展、激发语言表现和能力。也许我们应该学着将游戏看成是参与其学习过程而非干涉。通过参与，我们为他们提供一个他们能够理智地探索的脚手架（Parker-Ree，2004；Dolya，2009）。这将是我的论证的关键——是成人干预的一个案例。

所以，我们所说的教学游戏是什么？

儿童会参与到多种多样的游戏活动中，这些在本书中都有所提及。幻想会发生在儿童个体游戏的不同阶段、不同水平的成熟期。社会性戏剧游戏，大多数都和角色特点及社会互动有关，然而其他类型的游戏包含了肢体活动或使用和探索物体的内容。

在社会性戏剧游戏中，儿童展现出逐渐发展的对社会环境的感知，有意识地表现出社会交往性以及通过符号表征来积极地体验人们之间的关系。社会性戏剧游戏和戏剧游戏之间最关键的区别是，在后者中儿童可以假扮他们自己。他们可以创设一个排除其他人的情境，然而，越高水平的社会性戏剧游戏要求互动性、沟通性和合作性也更强。戏剧表演是具有模仿性的，根据第一手或第二手经验并使用真实的或想象中的物体（Hendy and Toon，2001；Rogers and Evans，2008）。如果这个游戏的主题是与至少一个人合作完成的，并且参与者在动作和言语上相互交流，那么这个游戏就是社会性戏剧游戏。

斯米兰斯基和舍费亚（Smilansky and Shefatya，1990：22）认为，假想游戏有以下 6 个必要元素。

1. 模仿型角色扮演：儿童承担一个假扮的角色并用模仿的动作和/或语言表达自己。

2. 假扮玩具：动作或语言表述以及/或材料或玩具，不是物体的复制品而是真实物体的代替品。

3. 与动作和情境相关的口头扮演：口语描述或声明用来代替动作与场景。

4. 角色游戏的坚持性：儿童持续在一个角色或游戏主题下至少 10 分钟。

5. 互动性：至少有两个玩家能够在同一游戏主题下互动玩耍。

6. 口头交流：针对当前游戏环节，玩家之间要有口头交流。

前四个要素适用于戏剧游戏，后两个只针对社会性戏剧游戏。这种差异在以下这些案例中可以阐述清楚。

片段 2

3 岁的约瑟夫(Joseph)披上一件斗篷并在托儿所里边跑边喊："我是蝙蝠侠，我正在飞着抓坏人。"

这种行为体现了第 1 条和第 3 条元素，因此它被定义为戏剧游戏。

片段 3

两个女孩正在玩儿"医院"游戏，在医生的诊室里。他们穿着白大褂并互相给予指令，如"我去打电话。"问题是像这样的："我能使用听诊器吗？"陈述是像这样的："我这儿有药匙。"这些都表明了角色游戏的模仿性元素——他们在表演而不是在相互影响：仅仅是通知对方彼此正在做什么。

这些女孩的游戏水平还处于社会性戏剧游戏的初级阶段。将他们与另外两个孩子的游戏对比一下，另两个孩子一起假装为企鹅盖房子，使用假想的工具，言语和动作都像是在做这份工作，他们分享彼此的想法并共同编故事：这个例子就是更高水平的社会性戏剧游戏，其中体现了第 2、3、4、5、6 条元素。有人可能会质疑说，这是个材料和投入都更丰富的游戏形式，它通过验证事实为玩游戏的儿童提供了更好的学习机会。所有的社会性戏剧游戏和戏剧本身都是儿童生活的隐喻，而教师的作用是帮助儿童反思他们游戏的重要性以从中学习一些东西。还有比在作为故事的一部分的戏剧游戏中反思更好的地方吗？

为什么社会性戏剧游戏如此重要？

通过假想游戏，儿童创造出新的场景。这些能将儿童已有经验中所有看似互不相干的元素聚集在一起。假想表演是集结经验、知识和理解的一种方式，帮助儿童发现各个组成部分之间的连接。而且，当儿童有能力控制假想游戏的时候，他们也就能够控制游戏的组成部分。幻想元素（游戏）随着儿童长大而更加明显。儿童将已知的知识、技能和世界观带入假想游戏中，然后他们将这些都在已有的模式里同化或创造新鲜、新颖的连接（Wood，2004）。

早期发展所需要的是假想游戏的发展与延伸，及它的合法化，以至于儿童自身能逐渐理解其价值；通过这种活动合理地了解人生，人们之间的互动，社会的运转法则以及个人的角色。通过游戏，儿童开始学习面对生活，面对广泛而复杂的社会问题，如失败、孤独、失望。教育者们需要把儿童推出地平线使得他们能够看到更深层次的"角色"，以及生命中更加错综复杂的事物。为了让这些发生，儿童应该迎接挑战。

进行中的社会性戏剧游戏

心理动力和认知发展理论中对于鼓励儿童参与假想游戏的具体益处都有可靠的结论。同化和角色学习的优势是显而易见的，但怎样才能在早期发展情境下实施呢？

儿童从假想游戏中获得的潜在益处是很难量化的，但是我们可以宏观地讨论一下。辛格和辛格（Singer and Singer，1990）提出了 3 个对假想游戏有益的发展领域：

①在社会性戏剧游戏中真实而自发的口头言语输出（大约50%）。

②社会交往方面的相应增加。

③想象游戏"训练"之后多方面认知技能的显著提升。

社会性戏剧游戏能够影响儿童创造力、智力以及社交技能的发展。这一点为其原本被视为抽象概念提供了有用的基础。在有关社会性戏剧游戏益处的概括性观点中，以下这几点是与儿童有潜力的学习相关的：

- 从经验中创造新的结合点；
- 选择性和知识学科；
- 对核心特点及角色顺序的辨别力；
- 较强的注意力；
- 提升自我认知和自我控制；
- 角色背景下的自律（例如，一个在游戏中扮演特殊角色的孩子要抑制住哭泣，因为游戏中的角色是不能哭的）；
- 获得灵活性和对他人的共情；
- 形成一套固有的标准；

The Excellence of Play

- 获得创造力的感受以及控制个人反应的能力；
- 发展合作技能，由于小组假装游戏要求有效的给予和索取；
- 意识到环境的计划性和其他游戏场景潜在的利用效果；
- 增长对备选角色可能性的敏感度使得对父亲的观念不只是自己的父亲，还包括与更广泛意义上的父亲相关的许多行为；
- 高度概括的能力；
- 向替代性学习前进一步、更好地运用模式化（Smilansky，引自 Singer and Singer，1990：24）。

很显然，不是参与假想游戏的每个儿童都会自然而然地发展了这些能力，也不意味着没参加的儿童会在这些领域的学习中落后。然而，假想游戏为儿童提供了获得这些发展机会的有准备的、愉快的可能性。

很重要的一点需要指出的是，假想游戏在儿童品德发展中的作用（Winston，2000）。在许多不同的场景下考验儿童的想法和态度，练习在安全范围内真实生活中可能发生的事件。这成功的结果能够促进儿童构建自信心和自尊心。更进一步的是，社会性戏剧游戏有助于儿童社会性的发展：儿童未来生活所需的社交技能会有所发展。

媒介表征及超级英雄游戏

诸多研究表明儿童花在电子产品上的时间增长显著（Marsh，2000；Singer and Singer，2007）。这可能用卡通形式表现现实世界，表现为儿童所设计的叙事性戏剧或是以电子游戏的形式。因此，毫无悬念儿童会将这些融入他们的角色游戏中。这种整合能够从简单的对戏剧的重新解释和重新表演变化到将强权概念融合到更平凡的故事形式中。对儿童来说其中一个限制是这种游戏具有许多"魔法"游戏的属性：戏剧中的问题解决办法通常是通过使用魔法召集超级英雄们的力量。由于儿童会通过与超级英雄建立连接，这样就使得角色游戏的价值存在一定的局限性。这之间产生了一段距离。儿童并没有在玩戏剧游戏，而是在玩超级英雄的游戏。我曾经记忆犹新的一幅画面是有一个孩子后背披着厚夹克、脖子上的扣子被紧扣着满操场上跑。他的胳膊露在外面，从其他孩子那儿突然穿进去又穿出来。我被他的行为吸引了，于是跑过去加入了他的"游戏"，并试着更多地了解他在做什么。他耐心地给我配置了一件跟他款式差不多的外套并指导我在空间里移动的正确方式。我扮演超人（正如服装所示）并且我俩一起飞翔（如服装所示）。当我尝试着通过叙事性挑战来推进游戏的时候，所有加深想象的尝试都立刻被超级力量解决了，就像其他孩子以前曾经使用魔法来解决一样。我在随后的许多场合下也观察过这类游戏并见证了许多相似的结果。这并不是说这种游戏对于参与者来说价值较低。

一份来自伊斯灵顿基本策略早期团队（Islington Primary Strategy Early Years Team，2007）的关于超级英雄角色游戏的报告阐明了儿童参与这种游戏在托儿所里是相对而言攻击性较弱的游戏了，然而他们每天和 Construct-a-Straw ©一起铸剑的过程赋予了他们在托儿所里玩耍的自信心，巩固了孩子们之间坚固的友谊并促使他们去探索书籍和故事中蕴含的财富。另一个孩子，制作一把红色的 Sticklebrick ©枪看起来像是一种短暂但重要的放松自己的方式，帮助他能在新环境里安顿下来。儿童很容易接受超级英雄游戏：他们能参与到追逐与兴奋中并作为小组中的一员。他们将这种游戏看作发展合作技能的积极的机会——根据特性，它是一个合作活动，因为孩子们很难独自完成追捕与营救的游戏。它鼓励儿童在安全的环境下表达自己的感情并帮助他们提高适应日常情境转换的谈判能力。

有人说，我注意到了超级英雄游戏有可能会存在性别不均衡的现象：通常来讲男孩比女孩更容易被这类角色游戏所吸引。已有大量重要研究表明，如果提供给女孩合适的条件，她们也会容易参与到超级英雄游戏中（Marsh，2010；第五章中也有提及）。男孩通常会选择参加超级英雄类游戏较之相对低结构化、非正式的角色游戏。许多理论纷纷提出来论证为什么会有这种现象存在（Jordon，1995）。或许是与文化相关的，因为超级英雄的标准内有更多的形象是男性。还可能的原因是，我们觉得男孩扮演超级英雄会更舒服并且会潜意识地表扬他们（Jones，2008）。

所以，为什么成年人应该加入？

如果儿童能够很自然地玩角色游戏，为什么成年人还要加入？成年人一个非常有价值的贡献就在于他们的参与。通常来说成年人在参与到社会性戏剧游戏中时会仅仅参与到比较浅的层次。有技巧的互动对游戏能够起到促进作用并充当游戏的催化剂（Moyles，1989），使儿童集中注意力、确立挑战，所有这些都能够提高和加深他们的经验。成年人能够针对儿童个体的需要来创造适宜的学习环境。多亚（Dolya，2009）指出，如果我们推着儿童超越今天的自己，那么明天这就会成为他们的标准。这其中重要的因素是成年人的积极参与并鼓励儿童努力提升其观点、概念和品德水平。

干涉还是干预？

对于大多数游戏形式来说，社会性戏剧游戏是有结构和规则的，尽管

The Excellence of Play

第一眼看上去这种结构并不明显。社会游戏需要大家都能理解的规则，以至于互动行为的发生。干预并不意味着控制：成年人参与游戏能够促进规则更好地实施，同时也成为儿童模仿的行为模范。其中一点是帮助儿童区分幻想与现实。当儿童玩社会性戏剧游戏的时候，辨别清楚这两点是十分有用的。成年人和儿童一起玩游戏的时候很容易意识到他们有没有区分清楚，成年人说："我们要一起编个故事。"通过这种方式，儿童就清楚了这个活动的预期目标，并更清楚地知道什么时候自己参加和没参加假想游戏。对于成年人来说同等重要的是在社会性戏剧游戏结束的时候要讲清楚。这仅仅是儿童为自己所做的事情的形式化表现。

任何社会性戏剧游戏情节都需要锻炼儿童共有的想象力，以及对这一特定游戏主题情节的共同发展。儿童本能是自我中心的，分享对于他们来说比较困难。通过有选择的干预行为，敏感的成年人能观测到儿童的想法并充当游戏的促进者。他们能帮助儿童与自己的角色保持一致并协助他们推进完成故事。参与在小说里的成年人能够提出问题，使儿童一直有任务在身，使他们去面对挑战。

社会性戏剧游戏的干预行为让参与游戏的成年人通过激励儿童坚持下去来维持活动的进行。有一些儿童很乐意参与这种游戏，但其他儿童就需要被引导着、鼓励着玩完全部环节。成人能够帮助儿童重新聚焦到故事上，使组员集合在一起，通过给故事制造一些紧张的情节来激发儿童的兴奋度。这些过程对社会性戏剧游戏的发展很关键但对于儿童获得成就而言又很困难。对于社会性戏剧游戏的输入和干预变成了成人和儿童互动的小工具。在游戏中，成人能够丰富并加深游戏本身，为儿童开拓新的学习领域；干预并从游戏中建构学习而又不明显降低儿童的自主权。

尽管成年人能指导和塑造社会性戏剧游戏，本质上说游戏和行动必须是属于儿童的：他们的想法都应该被使用。表演中的语言都应该是他们自己的语言，表达他们自己的想法。或许成人加入儿童"已有"的游戏中，不带有要存在于游戏组内的目的，而目的是让儿童的学习继续下去，在他们的故事里设置障碍以至于儿童通过战胜这些障碍从而创造了学习机会。

还有一种方式是与儿童一起构建故事："我们今天要编个什么样的故事呢？"从儿童的想法出发，儿童和成年人共同制造幻想故事。成年人的角色仍然是促进者，拓展、延伸儿童的发展的同时保持住他们的兴趣和兴奋点。这样的成年人参与使游戏合法化，并鼓励儿童看到自己所做的事情是有价值的。通过构建，如邮局的故事，儿童能够涉及数学、语言、社交、操作技能等方面的发展。如果这种假想区域变成了垃圾堆或是被遗弃的岛屿，那么新一轮的学习潜能即将被开发。为儿童的需要选择适宜的主题之后，成人接下来就可以为适宜的学习区域做准备了。

假想游戏是为全部儿童准备的吗？

假想游戏和社会性戏剧游戏跨过了传统学习情境下的一般障碍。参加这种活动的能力并不受其他能力所制约；而是受意愿所制约的。尽管这一观点被广泛研究（Peters and Sherratt，2002；Rogers and Evans，2008），但是我仍然花了好长时间去真正理解怎样和熟练的照料者们一起工作。和一批患有严重学习障碍一起工作让我发现，这些儿童仍然能够从角色游戏中受益，即使他们的参与程度是受限的。

结　论

在这一章里，我阐述了成年人不应惧怕参与儿童的假想角色扮演游戏，不用全部参与而是把它当作帮助儿童学习的一种手段。我们先看了一下假想游戏是怎样进行的，接下来论证了成年人干预这种游戏的必要性以及这种游戏为儿童提供的认知发展机会。本章还简要介绍了超级英雄游戏的作用及其与学习发展间的练习、对所有儿童的可行性。值得强调的一点是，成年人的干预必须与儿童的需要像匹配，并在其假想范围内进行游戏。成年人的角色是提供一个结构使得儿童可以在这个结构下互动并创设一些可以被解决的问题，鼓励儿童验证他们的想法，可能更重要的是为儿童发展个人的策略提供机会。最后，我们回到最基本的思想，参与这种形式的学习、这种教学的抗拒性来自成年人参与假想游戏的勉强行为——如果我们允许这种勉强行为，那么儿童就会失去一种独一无二的学习机会。

思考题

1. 如果你之前没有这样做，那么是什么阻止了你去参与儿童的假想游戏和社会性戏剧游戏呢？如果你参与了儿童的假想游戏，你觉得收获了什么呢？

2. 你周围有没有那种在角色扮演情境中"闪闪发光"的孩子？

3. 你周围的孩子与斯米兰斯基和舍飞亚的社会学戏剧游戏六要素中的哪一个相吻合？

参考文献和延伸阅读（加粗文字）

Dolya，G. 2009. Vygotsky in Action in the Early Years：The Key to the Learning Curriculum[M]. London：Routledge.

Edgington，M. 2004. The Foundation Stage Teacher in Action-Teaching 3-，4-and 5-year-olds[M]. London：Paul Chapman.

Hendy，L. and Toon，L. 2001. Supporting Drama and Imaginative Play in the Early Years[M]. Buckingham：Open University Press.

Jones，D. 2008. Superheroes v. demons：constructing identities of male student teachersin the early years：conversations[J]. Perspectives in Education，26(2)：125-130.

Jordon，E. 1995. Fighting boys and fantasy play：the construction of masculinity in the early years of school[J]. Gender and Education，7(1).

Kitson，N. and Spiby，I. 1997. Drama 7-11[M]. London：Routledge.

Marsh，J. 2000. But I want to fly too! Girls and superhero play in the infant classroom[J]. Gender and Education，12(2)：209-220.

Marsh，J. 2010. Childhood，Culture and Creativity：A Literature Review. Creativity，Culture and Education Series. Newcastle-upon-Tyne.

Moyles，J. 1989. Just Playing? The Role and Status of Play in Early Childhood Education[M]. Buckingham：Open University Press.

Parker-Rees，R. 2004. Moving，playing and learning：children's active exploration of their world[M]//R. Willan，R. Parker-Rees and J. Savage. Early Childhood Studies. Exeter：Learning Matters.

Peters，M. and Sherratt，D. 2002. Developing Play and Drama in Children with Autistic Spectrum Disorders[M]. London：David Fulton.

Rogers，S. and Evans，J. 2008. Inside Role-play in Early Childhood Education[M]. London：Routledge.

Singer，D. and Singer，J. 1990. The House of Make Believe[M]. Cambridge，MA：Harvard University Press.

Singer，D. and Singer，J. 2007. Imagination and Play in the Electronic Age[M]. Cambridge，MA：First Harvard University Press.

Smilansky，S. and Shefatya，L. 1990. Facilitating Play：A Medium for Promoting Cognitive，Sociocultural and Academic Development in Young Children[M]. Gaithersburg，MD：Psychosocial and Educational Publications.

Winston，J. 2000. Drama，Literacy and Moral Education[M]. London：David Fulton.

Wood，E. 2004. Developing a pedagogy of play [M]//A. Anning，J. Cullen and M. Fleer. Early Childhood Education. London：Sage.

第五部分

游戏的普遍性

　　"儿童游戏衍生出了一种'童年文化'，从学校和操场的游戏到城市活动，如玩弹珠、跑酷、街头艺术等。儿童也是虚拟世界的弄潮儿……以此建立新的沟通方式和……文化环境。"

　　Convention on the Rights of the Child. 2013. General comment No. 17 on the right of the child to rest, leisure, play, recreational activities, cultural life and the arts(article 31). UNCRC.

第二十三章 和来自不同文化背景的孩子一起游戏

卡伦·巴尔、彭妮·布柯特/文　　林思语/译

摘　要

本章讨论了在儿童早期的游戏和学习环境中，与来自不同文化背景的儿童实践融合教育的挑战和机会。本章强调了儿童在游戏中发挥作用的重要性，并讨论了如何使用镶嵌法来实现这一点。本章探讨了"文化"一词的含义，考量了与来自不同群体的儿童工作有关的一些社会—文化理论，并讨论了从业者如何规划对所有儿童都适用的活动。本章还强调了与家长的有效沟通对理解儿童的家庭文化方面的作用，它是发展融合实践以支持所有儿童的关键部分之一。

导　言

在西方文化中，游戏被誉为幼儿学习和发展的宝贵工具。通过探索事物如何运作，以及通过问题解决、实验和假装游戏来培养孩子的想象力与创造性思维，游戏为孩子提供了一种亲身体验生活的绝佳手段。以游戏为基础的课程政策建立在研究和理论的基础之上，并随着时间的推移而发展，将儿童如何学习的新发现和新理解纳入考虑范围内。儿童通过游戏以及非游戏活动学习的方式有很多。西方教育学影响了英国学前教育和保育的理念与实践，以及那些不得不在国家及地方政策的指导下工作的学前教育机构从业者（见第一章）。然而，我们必须打开视野，考虑什么样的游戏政策条款才能促进与儿童和家庭合作的融合实践。进入学前教育机构的儿童来自各种各样的文化背景，如果要培养尊重多样性的精神，那么对他人的观点持开放的态度就非常重要。

本章将探讨一些有关制定适当的政策条款的关键问题：

- 认可我们自己的设想，挑战主流观点；
- 课程要求；
- 学前教育背景下的儿童"自主性"；

- "文化"一词的含义；
- 社会—文化理论；
- "沉默"家庭的风险；
- 儿童在不同文化背景之间的过渡。

认可我们自己的设想，挑战主流观点

　　游戏应该是什么样子的，以及如何最好地为儿童提供有利的条件，让他们从游戏中获益，对以上问题的个人看法取决于我们的价值观和信念。这些观念的形成贯穿我们的一生，并受到我们与周围世界互动的影响，包括我们自己的童年经历，与朋友、家人、同事和其他专业人士的关系，我们读过的书，以及我们在生活和媒体中的所见所闻。我们的个人经历和当前的生活经历都会影响我们的思维方式。在提供游戏体验方面，构成"优秀实践方法"的主流观点决定了课程政策的制定与实施。对于那些与幼儿打交道的人来说，承认他们的观点是如何形成的，以及它们是如何影响实践的非常重要（见前言），特别是因为他们所持的观点可能不同于那些接受学前教育服务的家庭。关于什么是适当的实践方法，人们会不断产生新的观点，为了找出公平合理的实践方法，有必要对这些新观点持开放态度，并对新的研究以及我们自己和他人的生活经验做出回应性的反应。我们很容易假定别人和我们持有相同的观点，但反思别人的信念和价值观可以丰富和深化我们对不同观点的认识和理解，从而形成能够影响专业判断的新理论（见第二章）。定期交流关于儿童和家庭的观念和理论，能够促进实践方法的重新塑造，以确保教学和课程的公平、尊重和包容，重视所有接受学前教育服务的来自不同文化背景的儿童。

课程要求

　　《早期基础阶段纲要》的基本观点为：幼儿最好的学习方式是游戏（DfE，2014），并建议，为了顾及儿童的利益、需要和过往游戏经验，要通过周期性的观察、评估和计划为儿童提供适宜的游戏与学习经验。虽然《早期基础阶段纲要》认为每个孩子都是独一无二的，并且认为儿童的文化生活应该受到尊重，但它没有指出应该如何做到这一点（Ang，2010）。这意味着通过反思实践，从业者有责任在学前教育环境中培养一种尊重的氛围，以便为所有儿童量身定制包容性的实践方法。

学前教育背景下的儿童的"自主性"

"自主性"（agency）一词侧重于儿童就与他们有关的条款发表意见的能力。这个词可以用来颂扬这样一种观点，即儿童应该受到重视和尊重，因为他们是社区生活的组成部分。学前教育环境可以看作儿童的家庭社区中的一个部分。为了让儿童在他们的环境中拥有真正的"自主性"，从业者需要把儿童看作社会的一员，他们的意见才是真正重要的。例如，当儿童有了自主性，他们可能对学前教育设置的资源和环境、零食和正餐时间提供的食物、他们的游戏、在室内还是室外玩耍都有了发言权。在某种程度上，《早期基础阶段纲要》中建议的自由环境和连续的条款能使这一点成为现实，因为儿童可以在环境中自由行动，并选择他们能获取的资源。活动规划必须以儿童的利益和需要为中心，这进一步支持了儿童的自主性。当从业者观察儿童时，他们可以洞察到重要的事物，以便制订可以吸引儿童参与的相关计划。然而，让儿童参与资源规划可能是一个具有挑战性的问题。许多小学会邀请儿童参与定期的讨论会（学校理事会），对学校管理的方针政策发表意见；然而，几乎没有证据表明，这种方式在学前教育中已成为惯例。

从业者让儿童定期参与活动规划至关重要。这在一定程度上可以通过关注观察所得来实现。从业者与父母交流，可以得知儿童在家中的喜好，这可以为活动规划提供进一步的信息。让儿童对他们的生活、环境和游戏拥有自主权，能使他们有机会在学前教育环境中，在安全的氛围下付诸行动，发展新技能和知识，并尝试游戏和资源。这反过来又为儿童提供了自主、自信及自我价值感。此外，当儿童掌握了提供给他们的活动以及资源的使用方法，他们便能成为自主的学习者，这可以提高他们的自尊和自信。

有一种工具可以使儿童在学前教育环境中拥有发言权和自主性，即"镶嵌法"。该方法由克拉克和莫斯（Clark and Moss，2011）开发，是多种方法的混合，这种方法使孩子能够分享他们的观点，特别是关于室内和室外童年期环境的变化。托马斯·科拉姆早教中心（Thomas Coram Early Childhood Centre）里的儿童首次通过这种方式收集信息，为了确保即使最小的儿童也能对可获取的资源、玩耍的地方以及玩伴的选择有发言权，该方法又经过了进一步的发展。嵌镶法中使用了一系列倾听儿童的声音的方法，以便尽可能全面地了解儿童的观点。这些方法包括观察儿童、组织儿童会议、让儿童拍摄对他们自己有意义的环境元素，以及与父母讨论。通过这种方法，从业者可以深入了解对于他们来说什么是重要的，从而使儿童能够在文化背景中拥有自主性。

"文化"一词的含义

"文化"（culture）这个词有很多含义。广义上说，这包括特定民族或社会的思想、习俗和社会行为。文化这个词指的是一种有机的、动态的东西：它不断地发展和变化，是儿童生活中一个重要的、不可分割的元素。一个人的文化背景与他的身份息息相关。如果儿童要获得积极的自我形象，学前教育工作者必须接受家庭和儿童的文化知识与背景。肯尼（Kenner，2000）认为：

> 儿童生活在同步的世界里。因此，儿童是家庭文化群体中的一员，同时也在积极地创造他们所处的文化群体，因此要把儿童看作积极的文化创造者和转化者。

（p. 235）

出于种种原因，与过去相比，现在世界各地的家庭可能更多地生活在国外。对于一些人来说，选择移居国外是一件积极的事。但对许多其他人来说，这可能是消极的，这一决定可能涉及一些政治问题，他们出于安全的考虑选择逃离原来的国家。当属于后一种情况时，父母可能会有一种非常陌生的感觉，他们把同伴留在了一个处于危险中的国家，而搬到了一个并不重视他们的文化传统的国家。因此，重要的是，从业者要表现出欢迎和理解，准备好接受他人的文化，并认识到重视这一点在所有儿童生活中的重要性。让儿童通过游戏学习，一些家庭会认为这个西化的观点很奇怪。

在访问非洲加纳时，本章的一名作者彭妮参加了一个会议，该会议旨在鼓励加纳的从业者接受一种重视游戏的新课程。政客认为这是教育儿童的最好方法。然而，在访问期间她发现，尽管该国发展迅速，新型工业快速崛起，但仍然存在大量贫困人口，特别是在农村地区。对于许多从业者和家长来说，教育中最重要的问题是让儿童学会读写。回到英国后，她怀疑以游戏为基础的课程对非洲儿童是否同样重要，因为在考虑这一点时，需要更深刻地理解不同文化背景下的问题。

布鲁克（Brooker，2002）在伦敦与孟加拉国的父母工作，她指出一些父母并不把游戏视为学习的工具。相反，他们以与非洲父母类似的方式，希望幼儿园能教孩子读和写。对于那些被政府建议要根据《早期基础阶段纲要》规划课程的从业者来说，像这样的问题是具有挑战性的，同时他们还必须与家长讨论孩子的学习，而这些家长更喜欢学术性的学习方法。

新西兰的方法（Te Whāriki，见第二十四章）使用编织的草席这一比喻，来说明幼儿课程将儿童生活的各个方面视为是相互交织在一起的。虽然课程的个体元素与《早期基础阶段纲要》和《学习的特点》（characteristics of learning；DfE，2014）相似，但新西兰的课程政策更强调儿童和家庭的文化生活与精神生活。虽然英国政府承认儿童文化生活的重要性，但它很少提及幼儿的精神生活，而这被一些人视为他们生活的一个重要方面。将儿童作为精神个体予以尊重，有关这一点的重要性的文章都强调，从业者需要认识到，敬畏和好奇是儿童发展的一部分，而且是儿童发展的重要组成部分。海和奈（Hay & Nye，2006）将精神性视为一种"生物构建"的产物（p.63），它可能未必属于任何特定的宗教。海德（Hyde，2004）认同这一观点，并对兰森（Ranson，2002）的主张大加赞赏，兰森认为宗教和精神性并非人性中毫不相干的元素，而是相互关联的。霍姆斯（Holmes，2002）扩展了这一观点，认为宗教活动应该培养儿童的信仰。然而，她也对教育体系提出了警告，她认为，如果不将儿童蓬勃发展的精神性视为其成长过程中不可或缺的一部分，教育体系可能会摧毁或破坏它。尊重和重视儿童的家庭文化，将其当作与家庭合作的伙伴关系的一部分，为了制定这样的政策条款，我们要了解，如何才能最好地确保儿童和家庭的观点受到重视，因此，从业者要积极主动地去识别家庭的精神和文化感受。

片段 1

几年前，一名在米德兰一个城市中的多元文化区域工作的学前教育从业者开展了一项研究，这项研究始于一个问题："在大部分父母来自不同文化背景的社区中，'确保开端计划'（Sure Start）适合应用关于游戏的西化观点吗？"确保开端团队在组织家长和幼儿小组时，很难让孩子和家长参与玩玩具的活动。此外，有特殊需要的儿童的家庭接受以家庭为基础的支持时，对提供的玩具并不感兴趣，而且有时由于宗教原因，他们拒绝把某些玩具放在家里。这对于团队成员来说成了一个真正的问题。当时，这个团队的一名成员正在攻读更高的学位课程，她决定把她的研究重点放在这个问题上。

研究结果表明，由于经济的原因，一些家长不重视西式玩具。这些家庭中有许多是寻求庇护者或难民，他们习惯于自己制作玩具，在他们的本土环境中，他们的孩子更习惯于与其他家庭成员在户外大而开阔的区域玩耍。一些家庭希望他们的孩子照顾弟弟妹妹、帮助他们的父母准备食物，或去马德拉沙（Madrasa，穆斯林高等教育机构）上伊斯兰教课程，这意味着他们没有太多的时间玩。还有一些人很高兴他们的孩子喜欢读书，和堂兄弟姐妹或其他亲戚在户外玩耍，但也担心在英国，儿童在户外玩耍与犯罪之间的相关性。进一步的研究表明，与 20 年前相比，谋杀案的统计数据并没有太大的不同，但是媒体报道可能会让父母感到害怕，尤其是那些刚刚来到这个国家的父母。

进行这项研究的同时，在学前教育中，人们对宝箱和启发式游戏的价值越来越感兴趣(Goldschmeid，1994)。教育工作者也开始认识到让幼儿使用开放资源的价值，因为这些资源为他们提供了多种游戏选择。一旦这些被引入教育机构中，儿童及其父母就会更多地参与到儿童游戏中。如果父母和孩子花一个下午制作宝箱，那么他们就可以制造出一些用来回忆家庭生活中某些特殊时刻的东西。孩子似乎能更好地玩没有预先确定结果的玩具，而不是那些可以在商店购买到的、出于商业目的而发明的玩具。研究者现在更加重视在游戏中使用天然原料，孩子可以把这些原料制作成他们想要的任何东西，这种方式也更鼓励孩子在游戏中发挥创造性。这项研究让该研究者能够更好地开发实践方法，并证明家庭文化和家庭游戏观在学前教育背景中受到了重视。

社会—文化理论

为什么儿童的文化认同应该得到承认和发展，为了探究这一问题，我们需要考查一些儿童发展理论家对儿童文化认同的看法。一些理论家对这一问题有深刻的认识，并主张我们需要认识到儿童身上的文化因素。例如，布鲁纳(Bruner，1996)支持所有家庭和儿童的文化因素都需要得到认可这一观点。此外，维果茨基(Vygotsky，1978)认为儿童是其家庭和所居住社区的文化参与者。其他理论家在此基础上提出，儿童对自己的看法是社会建构的产物，通过儿童的经历，以及更微妙地通过儿童可能受到的媒体影响、同龄人和兄弟姐妹，还有他们参与的活动，儿童建构了对自身的看法。布朗芬布伦纳(Bronfenbrenner，引自 Cole and Cole，1996)提出了生态系统理论(ecological systems theory)，他认为儿童和家庭是更广泛的一组嵌套系统的一部分，这些系统相互关联，相互影响。

该理论可以用一系列同心圆来表示，图 23.1 展示了儿童与直接影响的系统和更广泛的社区系统之间的多层次关系。这个系统理论将儿童置于中心，第一层是微观系统(microsystem)，即儿童在幼年生活中与重要他人建立的关系。第二层是中间系统(mesosystem)，包括教育环境、社区和家庭所属的信仰组织。值得注意的是，信仰在这个系统中的作用；可能因为该理论是 20 世纪末创立的，当时信仰的作用在人们的生活中更为显著，或者是因为布朗芬布伦纳认为儿童是精神个体，信仰是家庭生活中的重要组成部分。第三层是外层系统(exosystem)，包括地方政府、媒体和父母的工作场所等更广泛的组织对家庭的影响。第四层是宏观系统(macrosystem)，该系统与渗透到家庭生活中的社会主流观念和意识形态有关。上述每一层系统都相互影响、相互联系，因此每一层系统都会对家庭和家庭中儿童的发展产生影响。

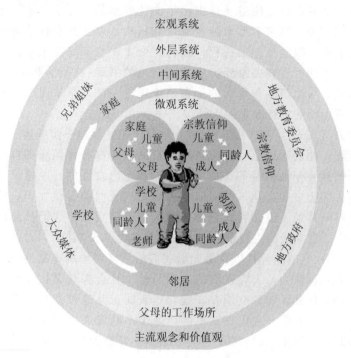

图 23.1　布朗芬布伦纳的理论：儿童与直接影响的系统和更广泛的社区系统之间的多层次关系

来源：Cole and Cole，1996。

　　为了进一步阐述这个理论，我们可以想象一下裁员对家庭的影响。父母中的一方，之前一直在工作，被裁员之后可能会突然花更多时间待在家里。这位家长可能会因为失去工作而变得抑郁。由于经济问题，他们可能难以负担孩子的学前教育费用，这不仅会对父母造成影响，还会影响孩子的情绪健康(微观系统和中间系统)。失去工作的家长可能会寻找新的工作并申请福利补贴，因此可能需要社区(中间系统)中的地方当局和服务的支持。政府的作用、社会对失业的不同看法被认为是宏观系统。这个例子说明了，从业者需要将家庭看作具有特定需要和需求的人群。大多数家庭不需要什么支持，但有些家庭需要从业者的支持，从业者需要了解他们的环境和文化背景，并能够提供支持。

布尔迪厄(Bourdieu，1930—2002)是法国社会学家、哲学家和人类学家，他使用了"资本"一词，这个词主要用于描述与经济有关的事物，如一个家庭有多少钱和财富，以及他们的房子和他们拥有的一切。他认为，家庭也可以获得文化资本，这涉及属于某种文化所带来的益处，以及这种文化对家庭生活的影响。他进一步提出了文化资本的三要素：第一个要素与精神和身体有关；第二个要素涉及制度和机构，以及政府政策对这些制度和机构的影响，因此也包括课程；最后一个要素与家庭在家中拥有的文化物品有关，包括可能有关家族历史及其文化的书籍(神圣的和世俗的)、画作和艺术品。与布朗芬布伦纳的生态系统理论一样，布尔迪厄的理论中也包含对家庭生活的精神因素的认可。

罗戈夫(Rogoff，2003)是一位社会文化学家，他进一步阐述了布朗芬布伦纳的观点，他认为从业者不应该把所有的孩子都看作同质的群体，而应该视文化差异为令人兴奋的、提供信息的和有启发性的。她建议从业者应该重视过去的历史和文化，但同时也需要扩展他们的文化知识，接受社会是由来自不同背景、信仰和教育体系的人组成的观点；这给社会增添了多样性和刺激。罗戈夫努力鼓励人们摆脱民族中心主义(认为自己的民族更优越)，对我们社会的差异性以及由此给我们的社区增添的丰富性持更开放的态度。此外，她认为，人类发展的进程与整个社会都是文化社区的一部分有关，这些文化社区彼此交织在一起，这表明正是这种参与使人们成为社会的一员。这也表明，文化是有机的，处于不断发展之中，它将新的理念汇集在一起，并依据人们对其产生的新理解，不断改变着这些理念。

"沉默"家庭的风险

为了开发针对来自不同文化背景的儿童的融合实践方法，任何家庭都不能被排除在学前教育环境之外，这至关重要。为了避免将不同于主流观点的文化观点边缘化，应特别注意那些来自与我们不同背景的文化观点。通常，如果从业者所持的观点比父母和孩子的观点享有更多特权，权力不公平的问题就会在学前教育环境中盛行。有时，专业人士被视为专家，他们的知识和理解比父母的观点更重要。麦克诺顿和休斯(MacNaughton and Hughes，2009)与澳大利亚学前教育机构的父母和工作人员开展了一项研究，该研究强调了不公平的思维习惯或实践方法可能会排斥一些家庭的观点。通过一系列的焦点小组，他们发现，某些家庭很容易在不知不觉中变得沉默，这些家庭可能会发现很难与员工接触，或者沟通对于他们来说是一项挑战，因此没有人听取他们的意见。在很多情况下，时间非常宝贵，参与这项研究的一些父母发现，如果他们的母语或文化背景不同，他们就很难充分利用与从业者相处的零碎时间。有时，从业者会花更多时间和与他们有更多共同点的父母在一起，或者与他们觉得更容易相处的父母在一起，尽管他们不是故意的。为了解决这些问题，需要考虑如何在不同家庭之间公平地分配时间，以及如何积极征求所有家庭的意见，以便从业者了解学前教育环境中的每一种文化。

认识到文化并非同质的，而是丰富多元的，这很重要。换句话说，一群与特定文化相关的人可能持有不同的观点和信念，尽管他们与其他处于同一文化中的人有很多共同点。生活经历和特定的家庭观念塑造了个体看待世界的方式，并使他们形成了自己独特的价值观。这意味着从业者需要避免做出假设。例如，一个信仰特定宗教的家庭与另一个有相同信仰的家庭对某个问题的感受完全相同。此外，许多儿童属于混合文化的家庭，因此，他们的家庭传统和价值观可能是多种多样的，并可能随着新成员的加入而随时间改变。这突出了在学前教育背景下与每个家庭接触的必要性，这让从业者得以了解每个家庭成员的感受，以便将这一点纳入考量，促进融合实践的发展。

儿童在不同文化背景之间的过渡

为了让儿童在家庭和学前教育环境之间过渡时，为儿童提供有效的支持，从业者需要了解儿童的家庭文化。对一些儿童来说，这可能是一个情绪化的时期，因为他们需要适应不同的环境，这些环境对他们的期望也各不相同。如果儿童在家里和在学前教育机构说的语言不一样，尤其是儿童不懂学前教育机构中使用的语言，这段时期就会更动荡不安。儿童被允许或被期望在不同的环境中使用资源的方式，意味着他们必须理解一套不同的规则，这可能会导致焦虑。例如，一个儿童被允许在家里的沙发上蹦蹦跳跳，但在幼儿园不行，他可能会感到困惑，为什么在一个环境中可以做的事，在另一个环境中就不行。为了避免给儿童的自尊带来负面影响，可能需要用温和、清晰的理由给出耐心细致的反馈（以及可以替代的游戏经验，能提供情感和身体发展的类似刺激与机会）！

对于所有儿童来说，从家庭过渡到学校或托儿所都有可能带来压力，尤其是当儿童第一次进入这个环境的时候（参见第十五章），但是对于一些儿童来说，这种情况更容易应对。造成这一差异的原因有很多，包括儿童以前经历的变化，这可能使他们能够在新的情境下建立复原力和信心；先前与同龄人和成人开展社交的机会；取决于儿童生活中的一系列外部影响

The Excellence of Play

的总体幸福感。然而，家庭文化、社会背景和意识形态与学前教育环境中的从业者和其他家庭更为相似的儿童，其思想和行为的过渡可能只需要较少的调整。此外，这些儿童的父母更有可能从与从业者有限的交流机会中获得更多信息，因为他们可能对什么是适当的学前课程有更多共同理解。至关重要的是要认识到，一些儿童可能会因有文化偏见的课程而处于不利地位，其家庭文化不同于学前教育环境所期望的可接受的游戏和互动形式的儿童，会出现额外的过渡问题。因此，从业者需要与所有家庭接触，了解儿童的背景，以及确保这些问题在儿童早期教育和保育环境中得到重视。

当儿童进入一个在物理环境、游戏和学习资源以及对他们的期望等方面都有很大差异的环境中时，他们可能会感觉非常奇怪。重要的是，资源应反映进入该环境的儿童的文化，原因有以下几个：这使儿童能够参与和他们自己的生活相关的经历；多样性给来自各种背景的所有儿童带来了丰富的生活，这使得我们能颂扬这种丰富性；促进了来自不同文化的儿童的归属感。所有来自不同背景的儿童都能欣赏不同文化的音乐，包括通过音频设备播放的以及乐器演奏的音乐。在学前教育环境中放置来自儿童家庭文化的服装、特殊的工艺品和日常用品，有助于表明各种文化都能得到重视的观念，并培养积极的接纳态度，这是课程的一部分。可以将来自其他文化的烹饪方法、故事和艺术技法纳入日常的课程计划中来，而且通常家长会很愿意分享和展示这些，因此大家都能享受到真实的体验。让父母参与设计规划相关的经验，并询问他们有关自己孩子的幸福和发展的信息，是一种帮助孩子从家庭过渡到学前教育环境的必要手段。在对孩子有关键影响的人物和家庭之间建立有效的关系，可能会减轻过渡的压力，同时也能确保政策条款持续为孩子带来益处。

结　论

文化是流动的、动态的，儿童在一生中不同时期的兴趣和需要也是流动的；因此，实践方法和政策条款需要随机应变。为了了解如何最好地应对这些变化，从业者可以从孩子及其家人那里获取一系列信息，并与他们一同决策。融合不是一蹴而就的，而是需要通过不断的反思和发展，融合教育才能得到维持和完善。为了使每个人都感到受重视，并从多元文化社区的丰富性中获益，需要接纳新的思想，并致力于使儿童和家庭参与到塑造学前教育环境的文化与实践中来。

思考题

1. 如何将儿童的自主性作为专业角色的一部分？

2. 你如何识别你所照料的儿童的家庭文化？

3. 在实践工作中，你如何保证来自不同文化背景的所有儿童都能在学前教育环境中找到归属感？

参考文献和延伸阅读（加粗文字）

Ang，L. 2010. Critical perspectives on cultural diversity in early childhood：building an inclusive curriculum and provision[J]. International Research Journal of Early Years，30 (1)：41-52.

Brooker，L. 2002. Starting School：Young Children's Learning Cultures[M]. London：McGraw-Hill.

Bruner，J. 1996. The Culture of Education[M]. Cambridge，MA：Harvard University Press.

Clark，A. and Moss，P. 2011. Listening to Young Children：The Mosaic Approach [M]. London：National Children's Bureau.

Cole，M. and Cole，S. R. 1996. The Development of Children，3rd edn[M]. New York：W. H. Freeman.

Department for Education(DfE). 2014. The Early Years Foundation Stage：Setting the Standards for Learning，Development and Care for Children from Birth to Five[M]. London：Crown Publications.

Goldschmeid，E. 1994. People Under Three：Young Children in Day Care [M]. London：Routledge.

Hay，D. and Nye，R. 2006. The Spirit of the Child[M]. London：Jessica Kingsley.

Hyde，B. 2004. Children's spirituality and 'The Good Shepherd Experience'[J]. Religious Education，99(2)：137-150.

Kenner，C. 2000. Home Pages：Literacy Links for Bilingual Children[M]. Stoke-on-Trent：Trentham Books.

MacNaughton，G. and Hughes，P. 2009. Parents and Professionals in Early Childhood Settings[M]. Maidenhead：Open University Press.

Ranson，D. 2002. Across the Great Divide：Bridging Spirituality and Religion Today [M]. Sydney：St Pauls.

Rogoff，B. 2003. The Cultural Nature of Human Development[M]. Oxford：Open University Press.

Vygotsky，L.（1978）Mind in Society：The Development of Higher Psychological Processes[M]. Cambridge and London：Harvard University Press.

第二十三章 和来自不同文化背景的孩子一起游戏

第二十四章 国际层面的游戏和幼小衔接

萨莉·彼得斯/文　林思语/译

摘　要

本章探讨了在儿童从学前教育（early childhood education，ECE）过渡到小学教育的过程中，游戏所起到的支持性作用。本章引用了作者在新西兰做的一些研究，这些研究着眼于儿童从学前教育过渡到小学环境和小学课程的学习之旅。本章着重讨论了有关这一主题的国际观点，同时也介绍了一些策略，教师可以用这些策略来强化游戏在幼小衔接中的作用，并介绍了一些与此方法相关的研究结果。

片段 1

乔（Joe）和他的老师针对开始上小学的感受进行讨论："我想留在日托中心，因为你必须穿衣服，而不是穿制服……你必须穿上衣服……你可以做任何事。"当被问及他是否想念什么特别的东西时，他说："我，我，我想念……嗯，大操场，因为操场上有一个滑梯，可以滑得很快。"后来他补充说："我，我，我想念那些自行车，因为我知道自行车……我知道自行车的速度非常快，我们有一个自行车滑梯，自行车的速度非常快。"

导　言

乔"知道自行车"，计划长大后成为一名"恐龙捕手"，人们不禁想知道，小学会为乔准备些什么。他对速度快的东西很感兴趣（自行车和滑梯），喜欢橄榄球和篮球。有关儿童从学前教育过渡到正式学校教育的经历，乔及其同学的故事能告诉我们什么？我们应该如何为他们的过渡提供支持，让他们拥有一个积极的开端，而这一开端可能会影响他们以后的成就？虽然新西兰的教育水平普遍较高，但人们对最优异和最差劲的学生之间的差距感到担忧，也非常关注成绩"吊车尾"的学生（见 New Zealand Treasury，2008；Clark，2013）。然而，正如麦克法兰（Macfarlane，2014）指出的，也许是时候把更多的注意力放在儿童的经历上，而不是成绩上。本章借鉴了作者的一些研究，这些研究探索了儿童从学前教育过渡到小学教育的学习之旅，并基于此提供了新西兰看待游戏和幼小衔接的一种视角。虽然新西兰独特的教育环境有助于学生取得较好的成绩，但这些观点与国际上对于这一主题的看法产生了共鸣。

本章简要概述了新西兰的背景环境，然后谈及过渡前游戏，探索将儿童在幼小衔接期的学习联系起来的方式，讨论儿童进入小学前几周的游戏，以及我们的老师一直在探索的有关幼小衔接教育和游戏的一些实用策略。

新西兰的背景环境

在新西兰，从环境和课程来说，幼小衔接几乎总是从儿童5岁时开始。本书第15章中，邓洛普和费边探讨了游戏与幼小衔接，他们关注的焦点是他们所谓"非典型过渡"，即儿童加入一个现有的班级。在新西兰，由于儿童在5岁生日当天或刚过5岁生日就开始上学，所以在新西兰加入现有班级对新人来说是很典型的情况，这对儿童和他们的老师都提出了一些特定的挑战。

彼得斯(Peters，2010)提供了一些关于新西兰环境的背景信息，并回顾了有关新西兰幼小衔接的研究。[你可以在网上找到学前教育(Ministry of Education，1996)和小学(Ministry of Education，2007；2008)的课程文件。]在规划学前课程时，需要考虑的一个问题是"如何选择文化中最重要的方面来传承给下一代。"关键的文化问题是"什么是有价值的"，关键的政治问题是"谁来做选择"(Lawton，引自 Mutch，2001：75)。关于什么是有价值的，以及如何实现被认为有价值的事，人们各持己见，对于幼儿来说，课程就像"争论之域"，学前教育的目的是什么，适合学习和发展的内容与环境是什么，人们对这两个问题争论不休(Soler & Miller，2003)。这种斗争往往在幼小衔接期加剧，关于游戏的作用也是人们争论的焦点。

过渡之前的游戏

这一节简要地提及在过渡到小学之前儿童游戏的一些好处。对于这个问题有很多方面值得考虑，但这并不意味着我们要讨论所有方面，在此我只想强调两种可能性。第一种是将关于学校的游戏作为准备或启动活动(Broström，2005；Hartley et al.，2012)。第二种是把儿童"工作理论"(working theories)的发展作为学习的基础，并在此基础上进行建构。

作为准备的游戏

有人认为，游戏的某些方面可以作为为进入小学而做的有价值的准备工作(Hartley et al.，2012)，布拉斯托姆(Broström，2005)的文章阐述了将游戏作为幼小衔接活动的可能性，这有助于参与其中的儿童成为积极的学习者，而不是被动的学习者。

在我们最近的研究中（Peters & Paki，2011），一些学前教育活动包括在装扮区穿校服和参观学校，这为儿童提供了探索和讨论小学是什么样子的机会。学校网站上的视频（由儿童主导和讲述）也向学龄前儿童介绍了小学的生活。在一个学前教育中心，5 岁儿童会回到他们的幼儿园，向 4 岁及以上的儿童谈论小学的生活，并回答他们的问题。学前教育的烹饪活动主要是做便当食物，每周五幼儿们就像在小学里一样吃便当。在另一个位于小学附近的学前教育机构中，学龄前儿童经常在小学里活动，分别就读于学前机构和小学中的兄弟姐妹和朋友也可以隔着篱笆交谈。

通过社交－戏剧游戏，儿童拥有第一手的知识和道具来探索对学校的理解，这似乎是有益的准备。在这一点上，正如多克特和佩里（Dockett & Perry，2006）所建议的，教师可以使用"如果—那么"游戏来解决可能的问题并演示策略。我们的"学习之旅"（Learning Journeys）项目的一名教师研究员评论道：

这意味着我们的孩子……"嘿，我可以去上学了，我有信心去上学……"如果你走进幼儿园，那些孩子中没有一个害怕上学，"我就要满 5 岁了，我要去上学。"但在那之前，我认为我们还没有让孩子准备充分。因此，我确实认为你需要让你的孩子做好赢的准备。否则他们就会失败。然后你会想知道为什么他们失败了。

乔的母亲说，乔所在的学前教育中心一直以来都有"让他接触学校，他与学校有很多互动，参加了很多体育日、学校日。这样就让乔向小学的过渡变得容易多了"。

工作理论的发展

在学前教育的游戏教育学中，人们对促进发展的儿童工作理论一直保有兴趣（Davis & Peters，2011；Davis & Peters，2012；Hedges，2014）。新西兰的学前教育课程（见 Te Whāriki）指出：

在幼儿时期，孩子对自己，对他们生活中的人、场所和事物形成了更详尽、更有用的工作理论。这些工作理论包含了关于世界的知识、技能和策略、态度以及期望的结合……

（Ministry of Education，1996：44）

在一个探索工作理论的项目中（Davis & Peters，20110），许多儿童理论化的深度，以及有思想的从业者探索支持和扩展这种思维的方法的深度都很惊人，我们对此感到惊讶。例如，给儿童看他们玩耍的照片和视频，可以让儿童扩展他们原有的观念，也让成人有机会反思他们的观念与行为是如何与已经发表及未发表的理论相符的。

在研究过程中，我们注意到，成人很容易假定儿童的兴趣和目的，并操纵活动或对话的走向，而不是花时间去适应儿童的想法。正如戴维斯和彼得斯（Davis & Peters，2011）所讨论的，支持儿童工作理论的发展，并在适当的时候进行干预（甚至判断什么时候合适）并不容易。英国有效提供幼小衔接服务（Effective Provision of Pre-School Services，EPPE）项目的早期工作发现，尽管持续的成人—儿童互动（他们称其为"持续的思想同步"）与儿童的高认知有关，但是在参与项目的学前教育中心并不经常发生。西拉杰-布拉奇福德和曼尼（Siraj-Blatchford and Manni，2008）指出，即使在幼小衔接服务中被认定为优秀的中心，学前教育机构员工提出的开放式问题、鼓励猜测或试错，并/或提供持续思想同步的可能性只有 5%。

我们的研究表明，即使有持续的互动和合作，成人真正能适应儿童的理论，而不是操纵走向的情况可能更不常见。然而，游戏确实为思考提供了一个丰富的环境，可以促使这样的对话发生。与稍纵即逝的兴趣相比，儿童的工作理论往往在兴趣领域/专业知识方面更复杂，敏感的家长和教师知道什么时候适合培养儿童的这种思维（Crowley & Jacobs，2002，2002）。如果一个新入职的教师了解儿童当前的理论，他将更能够在这些理论的基础上支持儿童的学习。

连接幼小衔接期的学习

新西兰的小学课程要求学校学习"建立在儿童拥有的学习经验的基础上"（Ministry of Education，2007：41）。然而，教师仍在探索如何识别先前学习经验的丰富性，并在寻找识别和扩展这种丰富性的方法。英国的教育部长最近表示："我敢想象在未来，通过一次会议，专业人士之间针对每个孩子展开详细的讨论，将孩子的学习故事的传递下去，所有教师通过这种方式正式将他们的孩子交给下一个部门。"（Parata，2013）然而，尽管许多家长确实与学校共享儿童的学前教育档案，但在幼小衔接期专业人士讨论每个儿童学习情况的机会尚未出现（参见 Hartley et al.，2012，第 3 章。例如，将教育档案当作幼小衔接工具）。一些学前教育中心会提供特殊的幼小衔接档案，让家长提交给小学。这些档案通常包含在叙述学习故事中重要的方面（Carr，2001；Carr and Lee，2012），通常还会附上照片。这为儿童的游戏、兴趣和友谊提供了一些信息。

小学前几周的游戏

一些学校也使用学习故事。在为学校教师提供的资源中，包含如何编写学习故事的范例，这个例子基于一个孩子在学校玩狐蝠游戏，突出了在游戏中与她表现出的关键能力相关的行为(Davis et al.，2013)。在国外，一些教师在学校尝试了更有趣的教学方法(见 Martlew et al.，2011；Reynolds et al.，2011)。新西兰在这方面所做的一些探索也很引人注目。如前所述，游戏机会可以提供让儿童的兴趣被纳入课程中的机会。它也被证明对学习素质很有价值。卡尔等人(Carr et al.，2009)研究了儿童从学前阶段进入学校后的互惠性、想象力和适应力等学习素质。他们发现，"孩子的学习素质在学校课程的冲击下变得很脆弱，这些课程充斥着强制性的任务、紧凑的日程安排和总结性的评估，而且实践或政策不承认学习素质。"(p.220)然而，尽管许多新入职的教师可能重视游戏，并且对课程持更开放的态度，但对大多数儿童来说，一旦他们到了学校，游戏的性质往往会发生变化。和乔一样，他们发现在学校里的游戏和之前以及在学校外的游戏非常不同。

小学游戏的性质

在学前教育和小学中，游戏的一个显著区别是，小学经常会强调工作和游戏之间的区别，虽然很多学习也是通过游戏进行的，但老师会优先考虑工作。游戏的时间也有变化，通常只有在课堂上完成工作后，或在午餐时间和游戏时间才能玩。回顾他自己的过渡期，史蒂夫(Steve)反思了这种变化，他指出："在幼儿园你可以尽情地玩，但在学校你必须做你要做的事。在幼儿园你真的有其他选择。"在学校里，他觉得"当我不得不待在室内工作或做其他事情的时候，我会想出去玩。有时，当我在外面玩的时候，我真的想回去工作"。

操场上的游戏

在学校，游戏的环境也不同。史蒂夫评论道："(在学校里)有很多个高的人，操场更大、更好，除了几个新人，没有真正矮小的人。"虽然操场更好，但他感到"孤独"和"无聊"，因为"你不知道该做什么"。和史蒂夫一样，乔和他的同龄人也不是特别喜欢学校的"游戏时间"。

老师：好啦，现在我们面临一个棘手的问题，你不喜欢学校的哪一点？

梅雷：游戏时间。

老师：告诉我为什么你不喜欢游戏时间。

梅雷：因为我们学不到任何东西。

老师：好吧，很有趣的答案。

乔：我也是。

老师：曼迪，你不喜欢学校的什么？

曼迪：游戏时间。

乔的解释与他在本章开头一段的话有关，他说他更喜欢穿自己在学前机构时穿的衣服而不是学校的制服。"我不喜欢游戏时间，因为我们感到很热，我脱掉球衣，然后我觉得冷，我又穿上球衣，我又脱掉球衣，然后我还是觉得冷。"曼迪（Mandy）同意他的说法，"有时天冷的时候，当我没穿球衣的时候，我不觉得热，我觉得冷。"虽然我们可能很容易认为抱怨球衣是微不足道的，但是对于新西兰的孩子来说，学校往往是第一个要求他们在规定时间内在户外玩耍的，不管他们是否愿意，不管气温如何。此外，正如一位老师指出的："很多孩子都穿着同样的衣服。"所以对于一个正在适应新环境的 5 岁孩子来说，设法脱下球衣又不弄丢它是一项额外的责任。难怪一些新入学的孩子在下雨的时候表现出一种解脱的感觉，这是因为他们可以待在室内。

没有玩伴

在午餐时间和休息时间没有人一起玩也是一个问题，在某些情况下会导致孩子不喜欢学校（Peters，2004，2012）。我们最近收集的一些数据反映的问题，与彼得斯（Peters，2004）在 10 年前表达过的担忧相同。

老师：你刚开始上学时的感觉如何？

布赖恩：生气。

老师：为什么？

布赖恩：因为没有人会和我玩，我想玩平板电脑。

老师：你为什么认为没有人会和你玩？

布赖恩：因为我尝试找人一起玩……但是我找不到。

老师：好吧，这是你和你哥哥一起玩的原因吗？

布赖恩：是的。

老师：那和你一起上课的同学呢？

布赖恩：（停顿）……他们，我不喜欢他们，他们不想和我一起玩。

在接下来的对话中……

老师：你不喜欢学校的哪一点，布赖恩？

布赖恩：（停顿）……没有朋友，没有人一起玩，也没有人会在走路时等我。

这里空间很大，有很多儿童，因此很难找到一张熟悉的面孔。此外，进入同辈群体中也面临着挑战，而在新西兰儿童加入现有班级的制度可能使这一挑战变得更加困难。即使来自同一学前教育中心的朋友，也有可能在儿童入学之前结识了其他朋友。另一些儿童加入的班级中没有认识的朋友。

早年的研究结果似乎仍然适用于今天的操场观察。例如，科尔萨罗（Corsaro，1981）对幼儿的研究发现，幼儿不容易接受新的玩伴，大约半数的游戏请求会遭到拒绝。豪斯(Howes，1988)发现，没有朋友的幼儿比有朋友的幼儿更容易被拒绝。然而，科尔萨罗(Corsaro，1981)指出，最初的抵抗并不总会导致永久的排斥。不幸的是，有些儿童似乎还没有发现，最初的阻力是可以克服的，而把大部分的课间时间用来闲逛，等待时间的流逝。帮助儿童培养社交互动技能的学前教育环境能帮助儿童掌握宝贵的入学技能。

游戏资源

虽然社交技能很重要，但友谊并不仅仅与儿童有关。情境因素也起到了关键作用。早期的一项研究(参见 Peters，2012)发现，似乎在学校有更多游戏资源，可以帮助那些很难通过其他方式进入社会群体的儿童。这对于那些在学校环境中不使用主流语言的儿童来说尤其重要。举个例子，由香刚上学的时候几乎不会说英语，当她从家里带来一个洋娃娃后，她开始和班里的其他女孩在午餐时间一起玩。从那时起，她经常带她的娃娃去上学。她的母亲指出，"一旦她意识到她可以带娃娃去上学，她可以和其他孩子玩娃娃，她就非常高兴。"格雷戈里(Gregory，2005)还发现，在学校里玩耍对于说两种语言的儿童来说是有价值的，他们可以在社交—戏剧游戏中使用母语，逐渐插入英语单词，并尝试使用英语。朗(Long，1997)也阐述了，资源如何支持使用不同语言的儿童之间的交流，以及在有意义的游戏情境中使用哑剧和手势以及越来越多的词汇时，资源如何促进了共同的理解。

幼小衔接教学法和游戏

考虑到本章提出的所有观点，我们的"学习之旅"项目(Peters & Paki，2011)中的教师研究人员一直在探索一系列幼小衔接教学法。游戏可以为学校学习提供一个重要的环境。它可以揭示重要的品质和理解，但更难通过其他活动获得。

解决操场游戏的挑战，也证明了在课堂上学习的价值。操场观察显示，从幼儿园到小学操场里的游戏发生了变化；在听到铃声时儿童蜂拥而出到户外玩耍，意识到这时新生可能面临的挑战，这些都促使教师寻求儿童对游戏的看法。

倾听了儿童的想法后，第一步是在新生进入的教室附近创建一个安静的游戏场所，那里有很多玩具可以玩。这一个小的举动会对刚入学的儿童产生很大的影响，这为他们提供了一个可以替代在大操场上喧闹游戏的选择。之后，儿童也找到了安静的地方与朋友见面，但教室里的玩具意味着儿童在玩耍时不那么依赖他人，同时也有资源帮助儿童和他人互动。

也可以将儿童最初的想法制作成视频，与新入学的儿童和家长分享。然后，儿童和教师继续合作制作关于操场的剪贴簿，可以加入儿童认为重要的照片和儿童讲述的故事。在这些剪贴簿中，儿童可以辨别出值日老师、下雨天发生的事情以及符号的含义（例如，表示雨后某个区域太湿不能玩耍的旗帜）。儿童会强调他们喜欢玩耍的地方，包括他们觉得新入学的儿童需要了解的地方，如"后院"和"大山"，以及所有可以安静玩耍的地方。教师可以在儿童刚入学的时候与他们分享和讨论这本剪贴簿。

教师认真对待儿童在加入同辈群体时所遇到的困难，并与儿童一起研究如果他们想玩时可能会使用的方法。他们还和儿童讨论，如果一个儿童试图加入他们的游戏，他们可能会做什么。这项工作与课程中的关键能力密切相关。课程也要关注儿童在学校的完整经历的重要性（Ministry of Education，2007：41）。倾听和支持儿童对自己想法与感受的担忧，可以创造更加个性化的幼小衔接教学法。这一点也得到了家长和照料者的注意和赞赏：

今年真的发生了变化，整个幼小衔接过程……真的……太神奇了……有了第二个孩子（现在开始上小学了）后，能够和第一个孩子比较，这真的很有趣。完全不同……你知道，只要能在事情失控之前，立即实施策略就行了。因为一旦事情失控，就有点晚了。我认为这项研究已经帮助双方（学前教育机构和学校）确定了帮助孩子走出困境的策略和程序。

（家长面谈）

结　论

虽然人们似乎普遍支持游戏的好处，但在游戏的作用和幼小衔接方面还有许多需要考虑的地方。这符合一个更大的图景，了解儿童的整个学校经历，并认真对待他们的担忧。本章分享了一些教师的工作，他们关注的是教育方法的细微差别，这些方法能够帮助支持各种各样的儿童加入班级中，旨在随着时间的推移提高他们的学习能力。然而，这也是成人学习之旅的一部分，而且这项工作还在继续。至于乔，到目前为止一切顺利。他妈妈说："他回家后对自己的成就感到非常兴奋……他的进步很大……他似乎喜欢上学……他对社交有安全感，一切都会随之而来。他拥有归属感、稳定性和接受度。"我们希望能够为所有开始上学的儿童都实现这一目标。

思考题

1. 在考虑儿童的成就（包括成功和失败）时，密切关注儿童在学校的经历给你带来了怎样的启发？

2. 在儿童游戏的过程中，成人可以使用什么策略来避免"操纵"儿童的思维方向？

3. 教师可以以什么方式支持儿童在学校操场上的游戏？

致　谢

我非常感谢新西兰教学研究计划（New Zealand Teaching and Learning Research Initiative，TLRI)为本章提到的一些研究项目提供的资金。我也感谢我的同事（包括大学和教师/从业者研究人员）在这些研究中的付出，以及愿意参与研究的儿童、家长和其他教师。

参考文献和延伸阅读（加粗文字）

Broström，S. 2005. Transition problems and play as transitory activity[J]. Australian Journal of Early Childhood，30(3)：17-25.

Carr，M. 2001. Assessment in Early Childhood Settings[M]. London：Paul Chapman.

Carr，M. and Lee，W. 2012. Learning Stories：Constructing Learner Identities in Early Education[M]. London：Sage.

Carr，M.，Smith，A. B.，Duncan，J.，Jones，C.，Lee，W. and Marshall，K. 2009. Learning in the Making：Disposition and Design in the Early Years[M]. Rotterdam：Sense.

Clark，J. 2013. Inequality of school achievement：why the events of 2012 will not fix the problem[R]. NZ Teacher. Education Central.

Corsaro，W. A. 1981. Entering the child's world-research strategies for field entry and data collection in a preschool setting[M]//J. Green and C. Wallot. Ethnography and Language in Educational Settings. Norwood，NJ：Ablex.

Crowley，K. and Jacobs，M. 2002. Building islands of expertise in everyday family activity[M]//G. Leinhardt，K. Crowley and K. Knutson. Learning Conversations in Museums. Mahwah，NJ：Lawrence Erlbaum.

Davis，K. and Peters，S. 2011. Moments of wonder，everyday events：children's working theories in action[R]. Teaching Learning Research Initiative Final Report.

Davis，K.，Wright，J.，Carr，M. and Peters，S. 2013. Key Competencies，Assessment and Learning Stories[M]. Wellington：NZCER(DVD and PD resource book).

Dockett，S. and Perry，B. 2006. Starting School：A Handbook for Early Childhood Educators[M]. Castle Hill，NSW：Pademelon Press.

Gregory，E. 2005. Playful talk：the interspace between home and school discourse

[J]. Early Years: An International Journal of Research and Development, 25 (3): 223-235.

Hartley, C., Rogers, P., Smith, J., Peters, S. and Carr, M. 2012. Crossing the Border: A Community Negotiates the Transition from Early Childhood to Primary School[M]. Wellington: NZCER.

Hedges, H. 2014. Young children's 'working theories': building and connecting understandings[J]. Journal of Early Childhood Research, 12(1): 35-49.

Howes, C. 1988. Peer interaction of young children[J]. Monographs of the Society for Research in Child Development, 53(1).

Lange, S. and Thomson, B. 2006. Early identification and interventions for children at risk for learning disabilities[J]. International Journal of Special Education, 21(3): 108-119.

Long, S. 1997. Friends as teachers: the impact of peer interaction on the acquisition of a new language[M]//E. Gregory. One Child, Many Worlds: Early Learning in Multicultural Communities. London: David Fulton.

Macfarlane, A. H. 2014. Nga-tapuwae o mua, mo-muri: challenges and promises of tribally-based research[C]. Paper presented at Te Kōhao o te rangahau Indigenous Research Conference, University of Waikato, April.

Martlew, J., Stephen, C. and Ellis, J. 2011. Play in the primary school classroom? The experience of teachers supporting children's learning through a new pedagogy[J]. Early Years: An International Research Journal, 31(1): 71-83.

Ministry of Education. 1996. Te Whāriki. He Whāriki Ma-tauranga mōngāMokōpuna o Aotearoa: Early Childhood Curriculum[M]. Wellington, New Zealand: Learning Media.

Ministry of Education. 2007. The New Zealand Curriculum[M]. Wellington, New Zealand: Learning Media.

Ministry of Education. 2008. Te marautanga o Aotearoa[M]. Wellington, New Zealand: Learning Media Limited.

Mutch, C. 2001. Contesting forces: the political and economic context of curriculum development in New Zealand[J]. Asia Pacific Education Review, 2(1): 74-84.

New Zealand Treasury. 2008. Working Smarter: Driving Productivity Growth Through Skills. Wellington: New Zealand Treasury[M]//Nusche, D., Laveault, D., MacBeath J. and Santiago, P. (2012)OECD Reviews of Evaluation and Assessment in Education, New Zealand, Main Conclusions.

Peters, S. 2004. Crossing the border: an interpretive study of children making the transition to school[J]. Unpublished PhD thesis, University of Waikato, New Zealand.

Peters, S. 2010. Literature review: transition from early childhood education to school[P/OL]. Report commissioned by the Ministry of Education. Wellington: Ministry of Education.

Peters, S. 2012. 'I didn't expect that I would get tons of friends... more each day': children's experiences of friendship during the transition to school[M]//L. Miller, R. Drury, R. and C. Cable(eds)Extending Professional Practice. Maidenhead: Open University Press.

Peters, S. and Davis, K. 2011. Fostering children's working theories: pedagogic issues and dilemmas in New Zealand[J]. Early Years: International Journal of Research and Development, 31(1): 5-17.

Peters, S. and Davis, K. 2012. Working theories and learning dispositions in early childhood education: perspectives from New Zealand[M]//T. Papatheodorou. International Debates on Early Childhood Practices and Policies. London: Routledge.

Peters, S. and Paki, V. 2015. Learning Journeys from Early Childhood into School [R]. Teaching and Learning Research Initiative Project.

Reynolds, E., Kidd, E. and Stagnitti, K. 2011. Play, language and social skills of children attending a play-based curriculum school and a traditionally structured classroom curriculum school in low socio-economic areas[J]. Australian Journal of Early Childhood, 36 (4): 120-130.

Siraj-Blatchford, I. and Manni, L. 2008. 'Would you like to tidy up now?' An analysis of adult questioning in the English Foundation Stage[J]. Early Years: An International Journal of Research and Development, 28(1): 5-22.

Soler, J. and Miller, L. 2003. The struggle for early childhood curricula: a comparison of the English Foundation Stage Curriculum, Te Whāriki and Reggio Emilia[J]. International Journal of Early Years Education, 11(1): 57-68.

后　记

蒂娜·布鲁斯/文　肖倩/译

　　通过游戏，儿童成为他们未来的伙伴，但儿童需要成人在他们的自由流动游戏中起到倡导者、促进者、保护者和协调者的作用（Bruce，1991）。社会文化环境对儿童在游戏中建立个人的主体意识具有重要作用。关于大脑发育的研究表明后天培养会触发、塑造和影响先天因素（见第三章）。我们的环境——社会环境，文化环境，自然环境和物质环境似乎成了我们大脑的延伸。

观察自由流动的游戏

　　2 岁的汤姆（Tom），花费一下午的时间用两种类型的胡桃夹剥一碗坚果：一种是螺旋形状的，另一种是钳子形状的。他在用力夹，挖洞，敲成碎片。他将这段体验和他的妈妈分享。在 3 岁的时候，他用纸制作飞机。当一个年龄比他大的孩子向他展示了把机翼切成条状可以加快或减慢飞机的速度，改变飞机的航向时，汤姆被深深地吸引，完全着迷于其中。维果斯基（Vygotsky，1978）强调，如果要有效地促进学习，儿童就需要和比他们更精通的人在一起。

　　汤姆在游戏时喜欢将小木棍扔进公园的灌木丛里和水里。来自欧洲的他和其他三个孩子（分别为 2 岁、4 岁和 7 岁）在埃及尼罗河岸边玩游戏。他们制作许多小船，载着货物，朝着特定的航向航行。汤姆在游戏中了解力量、碰撞和飞溅，就如同他们将小木棍和石头扔进他们制造的小船周围的尼罗河一样。这种自由流动的游戏在全世界范围内都存在着。游戏的共同核心在于它具有全世界的维度。

　　14 岁的汉娜（Hannah）正在为她的普通中等教育证书考试（GCSE）课程编排独舞。这是她从 10 个月大就一直坚持的舞蹈游戏的顶点，当她开始伴随着音乐表演"膝盖弯曲"时，她就迷住了具备世界各地文化背景的小朋友们（Davies，2003）。在她 6 岁时，她和她 4 岁的朋友小明（Ming）一起连续跳舞好几小时，他们穿着演出服，听着录音机播放的音乐，用自制的乐器，用他们知道的关于舞蹈的所有东西尽情玩着舞蹈游戏。

The Excellence of Play

在开罗，有一个由三个男孩组成的混龄组合(其中一个 12 岁，其他两个 15 岁)，他们经常在两条繁华街道中间的小公园里玩自由流动的游戏舞蹈。他们会带着一个手提录音机，播放阿拉伯音乐，然后各自跳舞。他们之间逐渐相互有回应，大家的步调变得越来越协调，直到最后他们一起跳舞。在自由流动游戏中，其中一个特征在于游戏者对彼此的日程安排非常敏感，从而产生集体敏感性。

在英国举行的一次国际会议上，奈吉尔·肯尼迪(Nigel Kennedy)谈到音乐家发现他们能够共同即兴玩音乐的方法，这要求的标准很高，需要演奏者相互尊重彼此不同的文化背景。他们发现他们可以让一种音乐风格出现然后减弱，让另一种音乐风格在不同节奏点成为主导。这种自由流动的游戏尊重个性，并鼓励集体敏感性。这个过程和创造性之间产生共鸣，因为即兴创作和建立联系是创造性的两个关键因素。

7 岁的克里斯(Chris)、11 岁的威廉(William)和 13 岁的艾尤(Ayo)用一周时间在河上乘船度假。混龄组合在学校里并不典型。在这里，年龄稍大的儿童教他使用锁、打结、安全上岸、点燃烧烤炉子、搭帐篷、削木棍、做箭、用柳条做弓、钓鱼、擦洗甲板和打扫楼梯。他正在以一种非常实用的方式学习科学、技术、地理和历史的关键要素。它看见年纪大的儿童每天用一小时完成家庭作业，因此，他用这段时间选择去素描、游戏、读书、练习、掌握，如熟练掌握点燃烧烤炉的技巧。当他游戏的时候，他会沉迷于使用弓箭，并为能够熟练地射中他所设定的目标而欢呼庆祝。

克里斯和威廉一样喜欢科学地游戏。在他的想象世界中充满了选择性假设，比如，他会考虑当他做这样或那样的操作时，会对他射箭技术产生怎样的影响。即便有成人在周围，他依旧会为自己能勇于承担责任而感到骄傲。当他需要帮助时，他会主动寻求帮助，或者成人意识到他需要帮助并主动给予帮助。他每天晚上都会在篝火旁倾听(或阅读)一个故事。他特别喜欢亚瑟王的故事。他没有和其他 7 岁的孩子竞争，他是独一无二的。他按照自己的速度发展，给自己设定很高的标准，他会从别人的表扬中受到鼓舞，但也会在年龄较大的孩子们领导下，影响着去学习。

游戏的概念涵盖了多样性和包容性。

丹尼尔(Daniel)，从他 3 岁开始，一直非常热衷盛装打扮。玩猜词游戏一直是家庭聚会的传统，这需要一组人表演谜题——关于书、电影或名人的名字——同时其他人尝试猜他们表演的内容。因为他身患残疾，丹尼尔在阅读、写作和分解单词方面有很大的困难。多年来，猜词游戏的乐趣在于他能够选择他自己的装扮并且尝试让一组人将他所说的故事表演出来。其他家族成员依照他的游戏日程有条不紊地忙碌着，表演着各种谜题，如

"足球运动员的妻子们"。在他大约 12 岁时，他会考虑其他人愿意穿什么服装，而不是简单地依照自己计划游戏。他也开始思考其他人愿意扮演哪些角色，尽管故事情节和角色依旧围绕他展开的。其他人都感到这是为他付出，并且尊重他在尝试换位思考方面做出的努力。

在他 14 岁时，他突然有了非常大的进步。他根据音节的数量，发现"足球运动员的妻子们"这个谜题可以分成四个部分表演出来。他意识到，他的思考力有了较大的飞跃，即表演组能够通过短语来编一段故事。他不再需要成为大家关注的焦点。第一个音节是在一家医院的手术室内，一个脚不好的人正在接受手术。第二个音节是在一场足球比赛上，将要进球的瞬间。第三个音节是正在学校上课的孩子们不知道老师提出的问题答案，一直在说"呃"。然而是他参加一个派对并需要介绍他的妻子。整个单词被他们表演出来，与电视节目中的一个场景相呼应。现在，他正在玩集体自由流动游戏。

在社会语境下进行游戏对他的发展做出了巨大的贡献。我们经常看到需要特殊教育或存在残障的儿童发展较为缓慢，但是这有助于清楚地阐明为什么游戏对于儿童的全面发展和学习如此重要。

早期教育实践的基本原则

许多伟大的先驱教育家们都意识到人类的共性特点与每个人独特的处事方法之间存在微妙的平衡。例如，福禄贝尔（Froebel，1978－1852）就意识到人类在某些特定的方面存在共性，这些共性使全世界的人类作为同一个物种紧密联系在一起。他也将自由流动游戏视为这些共性特征的重要因素之一，把每一个儿童都看作独特的个体，认为他们需要及时、适宜的帮助，来积极促进儿童的学习与发展。从这个方面，我们看出游戏是儿童发展的一种整合机制，或许也是成人的一种整合机制。

布鲁斯（Bruce，1987），**在他的文献中提出了如下 10 条原则：**

①重视儿童生活的价值，将儿童生活视为人生的一部分，而不仅仅是为将来成为成人做准备。

②儿童的整体性是非常重要的。强调儿童的健康、身体和心理状态，以及情感、灵感、思想的精神层面。

③学习不是孤立的，它和万事万物都是相互联系的。

④重视由儿童自发自导活动中产生的内在动机。

⑤强调自律（第④条和第⑤条将导致自主）。

⑥在不同的发展阶段，学习存在特殊适应期。

⑦儿童能够做什么(而不是他们不能做什么)是早期教育的起点。

⑧儿童存在一种内在结构,其中包括想象力。特别是在有利条件下会产生这种内在结构。

⑨与儿童互动的人(包括成人和儿童)对儿童的发展起核心作用。

⑩儿童的教育被看作儿童与环境之间的互动,这种环境包括他人和知识本身。

12 条自由流动游戏的特征(Bruce,1991)?

①它是没有结果的积极过程。

②它是由内在动机驱动的。

③它没有外部压力,去驱使游戏者遵守规则、达成目标、完成任务或明确方向等。这些都是由游戏者自己控制的。

④它是关于可能性、选择性的世界,这个世界使游戏者能发挥最高水平。其中还包括想象力、创造力、独创性和创新性。

⑤它融入了游戏者的想法、情感和关系。还包含反思、意识和我们知道的内容——元认知。

⑥它积极使用直接经验,其中蕴含了大量的努力、操作、探索、发现和实践。

⑦它是可持续的,自由流动游戏可以帮助我们提前预判在现实生活中我们究竟能做什么。

⑧在自由流动的游戏中,我们使用之前就掌握的技能、技巧和能力,所以可以掌控游戏。

⑨它可以由成人或儿童自己发起,如果是由成人发起的,那么就应该特别关注第③条、第⑤条和第⑪条特征。

⑩可以独自游戏。

⑪它可以是同伴游戏或集体游戏,活动中的成人和/或儿童相互之间会很敏感。

⑫它是一个整合机制,把我们所学、所知、所感和所理解的一切都整合在一起。

跨文化自由流动游戏中的共性与差异

通过了解游戏的不同方面,如游戏的共同特征,有助于我们开始研究游戏在儿童(和成人)中是如何发展的。同时,了解社会文化差异也同等重要,了解儿童在全球不同的家庭和社区中游戏的方式也同等重要,如果我们能积极回应和重视个体的独特价值与丰富多样的文化,就能够以包容的精神来支持残障儿童在游戏中的方式和多元需求。

自由流动游戏在世界各地的儿童中以及古代文明中都能找到。它是人类发展的一部分。然而，游戏的研究者们采取不同的视角来看待游戏，这导致游戏在多种多样的方式上被鼓励、被压制、被约束或被珍视，这对于儿童接触自由流动游戏的机会产生了很大的影响。

许多研究者倾向于将自由流动游戏视为欧洲和北美地区中产阶级的儿童才能享有的特权，然而事实上并非如此。这是由于"过度满足儿童需求被误认为是中产阶级的特征"（Konner，1991：196）。甚至有可能，那些身处复杂工业化"快车道"的人们，正在面临失去传统童年生活要素的风险，或者这些要素正在被破坏和腐蚀，而这些要素恰恰是成为真正成功人士所需要的核心要素。

在复杂的工业生活中，存在许许多多儿童需要知道和了解的内容。自20世纪80年代末以来，英国的早期教育就倾向于过早地介绍正规学校教育，强调直接教授和传播特定的文化。这是通过高度前结构化的经验，以"讲述和记录"为主导模式来教授儿童（见第一章）。然而，这种模式不会培养出能够适应未来社会的人才，能够适应未来社会的人才需要适应力、想象力和创造力，这就要求儿童能够在积极的体验中成长，在真实的情景中学习，并且有机会接触和参与自由流动游戏。

正如布拉泽顿（Brazelton，1969：281）指出，幼儿在"被强迫培养与自己风格不相符的习惯时会表现出强烈的抗拒，无论是婴儿还是成人，一个具有完善人格的人都会调动内在所有的力量来支持这种抗拒"。

复杂的工业社会培养出来的人重新回归到以狩猎和采集为主要活动的农业社会并非是个问题，因为在农业社会，儿童每天都在与成人共同劳作的过程中，游戏、社交和学习。更大的问题在于，不尊重人性的核心，将婴儿和洗澡水一起倒掉以能在社会发展的"快车道"中占有一席之地。儿童自由流动游戏的研究者认为，自由流动游戏并是一种浪漫主义，而认为这种游戏是一种高水平、高效能运作机制能使儿童获得高水平的象征和身体机能，这无论是对人类个体还是人类所处的社会及文化的未来都具有重要意义。

儿童的游戏有时会被成人用来作为引导和建构儿童学习的一种方式，有人认为，游戏为成人生活做出充分准备，也是支持儿童采取适应于儿童阶段的学习方式。这种"为未来生活做准备"的游戏观得到了诸如布鲁纳等现代理论家的支持，这种理论观点尽管在北欧国家和西欧的其他国家还未产生较大影响，然而，在英格兰和北美地区产生了深远影响（Moyles，2010）。

后
记

我们对怀延(Whiting)的"六个文化项目"研究中得出的数据很感兴趣。肯尼亚、墨西哥、菲律宾、日本和印度五个农业社会与美国宾夕法尼亚州一个名叫奥查德镇的城镇参与了此次研究。奥查德镇的儿童用 2％的时间做家务和处理花园里的零碎事情,用 52％的时间参与日常社交活动、观察成人、聊天等活动,16％的时间用于正式的学校中学习。从以上数据我们可以看出,城市儿童一天里的游戏时间是健康适宜的。然而,我们之后还会看到更多的例子。

从唐纳森(Donaldson)开创性的研究中,我们发现,儿童在嵌入式任务中有更好的表现,唐纳森将这种现象称为"人类意识"(human sense)。如果这些任务是基于儿童日常生活背景,且具有明确的目的和意义,儿童能通过有意识地自由活动来学习,使得他们学习更加广泛,更具深度和更加持久。他们的自我意识和幸福体验将会更加强烈。他们会变得更加自信。他们会为自己所做的事情感到骄傲。他们希望参与并做出贡献。这是儿童终身学习所需要的重要素质(见第二章)。

我们见证了发达工业社会带来的巨大变化,儿童现在不用强制做家务活或出外打工,而是接受义务教育。反观农业社会,儿童 17％的时间在田地或在家帮助父母劳作,44％的时间在玩游戏,34％的时间参与休闲社交活动,包括聊天、观察成人活动等,只有 5％的时间能够投入正式的学习(Konner,1991：309)。

我们需要厘清"使用童工就是侵犯儿童权利"这一概念。随着工业化发展,让儿童在矿场和工厂中工作不同于儿童帮助父母做家务、做农活。康纳(Konner,1991：309)则认为"尽管辛苦,但是家务劳动给孩子们带来是终身引以为傲的技能,同时也使父母和孩子之间关系更加紧密"。

在狩猎和群居社会,儿童通过观察、社交、游戏和慢慢地操作来学习,几乎没有正规的教学。在农业社会,儿童被要求做基本的家务劳动,而这些家务是为了在同一个地方生存的需要,而非游历生活的需要。普丽缇·谢尔德(Pretty Shield)(Niethammer,1977：27),克罗族部落成员,在世纪之交时期回忆她的童年生活时,描述了自己所受教育中的"家务"元素:

印第安女孩是逐渐走向母性艺术殿堂的,她们也是逐渐接触其他女性任务,至少对最小的女孩也是如此。她们陪着母亲和姐姐一起收集食物,给花园除草,去寻找水和柴火。随着女孩年龄的不断增长,人们对她们的期望也越来越高。一个居住在现在威斯康星州和伊利诺伊州的福克斯族女人,谈到当她 9 岁的时候,是如何被鼓励着去种植植物和除草的,学习怎样烹饪家乡菜,并因为自己的努力而大受赞扬。

普丽缇·谢尔德也回忆起自己童年时期自由流动游戏的重要性(Niethammer，1977：25）：

通过游戏学习女性角色是教育年轻女孩们的普遍方法，母亲经常不厌其烦地看着她们的女儿拿着微型家用设备在房子里玩家庭角色扮演游戏。在一些平原部落中，如夏延族、奥马哈族、阿拉帕霍族、克罗族，来自更富裕家庭的女孩们甚至有用于家庭角色扮演游戏的皮帐篷。到了整理帐篷去追逐野牛的时节，女孩们将自己的家当——玩具和衣服打包，做好出发准备。

处于狩猎群居社会和农业社会的儿童通常通过观察、游戏、社交以及慢慢地操作进行学习，属于学徒式学习模式。儿童没必要被告知或记录下他们的学习内容，他们必须展示他们如何在做中学（例如，在日常生活中进行编织活动）。在他们的游戏中，他们积极反思自己的活动体验，阐述他们努力掌握技能的过程。游戏重复体验已有的游戏经验，掌握、面对、控制关于情感上、社会上、身体上、运动上、思想上和观念上的已有经验。重点是，游戏是对已知知识的熟练的掌握和灵活的运用。

反观工业社会，儿童在工厂和矿场的工作，或者儿童每天长时间接受成人设置、任务主导的正规学校教育，取代了家务劳动。康纳认为学校"正努力培养儿童成为社会所需的、具有相应技能的劳动力。在这个意义上，它和工作一样在剥削儿童的权利"。

结　论

无论是通过强调代代相传的直觉经验和实践智慧来支持游戏的传统哲学，还是高度重视童年游戏价值超过成年价值的理论都具有同等重要的意义。游戏需要成人的支持。

忽略基础建设的社会会面临很多问题，这种社会培养出来的成人缺乏解决问题的能力，缺乏坚持性、集中性，缺乏想象力和创造性，无法建立良好的联系，无法即兴发挥，缺乏灵活性和适应性，无法从他人的体态和语言中读出信息，无法从不同的视角考虑问题，或者无法设身处地地体会他人的处境、思想和情感。而自由流动游戏就是任何文明社会基础建设的组成部分。

游戏常常在相对困难的环境下运行，但是当游戏被鼓励、被支持和得到发展时，它对于全人发展和全人类发展都具有重大贡献，并产生深远影响。

参考文献及推荐阅读（加粗文字）

Brazelton，T. Berry. 1969. Infants and Mother：Differences in Development［M］.

后
记

New York: Delacorte Press.

Bruce, T. 1987. Early Childhood Education[M]. Sevenoaks: Hodder & Stoughton.

Bruce, T. 1991. Time to Play in Early Childhood Education[M]. London: Hodder & Stoughton.

Davies, M. 2003. Movement and Dance in Early Childhood[M], 2nd edn. London: Paul Chapman.

Donaldson, M. 1978. Children's Minds[M]. London: Fontana.

Konner, M. 1991. Childhood[M]. Boston, MA: Little Brown.

Moyles, J. 2010. Thinking About Play: Developing a Reflective Approach[M]. Maidenhead: Open University Press.

Niethammer, C. 1977. Daughters of the Earth: The Lives and Legends of American Indian Women[M]. New York: Collier/Macmillan.

Vygotsky, L. 1978. Mind in Society: The Development of Higher Psychological Processes (trans. M. Cole, V. John-Steiner, S. Scribner and E. Souberman)[M]. Cambridge, MA: Harvard University Press.